Helmuth James von Moltke

Im Land der Gottlosen

Helmuth James von Moltke

Im Land der Gottlosen

Tagebuch und Briefe aus der Haft
1944/45

Herausgegeben und eingeleitet
von Günter Brakelmann

Mit einem Geleitwort von Freya von Moltke

Verlag C.H.Beck

Mit 17 Abbildungen

Satz: Kösel, Krugzell
Druck und Bindung: CPI – Ebner & Spiegel, Ulm
Gedruckt auf säurefreiem, alterungsbeständigem Papier
(hergestellt aus chlorfrei gebleichtem Zellstoff)
Printed in Germany
ISBN 978 3 406 58235 6

www.beck.de

Den Schwestern des
Karmel Regina Martyrum Berlin

Inhalt

Zum Geleit

Von den hunderten, ja es sind wohl mehr als tausend Briefe, die wir, Helmuth und ich, während unseres gemeinsamen Lebens in fünfzehn Jahren gewechselt haben, sind nur die in diesem Buche veröffentlichten durch eine Zensur gegangen. Der Zensor in Ravensbrück ließ es sich gefallen, die langen Briefe in Helmuths winziger Handschrift und meine langen Briefe aus Kreisau täglich zu lesen. Es wurde Helmuth zwar Schönschreiben vorgeschrieben, und nach einigen Monaten musste er sich beim Umfang beschränken, mir aber wurde nichts verboten. Der Zensor sprach mich sogar bei einem Besuch auf das Pech mit unseren Gänsen in Kreisau an, von dem ich Helmuth berichtet hatte. Ich sagte zu Helmuth in unserer Ecke, wo wir frei miteinander sprechen konnten: «Das sind ja ganz freundliche Menschen.» «Nur dass sie bei Vernehmungen die Nägel abreißen», sagte Helmuth. Es war in der Polizeischule Drögen, wo wir uns immer trafen und wohin Helmuth mit dem Auto aus Ravensbrück gebracht wurde.

Das Dritte Reich hat uns zu den vielen Briefen gezwungen. Wir waren sehr viel getrennt. Helmuth war in Berlin, erst als Anwalt, dann als Kriegsverwaltungsrat eingezogen, ich meist in Kreisau, und nur durch tägliches Schreiben konnten wir nah beieinanderbleiben.

Ich hatte immer viel zu schreiben, weil Helmuth alle Details des Gutsbetriebs kennen und beurteilen wollte, in dem ich zwar nie eine leitende Stellung hatte, aber mit der Zeit bestens orientiert war. Jahrelang fuhr ich täglich mehrere Stunden im zweirädrigen Pferdewagen, einer sogenannten Spinne, mit unserem «Gutsbeamten», Herrn Zeumer, der für die Landwirtschaft verantwortlich war, über die Felder und durch den ganzen Betrieb. Außerdem erzählte ich Helmuth in meinen Briefen von «den Söhnchen». Auch Helmuth hat regelmäßig geschrieben – interessante und schöne, wichtige Briefe, wie man weiß. Viele Briefe aus der Kriegszeit sind in den «Briefen an Freya» veröffentlicht.

In Helmuths kurzem Leben gab es nur wenige Zeiten, in denen er Abstand vom Druck der Ereignisse gewinnen konnte. Vor dem Krieg waren es zwei lange Besuchsreisen zu seinen Großeltern in Südafrika, die wir zusammen genossen haben. In mancher Hinsicht gehören erstaunlicherweise die sechs Monate, die er in Ravensbrück verbrachte, auch zu diesen Perioden, obwohl oder gerade weil er in Schutzhaft war. Denn es gelang ihm, das Beste aus seiner schwierigen Situation zu machen, und er genoss sein «Studierzimmer». Ich bin daher dem Wunsch von Günter Brakelmann und des Verlags C. H. Beck gefolgt und habe die Veröffentlichung seines Tagebuchs und seiner Briefe aus der Haft freigegeben.

Dann kam der 20. Juli 1944. Ich hörte von dem gescheiterten Attentat auf Hitler in Kreisau im Radio und wusste genau, was es bedeutete. Anfang August bekam ich noch einmal eine Sprecherlaubnis: Der Sicherheitsdienst hatte Helmuths Rolle im Widerstand noch nicht entdeckt. Es konnte aber auf die Dauer kaum gutgehen. Wir planten Verschlüsselungen für Mitteilungen an mich. Die erreichten mich zwar zuerst noch, aber dann hörte ich nichts mehr. Erst Ende September fuhr ich aufs Geratewohl wieder nach Drögen. Ich wusste ja, dass ich keine Sprecherlaubnis bekommen würde. Mit den Worten «Wie gut, dass Sie gekommen sind!» wurde ich empfangen. Mein Mann sei heute nach Berlin verlegt worden und hier seien alle seine Sachen, die könnte ich mitnehmen. Unter den Sachen fand ich später die beiden kleinen Tagebuchheftchen.

Aber Helmuth fand ich noch am gleichen Tage in Berlin im Gefängnis Tegel, wo unser Freund Harald Poelchau Gefängnispfarrer war. Das bedeutete für uns ein großes Glück: Dank Harald Poelchau blieben wir noch in naher, unzensierter Verbindung. Vier Monate lang.

Als meine beiden kleinen Söhne und ich unter sehr günstigen Bedingungen im Oktober 1945 schon vor der Gesamtevakuierung der Deutschen Schlesien verließen, konnte ich zwar nicht viel anderes, aber alle Briefe Helmuths als meinen höchstpersönlichen Schatz mitnehmen.

Norwich/Vermont, im August 2008 *Freya von Moltke*

Einleitung

Zu dieser Ausgabe

Helmuth James von Moltke, der Widerstandskämpfer und Mitbegründer des Kreisauer Kreises, ist einer großen Leserschaft durch die Briefe an seine Frau Freya von Moltke auf persönliche Weise bekannt geworden. Die 1988 erschienenen *Briefe an Freya*, die mittlerweile ein Klassiker der deutschen Widerstandsliteratur sind, führen eindrucksvoll vor Augen, wie sich der Jurist und Völkerrechtler Moltke unermüdlich gegen Kriegsverbrechen der deutschen Wehrmacht einsetzte, konspirative Kontakte zu Widerstandskreisen im Ausland knüpfte und zusammen mit Mitstreitern aus Kirchen, Gewerkschaften und Parteien für die Zukunft an einem freiheitlichen, demokratischen und sozialen Gegenentwurf zum nationalsozialistischen Unrechtsstaat arbeitete. Sie sind ein einzigartiges Zeugnis für ein Leben im «Dritten Reich» und im deutschen Widerstand und geben zugleich Einblick in eine faszinierende Liebes-, Ehe- und Familiengeschichte in einem totalitären Staat.[1] Die Herausgeberin der *Briefe an Freya*, Beate Ruhm von Oppen, hat mit dieser Edition einen Zugang zu dem Menschen und Politiker Moltke geschaffen, die unter den Quellen zum deutschen Widerstand einmalig sein dürfte.

Während uns der rastlos tätige Jurist und Gutsherr mit dem weitgespannten Beziehungsnetz durch seine Briefe gut bekannt ist, wissen wir wenig darüber, wie er sich seit seiner Verhaftung am 19. Januar 1944 verhalten hat. Was hat er mit seiner Zeit angefangen? Wie verhielt er sich weiter zum Widerstand? Und welchen Haftbedingungen in Gefängnis und Konzentrationslager war er ausgesetzt? Die *Briefe an Freya* enden – von wenigen Briefen aus der Haft in Berlin-Tegel Ende 1944 und Anfang 1945 abgesehen – mit dem 18. Januar 1944. Erst jetzt hat Freya von Moltke die sehr

[1] Vgl. Freya von Moltke: Mit dem Mut des Herzens. Die Frauen des 20. Juli, hg. von Dorothee von Meding, Berlin 1992; Die Kreisauerin. Gespräch mit Eva Hoffmann, hg. von Ingo Hermann, Göttingen 1992; Erinnerungen an Kreisau 1930–1945, München 1997.

persönlichen Briefe und Tagebuchaufzeichnungen ihres Mannes aus der Haft im Gefängnis des Reichssicherheitshauptamtes in der Berliner Prinz-Albrecht-Straße und im Konzentrationslager Ravensbrück zur Publikation freigegeben. Es ist beeindruckend zu sehen, wie ihr Mann die erniedrigende, entbehrungsreiche und zeitweise qualvolle Haftzeit produktiv genutzt hat, zunächst erstaunlicherweise weiterhin als völkerrechtlicher Gutachter für seine Dienststelle beim Oberkommando der Wehrmacht, die ganze Zeit über als treusorgender Gutsherr, der sich täglich Gedanken über Aussaaten, Ernten und Mitarbeiter machte, schließlich aber auch als leidenschaftlicher Leser und Autodidakt, dem die agrarwissenschaftliche Fortbildung ebenso am Herzen lag wie das Studium der Bibel und der reformatorischen Schriften Martin Luthers. Der Leser der Briefe und Tagebuchaufzeichnungen kann – trotz der Einschränkungen der Zensur – miterleben, wie sich ein gleichermaßen christlich wie humanistisch geprägter Mensch auf engstem Raum die größtmöglichen Spielräume geschaffen hat. Die Beschäftigungen und Lektüren in der Haft waren jedoch keine inneren oder erbaulichen Fluchten vor der Wirklichkeit, sondern eine aktive Auseinandersetzung mit der eigenen – und darüber hinaus mit der politischen Lage. So wie Moltke vor der Haft nicht die Emigration nach England gewählt hatte, so ging er in der Haft nicht in die innere Emigration. Er blieb der mutige und nachdenkliche Widerstandskämpfer, der durch seine Briefe und Aufzeichnungen auch uns Heutigen Mut zum verantwortlichen Leben machen und Maßstäbe der Menschlichkeit vermitteln kann.

Die vorliegende Ausgabe enthält nicht alle Briefe Helmuth James von Moltkes aus der Haft. Die meisten der Briefe, die er aus dem Gefängnis in Berlin-Tegel in Erwartung seines Prozesses vor dem Volksgerichtshof an Freya von Moltke gerichtet hat, und vor allem die Briefe, die er im Januar 1945 nach seiner Verurteilung zum Tode geschrieben hat, sind vorerst nicht zur Veröffentlichung bestimmt. Aber im Anhang enthält dieser Band die schon früher publizierten Briefe aus Tegel, um das Bild des inhaftierten Widerstandskämpfers Helmuth James von Moltke abzurunden und einen Eindruck von dem Prozess vor dem Volksgerichtshof zu vermitteln, auf den die Haft zulief. Diese Briefe gehören auch wegen ihrer sprachlichen Qualität mittlerweile zur Literaturgeschichte des deutschen Widerstands.

Die Aufzeichnungen und Briefe, die wegen der sehr kleinen Schrift nicht einfach zu entziffern sind, werden weitgehend in heutiger Orthographie und Interpunktion wiedergegeben, wobei sprachliche Eigenheiten Moltkes beibehalten wurden. Ohne die Hilfe von Freya von Moltke hätten viele Stellen nicht entschlüsselt werden können. Für die große Mühe, die sie damit auf sich genommen hat, möchte ich ihr vielmals danken. Nur wenige Worte und Abschnitte konnten nicht entschlüsselt werden. Sie sind durch [...] gekennzeichnet. Auch einige wenige Namen konnten nicht identifiziert werden.

Wenn Freya von Moltke und ich dieses Buch den Schwestern des Karmel Berlin widmen, so soll das ein Zeichen des Respekts und des Danks sein. Durch ihre ökumenische Arbeit tragen sie viel dazu bei, dass die Erinnerung an die Frauen und Männer des Widerstands innerhalb und außerhalb Deutschlands wach bleibt.

Ein biographischer Überblick

Helmuth James von Moltke stammte aus einer Familie, die in Deutschland jedermann kannte. Als Generalfeldmarschall des preußischen Königs und deutschen Kaisers war Helmuth von Moltke neben Otto von Bismarck der bekannteste Deutsche der Epoche vor und nach der Reichsgründung 1871. Ein weiterer Helmuth von Moltke war zu Beginn des Ersten Weltkriegs Generalstabschef der deutschen Armee. Jedes Schulkind wusste, wo der Feldmarschall begraben war: in dem kleinen Ort Creisau (erst seit 1930 Kreisau) in einer Kapelle auf einem kleinen Hügel am Dorfrand. Creisau war ein nationaler Wallfahrtsort.

Helmuth James wurde am 11. März 1907 als ältester Sohn von Helmuth und Dorothy von Moltke im Creisauer Schloss geboren. Er verbrachte seine Kindheit in einer typischen landadeligen Familie.[2] Von Anfang an hatte er ein besonders enges Verhältnis zu seiner Mutter, die aus einer südafrikanischen bürgerlich-liberalen Familie stammte. Ihr Vater war ein bekannter Jurist und Politiker, ihre Mutter war in der internationalen Frauenbewegung engagiert. Mit den traditionellen ostelbischen Gutsbesitzern, ihrem Denken und ihrer Lebensweise und mit dem politischen System des Wilhelminismus hatte die «Ausländerin» große Schwierigkeiten. In regelmäßi-

2 Zu Moltke vgl. Ger van Roon: Neuordnung im Widerstand. Der Kreisauer Kreis innerhalb der deutschen Widerstandsbewegung, München/Oldenburg 1967; Freya von Moltke/Michael Balfour/Julian Frisby: Helmuth James von Moltke 1907–1945, Berlin 1984; Wilhelm Ernst Winterhager: Der Kreisauer Kreis. Porträt einer Widerstandsgruppe, Berlin u. a. 1985; Günter Brakelmann: Helmuth James von Moltke 1907–1945. Eine Biographie, 2. Aufl. München 2007.

Freya von Moltke in den dreißiger Jahren

gen Briefen an ihre Eltern aus den Jahren 1907 bis 1934 schilderte sie anschaulich das Familienleben in Creisau und nahm kritisch zur deutschen Politik und den gesellschaftlichen Verhältnissen im Kaiserreich Stellung.[3] Eine weitere wichtige Quelle zum jungen Helmuth James ist ein Brief über seine Kinder- und Jugendzeit, den er aus der Haft in der Prinz-Albrecht-Straße an seine beiden sechs und zwei Jahre alten Söhne Helmuth Caspar und Konrad gerichtet hat.[4]

Helmuth James von Moltke besuchte nach Privatunterricht das Gymnasium in der Kreisstadt Schweidnitz und nach dem kurzen Besuch eines Landschulheims das Realgymnasium in Potsdam. Nach dem Abitur 1925 studierte er Rechts- und Staatswissenschaften in Breslau, Berlin und Wien. Von Anfang an interessierte er sich auch für Geschichte, Politikwissenschaft sowie völkerrechtliche Fragen. In Wien nahm ihn Eugenie Schwarzwald in einen internationalen Kreis von Literaten, Schauspielern und Professoren auf, die gegen den Geist des Chauvinismus, des Rassismus, des Militarismus und des Imperialismus kämpften und sich für wertgebundene Toleranz, personale Freiheit und soziale Gerechtigkeit in einem vereinten plu-

3 Vgl. Dorothy von Moltke: Ein Leben in Deutschland. Briefe aus Kreisau und Berlin 1907–1934, eingeleitet, übersetzt und herausgegeben von Beate Ruhm von Oppen, München 1999.

4 Vgl. Moltke/Balfour/Frisby (wie Anm. 2), 9–28; Brakelmann: Biographie (wie Anm. 2), 365–390.

ralistischen Europa einsetzten.[5] Schon früh entdeckte der junge Moltke auch die Bedeutung der sozialen Frage. Ende der zwanziger Jahre wurde er Mitinitiator der sogenannten Schlesischen Arbeitslager, die Landarbeiter, Fabrikarbeiter und Studenten zu gemeinsamer körperlicher Arbeit und zu Gesprächen über die zukünftige Gestaltung einer freiheitlichen und gerechteren Gesellschaft zusammenführten.[6]

In dieser Zeit übertrug sein Vater Helmuth dem erst Einundzwanzigjährigen die Gesamtverantwortung für das verschuldete Gut Kreisau. In zäher Arbeit konnte der Erbe das Gut für seine Eltern und Geschwister erhalten und mit Hilfe seines Inspektors, Adolf Zeumer, die Landwirtschaft rentabler machen. 1929 bestand Moltke in Breslau sein erstes Juristisches Staatsexamen. Im gleichen Jahr lernte er auf einer Sommerfreizeit des Kreises um Eugenie Schwarzwald am Grundlsee Freya Deichmann kennen, die er am 18. Oktober 1931 in Köln heiratete. Ab Oktober 1932 nahm das junge Ehepaar eine Zweitwohnung in Berlin. Sie studierte Jura mit dem Abschluss eines Dr. jur. 1935; er bereitete sich auf das juristische Assessorexamen vor, das er im Februar 1934 bestand. Die Machtübergabe an Hitler am 30. Januar 1933 war für beide eine Katastrophe. Der Aufbau eines autoritären und bald totalitären Systems widersprach von Grund auf ihrem Eintreten für die Menschenrechte und einen demokratischen Rechts- und Sozialstaat. Nach einer gemeinsamen Reise zu Moltkes Großeltern nach Südafrika nahmen sie auf der Rückreise in England Kontakte zu englischen Politikern und Juristen auf. Moltke entschloss sich zu einer Doppelexistenz: Er arbeitete in einem Berliner Anwaltsbüro und studierte parallel dazu in London Jura mit dem Ziel eines Barrister, eines vor Gericht zugelassenen Rechtsanwalts. Von 1935 bis 1938 verbrachte er jedes Jahr mehrere Wochen in London und hatte dabei Gelegenheit, mit britischen Politikern über die Folgen der Appeasement-Politik gegenüber dem «Dritten Reich» zu diskutieren. Doch fand er wie auch andere deutsche Besucher kaum Resonanz.

Schon vor Beginn des Zweiten Weltkriegs im September 1939 nahm Moltke Kontakte zu alten Bekannten und Gegnern des «Dritten Reichs» auf. Aber erst im Januar 1940 legte er in einem Gespräch mit Peter Yorck

5 Vgl. Hans Deichmann: Leben mit provisorischer Genehmigung. Leben, Werk und Exil von Dr. Eugenie Schwarzwald (1872–1940). Eine Chronik, Berlin u. a. 1988; Robert Streibel (Hg.): Eugenie Schwarzwald und ihr Kreis, Wien 1996.

6 Vgl. Eugen Rosenstock/Carl Dietrich von Trotha: Das Arbeitslager. Berichte aus Schlesien von Arbeitern, Bauern, Studenten, Jena 1931.

von Wartenburg den Grundstein zum Aufbau einer konspirativen Widerstandsgruppe, die als «Kreisauer Kreis» in die Geschichte eingegangen ist. Hier trafen sich Protestanten, Katholiken, Gewerkschafter und Sozialdemokraten zu Diskussionen über die Zukunft Deutschlands nach dem Zusammenbruch des Nationalsozialismus. Zu den weiteren Teilnehmern gehörten Carl Dietrich von Trotha, Horst von Einsiedel, Adam von Trott zu Solz, Otto Heinrich von der Gablentz, Hans Bernd von Haeften, Theodor Steltzer, Harald Poelchau und Eugen Gerstenmaier, die drei Münchner Jesuiten Augustin Rösch, Lothar König und Alfred Delp, ferner Hans Peters, Paulus van Husen und Hans Lukaschek sowie die Sozialdemokraten Carlo Mierendorff, Theodor Haubach, Adolf Reichwein und Julius Leber. Bis August 1943 nahmen außerdem die Gewerkschafter Wilhelm Leuschner und Hermann Maaß an den konspirativen Gesprächen teil.[7]

In kaum zu zählenden kleinen Runden und im größeren Kreis traf man sich zumeist in Berlin in der Wohnung von Moltke in der Derfflingerstraße oder bei den Yorcks in der Hortensienstraße. Im Mai und Oktober 1942 und im Juni 1943 kam man in Kreisau zusammen, um über Textentwürfe zu diskutieren und sie im Konsens zu verabschieden. Diese Kreisauer Texte umfassen einen weiten Kranz von Entwürfen für ein «anderes Deutschland» als freiheitlicher Rechtsstaat mit unbedingter Geltung der Grund- und Menschenrechte und mit einer sozialen Wirtschaftsordnung, die dem Prinzip der Mitbestimmung verpflichtet ist. Dieses «andere Deutschland» sollte in einem europäischen Staatenbund mit einer einheitlichen Währung Platz finden. Die Kreisauer Entwürfe, vor allem die «Grundsätze für die Neuordnung» vom 9. August 1943, verbinden auf einzigartige Weise katholische Soziallehre, evangelische Sozialethik und Positionen des demokratischen Sozialismus.[8] Es kann kaum verwundern, dass auch Konflikte, etwa über die zukünftige Rolle von Gewerkschaften und Parteien, den Kreis prägten.[9]

7 Vgl. Günter Brakelmann: Der Kreisauer Kreis. Chronologie, Kurzbiographien und Texte aus dem Widerstand, 2. Aufl. Münster 2004; ders.: Der Kreisauer Kreis, in: Peter Steinbach/Johannes Tuchel (Hg.): Widerstand gegen die nationalsozialistische Diktatur 1933–1945, Bonn 2004, 358–374.

8 Vgl. Brakelmann: Kreisauer Kreis (wie Anm. 7), 307–318.

9 Vgl. Günter Brakelmann: Die Kreisauer: Folgenreiche Begegnungen. Biographische Skizzen zu Helmuth James von Moltke, Peter Yorck von Wartenburg, Carlo Mierendorff und Theodor Haubach, 2. Aufl. Münster 2004.

Freya von Moltke mit ihrem zweiten Sohn Konrad in Kreisau, 1942, einige Tage nach dem ersten Kreisauer Treffen

Einzelne Mitglieder des Kreisauer Kreises waren an praktischen Vorbereitungen zum Sturz des Nationalsozialismus beteiligt. Kontakte gab es zum bürgerlich-militärischen und kirchlichen Widerstand sowie zu nationalen Widerstandsgruppen in von Deutschland besetzten Ländern. Nicht zuletzt war die Frage eines Attentats auf Hitler ein Streitpunkt innerhalb des Kreisauer Kreises.

Neben dem Kreisauer Kreis war für Moltke seine Stellung als Kriegsverwaltungsrat im Amt Ausland/Abwehr im Oberkommando der Wehrmacht (OKW), mit der er seiner Kriegsdienstverpflichtung nachkam, die Basis für Aktivitäten im Widerstand. Als Sachverständiger für Völkerrecht, internationales Recht und Kriegsrecht versuchte er in seinen Gutachten, die Prinzipien eines humanistischen Völkerrechts gegen die menschenrechts- und völkerrechtswidrige Theorie und Praxis des Nationalsozialismus durchzusetzen.[10] Er hatte damit jedoch nur geringfügige Erfolge, die den unaufhaltsamen Marsch in eine schrankenlose Gewaltanwendung nicht aufhalten konnten. So rang er sich zu der Erkenntnis durch, dass widerständiges Handeln *im* System durch ein konsequentes Handeln *gegen* das System ergänzt

10 Vgl. Ger van Roon (Hg.): Helmuth James von Moltke. Völkerrecht im Dienste der Menschen. Dokumente, Berlin 1994.

werden müsse. Moltke knüpfte auf Dienstreisen in die Niederlande, nach Belgien, Frankreich und Norwegen Kontakte zu Militärs wie Alexander von Falkenhausen in Brüssel, Karl-Heinrich von Stülpnagel und Caesar von Hofacker in Paris, die dem Regime kritisch gegenüberstanden, und traf Vertreter kirchlicher und nationaler Widerstandsgruppen. Unentwegt war er unterwegs, um einzelne Funktionsträger für den Widerstand zu gewinnen. Zwei Reisen führten ihn nach Istanbul, wo er Kontakt zu den Alliierten aufnehmen wollte, um eine konzertierte militärisch-politische Aktion nach einem Staatsstreich durch das Militär und der Einsetzung einer neuen Regierung vorzubereiten.

Moltke saß Ende 1943 wegen der alliierten Bombenangriffe auf die Hauptstadt nur noch mit wenigen Mitarbeitern und Sekretärinnen in seiner Berliner Dienststelle am Tirpitzufer. Der Leiter des Amtes, Admiral Wilhelm Canaris, und der Chef der Abteilung Ausland in der Abwehr, Kapitän zur See Leopold Bürkner, waren nach Zossen umgezogen. Hin und wieder mussten Moltke und sein Gruppenleiter, Oberst Werner Oxé, dorthin fahren, Rapport erstatten und die nächsten Arbeitsschritte besprechen. Vorgesehen war eine zweite Reise Moltkes nach Istanbul, die nur mit Zustimmung und Hilfe des Auswärtigen Amtes möglich war und die er vom 11. bis 16. Dezember 1943 unternehmen konnte.

Zuvor allerdings kam es zu einschneidenden Ereignissen – dienstlich wie persönlich. In fünf Großangriffen vom 18. November bis zum 3. Dezember 1943 bombardierten 2212 britische Flugzeuge die Hauptstadt[11] und machten die Innenstadt zu einem Trümmerfeld. Auch Moltkes Wohnung in der Derfflingerstraße war nicht mehr bewohnbar. Er zog zu seinen Freunden Marion und Peter Yorck nach Berlin-Lichterfelde in die Hortensienstraße 50. Vor diesem großen Bombardement bekam Moltke in seinem Amt Besuch von Männern des Sicherheitsdienstes (SD). Seit der Verhaftung von Hans Oster, Hans von Dohnanyi, Josef Müller und Dietrich Bonhoeffer am 5. April 1943 hatte das Reichssicherheitshauptamt ein besonderes Augenmerk auf die militärische Abwehr und seine Mitarbeiter geworfen.

Vom 19. bis 27. Dezember 1943 war Moltke zu seinem letzten Weihnachtsurlaub in Kreisau. Am 28. Dezember nahm er in Berlin seine Arbeit wieder auf. Es gab Besprechungen im Auswärtigen Amt, er schrieb einen

11 Angaben nach Andreas Hillgruber/Gerhard Hümmelchen: Chronik des Zweiten Weltkrieges, Frankfurt a. M. 1966, 103.

Bericht über seine Türkei-Reise, führte Gespräche mit den Freunden Paulus van Husen, Günter Schmölders, Adam von Trott zu Solz, Horst Einsiedel, Adolf Reichwein, Hans Peters, Karl Ludwig Freiherr von und zu Guttenberg, Theodor Haubach, Carl Dietrich von Trotha, Julius Leber und Harald Poelchau. Claus von Stauffenberg und Ulrich von Schwerin, die dem militärischen Widerstand gegen Hitler angehörten, besuchten Moltke zu Gesprächen, über deren Inhalt wir leider nichts wissen. Zusammen mit Eugen Gerstenmaier besuchte Moltke Johannes Popitz aus dem konservativen militärischen Widerstandskreis um Carl Friedrich Goerdeler und Ludwig Beck und traf sich mit Dohnanyis Mitarbeiter Justus Delbrück. Es waren aufregende drei Wochen, in denen Moltke an völkerrechtlichen Einzelfragen arbeitete und gleichzeitig versuchte, den Freundeskreis menschlich und politisch-strategisch zusammenzuhalten und neue Kontakte zum militärischen Widerstand zu knüpfen.

Mitten in dieser Phase intensiver beruflicher Arbeit und konspirativer Widerstandstätigkeit wurde Helmuth James von Moltke am Mittwoch, dem 19. Januar 1944, durch Sturmbannführer Schäfer überraschend verhaftet. Er hatte noch am Tag zuvor einen Brief an Freya mit den Zeilen beendet: «Auf Wiedersehen, mein Herz, hoffentlich ganz bald. Lassen Sie es sich wohl ergehen, pflegen Sie sich, grüßen Sie Ihre Söhnchen und behalten Sie, bitte, lieb Ihren Ehewirt, Jäm.»[12]

Moltkes Verhaftung hatte nichts mit seiner Arbeit im «Kreisauer Kreis» zu tun. Zu dieser Zeit hatte die Gestapo noch keine Kenntnis von diesem Widerstandskreis. Moltke hatte seinen Kollegen Otto Carl Kiep vor einem Spitzel der Gestapo gewarnt, der sich in die «Teegesellschaft» um Hanna Solf eingeschlichen hatte. Der Kreis bestand aus regimekritischen Frauen und Männern, die offen die Probleme ihrer Zeit diskutierten, aber keine politischen Aktionsprogramme entwarfen.[13] Moltke hatte zwar Kenntnis von diesem Kreis, sich aber bewusst von ihm ferngehalten, da er ihre Diskussionen für sinnlos und zudem für gefährlich hielt. Dass er von der Existenz dieses Kreises wusste und nicht Anzeige erstattet hatte, war der offizielle Grund für seine «Schutzhaft». Schutzhaft war eine «Zwangsmaßnahme

12 Helmuth James von Moltke: Briefe an Freya, 1939–1945, 3. Aufl. München 2006, 596.

13 Vgl. Wolfgang Benz/Walter H. Pehle: Lexikon des deutschen Widerstands, Frankfurt a. M. 1994, 298 ff.; Gerhard Ringshausen: «Der Solf-Kreis» und die «Tee-Gesellschaft», in: Widerstand und christlicher Glaube angesichts des Nationalsozialismus, Berlin 2007, 431 ff.

Helmuth James von Moltke vor dem Volksgerichtshof:
Er wird bewacht vorgeführt (oben) und darf sich sitzend verteidigen (unten).

der Geheimen Staatspolizei» gegen Personen, «die durch ihr Verhalten den Bestand und die Sicherheit des Volkes und Staates gefährden».[14] Sie konnte zeitlich unbegrenzt sein und ließ keine richterliche oder rechtsstaatliche Kontrolle zu.

Vom 19. Januar bis zum 6. Februar 1944 war Moltke im «Hausgefängnis des Reichssicherheitshauptamtes» in der Prinz-Albrecht-Straße 8 eingesperrt. Es folgte eine Haftzeit bis zum 19. August als «Sonderhäftling» im sogenannten Zellenbau des Konzentrationslagers Ravensbrück. Am 19. August verlor er seinen Status als «Schutzhäftling» und kam bis zum 27. September in verschärfte Einzelhaft. Am 28. September wurde er nach einem kurzen Zwischenaufenthalt im Gefängnis Lehrter Straße in Berlin in die Haftanstalt Tegel, Haus I, Abteilung VIII, eingeliefert. Hier warteten die Gefangenen auf ihren Prozess vor dem Volksgerichtshof. Seine Zellennachbarn waren Eugen Gerstenmaier, Alfred Delp und Fürst Fugger von Glött. Harald Poelchau und Peter Buchholz waren für sie als Gefängnispfarrer zuständig. Sie sorgten für Kontakte unter den voneinander isolierten Gefangenen sowie zu ihren Ehefrauen. Die evangelischen und katholischen Zelleninsassen konnten mit ihrer Hilfe eine geistliche Gemeinschaft bilden.[15] In Absprache miteinander bereiteten sie eine Verteidigungsstrategie für den Prozess vor dem Volksgerichtshof vor. Dieser fand am 9. und 10. Januar 1945 statt. Moltke hat ihn in zwei langen Briefen an seine Frau beschrieben und seine Konfrontation mit dem Präsidenten des Volksgerichtshofs, Roland Freisler, als einen dramatischen Konflikt zweier grundverschiedener Weltanschauungen geschildert.[16]

Am 11. Januar wurde das Todesurteil gegen Helmuth James von Moltke und Alfred Delp verkündet. Eugen Gerstenmaier und Joseph Ernst Fugger von Glött wurden zu Zuchthausstrafen verurteilt. Helmuth James von Moltke wurde am 23. Januar zusammen mit Theodor Haubach, Franz Sperr, Nikolaus Groß, Erwin Planck und Eugen Bolz im Hinrichtungs-

14 Erlass vom 25.1.1938; vgl. Martin Hirsch u. a.: Recht, Verwaltung und Justiz im Nationalsozialismus, Köln 1984; Lothar Gruchmann: Justiz im Dritten Reich 1933–1940, München 1990.

15 Vgl. Günter Brakelmann: Helmuth James von Moltke und Alfred Delp – Haft, Prozess und Tod, in: Günter Brakelmann/Manfred Keller (Hg.): Der 20. Juli 1944 und das Erbe des deutschen Widerstands, Münster 2005, 129–156.

16 Moltke: Briefe an Freya (wie Anm. 12), 611 ff., 619 ff., 621 ff.

schuppen des Gefängnisses Plötzensee gehenkt, Alfred Delp zusammen mit Carl Friedrich Goerdeler und Johannes Popitz am 2. Februar 1945.

Moltkes Haft im Reichssicherheitshauptamt

Nach seiner Verhaftung in der Lausschule wurde Moltke am 19. Januar 1944 gegen 16 Uhr in das Kellergefängnis, Zelle 17, der Zentrale des Reichssicherheitshauptamtes (RSHA) eingeliefert. Zuständig war für ihn das Amt IV (Gegnerbekämpfung) unter SS-Brigadeführer und Generalmajor der Polizei Heinrich Müller. Dieses Amt war identisch mit dem Geheimen Staatspolizeiamt. Das Amt IV bestand aus fünf Gruppen mit jeweils vier Referenten. Eine Außenstelle, die später für Moltke wichtig werden sollte, hatte am Kurfürstendamm 140 ihren Sitz.[17]

Schon am 20. Januar begann Moltke, regelmäßig Tagebuch zu führen. Die Tagebuchaufzeichnungen, die er zur eigenen Erinnerung und zum späteren Nachlesen für Freya schrieb, gehen in vielen Punkten über die der Zensur unterworfenen Briefe hinaus. An vielen Stellen zeigen sie die Wirklichkeit eines Gefangenen ungeschminkter und unmittelbarer als die Briefe, in denen Moltke sich bemühte, seine Frau nicht zu sehr zu beunruhigen.

Moltke trat seine Haft mit einem Koffer in der Hand an. Dieser enthielt, was er bei der Verhaftung eilig einpacken konnte: persönliche Schriftstücke, darunter die letzten Briefe von Freya, Unterlagen über die ökonomische Situation des Gutsbetriebs Kreisau, eine Wolldecke, ein Kopfkissen, Teeblätter und eine Zahnbürste nebst Zahnpasta. Auch einige in Arbeit befindliche völkerrechtliche Unterlagen nahm er mit ins Gefängnis. Nicht zuletzt hatte er seine Bibel dabei, in der er seit langem jeden Tag einen Abschnitt las. Am Tag seiner Einlieferung stieß er mehr oder weniger zufällig auf zwei Bibelverse, die für ihn die gesamte Haftzeit über von Bedeutung werden sollten: Jeremia 11,18 ff. mit der Geschichte über den Anschlag der Leute von Anatot auf den Propheten, in der am Ende der Untergang der Verfolger angekündigt wird. Das entsprach in Analogie Moltkes lang gehegter Erwartung, dass der Nationalsozialismus untergehen werde. Der andere Vers, der ihn lange begleitete, stand in Josua 1,9: «Siehe, ich habe dir geboten, dass du getrost und unverzagt seist. Lass dir nicht grauen und entsetze dich

[17] Vgl. Reinhard Rürup (Hg.): Topographie des Terrors, Berlin 1997; Gerhard Paul/Klaus-Michael Mallmann (Hg.): Die Gestapo. Mythos und Realität, Darmstadt 1995.

Das Gebäude der ehemaligen Kunstgewerbeschule in der Prinz-Albrecht-Straße 8 wurde im Frühjahr 1933 vom Geheimen Staatspolizeiamt übernommen. In Keller und Sockelgeschoss richtete die Gestapo ihr «Hausgefängnis» ein. 1939 wurde das Gebäude auch zur Zentrale des neu gegründeten Reichssicherheitshauptamtes.

nicht; denn der Herr, dein Gott, ist mit dir in allem, was du tun wirst.» In Gefangenschaft getrost und unverzagt zu sein, das sagte Moltke sich selbst und seiner Frau immer wieder.

Das Inventar der Zelle, in der er die nächsten Tage bis zum 6. Februar zubringen sollte, war spärlich: ein Bett mit dreiteiliger Matratze, ein Tisch, ein Stuhl, ein Gestell mit zwei Haken, eine Heizung und ein Fenster. Ein Waschbecken oder eine Toilette gab es nicht. Nach dem ersten Schock der Gefangennahme erlegte sich Moltke eine strenge Selbstdisziplin auf. Schon im ersten Brief an Freya vom 23. und 24. Januar schrieb er: «Die Tage verbringe ich mit Lesen und Nachdenken. Ich poliere eifrig an meinem inneren Menschen herum und bin gespannt, ob das Erfolg haben wird. Die Voraussetzungen dafür sind natürlich glänzend, denn hier gilt nur, was man in sich hat oder finden kann.» Vom ersten Tag an nahm er sich einen bestimmten Tagesablauf vor, den er diszipliniert durchhielt und nur unterbrach, wenn er zur Vernehmung geholt wurde. Um körperlich bestehen zu können, entwickelte er ein System, lange Strecken hin und her durch die winzige Zelle zu laufen, und steigerte die Zahl von täglichen Kniebeugen. Später ließ er sich ein Gymnastikbuch schicken. Von Anfang an bekämpfte er Schmutz und Dreck. Ordnung auch in den wenigen Sachen, die er dort besaß, zu halten und auf Reinlichkeit seiner Zelle, des eigenen Körpers und der Kleidung peinlich zu achten, machte er sich zur täglichen Aufgabe.

Der erste Kontakt Moltkes nach außen lief über Marion Yorck, die ihm Lebensmittel zukommen ließ, bevor er Freya seine Wünsche mitteilen konnte. Diese bat er um die Zusendung praktischer Gegenstände wie einer Teekanne nebst Teeblättern, Zahnputzbecher, Essbesteck, Schuhputzzeug und vieles mehr. Wichtig waren ihm neben nahrhaften Garten- und Feldfrüchten vor allem Seife, saubere Wäsche sowie Bett- und Kopfkissenbezüge. In den nächsten Monaten wiederholte er in regelmäßigen Abständen seine Bitten. Nicht zu zählen sind die Pakete und Päckchen, die Freya, Marion und andere Freunde in den nächsten Monaten gebracht oder geschickt haben.

Nach Tagen des Wartens auf Zeilen von Freya bekam Moltke am 28. Januar die ersten drei Briefe von ihr. Seit dem 22. Januar bis Mitte August schrieb sie fast täglich an ihren Mann. Diese Briefe trugen ihn durch alle Widrigkeiten und Widerwärtigkeiten. Was Freya schrieb, wissen wir nur aus Hinweisen in Moltkes Briefen und Tagebüchern. Ihre Briefe ins Gefängnis und nach Ravensbrück sind bis auf einen Geburtstagsbrief an ihren Mann leider nicht erhalten.

Moltke erlebte in den ersten Haftwochen die fast ununterbrochenen Luftangriffe der Alliierten auf die Reichshauptstadt. In der Nacht vom 28. auf den 29. Januar griffen 596 britische Bomber die Innenstadt von Berlin an.[18] Er erlebte den Angriff in seiner von außen abgesperrten Zelle, in der Licht und Heizung ausfielen. Es folgten viele weitere Angriffe, denen die Gefangenen der Prinz-Albrecht-Straße ungeschützt und in Lebensangst ausgesetzt waren. Nur einmal ließ man sie einen Splittergraben im Garten aufsuchen. Die Haft wurde für Moltke ein Leben im Angesicht des Todes. Es fiel schwer, für das eigene Überleben dankbar zu sein, wenn links und rechts Menschen zu Tode kamen. Verbitterung stieg auf, wenn die Bewacher den bombensicheren Bunkern entstiegen und wieder zur Tagesordnung übergingen.

Bis zur Verlegung nach Ravensbrück am 6. Februar wurde Moltke drei

18 Nach Hillgruber/Hümmelchen: Chronik (wie Anm. 11), 107.

Blick auf das Frauen-KZ Ravensbrück für das SS-Propaganda-Album, um 1941: Im Vordergrund ist das Dach der Kommandantur zu sehen, rechts der L-förmige «Zellenbau», in dem auch Helmuth James von Moltke untergebracht war.

Der «Zellenbau» wurde für das SS-Propaganda-Album hell und sauber aufgenommen: Blick in den Mittelgang, um 1941.

nis. Dieser «Bunker» oder «Zellenbau» war ein zweigeschossiger, L-förmiger Steinbau, in dem sich im Erd- und Obergeschoss 78 Zellen beiderseits eines Flurs befanden. Das Gefängnis diente für Verhöre, Strafverschärfungen, Prügelstrafen und Folterungen. Ein Teil des Gefängnisses, das Frauen im SS-Dienst beaufsichtigten, wurde nach den schweren Luftangriffen auf Berlin als Untersuchungsgefängnis auch für männliche politische Häftlinge genutzt. Diese saßen meist in den Zellen des Obergeschosses, wurden von männlichen SS-Leuten bewacht und von SS-Wärterinnen versorgt.

Moltke bekam die Zelle 28, die viertletzte Zelle im Obergeschoss zur Südseite hin. Sein Zellennachbar war zunächst Otto Carl Kiep, später Marie-Luise Sarre (Puppi), gegenüber waren SS-Angehörige inhaftiert. Moltkes Ravensbrücker Zelle war besser eingerichtet als die im Reichssicherheitshauptamt: Es gab ein WC, ein Waschbecken, einen Klapptisch mit Stuhl, ein Bett mit einem Nachttisch, einen Schrank und eine Heizung. Das sehr schmale Fenster aus Drahtglas ließ allerdings nur wenig Licht in die Zelle. Deshalb war ein Höhepunkt des Tages der «Ausgang», das Laufen in einem kleinen, etwa fünf Meter breiten Hof zwischen der Südmauer des Zellenbaus und der Lagermauer.

Nach und nach erwarb Moltke sich eine genauere Kenntnis des Zellenbaus mit seinen Einrichtungen und Insassen. Er wusste, dass Leute «seinesgleichen» über das Gebäude verteilt waren. Legal Verbindung zu ihnen aufzunehmen, war nicht möglich. Kontakt hatte er zu seinem Bewacher Witt und zu den Aufseherinnen, die auch für die «Politischen» zuständig waren. In der ersten Zeit waren in der Nähe seiner Zelle junge Frauen untergebracht, die als Aufseherinnen im Frauenkonzentrationslager mit ihrer Dienstordnung in Konflikt geraten waren und nun unter verschärften Haftbedingungen leben mussten. Wenn es auf dem Gang still wurde oder sich die Aufseherinnen zum Essen zurückzogen, unterhielten sich diese «Mädchen» über ihre Lektüre billiger Romane oder ihre amourösen Abenteuer.

Vom Leben im Frauenlager und in dem kleineren Männerlager bekam Moltke nicht viel mit. Aber er konnte hören, wenn morgens um vier Uhr die Lagerinsassen auf dem Appellplatz antraten, in Kolonnen zur Arbeit außerhalb des Lagers geführt wurden und dabei Lieder singen mussten. Und er hörte das ewige Bellen von Wachhunden. Später konnte er von einer anderen Zelle aus auf den Appellplatz sehen, auf dem die Frauen bei jedem Wetter stundenlang zum Zählappell antraten, «Strafe stehen» mussten oder von den Wächterinnen geschlagen und getreten wurden. Von der

Zelle 28 fiel sein Blick aus dem schmalen Fenster auf das Krematorium, er sah den Schornstein, aus dem Rauch aufstieg, und hatte den Geruch verbrannter Leichen in der Nase. Er hörte die Schreie der Gefolterten aus der unteren Etage des Zellenbaus und das anschließende Wimmern in ihren Zellen. Er sah Menschen in ihren schwarzen Uniformen mit den Totenkopfemblemen, die ihre absolute Macht an Wehrlosen demonstrierten. Er sah die Spezialisten des langsamen oder schnellen Tötens und die Fachleute für den dosierten psychischen Mord. Berichte anderer Häftlinge ergänzten sein Wissen über die Zustände im Frauenlager.

Verglichen mit der brutalen Realität dort führte Moltke in einer Einzelzelle des Zellenbaus als Sonderhäftling eine privilegierte Existenz. Er konnte seine Zivilkleidung anbehalten, erhielt keine Gefangenennummer und wurde mit «Herr» angeredet. Er bekam sein Essen, das der Verpflegung der SS-Wachmannschaft im Lager entsprach, in die Zelle gebracht. Er konnte sich Bücher kommen lassen, sie in seiner Zelle aufstellen und wieder mitnehmen lassen. Er durfte sich zusätzliche Lebensmittel schicken und bringen lassen. Anfangs konnte er unbegrenzt Briefe schreiben. Der Zensor wird allerdings seine Mühe mit der winzigen Handschrift gehabt haben. Später wurden Anzahl und Umfang der Briefe eingeschränkt, aber die Schreiberlaubnis blieb bestehen. Freyas tägliche Briefe wurden in ihrer Länge nie beanstandet. Man ließ Moltke sogar mit Freya und mit Peter Yorck telefonieren oder Telegramme verschicken.

Vor allem aber durfte seine Frau ihn in den Monaten Februar bis August zehnmal sprechen. Sie trafen sich immer in der Sicherheitspolizeischule in Drögen, niemals im KZ Ravensbrück.[20] Moltke wurde mit einem Auto dorthin gebracht. Droegen hatte eine kleine Bahnstation, von der Freya die Polizeischule in zehn Minuten zu Fuß erreichen konnte. Sie saßen dann in einer Baracke, in der sich das Büro des Sicherheitsdienstes (SD) befand, übereck an einer Wand. Moltke brachte seine Teekanne und Tee für Freya mit, und ein SD-Beamter schenkte ihr sogar den Tee ein. Sie sprachen über die Kreisauer Landwirtschaft, konnten aber bei günstiger Gelegenheit auch einige persönliche Sätze miteinander wechseln, geschickt Informationen einflechten, sich hin und wieder verklausulierte Botschaften zukommen lassen oder sich auf Lesarten in kommenden Briefen verständigen.

20 Vgl. zu Drögen: Florian von Buttlar/Stefanie Endlich/Annette Leo: Füstenberg-Drögen. Schichten eines verlassenen Orts, Berlin 1994.

Moltke, der nicht zu Gefühlsausbrüchen neigte, konnte in den Briefen und Tagebucheintragungen, die er nach Besuchen von Freya schrieb, sehr emotional werden. Für ihn waren sie die «Höhepunkte», die «Freudentage», die «Hauptfreudentage». Mit Dankbarkeit und Genuss packte er in seiner Zelle die Gaben für Leib und Geist aus, die Freya mitgebracht hatte. Ihre Besuche strengten ihn manchmal so an, dass er anschließend gesundheitliche Probleme bekam. Das konnte über Appetitlosigkeit, Magenprobleme und Halsschmerzen bis zu Ohnmachtsanfällen reichen. Er beschrieb ihr immer entsprechend einer Vereinbarung zwischen ihnen sehr genau, wie sich sein gesundheitlicher Zustand nach den Besuchen entwickelte und wann und wie er die «Schätze», die sie mitgebracht hatte, verzehrte. Es waren darunter in der Tat erlesene Früchte, Leckerbissen aus Milch (Quark), Fleisch (Täubchen) und Wurst. Aber nicht alles verzehrte er selbst, sondern gab etliches an Mitgefangene oder an Wärterinnen weiter, die sich durch Geschenke zu Gefälligkeiten verleiten ließen.

Zweimal allerdings kam Freya vergeblich und konnte nur einen Koffer mit Wäsche und Büchern abgeben. Bei ihrem letzten Besuch war ihr Mann einen Tag zuvor, am 29. September, nach Berlin überführt worden. Sie bekam seine Zellenhinterlassenschaft ausgehändigt. Dazu gehörten auch die beiden Quarthefte seiner Tagebücher.

In zwei Briefen vom 28. und 29. November aus dem Gefängnis Berlin-Tegel, in denen er einen Rückblick auf seine Haftzeit in Ravensbrück gab und die in den vorliegenden Band aufgenommen wurden, hat Moltke einige seiner Mitgefangenen beschrieben. Am nächsten stand ihm Marie-Louise Sarre (Puppi), mit der er anfangs nur ein paar Worte durchs Fenster wechseln konnte, während er seinen Hofspaziergang machte. Puppi war die Schwägerin seines Freundes Eduard Waetjen und Mitarbeiterin des Rechtsanwalts Carl Julius Langbehn. Neben Puppi wurde eine zweite junge Frau für Moltke hilfreich und bedeutsam. Am 15. April wurde Isa Vermehren ins Lager eingeliefert, die er über seinen Bruder Willo kennengelernt und die zweimal auch Kreisau besucht hatte. Isa war zusammen mit ihren Eltern und ihrem Bruder Michael in Sippenhaft genommen worden, nachdem ihr Bruder Erich als Mitarbeiter der deutschen Abwehr in Istanbul zusammen mit seiner Frau zu den Engländern übergelaufen war. Noch eine weitere Bekannte gesellte sich hinzu: Prinzessin Ruspoli, die er als Freundin von General Alexander von Falkenhausen in Brüssel kennengelernt hatte. Diese vier nun machten sich durch das Pfeifen bestimmter Melodien aufeinander aufmerksam. Mitte Juni wurde Isa Vermehren ein Stockwerk höher auf die Südseite in die Nachbarzelle von Puppi verlegt, sodass der Kontakt zwischen ihnen noch enger wurde. Moltke überredete Isa, eine begnadete Musikerin und Sängerin, abends nach 10 Uhr Lieder anzustimmen. Sie sang italienische Volkslieder, lustige Weisen, Kirchenlieder und den gregorianischen Lobgesang. Im Juli erreichten sie, dass sie sich alle vier abends eine Stunde lang noch einmal im Hof treffen konnten.

Moltke charakterisierte auch einige weitere Zellengenossen. «Gerti» wusste gut über die verzwickten Zellenbau- und Lagerverhältnisse Bescheid. Sie berichtete ihm von ihren einundzwanzig Tagen ohne Essen in einer Dunkelzelle, «krumm geschlossen, d. h. Hände und Füße in eine Fessel geschlossen». Später wurde sie nach Auschwitz deportiert. (S. 318)

Einen besonderen Kontakt stellte Moltke zu einer der Wärterinnen her, die er «August» nannte. Dahinter verbarg sich Margarete Mewes, geb. 1914, unverheiratete Mutter von drei Söhnen, seit 1939 Aufseherin in Ravensbrück, nach verschiedenen Einsätzen ab Januar 1943 Aufseherin im Zellenbau, ab Februar 1944 zuständig auch für die «Ehren-, Sonder- und Sippenhäftlinge» des Reichssicherheitshauptamts.[21] Mit dieser Frau knüpfte Moltke eine Beziehung zum gegenseitigen Vorteil an. Als sie einmal über Kindererziehung diskutierten, «da stellte sich heraus, dass sie mit mir der Meinung war, dass es eine Kindererziehung ohne christliche Religion nicht gäbe, und dass sie deshalb ihre Mutter bei sich wohnen hatte, damit sie die Kinder nicht in den SS-Kindergarten geben müsste». (S. 319 f.)

Besonders wichtig waren für die Insassen im Zellenbau Nachrichten über neue Häftlinge. Von Peter Yorcks Ankunft nach dem 20. Juli 1944 erfuhr Moltke «binnen 20 Minuten, auch dass Kleist und Schwerin mit ihm gekommen waren. Schacht und Popitz, Leber, Haubach, Leuschner, Maaß, Wirmer usw. waren uns innerhalb 24 Stunden angezeigt, sogar mit Zellennummern …» (S. 323). An weiteren Namen erwähnte er: Erwin Planck, Werner von Alvensleben-Neugattersleben, Rudolf Pechel, den Verleger Peter Suhrkamp, Hanna Solf und ihre Tochter Gräfin Ballestrem, Franz Halder und Frau, Nikolaus Groß, Andreas Hermes, Gustav Dahrendorf, Frau Henschel und Otto Gessler. Fast alle kannten sich persönlich aus Ber-

21 Zu Margarete Mewes vgl. Eva Wolfangel: «Nie anders, als ein willenloses Rädchen», in: Simone Erpel (Hg.): Im Gefolge der SS: Aufseherinnen des Frauen-KZ Ravensbrück, Berlin 2007.

liner Tagen. Moltke hat jedoch nirgends erwähnt, dass er die Gelegenheit gehabt hätte, mit diesen Mitgefangenen länger zu sprechen. Nur mit Leber und Haubach sollte Moltke später noch näheren Kontakt haben.

Die SS-Sonderbewacher verhielten sich im Rahmen der allgemeinen Haftbedingungen Moltke gegenüber korrekt, und gelegentliche Gaben Moltkes konnten sie sogar hilfsbereit machen. Auch die Tatsache, dass sie es mit gebildeten, lesenden und schreibenden Menschen einer anderen Schicht zu tun hatten, die wie im Falle Moltkes nicht einmal Häftlingskleidung trugen, dürfte ihr Verhalten etwas respektvoller gemacht haben.

Auf der anderen Seite gab es die «schrecklichen Dinge», etwa die Schläge mit der Nagaika: «Die Frauen wurden nackt in Gegenwart von Lagerführer und Arzt festgeschnallt und von zwei Mitgefangenen geprügelt. Schräg unter mir lag ein Mal eine, die hatte 75 bekommen, in drei Raten. Der Rücken war ganz aufgeplatzt, aber es war erstaunlich, wie schnell sie sich erholte.» (S. 322) Für die prügelnden Mithäftlinge gab es, wie Moltke von seinen polnischen Freundinnen in der Küche erfahren hatte, eine Fleischzulage. Oder Häftlinge wurden eingeladen, «einen Spaziergang ums Lager zu machen», das heißt, sie wurden erschossen.

Während Moltke nur wenig über die Interna des Zellenbaus und seine Insassen schreiben konnte, hat seine Freundin und Leidensgenossin Isa Vermehren gleich nach ihrer Befreiung schon im Herbst 1945 ihren Aufenthalt im Zellenbau, dem ein Aufenthalt im Frauenlager folgte, beschrieben. Dieser Bericht, dem sie den Titel *Reise durch den letzten Akt* gegeben hat,[22] ist einer der ersten Versuche, das in Gefängnissen und Konzentrationslagern Erlebte nachträglich zu verstehen. Isa Vermehren hat in ihrem Bericht ein eindrucksvolles Porträt von Moltke gezeichnet, mit dem sie sehr vertraulich gesprochen haben muss:

«Zu den vollendetsten Erscheinungen aus der Reihe dieser Sonderhäftlinge gehörte Helmuth Graf von Moltke, der im Zusammenhang mit dem Kiep-Thadden-Prozess im Februar 44 nach Ravensbrück gekommen war. Er war nicht auf der Teegesellschaft gewesen, sondern hatte, und das machte man ihm jetzt zum Vorwurf, bei anderer Gelegenheit Kiep vor zu leichtfertigen Äußerungen staatsfeindlicher oder defaitistischer Art gewarnt, anstatt ihn

22 Vgl. Isa Vermehren: Reise durch den letzten Akt. Ravensbrück, Buchenwald, Dachau: eine Frau berichtet, Hamburg 1946, Neuausgabe 2005.

Isa Vermehren im Frühjahr 1944 als Gefangene der Gestapo im Palasthotel zu Potsdam

deswegen bei der Gestapo anzuzeigen. Nach Beendigung des Kiep-Thadden-Prozesses wurde auch seine Freilassung erwogen, d. h., ihm wurde zur Wahl gestellt, freiwillig an die Front zu gehen oder aber überführt zu werden in eine Art NS-Schulungs- und Bewährungslager. Während dieses noch verhandelt wurde, ereignete sich die Katastrophe des 20. Juli, die auch für Moltke zum Verhängnis wurde. Im Laufe der vielen und leider immer sehr flüchtigen Unterhaltungen mit ihm hat sich mir etwa folgendes Bild ergeben: Von einer unmittelbaren Beteiligung am 20. Juli seinerseits kann nicht die Rede sein, er saß seit Februar im Zellenbau von Ravensbrück. Aber wie viele verantwortungsbewusste Männer, so hatte auch er sich gesagt, dass man dem vorauszusehenden Zusammenbruch Deutschlands so etwas wie eine Auffangbewegung entgegenstellen müsse, um das schlimmste innerpolitische und wirtschaftliche Chaos nach dem Sturz des Hitler-Regimes zu verhüten. So hatte er die Verbindung hergestellt zwischen den noch vorhandenen aktiven politischen Kräften der SPD und des Zentrums, und zweimal hatte er sein Haus in Kreisau für Begegnungen und Besprechungen dieser Art zur Verfügung gestellt. Sein Interesse an Politik war, wie er mir selber sagte, mehr theoretischer als praktischer Natur, und ganz gewiss ist er nicht unter die revolutionären Aktivisten zu zählen. Im Gegenteil, er ist von Anfang an ein Gegner radikaler Handlungen gewesen, also auch ein

Gegner der Attentatsgläubigen; er war klug genug, vorauszusehen, dass ein gelungenes Attentat nicht weniger verhängnisvoll gewesen wäre, als das misslungene es wurde für alle direkt und indirekt Beteiligten und schließlich für das ganze Volk. Hitler, so meinte er, müsse unbedingt sich selbst und sein Regime ungestört zugrunde richten, damit den alten Nationalsozialisten kein Argument zu ihrer Verteidigung blieb. Wie richtig die Überlegung war, erwies sich schon in der primitiven Reaktion unserer SS-Aufseher auf den 20. Juli, die allen Ernstes behaupteten, dass eben diese reaktionäre Clique, die im Attentat auf Hitler nur zu ihrem letzten Schlag ausgeholt hätte, auch verantwortlich sei für El-Alamein und Stalingrad. Sie, diese Clique, zusammengesetzt aus Aristokraten, Freimaurern und Katholiken, hätte Hitler den Sieg nicht gegönnt und schon seit Jahren an ihrem jeweiligen Posten dagegengearbeitet. So offensichtlich die Dummheit dieser Überlegung auch ist, so fest und überzeugt saß sie doch in den Köpfen dieser Menschen, deren Meinung man deshalb ernst nehmen muss, weil sie ein Gewicht hat dank der Menge derer, die sie teilen.

Nach dem 20. Juli ging Moltke ganz bewusst mit jedem neuen Verhör auch einen weiteren Schritt seinem Tode entgegen. Sein Name war gefunden worden in der Reihe derer, die für die Goerdeler-Regierung vorgesehen waren, und da Moltke die Lüge als Ausflucht verschmähte, blieb ihm nur die todbringende Wahrheit. ‹Wie kann ich jetzt lügen›, sagte er mir, ‹und dadurch das nachträglich vernichten und verraten, was ich auch heute noch für das Richtige und das Notwendige halte?› Er gehört zu den wenigen, von denen man mit ganzer Gewissheit sagen kann, dass sie zum Märtyrer geworden sind. Im Bekenntnis der Wahrheit lieferte er sich mit vollem Bewusstsein diesen Henkersknechten aus; um diesem Tode zu entgehen, hätte er geistig sich selbst umbringen müssen, indem er das verleugnete, um dessentwillen er bisher gelebt hatte.

Seine Haltung in diesen Wochen war über die Maßen beeindruckend. Seine freundschaftliche Teilnahme für uns alle war immer gleichbleibend aufgeschlossen und herzlich. Immer verkleidete sich die tiefe Skepsis seines Wesens mit einem unbekümmerten, etwas ironischen Lächeln. ‹Hoffnung ist nicht mein Metier›, sagte er einmal freundlich, und in dem Schornstein des Krematoriums hat er nie etwas anderes erblickt als das tägliche Memento.»[23]

[23] Ebd., 36–38.

Moltke als Leser: Die Bibel und Luther

Moltke war in der Haft ein unermüdlicher Leser. Der Wechsel in der Lektüre strukturierte den Tag. Moltke unterschied zwischen Lektüre als Arbeit und Nichtarbeit. Arbeit war für ihn das systematische Durcharbeiten von Fachliteratur. Wenn er sie nicht ganz verstanden hatte, arbeitete er sie noch einmal durch. Ein schnelles Überlesen oder willkürliches Auswählen von Texten ließ er sich nicht durchgehen.

Bis zum Ende der Haft in Ravensbrück las Moltke neben historischen, landwirtschaftlichen und literarischen Büchern täglich in der Bibel. An den ersten drei Tagen las er alle Paulusbriefe, danach den 1. Petrusbrief und alle übrigen Apostelbriefe. Um sie besser geschichtlich einordnen zu können, las er parallel dazu die Apostelgeschichte. Dass er mit Luther die Theologie des Paulus für die sachgerechte Interpretation der christlichen Botschaft hielt, überrascht bei seiner protestantischen Herkunft nicht. Die Evangelien, die Moltke gleich nach den Apostelbriefen in Ravensbrück las, waren für ihn der Versuch, den Lebensweg des Jesus von Nazareth, seine Taten und Worte, seinen Leidensweg und seine Auferweckung zu verstehen und theologisch zu deuten. Er las sie als Bekenntnistexte der glaubenden Gemeinde. Wenn er etwa Karfreitag 1944 die Leidensgeschichten und Ostern die Auferstehungsberichte der vier Evangelien las, verstand er sie als verschiedene Zeugnisse des einen Ereignisses. Einen besonderen Rang hatte für ihn das Johannesevangelium, vor allem der berühmte Prolog. In diesem Hymnus auf den präexistenten Logos, der in Christus Fleisch geworden war, sah er die Grundlage des Neuen Testaments.

Moltke las die Bibel nicht vorrangig zur Erbauung in aussichtsloser Lage, sondern vor allem, um seinen Glauben mit religionsgeschichtlichen und theologischen Kenntnissen zu untermauern und die Bedeutung der Bibel für die Gegenwart auszuloten. Vermutlich verstand er die christliche Botschaft als radikalen Gegenentwurf zur nationalsozialistischen Ideologie, als Fundament für eine andere personale und soziale Ethik und für ein anderes praktisches Ethos im Alltagsleben. Für Moltke hatte das Böse oder «der Böse» im Gewande einer säkularen Erlösungsreligion sein geschichtliches Wirkungsfeld gefunden. Hitlers Politik war für ihn ein «Triumph des Bösen», Hitler ein «Vollstrecker des Bösen», wie es später sein Freund Hans Bernd von Haeften vor Freisler formuliert hat.[24]

In der Regel begann oder beschloss Moltke den Tag mit einer Bibellektüre. Auch wenn er seine Lieblingskapitel im Alten und Neuen Testament hatte, so las er beide Testamente bis zum Ende der Haft in Ravensbrück einige Male vollständig durch. Was ihm zwischendurch am Tage immer wieder half, war das Lesen und Beten von Psalmen. Sie waren ihm Zeugnisse gelebter Frömmigkeit, ob als Dank, Klage oder Hilferufe in existentieller und seelischer Not. So hat der 118. Psalm mit seiner Überschrift «Dankbares Bekenntnis zur Hilfe Gottes» für ihn eine besondere Rolle in der Situation eines auf seine Anklage wartenden Häftlings gespielt, aber auch seine Hoffnung auf ein Weiterleben gestärkt. Von ähnlich aktueller Bedeutung waren für Moltke die Bücher der Propheten. Sie konfrontierten im Bewusstsein eigener göttlicher Sendung ihre Zeitgenossen mit dem Willen Gottes. Sie predigten gegen den Götzendienst und ermahnten zur Rückkehr zum wahren Gott Israels.

Moltke wusste seit seiner Schulzeit, dass es eine historisch-kritische Methode gab, die die verschiedenen Entstehungszeiten und die verschiedenen theologischen Bearbeitungen der zunächst mündlich tradierten Texte herausarbeitete. Er bat um entsprechende theologische Veröffentlichungen zum Alten und Neuen Testament. Er hat sie bekommen, aber keine Namen und Titel genannt. Nur einmal spricht er von zwei «Schriftchen» von Adolf Schlatter. Es könnte darunter dessen Arbeit *Paulus der Bote Jesu* gewesen sein. Auch eine kleine Römerbriefauslegung von ihm erwähnt Moltke. Zweimal arbeitete er *Die Theologie der Auferstehung* von Walter Künneth durch. Seine Tagebucheintragung vom 22. Februar 1944 macht deutlich, dass er «die Auferstehung 1. Kor. 15 als einen der Angelpunkte des ganzen Glaubens ansieht». Ähnlich äußerte er sich in einem Brief vom 24. Februar an Freya.

Die Reformation und ihre Bedeutung für die Moderne fanden Moltkes besonderes Interesse. Er las umfangreiche Werke über alle Phasen der reformatorischen und nachreformatorischen Geschichte sowie zahlreiche Schriften Luthers und Abschnitte aus den reformatorischen Bekenntnisschriften. Das Lutherstudium nahm parallel zur Bibellektüre einen brei-

[24] Vgl. Bengt von zur Mühlen (Hg.): Die Angeklagten des 20. Juli vor dem Volksgerichtshof, Berlin 2001, 215.

ten Raum ein. Benutzt haben dürfte er anfangs die sogenannte Münchener Ausgabe der *Ausgewählten Werke Martin Luthers,* die von 1934 bis 1940 in acht Bänden erschienen war. Später lieh ihm der Gräditzer Ortspfarrer die sechsbändige sogenannte *Calwer Luther-Ausgabe.*[25]

Moltke bewunderte die Kraft von Luthers Sprache. Er konnte Luthers realistischem Menschenbild nur beipflichten: Lüge, Hass, Neid, Bitterkeit, Betrug, Unbarmherzigkeit, Unkeuschheit und Unrecht zerstörten die Gemeinschaft der Menschen. Besonders liebte er den Großen Katechismus Luthers, in dem alle Gebote nach dem Grundschema interpretiert werden: Gott oder Abgott. Letztlich war für Moltke der sich zum Selbst- und Gegengott stilisierende Mensch verantwortlich für die Übel der Zeit. In der Außerkraftsetzung des Ordnungsmodells der Zehn Gebote sah er nicht nur eine Ausnahme-Maßnahme des Staates im Krieg, sondern eine Konsequenz des nationalsozialistischen Denkens – und in den Zehn Geboten das stärkste moralische Bollwerk gegen den Nationalsozialismus.

Unter den vielen Texten Luthers kam die Schrift *Von der Freiheit eines Christenmenschen* Moltkes religiösem Bewusstsein am nächsten. Nach Luther macht der Glaube an Jesus Christus den Menschen frei von sich selbst und dadurch frei für die Erfüllung der Gebote Gottes. Der befreite Mensch wird damit frei für die Werke der Hinwendung an die Nächsten und frei für die praktische Liebe. Durch diesen Glauben wird auch die Erfüllung des ersten Gebots möglich: Gott Gott sein zu lassen. Wer dieses Gebot erfüllt, erfüllt auch die anderen Gebote. Die Hauptaussage der Schrift – «Ein Christenmensch ist ein freier Herr über alle Dinge und niemand untertan. Ein Christenmensch ist ein dienstbarer Knecht aller Dinge und jedermann untertan»[26] – dürfte Hel-

25 Calwer Luther-Ausgabe: 6 Bde., Stuttgart 1940.

26 Aus der Frühzeit Luthers las Moltke: «Auslegung deutsch des Vater Unsers» (1519); «Sermon von der Bereitung zum Sterben» (1519). – Von den reformatorischen Hauptschriften: «Von den guten Werken» (1520); «An den christlichen Adel deutscher Nation von des christlichen Standes Besserung» (1520); «Vom babylonischen Gefängnis der Kirche» (1520); «Ein Sendbrief an den Papst Leo den Zehnten» (1520); «Von der Freiheit eines Christenmenschen» (1520); «Warum des Papsts und seiner Jünger Bücher von Doktor Martino Luther verbrannt sind» (1520); «Grund und Ursach aller Artikel, so durch römische Bulle unrechtlich verdammt sind» (1520). – Von den Schriften zur Neuordnung der Gemeinde, des Gottesdienstes und der Lehre: «Dass eine christliche Versammlung oder Gemeine Recht und Macht habe, alle Lehre zu beurteilen» (1523); «Ordnung eines gemeinen Kastens» (1523); «Vom unfreien Willen» (1525); «Deutsche Messe und Ordnung des Gottesdienstes» (1526); «Der Kleine Katechismus» (1529); «Der Große Katechismus»

muth James von Moltkes eigenem Glaubensverständnis und seiner Erfahrung entsprochen haben.

Da Moltke Luthers Schriften als Widerstandstexte aus der Zeit der Reformation verstand, konnte er sie für den eigenen Widerstand fruchtbar machen. Luthers Schrift *Von weltlicher Obrigkeit. Wie weit man ihr Gehorsam schuldig sei* las er nicht als theologisches Manifest für die Eigengesetzlichkeit des Politischen und für die Grenzenlosigkeit obrigkeitlichen Handelns, sondern als ein Beispiel für eine theologisch-kritische Reflexion über die Aufgaben des weltlichen Schwerts und über die Grenzen des Gehorsams der Untertanen.[27]

Moltke stand nie in der Versuchung, sich an dem nationalreligiösen Ausverkauf eines von jüdischen Elementen gereinigten Evangeliums für deutsche Seelen und Bedürfnisse zu beteiligen. Die Bewegung der Deutschen Christen, die den Protestantismus an die antisemitische Ideologie des Nationalsozialismus anglichen und seit 1933 dominierten, oder völkische Religionsentwürfe waren für ihn Irrwege. Sein Glaube an den Juden Jesus als den Christus der Welt ließ keinen religiösen, rassischen oder politischen Antisemitismus zu. An den Juden Jesus von Nazareth als den Christus Gottes zu glauben und ihn zu bekennen, war angesichts der exklusiven Ansprü-

(1529); «Confessio Augustana» (1530); «Schmalkaldische Artikel» (1537). – Über christliche Verantwortung in der Welt: «Von weltlicher Obrigkeit, wie weit man ihr Gehorsam schuldig sei» (1523); «An die Ratsherren aller Städte deutschen Landes, dass sie christliche Schulen aufrichten und halten sollen» (1524); «Ob Kriegsleute auch im seligen Stande sein können» (1526); «Vom Kriege wider die Türken» (1529); «Von Ehesachen» (1530); «Eine Predigt, dass man Kinder zur Schule halten solle» (1530); «Wider Hans Worst» (1541). – An Schriftauslegungen: «Vierzehn Tröstungen für Mühselige und Beladene» (1520); «Das Magnificat» (1521); «Vorrede auf das Neue Testament» (1522); «Vorrede auf das Alte Testament» (1523). – Über religiöses und politisches Schwärmertum: «Wider die himmlischen Propheten, von den Bildern und Sakrament» (1525); «Ein Sendbrief von dem harten Büchlein wider die Bauern» (1525). – Seine Lutherlektüre begleitete er mit folgender Lektüre: Leopold Ranke: Geschichte der Reformation in Deutschland, Berlin 1918; ders.: Die römischen Päpste in den letzten vier Jahrhunderten, 2 Bde., München/Leipzig 1923; Karl Holl: Gesammelte Aufsätze zur Kirchengeschichte, Bd. I: Luther, Tübingen 1921, 2. Aufl. 1923, Bd. II: Der Osten, Tübingen 1928; Bd. III: Der Westen, Tübingen 1932; Ernst Troeltsch: Die Bedeutung des Protestantismus für die Entstehung der modernen Welt, München/Berlin 1911.

27 Moltke benutzte die achtbändige sog. Münchener Lutherausgabe, hg. von Hans Heinrich Borcherdt, München 1934–1940, hier Bd. 2, 269; auch in: «Von der Freiheit eines Christenmenschen», Gütersloh 1977, 162 ff.; Moltkes früheste Äußerung über den Freiheitstraktat in: Moltke/Balfour/Frisby (wie Anm. 2), Brief vom 24.3.1930, 48.

che einer totalitären antichristlichen Weltanschauung der denkbar tiefste geistige Widerstand. Dieser ging in seiner Substanz und in seinen möglichen Auswirkungen weit über einen politischen Widerstand, der sich auf einzelne Elemente der NS-Politik bezog, hinaus. Moltke verstand sich in diesem epochalen Geisteskampf immer bewusster als Christ. Sein Nein zum Nationalsozialismus war so radikal, wie der Gegenanspruch total war. Umgeben von einer Welt des Quälens und Tötens baute der Ravensbrücker Sonderhäftling seine schon im Berliner Gefängnis entwickelte Überlebensstrategie weiter aus. In den wenigen Quadratmetern seiner Zelle entstand ein geistiges Widerstandsnest, in dem er las und durchdachte, was eine Alternative zum herrschenden System war und nach dem Krieg wieder Geltung erlangen sollte.

Moltke als Leser: Kant, Goethe, Bismarck und andere

In vielen Tagebucheintragungen berichtet Moltke von seinen immer wieder unterbrochenen und immer wieder neu begonnenen Bemühungen um das Verständnis von Kants *Kritik der reinen Vernunft*. Dieses Werk beschäftigte ihn seit jungen Jahren. Fast in einer Trotzhandlung wollte er nun die im Gefängnis gegebene Zeit nutzen, um endlich diese Philosophie zu verstehen und ihren Nutzen für das eigene Selbstverständnis zu erkennen. Allein schon die Lektüre der beiden Vorreden zu den Ausgaben von 1781 und 1789 wird viel Zeit in Anspruch genommen haben, geschweige denn die der folgenden umfangreichen Kapitel. Leider lässt sich über Moltkes Kantlektüre wenig sagen. Bisweilen hat man den Eindruck, er habe diesen systematischen Denker vor allem deshalb gelesen, um sein eigenes Denken methodisch zu überprüfen und zu verbessern.

Zum literarischen Kanon gehörte für die Generation Moltkes Goethes *Faust*. Moltke hatte das Drama in der Schulzeit gelesen und in Berlin eine *Faust*-Aufführung erlebt. Nun las er bestimmte Abschnitte noch einmal. Im Kontrast zur Vereinnahmung der Weimarer Klassik durch den Nationalsozialismus sah er in der deutschen Klassik ein Stück des anderen, des kulturellen und humanistischen Deutschland. Goethes *Wilhelm Meister* schätzte er wegen der Fülle an moralischen, religiösen, pädagogischen und ästhetischen Erkenntnissen. Von Jugend an waren für ihn die «Drei Ehrfurchten» richtunggebende Imperative: die Ehrfurcht vor dem, was über uns ist, vor dem, was unter uns ist, und vor dem, was uns gleich ist. Goethes Gedichte und andere kleinere literarische Schöpfungen gehörten ebenfalls zum Bildungskanon. Je nach Gefühlslage, hin und wieder auch am Ende eines Tages, ließ sich aus diesem geistigen Handgepäck Passendes und Erbauendes finden.

Vom 4. bis 11. August las Moltke intensiv einige Kapitel des Romans *Witiko* von Adalbert Stifter. Dieses monumentale Geschichtsgemälde, angesiedelt im 12. Jahrhundert in der Frühzeit der tschechischen Staatsgründung mit ihren blutigen Auseinandersetzungen um die Königswürde, zeigt einen Mann, der sich nicht von den niederen Instinkten eines Machtmenschen leiten lässt, sondern sich an das Sittengesetz gebunden weiß. Man wird vermuten dürfen, dass für Moltke dieser Roman vor allem eine Botschaft hatte: Wehret den gesetz- und morallosen Machtmenschen.

Wie viele seiner Generation griff Moltke auch zu Bismarcks *Gedanken und Erinnerungen*. Hier konnte er eintauchen in die Zeit von 1847 bis 1888. Hier ließ sich lernen, wie man mit politischen Konstellationen und Konflikten umgehen konnte. Moltke war nicht unkritisch gegenüber der Politik Bismarcks, aber er hatte auch einen Blick für seine Leistungen. Zwischen seiner Politik und der Politik des nachfolgenden Wilhelminismus, der Deutschland in die Weltkriegskatastrophe geführt hatte, wusste er zu unterscheiden.

Es fällt auf, dass Moltke sich keine Darstellungen der Weimarer Zeit mitbringen ließ. Das dürfte nicht mit mangelndem Interesse an dieser Phase, die schließlich auch seine eigene Lebensphase war, zusammenhängen, sondern mit der Tatsache, dass Werke zeitgenössischer Geschichtsschreibung wohl nicht die Kontrolle passiert hätten – schon gar solche nicht, die sich mit der den Nationalsozialisten verhassten Weimarer «Systemzeit» befassten.

Der Gutsherr im Gefängnis

Freyas Besuche galten nicht nur der persönlichen Begegnung, sondern auch der Information über die Lage der Kreisauer Landwirtschaft. Moltke nahm intensiv Anteil an allen Fragen, die eine moderne Landwirtschaft mit sich brachte. Er befasste sich besonders mit dem «Voranschlag» über die Kosten und möglichen Gewinne der landwirtschaftlichen Produkte, der Milchproduktion und der Schafzucht. Es gab kaum etwas, was er nicht zur Kenntnis genommen und bedacht hätte. Die Briefe an Freya handeln viel vom Leben auf dem Gut, von der Planung des Getreide- und Früchtean-

Gutsinspektor Adolf Zeumer, Helmuth James und Freya von Moltke

baus, von der richtigen Nutzung der Weide- und Waldflächen. Er kannte jede noch so kleine Nutzfläche, ihre Bodenqualität und ihre Ertragsmöglichkeiten. Auch den Maschinenpark des Gutes hatte er vor Augen. Er wusste, wie schwer es unter den Bedingungen der Kriegswirtschaft und der Abgabepflichten war, den Betrieb rentabel zu führen und das notwendige Personal zu rekrutieren. Längst lief der Betrieb nur, weil es polnische Landarbeiter gab, die der Gutsinspektor jenseits der oberschlesischen Grenze angeworben hatte, die also freiwillig auf dem Gut arbeiteten. Mit ihnen menschlich umzugehen, sie gleichzeitig aber wegen möglicher Sabotageakte kritisch zu beobachten, war Moltke ein Anliegen.

Für den Gutsbetrieb war für Moltke der Inspektor Adolf Zeumer die wichtigste Bezugsperson. Dieser landwirtschaftlich erfahrene «Gutsbeamte», der seit 1929 auf Kreisau beschäftigt war, hatte ein loyales Verhältnis zum jungen Besitzer des Gutes entwickelt. Aber er betrachtete sich nicht als «Untergebenen» und «Befehlsempfänger». Er nahm seine Verantwortung für den Gutsbetrieb selbstbewusst wahr. Moltke übte in Briefen an seine Frau, aber auch an Zeumer selbst, in einigen Fällen Kritik an dessen Entscheidungen, aber immer argumentativ, nie herrschaftlich; denn er bestritt nicht das Letztentscheidungsrecht und die Kompetenz seines Inspektors in landwirtschaftlichen Fragen, und ein autoritärer Umgang mit anderen lag ihm ohnehin nicht. Zeumer war Mitglied der NSDAP und vertrat als Ortsvorsteher in Kreisau die lokale Polizeigewalt. Er wusste genau, dass die Moltkes politisch anders dachten als er selbst. Aber er gab seine Loyalität ihnen gegenüber nie auf und denunzierte Moltke, seine Familie und seine Besucher im Berghaus nicht. Als die Moltkes sich weigerten, am Schloss und am Berghaus die Hakenkreuzfahne zu hissen, sprang er ein und beflaggte sein Verwalterhaus am Gutseingang.

Moltke hatte sich im Laufe der Zeit durch Beobachtung und Praxis ein beachtliches landwirtschaftliches Wissen angeeignet. Aber nun hatte er die Möglichkeit, sein Wissen durch Fachlektüre zu vertiefen. Deshalb beschloss er, in der Haft ein systematisches agrarwissenschaftliches Selbststudium zu betreiben. Monatelang arbeitete er landwirtschaftliche Handbücher durch: eine *Ackerbaulehre* von Theodor Römer, eine *Allgemeine landwirtschaftliche Betriebslehre* von Friedrich Aereboe, ein Buch über die Ernährung der landwirtschaftlichen Kulturpflanzen von Wilhelm Schneidewind, ergänzt durch Handbücher für Pflanzenbestimmungen und Pflanzenernährung. Es gibt kaum einen Bereich der Agrarwissenschaft, zu dem er nicht Fachliteratur gelesen hätte.

Die Beobachtung des Wetters gehörte zu Moltkes Tagesprogramm. Dabei dachte er immer an die möglichen Wetterbedingungen in Kreisau. Seine letzte Tagebucheintragung in Ravensbrück vom 18. August 1944 schließt mit dem Satz: «Es war ein schöner warmer Sommertag mit mittlerer Wolkenbildung, und ich sah im Geiste die Erntewagen bei uns in den Hof fahren.» Auch die Briefe dokumentieren Moltkes emotionale Nähe zu seinem Besitz, der für ihn von Jugend an eine soziale Verpflichtung gegenüber der Familie und den Landarbeitern einschloss.

Verhöre, Dunkelhaft und die Verlegung nach Berlin

Die Gestapo bildete für die Angehörigen der «Teegesellschaft» um Hanna Solf eine «Sonderkommission» unter Kriminalrat Lange, der später auch die «Sonderkommission 20. Juli» leiten sollte. Als die Solf-Gruppe am 6. Februar 1944 nach Ravensbrück verlegt wurde, fand Lange mit seinen Mitarbeitern Unterkunft in der Sicherheitspolizeischule in Drögen, das etwa sieben Kilometer von Ravensbrück entfernt lag. Die Häftlinge wurden mit Dienstwagen der SS zu den Verhören nach Drögen gebracht. Kiep, Bernstorff und Kuenzer wurden dort «verschärft» verhört und gefoltert. Moltke blieb die Folter erspart.

Die Verhöre von Berlin wurden am Abend des 22. Februar in Drögen fortgesetzt. Wie immer brachten Verhöre Moltkes «Seelenlage» durcheinander. Sie mussten mit größter Konzentration durchgestanden werden. Die Kriminalkommissare der Gestapo sprachen eine harte Sprache. Moltkes Vorteil war, dass er als Rechtsanwalt seine Aussagen geschickt und präzise formulieren konnte. Sein Gegenüber musste sich schon anstrengen, um ihn in die üblichen Fallen zu locken und seine Widerstandskraft zu schwächen. Als es am 29. Februar für einen langen Tag nach Berlin zurückging, er von morgens bis abends warten musste, um fünfzehn Minuten verhört zu werden und fünf Minuten eine Gegenüberstellung über sich ergehen zu lassen, zehrten die langen Stunden des Wartens an seinen Nerven. Makaber war, dass sich alles in dem kalten Gebäude einer ehemaligen Synagoge und in einem jüdischen Altersheim abspielte. Als Moltke am nächsten Tag wieder zwölf fürchterliche Stunden in Drögen verhört wurde und dabei erneut eine Gegenüberstellung ertragen musste, beeinträchtigte das seine Konzentrationsfähigkeit und seine Gesundheit. Aber auch diese zwei Tage ließen ihn nicht zusammenbrechen, er erholte sich langsam durch die Regelmäßigkeit seiner übrigen Tagesabläufe.

Dass die Verhöre einer gewissen Systematik folgten, zeigt eine Aufzeichnung Moltkes nach einem Verhör am 7. März, dass er sich für die nächste Sitzung Notizen mache, da ihm das Thema mitgeteilt worden sei. Es dürfte immer noch um seine mögliche Rolle im Solf-Kreis gegangen sein. Moltke selbst sah diese erste Runde in der Kiep-Sache für sich so günstig, dass er am 20. März brieflich Kriminalrat Lange bat, seine Entlassung zu prüfen. Die Antwort kam schon drei Tage später bei einem Besuch von Lange und Huppenkothen im Zellenbau: Man bereite eine Anklage wegen Begünstigung oder wegen Teilnahme an Hoch- und Landesverrat vor. Alle Hoffnungen zerstoben. Es folgte eine unruhige Nacht, und Moltke überfielen wieder Kopfschmerzen. Aber er ließ nicht locker: Am 26. März schrieb er erneut an Huppenkothen. Da er mit niemandem über den Inhalt diskutieren konnte, schickte er den Brief ab, obwohl er an der Richtigkeit seiner Argumentation zweifelte. Am Ostermontag wurde er von Kommissar Sonderegger verhört, dieser fragte ihn aber nur über seinen Lebenslauf aus. Möller setzte am 19. April ein Verhör über «Generalia und subjektiven Tatbestand» fort. Vorher hatte ihm Huppenkothen versichert, dass die Argumente aus seinem Brief vom 26. März Berücksichtigung finden würden. Moltke bemerkte im Tagebuch lapidar: «Mir scheint, das war eine freundliche Art zu sagen, dass nichts geschieht.»

Die Kommissare Lange, Huppenkothen, Sonderegger und Möller müssen sich in den folgenden Wochen über den «Fall Moltke» verständigt haben. Denn nach fast vier Wochen ohne weitere Verhöre erschien Lange und eröffnete ihm, dass der Reichsführer SS, Heinrich Himmler, der in diesen Wochen konsultiert worden sein muss, einer Entlassung zugestimmt habe. Über die Bedingungen sei noch zu verhandeln. Dies geschah am 20. Mai. Moltke unterschrieb zwei Erklärungen: die erste zu seinem Verhalten in der Kiep-Sache und die zweite, dass er bereit sei, sich nach der Entlassung freiwillig zum Frontdienst bei der Infanterie oder bei den Fallschirmjägern zu melden. Er unterschrieb diese Erklärungen, um den Klauen der Gestapo zu entkommen, aber sie belasteten ihn so, dass er wieder nur unkonzentriert lesen und unruhig schlafen konnte. Nach langen drei Wochen suchte ihn der Chef der Gestapo, General Müller, selbst auf, um ihm mitzuteilen, er hoffe, dass der Reichsführer SS bald die Entlassung anordnen werde. Moltke, der nichts sehnlicher erwartete, war die ganze Zeit über skeptisch geblieben. Er wusste, dass man sich auf Ankündigungen der Gestapo nicht verlassen konnte.

Freya war in dieser Zeit nicht untätig geblieben. So suchte sie Ende Juni ihrerseits Huppenkothen in Berlin auf. Über dieses Gespräch wird sie ihrem Mann bei ihrem nächsten Besuch in Droegen am 4. Juli berichtet haben. Vor diesem Gespräch der Eheleute informierte Lange Moltke in kurzen Worten davon, dass die Entlassung unter der Bedingung angeordnet worden sei, dass er aus der Wehrmacht austrete und Industriearbeiter werde. Noch konkreter wurde Lange am 11. Juli, als er Moltkes Entlassung binnen drei oder vier Tagen ankündigte. Es kann kein Zweifel daran bestehen, dass die Gestapo nach ihren vielen Verhören tatsächlich bereit war, Moltke zu entlassen. Für eine Anklage wegen Landes- und Hochverrats hatte sie keine Anhaltspunkte. Es war ihr nicht gelungen, andere konspirative Kontakte Moltkes als eine lose Verbindung zum Solf-Kreis zu entdecken.

Neun Tage nach der Ankündigung der Entlassung, am 20. Juli 1944, wurde das Attentat auf Hitler verübt. Die Gestapo konzentrierte sich nun auf die Verfolgung des engeren Kreises der am Attentat beteiligten Männer und Gruppen des militärischen Widerstands und der zivilen Kombattanten und Mitwisser. Der «Fall Moltke» geriet zunächst an den Rand ihres Interesses. Moltke, der Nachrichten hören und den *Völkischen Beobachter* lesen konnte, erfuhr, wer von seinen Bekannten und Freunden erschossen oder verhaftet worden war. Von den im Bendlerblock nachts Erschossenen kannte er Ludwig Beck aus vielen Gesprächen. Werner von Haeften war zeitweilig sein Mitarbeiter und Claus von Stauffenberg sein Gesprächspartner gewesen. Die Verhafteten Peter Yorck, Eugen Gerstenmaier, Fritz-Dietlof von der Schulenburg und Ulrich von Schwerin waren alte Bekannte, Freunde und Mitverschworene. Wenige Tage später wurden Hans Bernd von Haeften, Adam von Trott, Alfred Delp, Hermann Maaß und Theo Haubach verhaftet. Julius Leber und Adolf Reichwein waren schon seit Anfang Juli in Haft. Moltke war klar, dass es nur eine Frage der Zeit war, bis die «Sonderkommission 20. Juli» seine Verbindungen zu diesen Männern aufdecken würde.

Am 21. Juli kam die erste große Unruhe ins Lager. Von diesem Tag an wurden im Verlauf einiger Wochen Yorck, Leber, Haubach, Guttenberg, Leuschner und Maaß in Ravensbrück eingeliefert. Auch die anderen im Zusammenhang mit dem 20. Juli Verhafteten – mit Ausnahme von Hjalmar Schacht – kannte Moltke persönlich. Nun wurde er unruhig. Moltke konnte sich lebhaft vorstellen, was auf ihn zukam. Die Zeit des Ausgangs wurde stark eingeschränkt, weil die Überbelegung des Zellenbaus durch immer neue Gefangene, die auch nach draußen geführt wurden, die alten, großzügigeren Regelungen aufhob. Er musste seine Zelle 25 verlassen, konnte aber zwischen zwei anderen Zellen wählen. Obwohl sie auf der Nordseite des Zellenbaus lag, wählte er die Zelle 12. Von seinem Fenster aus hatte er nun einen unmittelbaren Einblick in das laute und brutale Lagerleben.

Die Briefe, die Moltke Ende Juli an Freya schrieb, enthielten natürlich nichts von der neuen Situation im Lager. Sie befassten sich vorrangig mit Kreisauer Fragen. In seine angespannte Gemütslage kam die Nachricht über einen Besuch Freyas am 2. August. Es sollte ihr letzter in Drögen sein. Zwei Stunden konnten sie zusammen sein. Man kann nur vermuten, dass sie auch über die neue dramatische Situation nach dem 20. Juli und über die Verhaftungen und Hinrichtungen ihrer Freunde und Weggefährten gesprochen haben. Moltke erwähnt als wichtiges Thema die Frage, was im Falle des Einrückens der Russen nach Kreisau zu tun sei.

Am 6. August lud Moltke Puppi und seine «Kerkermeister» zu einem Festmahl aus Anlass ihres gemeinsamen halbjährigen Aufenthaltes im Zellenbau ein. Noch schien alles «normal» zu laufen. Seine Briefe an Freya lassen keine besonderen Anzeichen einer Krise erkennen. Er tröstete sie mit dem Standardsatz «Mir geht es weiter sehr gut» und ermahnte sie, sich ihren «Seelenfrieden» zu erhalten.

Unter den Ersten, die am 8. August 1944 ermordet wurden, war Peter Yorck. Auch Elisabeth von Thadden wurde an diesem Tag umgebracht. Moltkes Trauer über den Verlust seines besten Freundes ist nirgends vermerkt. Mit Peter verlor er einen Menschen, mit dem er moralisch und politisch übereingestimmt hatte. Yorck vollbrachte noch vor seinem Tod die große Leistung, keine Namen von Mitverschworenen zu nennen. Die Gestapo hat erst nach seiner Hinrichtung seine zentrale Rolle im Kreisauer Kreis erkannt.

Wie der Name Moltkes in den Blickpunkt der Sonderkommission geriet, zeigt der Brief des SS-Obergruppenführers Ernst Kaltenbrunner in seinem Bericht an Reichsleiter Martin Bormann vom 10. August 1944:

«Näherer Untersuchung bedarf auch der schon früher verschiedentlich überwachte Graf Moltke, nachdem die Vernehmung des als Politischer Beauftragter vorgesehenen Franz Rehrl aus Salzburg ergeben hat, dass Moltke ihn im Auftrag des Fürsterzbischofs von Salzburg zusammen mit einer noch unbekannten Person aufgesucht und mit ihm Fragen einer Regime-Änderung besprochen hat. Über Moltke gehen die Verbindungen weiter zu dem Jesuitenpater Delp.»[28]

Ob Moltke von den nun intensiv einsetzenden Nachforschungen der Sonderkommission etwas erfahren hat, ist nicht auszumachen. Aber es fällt auf, dass er am 11. August einen Fastentag einlegte – einen Tag nach der Hinrichtung seines Kollegen Berthold von Stauffenberg und seines langjährigen Bekannten Fritz-Dietlof von der Schulenburg – und am 13. August keine Tagebucheintragungen über den 12. August vornahm, dann aber über den 13. August sagte, dass er nur auf dem Bett gelegen und gedöst habe: «Was los ist, weiß ich nicht.» Moltke war gelähmt, aber «durchaus befriedigt». Eine tiefe Krise schien sich anzubahnen. Er wusste und spürte, dass die Lage für ihn dramatisch werden würde. Die Angst vor dem unausweichlich Kommenden löste wieder körperliches Unwohlsein bei ihm aus. In seinem letzten Augustbrief vom 14. an Freya schrieb er ganz offen über die letzten drei Tage: «Mein Unterleib schmerzt, mein Kreuz, die Rippen; das

28 Vgl. «Spiegelbild einer Verschwörung», herausgegeben von Hans-Adolf Jacobsen, Bd. 1, Stuttgart-Degerloch 1984, 189 f.

Essen widert mich an, ich bin leicht schwindelig und ohnmächtig und habe eisige Füße und Hände. Dann steige ich wieder ins Bett, habe solch Kopfweh, dass ich nicht lesen kann, und döse ohne Mittag vor mich hin.» Wenige Zeilen später konnte er jedoch wieder sagen: «ich führe es auf Mangel an Bewegung zurück, halte es für ganz bedeutungslos, zumal es meine ganz unveränderte, zu meinem Erstaunen gar nicht beeinträchtigte Laune nicht berührt.» Aber noch am gleichen Tag wurde Moltke nach kurzer Lektüre im «Psälterlein» zum ersten Mal «mit Handfesseln gefesselt» und mittags nach Drögen zur Vernehmung gebracht, die bis sieben Uhr abends dauerte.

Am nächsten Morgen schrieb er bis Mittag – wahrscheinlich begann er mit den Arbeiten für eine Verteidigungsschrift – und las «mit großem Genuss» im 1. Korintherbrief und seine Lieblingsstellen im Alten Testament, vor allem aus Jesaja und den Psalmen. Diese seelisch-geistliche Konzentration war eine Nachbereitung des vergangenen Tages und eine Vorbereitung auf das neuerliche Verhör am Abend des 15. August in Drögen, zu dem er zusammen mit Julius Leber gebracht wurde. Es war der gleiche Tag, an dem sein Freund Hans Bernd von Haeften hingerichtet wurde.

Über den Inhalt der Verhöre notierte Moltke natürlich nichts, aber die Tatsache, dass er mit Leber zusammen verhört wurde, lässt darauf schließen, dass Moltkes Kontakte zu ihm und anderen Sozialdemokraten zur Sprache kamen. Der später von der Gestapo so bezeichnete «Kreisauer Kreis» war inzwischen entdeckt worden und konnte verfolgt werden. Fortgesetzt wurden die Verhöre am Nachmittag des 16. August. Moltke fuhr wieder mit Leber nach Drögen und mit Haubach zurück, beide Male an den Mitgefangenen gefesselt. Moltke merkt an, dass er über Reichwein befragt worden sei. Es konnte nun für alle kein Zweifel mehr bestehen: Die «Gruppe um Graf Moltke» erfreute sich besonderer Aufmerksamkeit der Gestapo.

Im Kaltenbrunner-Bericht vom 16. August wurden die bisherigen Erkenntnisse der Gestapo zusammengefasst. Es hieß, im Moltke-Kreis hätten sich Protestanten, Katholiken und Gewerkschafter zusammengefunden: «Die Gruppe beschäftigte sich über kirchliche Fragen hinaus mit der Aufstellung eines Not- und Auffangprogramms für den Fall der militärischen Katastrophe mit anschließender Besetzung des Reiches durch den Feind.»[29] Die Erkenntnisse, die die Gestapo durch die bisherigen Verhöre gewonnen

29 Ebd., 233 ff.

hatte, wurden im Kaltenbrunner-Bericht vom 19. August protokolliert.[30] Er zeigt, dass sich die Gestapo in den langen Gesprächen mit Moltke, Leber, Maaß und Haubach einen Überblick über die Zusammensetzung des Kreises, aber auch schon über seine inneren Differenzen verschafft hatte. Jedenfalls wusste sie um die Konflikte mit Leuschner und Maaß und um die Zurückhaltung Lebers in der Frage der Rolle des Christentums für die Nachkriegsordnung. Auch über das Misstrauen Moltkes gegenüber dem Goerdeler-Kreis war sie in Einzelheiten informiert. Die führende Rolle von Peter Yorck als Klammer zwischen dem militärischen und dem zivilen Widerstand war der Gestapo ebenso deutlich geworden wie die besondere Rolle Moltkes in den konzeptionellen und politischen Gesprächen des Widerstands. Auch seine ablehnende Haltung gegenüber einem Attentat wurde festgehalten.

Während Moltke, Leber und Haubach in Drögen verhört wurden, waren Alfred Delp und Eugen Gerstenmaier am 18. und 19. August «verschärften Verhören» in Berlin ausgesetzt. Beide wurden gedemütigt und gefoltert. Den Ertrag dieser Verhöre gibt der Kaltenbrunner-Bericht vom 25. August wieder.[31] Hier taucht zum ersten Mal der Begriff des «Kreisauer Kreises» auf. Gerstenmaier hatte seinem Vernehmer Dr. lic. Karl Neuhaus, einem versierten ehemaligen evangelischen Theologen, Einzelheiten über die Arbeit der Kreisauer im Blick auf «die Belebung des geistigen und geistlichen Lebens in Deutschland sowie die religiöse Wiedergeburt unseres Volkes» berichtet, aber konsequent bestritten, an Umsturzplänen oder an Vorbereitungen für ein Attentat auf Hitler beteiligt gewesen zu sein oder davon gewusst zu haben.[32] Neuhaus nahm ihm diese Version nicht ab. Er ließ ihn foltern. Delp erging es nicht viel anders, ebenso Haubach und Leber.

Nach den Verhören in Drögen und Berlin entschloss sich die Gestapo, am 19. August Moltkes Status eines Schutzhäftlings aufzuheben. Moltke wurde in Häftlingskleidung «eingekleidet und in eine dunkle Zelle der Nordseite gesperrt, ohne Buch, ohne Papier zum Schreiben, ohne eigene Sachen, außer Socken und Taschentücher, mit schlechtem Essen und eine Woche lang ohne Ausgang» (S. 324).

30 Ebd., 263 f.

31 Ebd., 299 ff.

32 Vgl. Eugen Gerstenmaier: Streit und Friede hat seine Zeit. Ein Lebensbericht, Frankfurt a. M. 1980, 204.

Dunkelhaft war in der Regel die Vorhölle, der Beginn des langsamen Sterbens. Nur noch auf dem Bett liegen zu müssen, hin und wieder im Dunkeln zu tappen, auf das spärliche Essen zu warten, überhaupt keine Kontakte mehr zu Mitgefangenen und Bewachern zu haben, keine Briefe mehr zu schreiben und zu bekommen – das konnte zu tiefer Verzweiflung führen. Mit einem Mal verlor Moltke seine «Privilegien»: lesen und schreiben zu können, eigene Utensilien zu haben, sich Tee zuzubereiten und Kostbarkeiten aus Kreisauer Ernten zu erhalten.

Auch in dieser neuen Situation gehörte es zu seiner Überlebensstrategie, sich ganz auf sich selbst zu konzentrieren, über sein bisheriges Leben nachzudenken und zu rezitieren, was er auswendig gelernt hatte. Sich selbst sprechen zu hören, konnte schon eine Erleichterung sein. Sich in zurückliegende Ereignisse und Situationen einzufühlen, konnte schon Energien freisetzen. Mögen es Bibelstellen, Gesangbuchverse, Gedichte oder Lieder gewesen sein – sie halfen gegen Verzweiflung. Zentral aber war, dass er sich immer wieder die Bedeutung seiner Familie, besonders seiner Mutter und seiner Frau, vergegenwärtigte. An sie beide konnte er nur in tiefster Dankbarkeit denken: Die Mutter hatte ihn fürsorglich begleitet, ihn in eine familiäre, politische und soziale Mitverantwortung eingeführt und ihn von Jugend an Partei ergreifen lassen für eine menschenrechtsorientierte politische Welt, und seine Frau war ihm in ihrer Selbständigkeit eine Partnerin darin geworden, in tiefster gemeinsamer Übereinstimmung Widerstand gegen ein totalitäres System zu leisten.

Wie Moltke nach einer fast einmonatigen Pause in seinen beiden letzten Briefen aus Ravensbrück vom 12. und 18. September schrieb, hatte sich sein Befinden in der Zelle etwas verbessert, als er nach vierzehn Tagen Dunkelhaft wieder lesen durfte. Er las zumeist in seinem «geliebten Buch», die anderen Bücher las er ohne rechte innere Beteiligung. Und wenn er selbst darüber staunt, wie zufrieden er trotz des Fehlens des zuvor gewohnten Lebens in seiner «Studierstube» geblieben ist, so ist dies ein Indiz für die letzte Unabhängigkeit eines Geistes, der sich seine Würde als Person nicht nehmen ließ. Vielleicht konnte er deshalb seinen ersten Brief nach der Dunkelhaft mit dem Satz «mir geht es unverändert gut» beginnen.

Wir wissen über die beiden inhaltsreichen September-Briefe hinaus nicht viel über Moltkes Leben in den Wochen vom 19. August bis zum 27. September, dem Tag der Überführung nach Berlin ins Tegeler Gefängnis. Erst am 28. und 29. November schrieb er in Tegel den ausführlichen Bericht für

Freya über seine Ravensbrücker Zeit (S. 318–327). Dazwischen lagen für sie Wochen der Ängste und Befürchtungen.

In den Wochen der verschärften Haft Moltkes wurden verurteilt und gehenkt: sein Freund Adam von Trott, sein Kollege Otto Carl Kiep, sein Pariser Vertrauensmann General Karl-Heinrich von Stülpnagel und seine guten Bekannten Ulrich Graf Schwerin und Heinrich Graf zu Dohna. Aus dem Beck-Goerdeler-Kreis wurde Ulrich von Hassell ermordet. Der Tod hatte unter den Hitlergegnern und den Verschwörern seine nächste reiche Ernte gehalten.

Als Moltke am 28. September 1944 nach Tegel transportiert wurde, begann der letzte Teil seiner Haft, ein letzter Höhepunkt in seiner Leidens- und Hoffnungsgeschichte.

«Ich sah im Geiste die Erntewagen»

Das Gefängnis-Tagebuch

Donnerstag, 20. Januar 1944

Mein Lieber,
Da ich nicht erwarten kann, während meiner Anwesenheit in der Prinz Albrechtstr. so regelmäßig an Dich zu schreiben, wie ich es sonst gewohnt war, so will ich hier ein kleines Tagebuch führen. Vielleicht erlaubt man mir später, es mitzunehmen, und dann erfährst Du, wenn auch nachträglich, was ich tat.
Und welches Buch könnte dafür geeigneter sein als dieses mir von Casparchen[1] geschenkte, mir als Tagebuch zu dienen?
Ich kam also so gegen 4 ins Haus und in meine Zelle Nr. 17, die, ganz am Ende der Zellenreihe gelegen, offenbar besonders kalt ist. Sie ist wie folgt eingerichtet:

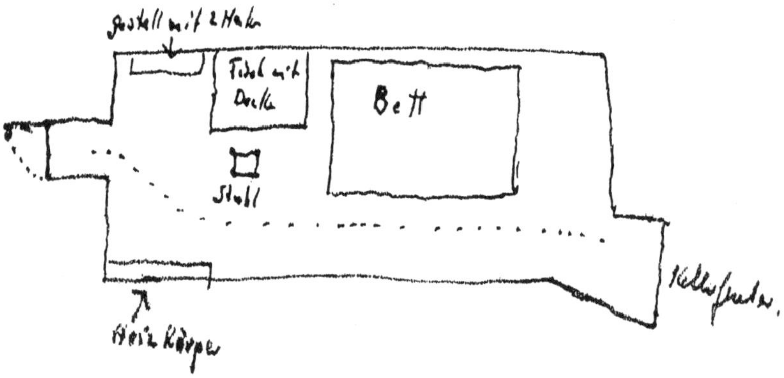

Auf der gepunktelten Linie gehe ich auf und ab. Es sind 7 Schritt und, wenn ich kleine Schritte mache, 8 Schritt.

Freitag, 21. Januar 1944

Abends kam ein schwerer Luftangriff. Ich sah eine offenbar sehr schwere Bombe explodieren, denn es gab einen starken Schein. Es muss in Richtung Potsdamer Platz einiges geschehen sein, allerdings weiß ich nicht, ob mein Fenster in diese Richtung zeigt, wie ich allerdings annehme.

1 Sohn Helmuth Caspar, geboren am 2. November 1937.

Das Bett ist ganz gut: ein Feldbett mit dreiteiliger Matratze, die anscheinend mit Kapok gemacht ist, ein knappes, sauberes Laken, eine Wolldecke in einem blau karierten Überzug und ein steifes Kissen; außerdem eine zweite Wolldecke am Fußende. Ich habe noch mitgebracht eine dritte Wolldecke und ein Kopfkissen.
Meine Zelle war anscheinend lange nicht benutzt worden und daher sehr schmutzig. Ich habe heute Morgen den kleinen Strohteppich und die Decken vor der Tür tüchtig ausschlagen können, es kam ein fürchterlicher Dreck raus. Außerdem habe ich sehr sorgfältig gekehrt und etwas Staub gewischt. Dadurch ist es heute aber viel sauberer und wenn ich hier einige Zeit bleiben sollte, so werde ich es auch noch ganz sauber bekommen.
Das Tageslicht, das hereinfällt, ist ganz unwesentlich. Das elektrische Licht, bestehend aus einer, ich glaube 100-kerzigen Birne, brennt den ganzen Tag und wird bei Luftalarm klein und zum Schlafengehen ganz ausgeschaltet.
Der Tag beginnt um 6 und endet um 8. Nachdem ich aufgestanden war, dauerte es ziemlich lange, bis ich den Besen bekommen konnte, sodass ich gut Zeit hatte, den Tag mit einigen Bibelstellen zu beginnen. Dann wurde mir kalt, weil ich das Fenster offen hatte, um gut zu lüften, und ich wanderte lesend auf und ab, bis der Besen kam.
Nachdem ich gut gekehrt hatte, durfte ich waschen gehen, als Letzter, weil meine Zelle ganz hinten liegt, und konnte mich auch rasieren. Das ist alles sauber und ordentlich.
Dann brachte mir der Küchenmeister einen großen Napf heißen Wasser's, in das ich Teeblätter warf, und es gab einen ganz ordentlichen Tee, von dem ich 3 Tassen zu einem Frühstück mit 2 Schwarzbroten trank. Marion[2] hatte mir Schinken und Wurst geschickt und so war mein Frühstück eher üppig zu nennen. Ich behielt den Tee und trank die letzte Tasse schließlich zum Mittagessen.
Nach dem Frühstück begann der Tag. Über den berichte ich, sobald er ganz zu Ende ist oder noch besser morgen erst.

2 Die Frau des Freundes Peter Yorck von Wartenburg, wohnhaft in der Hortensienstraße 50 in Berlin-Lichterfelde, Zweitwohnung auf dem Gut Kauern in der Nähe des Stammsitzes der Yorcks in Klein-Oels.

Samstag, 22. Januar 1944

Ja, also der gestrige Tag. Es gibt ganz gut zu essen: Morgens bekomme ich heißes Wasser, um mir selbst einen Tee zu machen. Der wird zwar nicht richtig gut, aber doch leidlich. Da ich noch Zucker habe, ist das ein sehr angenehmes Getränk. Dazu gibt es zwei riesige Brote, die ich mir mit einem Messer, das mir der Küchenchef mitbringt, halbiere, weil es mir zu dick ist und die Hälfte mir auch reicht. Mittags gibt es einen Napf dicker Suppe, nicht übel, wenn man bedenkt, wie schwierig es sein muss. Die Suppe ist immer etwas undefinierbar, aber offensichtlich mit etwas Fleisch und Fett gekocht und unten schimmern Kartoffelstückchen oder Makkaroni. Abends gibt es Kaffee, der auch nicht übel ist, und wieder 2 Brote und 2 × in der Woche statt dessen Suppe. Die Brote von Donnerstagabend und Freitag früh waren mit Butter gestrichen, gestern Abend gab es Suppe und heute früh gab es Marmeladenbrote.
Den Tag habe ich mir so eingeteilt, dass ich abwechselnd lese, nachdenke und mich bewege. Ich bin gestern 5000 Schritte gegangen, also etwa 5 km, und habe 100 Kniebeugen gemacht. Ich will mal sehen, ob ich das durchhalte und steigern kann. Die Kniebeugen habe ich immer in Abschnitten zu 25 gemacht, das Gehen in Abschnitten zu 1000 Schritt.
Nach dem Essen wurde ich gerufen und ein Sturmbannführer, dessen Namen ich nicht verstanden habe, eröffnete mir, dass er mich später zu vernehmen hätte. Er kam aber nicht.
Heute Nacht ließ man das Licht brennen und das ist unangenehm, weil es den Schlaf so beeinträchtigt. Warum das geschah, verstehe ich nicht. Merkwürdigerweise scheine ich hier als interessant zu gelten. Was man sich von mir verspricht, weiß der liebe Himmel.
So, jetzt will ich was gehen und dann arbeiten und vielleicht schreibe ich später noch weiter.

Sonntag, 23. Januar 1944

Gestern nach dem Mittagessen wurde ich zur Vernehmung gerufen, die 4 Stunden dauerte und bei der wir nur ganz unwesentlich weiterkamen. Ich war erst nach 6 wieder unten in meiner Zelle, bekam mein Abendbrot, las noch etwas und ging dann bald schlafen, nachdem ich noch 2 km gewandert war. Ich habe mich gestern Abend vor allem mit dem ersten Brief an die

Korinther befasst, in dem am Schluss ja Konrädchen's Taufspruch[3] vorkommt und dessen Höhepunkte mir die Kapitel 13 und 15 zu sein scheinen. Jedenfalls habe ich es sehr genossen und bin wohlgestärkt ins Bett gestiegen. Gegen das Licht, das leider offenbar wegen meiner angenommenen Gefährlichkeit brennen bleiben muss, habe ich über dem Kopfende meines Bettes auf dem Tisch den Kofferdeckel aufgeklappt und so fällt wenigstens das Licht nicht gerade auf mein Gesicht. Wie dem auch sei, ich habe gut geschlafen.

Bei meiner gestrigen Vernehmung wurde mir eröffnet, dass ich Briefe schreiben dürfte, dass man mir aber keine Besprechungen gestatten könnte, selbst keine dienstlicher Art mit meinem Vorgesetzten. Das Letzte ist betrüblich, denn es gibt an allen Seiten Dinge, die eigentlich dringend besprochen werden müssten.

Dafür war aber die Nachricht, ich dürfe schreiben, sehr willkommen. Ich habe heute auch den Sonntag damit angefangen, an Freya zu schreiben. Es war ein großer Genuss, denn ich wurde im Geiste mitten in mein Haus versetzt und fühlte mich den Meinen viel näher als an normalen Tagen, wenn die Arbeit und die Besprechungen mir den Kopf füllen. – Überhaupt sitze ich manchmal zurückgelehnt mit geschlossenen Augen und denke an die Meinen. All mein Leben mit ihnen steht mir dann vor Augen, im Haus, die Wege über die Felder, Wege im Dorf, das Herumkriechen im Hof, die Christnacht in der Kirche, Weihnachtsbescherungen bei Schwester,[4] Besucher im Berghaus[5] und friedliche Stunden am Schreibtisch und in Freyas Zimmer. Mein Gott, wie reich bin ich doch und wie wenig weiß ich es an normalen Tagen.

Montag, 24. Januar 1944

Der gestrige Tag war ganz still. Kein Mensch wollte etwas von mir und ich wollte nichts von Anderen. Ich habe mich viel mit dem 1. Korintherbrief

3 Sohn Konrad, geb. am 23. September 1941, Taufspruch: «Wachet, steht im Glauben, seid mutig und seid stark!» (1. Kor. 16,13)

4 Von 1907 bis 1945 die Kreisauer Diakonisse Ida Hübner, Gemeindeschwester mit sozialen und pädagogischen Aufgaben, in enger Verbindung zur Familie Moltke.

5 Seit Januar 1928 das Wohnhaus der Moltkes am Rande des Schlossbezirks und des Gutsbetriebs.

beschäftigt und insbesondere das 13. und 15. Kapitel[6] immer wieder gelesen wie auch Konräd'chens Taufspruch. Das war eine rechte Erbauung und wahrlich ein Sonntag, viel sonntäglicher als die meisten meiner Sonntage. Ich habe dann noch Briefe an Haus[7] und Metzler,[8] an Hörnig[9] und Maack[10] und an Marion geschrieben, die ich hoffe heute expedieren zu können. Ich habe auch eine Times[11] und eine House of Commons-Debatte gelesen, habe meine Exerzitien gemacht. Aber sonst habe ich den ganzen Tag mit erbaulichen, friedlichen und schönen Gedanken verbracht. Mein ganzes Zimmer war um mich herum erfüllt mit meinen Freunden und Lieben und der Reichtum meiner wenigen Jahre wurde mir so klar und zum Greifen nah. Wenn ich das doch immer gewusst hätte, und hoffentlich vergesse ich es nun nie mehr.

Von meinem Kniebeugen habe ich tollen Muskelkater und bin eigentlich etwas beschämt darüber, denn man müsste doch in meinem Alter imstande sein, seine 100 Kniebeugen zu machen, ohne gleich einen rasenden Muskelkater zu haben. Ich setze es aber trotzdem fort, obwohl es mir immer ein Angang ist. – Auch meinen Schritt habe ich verlängert und brauche nur noch 6 Schritt durch die Zelle statt 7. Dadurch habe ich die zurückgelegte Strecke sicher über die 5 km-Grenze hinaus gesteigert und zudem ist so das Gehen mehr zu einer Anstrengung und Übung geworden als zuvor, und das soll es ja.

Gestern habe ich auch festgestellt, dass außer den normalen Gefängnisbeamten für mich ein besonderer in Zivil gekleideter Aufseher da ist. Der sitzt nun nur für mich hier, kommt so alle halbe Stunde, um sich heranzuschleichen und durch das Guckloch zu sehen, Tag und Nacht, kommt, wenn ich klingele, und kommt auch manchmal fragen, ob ich nicht etwas haben wollte. Ich habe also sozusagen einen Kammerdiener. Warum das alles? Ich kann mir nicht vorstellen, dass alle diese Rücksichtnahme nur dem Grafen gilt. Also muss man sich doch etwas Besonderes von mir ver-

6 1. Kor. 13: das Hohelied der Liebe. – 1. Kor. 15: das große Kapitel von der Auferstehung.

7 Hauptmann Haus war wissenschaftlicher Mitarbeiter in der Völkerrechtsgruppe.

8 Metzler kann ein Bürogenosse von Moltke gewesen sein.

9 Hörnig (oder Hörig): Rechtsanwalt.

10 Moltkes Notar und Rechtsanwalt aus Schweidnitz.

11 Moltkes Dienststelle schickte ihm als Fachmann für England Ausgaben der *Times* und der *Parliamentary Debates* während seiner ganzen Zeit als Schutzhäftling in Berlin und Ravensbrück.

sprechen. Ich kann mir nicht vorstellen, wie man dabei auf seine Kosten kommen will.

Dienstag, 25. Januar 1944

Der gestrige Tag war mit Vernehmungen angefüllt. Kaum hatte ich die obige Notiz fertig geschrieben, als ich zu Gruppenführer Müller[12] gerufen wurde, bei dem ich etwa 20 Minuten war. Ich hatte etwas warten müssen und so kam ich zu spät zum Essen. Man hatte mir aber freundlicherweise etwas aufgehoben. –
Dann machte ich einige Übungen, las ein wenig im Römerbrief und wurde dann so gegen 3 zu einer zweiten Vernehmung in das Dienstgebäude Kurfürstendamm gefahren, wo ich bis 10 Uhr abends energisch bekniet wurde, und zwar mit Erfolg. Es ist immerhin erstaunlich, welche Konzentration der Aufmerksamkeit durch die Angst, in der man sich befindet, erreicht wird und wie viel man dadurch aus sich herausholen kann.
Ich kam abends ziemlich müde nach Hause, d. h. in mein Bett, und da ich richtigen Kaffee bekommen hatte, so konnte ich nicht gleich einschlafen, bin also heute müde aufgewacht. – Dafür sind aber meine Gliederschmerzen weg und ich konnte meine Kniebeugen ohne zu viel Angang machen. Hoffentlich ist das nun überstanden und meine Beine haben sich daran gewöhnt. Dann will ich die Zahl allmählich über 100 hinaus steigern.
Nach einigen etwas bedeckten Tagen klärt es sich allmählich auf. Das wird wohl bedeuten, dass es vorläufig keine Luftangriffe mehr gibt.
Ich habe gestern mit großem Nutzen den Römerbrief gelesen und heute den Brief an die Galater.

Mittwoch, 26. Januar 1944

Gestern habe ich zum ersten Mal mehr als 100 Kniebeugen hinter mich gebracht, nämlich 150, und heute habe ich angefangen, die Zahl der Kniebeugen, die ich auf ein Mal mache, zu erhöhen, habe mit 30 den Morgen angefangen, dann 45. Die Grenze liegt im Augenblick nicht in meinen Beinmuskeln, die das jedenfalls ohne weiteres mitmachen, sondern in meiner

12 Heinrich Müller, seit 1939 Chef der Gestapo (Amt IV des Reichssicherheitshauptamtes).

Atmung. Ich werde jedenfalls versuchen, die Zahlen noch zu erhöhen, denn es bekommt mir gut.
Gestern kam auch ein köstliches Paket von Marion, das offenbar Jowo[13] gebracht hatte, jedenfalls hatte er die Adresse geschrieben. Ein Kuchen, Weißbrot, Marmelade, Sardinen und ein Stück Butter. Ich habe geschwelgt in all den Köstlichkeiten.
Gestern bekam ich mein Mittagessen früher und dann fuhren wir in die Bendlerstr., um meine Zimmer im H. W. K.[14] und die beiden danebenliegenden Gebäude zu besichtigen. Erstaunlich, wie schwer es ist, sich in den Trümmern zurechtzufinden. Nachmittags gab es dann noch eine Vernehmung, die etwa 2 Stunden dauerte, und anschließend konnte ich meine dringendsten dienstlichen Schreiben diktieren. Das war mir sehr angenehm, denn so bekam ich diese Last unerledigter Sachen von meiner Seele.
Ich bin durch die vielen Abhaltungen gestern nicht so viel zum Lesen gekommen, wie ich gewollt hätte, gehe jetzt auch immer um 8 ins Bett, da ich ja nicht einsehe, warum ich die Gelegenheit, Vorrat zu schlafen, nicht benutzen soll. So liege ich eben tatsächlich 10 Stunden täglich im Bett. – Gestern las ich also nur die Galater und Epheser und heute früh die Philipper. Seit ich aus der Schule bin, habe ich nicht wieder diese Bücher systematisch gelesen und tue es mit großem Genuss, wenn auch mit wechselnder Aufmerksamkeit […].

Donnerstag, 27. Januar 1944

Gestern vor einer Woche bin ich nachmittags von dem Sturmbannführer Schäfer geholt worden und heute vor einer Woche so gegen 3 Uhr bin ich hierher gekommen. Welch eine merkwürdige Woche und wie viele werde ich noch erleben? Ich habe außer den Lebensmitteln von Marion und dem Brief von Jowo nichts von meiner normalen Welt gehört. Was mag da alles geschehen sein? Insbesondere: wie mag die Schlacht mit der Rentenannie

13 Joachim Wolfgang von Moltke, Moltkes Bruder, geb. 1909, verheiratet mit Inge von Dippe.

14 Handelskrieg und wirtschaftliche Kampfmaßnahmen, eine Arbeitsgruppe, zu der Moltke gehört hatte. In der Bendlerstraße lag das Oberkommando des Heeres (OKH), das Oberkommando der Wehrmacht (OKW) lag in der Nähe am Tirpitzufer.

stehen?[15] – Aber auch von meiner dienstlichen Umgebung habe ich nichts gehört. Ich weiß nicht, was aus den verschiedenen Sachen geworden ist, die gerade schwebten.
Gestern früh habe ich einige dienstliche Sachen, insbesondere einen langen Brief an Oberst Oxé[16] diktiert und bin so einige, meine Seele besonders belastende Sorgen losgeworden. Hoffentlich ist der Brief weg. – Sonst bin ich gestern überhaupt nicht geholt worden, nehme daher an, dass irgendetwas Anderes geprüft wird, zu dem ich nichts beitragen kann.
Ich hatte also den ganzen Tag für mich, habe ihn aber leider nicht so genutzt, wie ich ihn hätte nutzen können, wenn ich das von vorneherein gewusst hätte. Ich hatte jedoch erwartet, geholt zu werden, und habe daher immer nur Timesse gelesen, um jederzeit aufhören zu können. Im Übrigen habe ich weiter an den Apostelbriefen gelesen, und zwar Philipper, Kolosser, beide Thessalonicher, beide an Timotheus, Titus und Philemon, also dass ich alle Paulinischen Briefe in 3 Tagen geschlossen gelesen habe. Außerdem habe ich gestern Abend noch den ersten Brief Petri gelesen.
Morgens und abends habe ich zärtlichst der Meinen gedacht. Ob es ihnen wohl gut geht? Ob sie noch im Bett waren, als ich aufstand, ob Konräd'chen da schon rumrasen wollte? Ob die Söhnchen schon gebetet hatten, als ich um 8.15 etwa mit Schlaf anfing? Ob Freya bei Asta[17] saß?
Die Männer hier sind alle sehr freundlich mit mir. Ich werde hier anscheinend als eine Art kriminalistische Kostbarkeit betrachtet. Denn ich bin der einzige unter allen Häftlingen, der einen besonderen Bewacher hat, der sich um ihn kümmern soll. Ich komme auch bei allem immer als Letzter dran, wenn alle anderen schon in ihren Zellen wieder eingeschlossen sind. Alles, was ich erbitte, wird mir, wenn irgend möglich, gewährt. Ich bitte allerdings auch nur möglichst wenig. Ob das der «Graf» macht oder das OKW-Mitglied, weiß der liebe Himmel.

15 Moltkes Vater hatte nach dem Tod seiner Frau Dorothy 1935 Anne-Marie (Elisabeth) Altenberg (1902–1952) 1937 geheiratet. Er verlangte für seine zweite Frau einen neuen Erbvertrag zu Lasten von Kreisau. Nach dem Tode des Vaters am 27. März 1939 verschärfte sich der Streit zwischen den Kreisauern und der «Rentenannie».

16 Werner Oxé, als Oberst Gruppenleiter in der Gruppe Völkerrecht in der Abwehr, Nachfolger von Wilhelm Tafel, war Moltkes unmittelbarer Vorgesetzter.

17 Asta Maria: jüngste Schwester Moltkes, geb. 1915, verheiratet mit Wend Wendland, Mitarbeiterin im Schloss und Gut Kreisau.

Freitag, 28. Januar 1944

Während des gestrigen Tages hat wieder kein Mensch von mir Notiz genommen. Es ist sehr komisch, wie vollkommen man hier Objekt ist, denn es gibt keine praktische Möglichkeit, sich Gehör zu verschaffen, und wenn morgen die Akten verbrennen, so gerät man vielleicht überhaupt in Vergessenheit. Das alles ist sehr merkwürdig.

Ich habe auch den Verdacht, dass büromäßig nicht alles funktioniert. Denn die Männer, die mich vor drei Tagen vernahmen, wollten mit einem Zettel von mir einen Boten zu Marion schicken, um mir Seife, Wäsche und einen Anzug zu verschaffen. Aber es ist nichts gekommen und nun sitze ich in meinem 10 Tage getragenen Hemd und ohne Seife da, was bei den staubigen Verhältnissen hier unten nicht angenehm ist.

Gestern Abend gab es wieder einen schweren Luftangriff.[18] Einige schwere Sprengbomben müssen in nicht zu großer Entfernung eingeschlagen sein. Man sah jedenfalls die Explosionsflamme und hörte die Dinger auch durch die Luft kommen. Obwohl es mir gestern ein paar Minuten lang nicht angenehm war, ist es mir doch gleichgültiger als früher. Vielleicht gewöhnt man sich überhaupt daran. Ich habe nur keine Lust, in meiner Zelle zu verschmoren, weil mir niemand aufmachen kann.

Gestern habe ich alle restlichen Apostelbriefe gelesen, die so erstaunlich viel weniger einheitlich sind als die paulinischen. Die sind eben doch aus einem Guss. Heute früh habe ich mit der Apostelgeschichte angefangen.

Im Übrigen habe ich gestern darüber nachgedacht, was ich nun mit der kostbaren Zeit tue, wenn ich hier möglicherweise lange bleiben muss. Ich habe zwischen 3 Dingen geschwankt: Griechisch lernen, Theologie und Landwirtschaft. Ich glaube, dass ich bei den letzten beiden bleibe, weiß nur nicht, ob nicht Griechisch eine Voraussetzung für ein nützliches Theologie-Studium ist. Das muss ich mal feststellen. Jedenfalls kann mir eine gründliche theoretische Landwirtschaftslehre keinesfalls etwas schaden. Ich glaube, ich werde am Sonntag wieder schreiben und um die notwendigen Bücher bitten. Ich habe im Augenblick nicht genug zum Lesen da.

[18] Die Gefangenen mussten bei Luftangriffen in ihren verschlossenen Zellen verharren, während die Wachmannschaften sich in den Luftschutzbunker begaben.

Samstag, 29. Januar 1944

Gestern war ein Festtag. Früh morgens, d. h. so um 9.30, kam ein Paket, das Marion am Montag zuvor abgesandt hatte, mit lauter Herrlichkeiten darin: Kuchen und Weißbrot, Butter und Eier, Marmelade und Pfefferkuchen. Das hatte ich noch gar nicht verstaut, als ich zu einer Vernehmung abgerufen wurde, und ehe das losging, bekam ich die 3 ersten Briefe von Freya. Was war ich froh, endlich etwas unmittelbar zu hören, wenn auch nicht alles angenehm war, denn der Ärger mit der Rentenannie war groß. Aber was war das alles gegen diese Freude. Dann konnte ich erst diktieren, da ich dienstlich einiges zu erledigen hatte, und dann kam eine Vernehmung. Um 2 etwa war ich wieder zu Hause und mein freundlicher Kriminalinspektor, der mich zu betreuen hat, versprach gleich, zu Marion weiterzufahren und meinen anderen Anzug zu holen, da der, den ich anhatte, an den Knien entzweiging. Auf diese Weise konnte ich auch auf Nachricht von der Hortensienstr. hoffen, an der mir sehr lag, da die vergangene Nacht ein immerhin nicht unwesentlicher Angriff gewesen war.

Wie groß war aber meine Freude, als nicht nur der Anzug kam, mit Zucker und Seife und Äpfeln als sichtbare Zeichen dafür, dass in der Hortensienstr. noch alles in Ordnung sei, sondern auch gleich noch 2 Briefe von Freya. So war ich wahrlich reich gesegnet. Und wie angenehm friedlich klangen diese Briefe.

So habe ich den Tag über gestern nicht viel getan, als mich gefreut und die Apostelgeschichte fertig gelesen.

Dafür hatte es dann die Nacht in sich. 3 Mal gab es Alarm und beim dritten Mal um ½ 4 einen schweren Angriff. Es war teuflisch, immerzu hörte man dicke Dinger runterkommen, es wurde hell von Flammen, Glas flog ins Zimmer, die Zellentür raste nur so vom Klappen und dabei hatte man das grässliche Gefühl des Gefangenseins, dass man möglicherweise vergessen werden könnte. Dann kam dicker Qualm ins Zimmer und wurden die Türen aufgemacht und wir traten alle in den Gang. Es war sehr merkwürdig, die Genossen dieses Gefängnisses plötzlich zu sehen, nachdem man über eine Woche niemanden gesehen hatte. Bernstorff[19] und Langbehn[20] waren darunter. Nach der Entwarnung wurden wir alle in einen Splittergraben im

19 Albrecht Graf von Bernstorff, Botschaftsrat a. D., im sogenannten Solf-Kreis.
20 Carl Julius Langbehn, Rechtsanwalt, ebenfalls im Solf-Kreis.

Garten geführt und haben dort so etwa von ½ 5 bis 8 zuerst stehend, dann auf Bänken sitzend, gehockt. Es war kühl, aber wir hatten unsere Decken mit. Das Haus über unserem Gefängnis stand noch, aber total durchgepustet und wohl auch erheblich brandgeschädigt. Um uns herum waren überall starke Brände zu sehen. – In der Zwischenzeit hatten unsere Kalfakter die Zellen notdürftig saubergemacht und wir zogen wieder ein. Es gab aber kein Licht, was bei dem wenigen Tageslicht, das durch die Zellenfenster fällt, sehr unangenehm sein wird oder vielmehr schon ist, keine Heizung und keine Fensterscheiben. Nun, ich habe mir eben meinen Mantel angezogen, mich gut warm eingehüllt und einen Pullover um den Kopf geschlagen. So wird es schon gehen. Den Tisch habe ich unter das Fenster gerückt und so habe ich gerade so viel Licht, dass ich notdürftig lesen und schreiben kann. – Wie mag es Peter[21] heute Nacht gegangen sein?

Sonntag, 30. Januar 1944

Der gestrige Tag ist schließlich ganz gut vergangen. Ich habe den Rest meines Fensters noch herausgemacht und habe dadurch mehr Licht bekommen. Zugleich habe ich zum ersten Mal festgestellt, wo ich eigentlich genau bin, denn ich konnte jetzt raussehen. Ich befinde mich also gar nicht in einem Keller, sondern in einem Erdgeschoss; mein Fußboden wird sogar noch etwas über der Erdhöhe liegen, vielmehr das ist sicher. Ich sehe auf ein Tor, das auf die Prinz Albrechtstr. führt, und links neben mir ist das Völkerkunde-Museum. Über die Prinz Albrechtstr. hinweg sehe ich in die Einfahrt zum alten Herrenhaus und weiter rechts durch bis zum Luftfahrtministerium, das gestern Abend noch hell brannte und heute früh auch noch gut brannte.
Das Wetter war gestern und heute gleichmäßig etwas über 0 Grad mit Nieselregen und dick zugedecktem Himmel. Das drückt den Rauch auch noch nach unten. Da wir keine Fenster und keine Heizung haben, so ist man für die Milde des Wetters dankbar. Aber es ist doch arg unnatürlich und verspricht kein gutes Jahr.
Den Tag habe ich mit Lesen und Nachdenken verbracht. Ich musste mich bemühen, die Angst, die ich in der Nacht zuvor gehabt hatte, wieder zu verdauen und das war leider nicht ganz einfach. Ich habe jedenfalls nicht so

21 Peter Yorck von Wartenburg.

ruhig geschlafen, wie ich geschlafen hätte, wenn ich dieses Gefühl's ganz Herr geworden wäre. –
Übrigens habe ich festgestellt, dass vor meinem Fenster, etwa 15 m entfernt, anscheinend noch eine Bombe liegt. Jedenfalls ist das ein großes Loch, das abgezäunt ist, und die Leute reden immer davon, dass «die Bombe» noch beseitigt werden muss.
Gestern habe ich das Johannes-Evangelium gelesen mit großer Freude, aber doch nicht mit vollem Nutzen, weil ich eben nicht ganz im Gleichgewicht war. Ich werde es später wiederholen. Heute früh habe ich mit dem Lukas-Evangelium angefangen, das sich unter schwierigen Verhältnissen leichter liest, weil es nicht so viel Konzentration verlangt.
Sonst ist gestern nicht viel geschehen. Ich habe meine letzte, größere Arbeit für das Amt fertig und will die morgen diktieren. Ich bin gespannt, ob ich neue Arbeit bekomme. Es wäre jedenfalls angenehm.

Montag, 31. Januar 1944

Gestern haben wir einen Tagesangriff gehabt, dessen Detonationen wir aber nur sehr von ferne hörten. Dafür hatten wir gestern am Abend einen neuen schweren Angriff, der unangenehm war. Überdies habe ich erst gestern festgestellt, dass 15 m direkt vor meinem Fenster noch ein Blindgänger liegt. Das alles ist nicht gerade gemütlich, aber meine innere Lage ist viel, oder sagen wir, etwas gefestigter, als sie am Tage zuvor war.
Der Tag ist jetzt immer sehr kurz. Da ich keine Uhr habe, kann ich die Zeiten nicht recht bestimmen, aber ich glaube, dass man frühestens um 9 soviel Licht hat, dass man lesen kann, und um ½ 4 ist schon wieder Schluss. So verbringt man 17 Stunden des Tages im Dunkel oder im Dämmer. Hoffentlich dauert das nicht zu lange, denn in diesen Dämmerstunden ist man immer der Gefahr, sich vor dem nächsten Angriff zu ängstigen, am meisten ausgesetzt. Man muss deswegen in diesen Stunden immer etwas Konkretes haben, womit man seinen Kopf beschäftigt, denn ist er leer, dann besteht Gefahr, dass er sich mit Sorge füllt.
Der gestrige Tag war insofern ein Freudentag, als ich an Freya geschrieben habe. Gott, welch eine Wohltat war das. Ich habe gar nicht so viel geschrieben, aber ganz langsam und gemächlich, so, als wartete ich immer Antwort und Zwischenbemerkungen ab. Mit diesem Brief war der Vormittag im Wesentlichen ausgefüllt, abgesehen von der Lektüre etwa des halben Lukas-

Evangeliums. Die zweite Hälfte las ich dann heute früh und will nun zu Markus übergehen.
Gestern habe ich sonst nur eine Times und etwas in Windelbands Bismarck [gelesen].[22] Einen Teil der Zeit nimmt auch immer die Notwendigkeit, sich zu wärmen, in Anspruch.
Ich habe aber viel Zeit darauf verwandt, mich für die Angriffe der Nacht zu festigen. Denn es ist sehr unangenehm, das Gefühl zu haben, dass man rettungslos gefangen bleibt, wenn etwas passiert, und außerdem sitzt man eben mit einem offenen Fenster, durch das alles hereinfliegen kann.
Am Abend habe ich dann beschlossen, für Caspar und Konrad[23] eine kleine Geschichte meiner Kindheit zu schreiben.[24] Es ist für sie vielleicht ganz nett und mich beschäftigt es mit einer angenehmen Vergangenheit.
Seit drei Tagen haben wir die Zelle nicht mehr ausgekehrt und ich muss heute ernsthafte Anstrengungen machen, einen Besen zu bekommen, sonst ersticke ich im Schmutz.

Dienstag, 1. Februar 1944

Gestern sind große Fortschritte auf eine Normalisierung hier erfolgt. Erstens haben wir auskehren können und damit ist es wieder einigermaßen sauber geworden, und zweitens fand ich zu meiner Freude Licht vor, als ich vom Kurfürstendamm kurz nach 5 zurückkam. Das ist sehr angenehm, denn nun kann ich mir meinen Tag wieder so einteilen, wie es mir passt, und brauche nicht mehr auf das wenige Tageslicht Rücksicht nehmen. Jetzt fehlen also noch Fenster und Heizung, mit dieser soll es aber sehr schlecht stehen. Ich habe den Eindruck, dass es über Nacht wesentlich kälter geworden ist, und es sieht mir so aus, als könnte es heute klar werden. Es ist noch zu früh, um darüber ein wirkliches Urteil zu haben, und außerdem liegt über der Stadt noch eine Wolke von Rauch, Asche und Staub. Aber wenn der Tag fortschreitet, werde ich es ja doch merken. – Im Übrigen sieht es so aus, als würden wir aus Berlin rausgelegt.

22 Wolfgang Windelband: Bismarck und die europäischen Großmächte 1879–1885, Essen 1942.

23 Moltkes Söhne.

24 Abgedruckt in: Freya von Moltke/Michael Balfour/Julian Frisby: Helmuth James von Moltke 1907–1945, Berlin 1984, 9–28; auch in: Günter Brakelmann: Helmuth James von Moltke 1907–1945. Eine Biographie, 2. Aufl. München 2007, 365–390.

Gestern hat sich der eine Beamte, Kriminalobersekretär Haaker,[25] rührend meiner angenommen, hat mir Nachricht von Marion gebracht, dass sie einen kleinen Treffer im Haus hätten, selbst aber heil wären, und hat mich dann zum Kurfürstendamm mitgenommen, wo die Diensträume noch heil und warm waren. Dort habe ich erst einmal diktiert und dann gewartet, ob ich meinen Sachbearbeiter und den dazugehörigen Gruppenleiter sprechen könnte. Der Sachbearbeiter war erkrankt und daher nicht da, der Gruppenleiter hatte für mich keine Zeit, offenbar, weil sie die Dienststelle verlegen. Ich hatte ihm aber einen Brief geschrieben und er ließ mir sagen, dass er seinen Inhalt heute mit dem Amtschef besprechen würde. Ich bin also gespannt, ob dabei etwas herauskommt.

Die Stadt scheint wirklich schwer betroffen zu sein. Überall brennt es, und es gibt auch viele eingestürzte Häuser. Die Bahnen sollen ganz weitgehend ausgefallen sein: der ganze Südring, alle Strecken nach Potsdam, erhebliche Teile von Nordring und Stadtbahn. Es ist ganz offenbar erheblich schlimmer, als es im November war.

Gestern gab es auch wieder ein Paket von Marion, aber sichtlich mit Produkten aus Kreisau. Das war also eine ganz besondere Freude: ein Kreisauer Weißbrot, eine frische Leberwurst, Honig, Caramellbonbons eigener Produktion.

Ich gab auch meine Briefe an Herrn Haaker, der mir später versicherte, sie bereits abgesandt zu haben. Dabei erklärte er, Freya sei in Berlin oder käme jedenfalls gerade an. Ob das wohl stimmt?

Der Tag gestern war im Ganzen unruhig. Ich habe deswegen nicht viel gelesen und nicht viel nachgedacht. Aber die Unruhe hat den Vorteil, dass der Tag schnell um ist. Die Nacht war wegen der Ruhe aber angenehm. Ich habe gestern das Lukas-Evangelium fertig gelesen und das Markus-Evangelium angefangen.

Mittags habe ich an meinem Bericht für die Söhnchen geschrieben und mich daran natürlich sehr erbaut.

Mittwoch, 2. Februar 1944

Gestern war ein ganz großer Freudentag, denn nach dem Essen wurde ich gerufen und mir wurde gesagt, dass Freya da sei und dass ich mit ihr spre-

[25] Haaker war SS-Kriminalkommissar.

chen dürfte. Wir trafen uns in einem ziemlich zerstörten und verschmutzten Zimmer im 1. Stock und haben sehr lieb eine kleine Weile geredet. Es kam ja gar nicht so sehr darauf an, was wir besprachen, als dass wir uns gegenseitig von unserer guten Gemütsverfassung überzeugten. Das taten wir denn auch und ich war froh zu sehen, dass es ihr offenbar ganz gut ging. Und dass sie inneren Frieden hatte. Sachlich habe ich auch manches aus Kreisau gehört, was zu wissen mir lieb war, und wir haben auch einiges regeln und besprechen können. Gut, dass es den Söhnchen gut geht, und ein Segen, dass die Rentenannie vorläufig aus dem Schloss rausgehalten worden ist. Was später wird, muss man sehen. – Das, was ich hätte sagen müssen, habe ich zum größeren Teil natürlich nicht gesagt, denn ich war gar nicht auf den Besuch vorbereitet. Nun, das macht nichts.
Freya hatte mir auch frische Wäsche gebracht und es war riesig angenehm, sich endlich mal wieder sauber anziehen zu können. Nachher habe ich von dem Besuch gezehrt, zumal Freya mir 2 Briefe mitgebracht hatte, die mir das Neueste berichteten.
Plötzlich war es dann Abend und es gab auch prompt einen Luftangriff, aber einen sehr bescheidenen. So habe ich keine Sorge um Freya gehabt, die diese Nacht hier bleiben wollte. Hoffentlich war meine Sorglosigkeit berechtigt.
Die andere Sensation des gestrigen Tages war, dass mir berichtet wurde, dass der angebliche Blindgänger, der vor meinem Fenster liegt, gar kein Blindgänger ist, sondern vielmehr eine riesige Sprengbombe, die aus irgendeinem Grunde ohne Zünder unten angekommen ist und mit Verlust eines Teiles ihrer Ladung. Wahrscheinlich hat eine Flakgranate ihren Weg gekreuzt und ihr den Zünder abgerissen. Die Bombe soll 2 m lang sein und einen Durchmesser von mindestens einem halben Meter haben. Wäre das Ding krepiert, so existierte ich wohl sicher nicht mehr. Das ist also wahrhaftig eine gnädige Fügung.
Das Wetter ist leider wieder wärmer und diesiger geworden. Man sieht heute fast gar nichts. Es ist so, dass ich am Fenster sitzend nur mit Mühe schreiben kann und eigentlich lieber eine Lampe hätte. Das Licht wird über Tage immer abgestellt und so muss man sich mit dem Tageslicht zufrieden geben, das man einfangen kann. Dieses Wetter ist wirklich sehr unglücklich, denn das reizt doch geradezu zu Luftangriffen.
Sonst habe ich am gestrigen Tag das Markus-Evangelium zu Ende gelesen und mit dem Matthäus, allerdings nur wenig, angefangen. Ich muss das

alles noch einmal lesen, merke ich; aber ich glaube, dass ich zunächst nur Johannes-Evangelium und Offenbarung wieder lese und dann im Alten Testament mit Jesaja anfange. Zum Neuen Testament komme ich dann später wieder zurück.
Um mich warm zu halten, habe ich mir jetzt aus einer Decke noch einen kleinen, sehr wirkungsvollen Fußsack konstruiert und außerdem mache ich mir möglichst viel Bewegung. So bin ich gestern auf 5 km Marsch und 250 Kniebeugen gekommen. Ich wünschte aber trotz allem, es würde kälter, aber der Neumond ist ohne Witterungsumschlag vorbeigegangen.
An dem Bericht für die Söhne habe ich gestern ganz wacker geschrieben, nämlich den zweiten Bogen voll.

Donnerstag, 3. Februar 1944

Die dritte Woche beginnt. Wie lange mag das noch dauern? Gestern ist den ganzen Tag über nichts geschehen. Kein Mensch wollte was von mir und ich habe den ganzen Tag in meiner Zelle gesessen, einen Bogen an dem Bericht für meine Söhnchen geschrieben und gelesen. Leider war ich mal eine Stunde lang etwas unfriedlich. Ich weiß nicht warum. Vielleicht, weil es mir am Tage zuvor zu gut gegangen war. Das war aber dann gegen Abend überwunden und der Abend war so friedlich wie noch lange nicht. Ich habe das Matthäus-Evangelium fertig gelesen und will nun heute mit Johannes wieder anfangen. Von den drei synoptischen Evangelien ist mir Matthäus jedenfalls im Augenblick am nächsten.
Außerdem habe ich eine sehr gute Debatte des House of Lords über Empire-Angelegenheiten gelesen, die von einem Ausspruch von Curtis und einem Buch von Curtis ihren Ausgang nahm.[26]
Das Wetter wurde über Tag immer diesiger und gegen Abend war es ganz zu und regnete. Morgens war auch Voralarm und wir mussten um 5 alle aufstehen, aber es passierte nichts. Es wird davon geredet, dass wir bei ernsthaften Fliegerangriffen jetzt nicht mehr in unserer Zelle bleiben, sondern rauskommen sollen. Das wäre eine große Annehmlichkeit.
Gestern Abend bekamen wir einen Scheiben-Ersatz an unserem Fenster,

26 Moltke kannte Lionel Curtis seit 1934. Er war Mitbegründer des Institute of International Affairs und Herausgeber der Zeitschrift *Round Table*. Dieser außenpolitische Experte war für Moltke der wichtigste Ansprechpartner vor und während des Krieges.

nämlich Zelophan mit Drahtgeflecht. Das hält den Wind heraus, aber nicht die Kälte. Heizung wird es voraussichtlich noch lange nicht geben.

Freitag, 4. Februar 1944

Gestern war wieder ein Freudentag erster Ordnung. Es fing damit an, dass der Morgen schon viel angenehmer war als der vom Vortage. Ich war viel ausgeglichener, las mit Aufmerksamkeit und Freude den Anfang des Johannes-Evangeliums und dann eine sehr gute Debatte des House of Lords über Kohlenproduktion und über Verhältnisse in Neufundland. Gleich nach dem Essen setzte ich mich an den Bericht für die Söhnchen und schrieb einen Abschnitt über Mami,[27] Granny[28] und Daddy,[29] der mich zwar sehr anstrengte, mich auch viel Überwindung kostete, aber mich auch sehr erfreute und mir zum Bewusstsein brachte, wie reich ich bin. Als ich mit dieser Arbeit noch nicht ganz fertig war, wurde ich gerufen, um nach dem Kurfürstendamm zu fahren, wo Oberst Oxé und Kriegsgerichtsrat Waltzog[30] mit allen möglichen Eingängen und Fragen auf mich warteten. Wir haben dann 2 Stunden lang alle die dienstlichen Fragen erörtert und das war aus vielen Gründen eine große Freude für mich. Einmal freute es mich zu sehen, dass sie alle treu mir die Stange hielten und mich nicht etwa abgeschrieben hatten. Ich hatte nichts Anderes erwartet, aber es war doch erfreulich, seine Erwartungen bestätigt zu erhalten. Dann freute mich die Arbeit und schließlich war ich froh zu sehen, dass Waltzog und Friede[31] in die durch meine Abwesenheit gerissene Lücke eingesprungen waren und dass es so gelungen ist, wenigstens die ganzen Fragen aus dem Gebiet des Landkriegsrechts ordnungsmäßig zu bearbeiten. Das beruhigt mich sehr. – Die Freude sollte aber nicht aufhören, denn auf der Dienststelle waren auch noch zwei rührende Pakete von Marion, die nun in Kenntnis meines Briefes vom 23.1. zusammengestellt waren und wirklich alles enthielten, dessen ich bedarf. Dann einen Brief von Marion, einen von Inge[32] und 3 Briefe von

27 Dorothy von Moltke (1885–1935).

28 (Sir) James Rose Innes (1855–1942), Vater von Dorothy, Großvater von Helmuth James.

29 Helmuth von Moltke (1876–1939).

30 Oberfeldrichter Dr. Alfons Waltzog, Referent für Völkerrecht in der Wehrmachtsrechtsabteilung.

31 Dr. Friede vom Kaiser-Wilhelm-Institut.

32 Inge von Moltke, geb. von Dippe, Frau von Moltkes Bruder Joachim Wolfgang (Jowo).

Freya, ein ganz alter, ein mittlerer und einer von dem Tage, an dem sie mich besucht hat.
So kam ich also wirklich reich beschenkt wieder in meiner Zelle an, habe fürstlich zu Abend gegessen, bin noch etwas gelaufen und habe dann mit großem Genuss an dem Johannes-Evangelium weitergelesen, bis ich schließlich wohl so gegen 8 ins Bett stieg. Da wir dann auch noch eine friedliche, ungestörte Nacht hatten, so beginnt dieser Tag jedenfalls sehr schön. Kälte und Gewohnheit haben mich jetzt zu 250 Kniebeugen täglich gebracht, von denen ich die ersten 100 immer in 2 Partien zu 50 mache. Mehr kann ich aber vorläufig hintereinander nicht machen. Es ist mir dann abgesehen von der Anstrengung auch zu langweilig. – Da ich jetzt Mohrrüben habe, werde ich täglich als erstes eine Mohrrübe essen und hoffe, dass das zu meinem Wohlbefinden viel beiträgt.

Samstag, 5. Februar 1944

Seit gestern früh wird es allmählich kälter und klar. Gestern über Tag schien schon meist die Sonne. Allerdings bekam ich nichts davon ab, denn mein Fenster liegt nach Norden, aber ich sah es am Herrenhaus. Heute Nacht ist Schnee gefallen und es scheint ganz klar zu sein. In der Zelle ist es noch nicht merkbar kälter. Jedenfalls ist zu hoffen, dass wir jetzt erst einmal etwas Ruhe vor Fliegern haben werden.
Gestern war ein friedlicher Tag. Ich habe das Johannes-Evangelium zu Ende gelesen und mit der Offenbarung angefangen. Ich war gut bei der Sache und so war es besonders genussreich. Wenn ich noch lange genug hier bleibe, so werde ich das alles schließlich ganz gut kennen.
Dann habe ich in dem Notizheft für die Söhne das Kapitel über Granny beendet. Ob es mir wohl gelungen ist, etwas von diesen drei Menschen an die Kleinen zu übermitteln? Das wäre ja schon eine Haft wert. – Hauptsächlich habe ich aber gestern die mir von Oxé mitgegebenen Akten und eine neue Times gelesen. Immerhin vom 20.1., das ist gar nicht so schlecht. Danach habe ich im Ganzen, glaube ich, drei Patiencen gelegt, da mir Marion ihre Patience-Karten mitgeschickt hatte, was wirklich rührend ist. Jedenfalls war mit diesen Beschäftigungen und mit meinen Warm-Halte-Übungen der Tag plötzlich um, und das ist immer das Angenehmste.
Ich will jetzt zunächst nicht an meiner Aufzeichnung für die Knaben weiterschreiben, denn ich habe von Oxé Arbeit und viel Lektüre bekommen und

ich hebe mir die Schreibarbeit für die Knaben lieber auf eine Zeit auf, wo ich sonst nichts zu tun habe oder ich mir verlassen vorkomme.

Sonntag, 6. Februar 1944

Gestern war schließlich ein ganz zerrissener Tag, da ich ihn mir anders eingeteilt hatte, als er verlief, und da ich am Nachmittag von Gedanken bewegt war, die mich nicht zur Ruhe kommen ließen.
Am Morgen war ich zunächst einmal zu zwei Patiencen verführt worden, da Marion mir rührenderweise ihre Patience-Karten geschickt hatte. Das nahm mir schon einmal etwas Zeit. Dann las ich mit großem Genuss die Offenbarung zu Ende und nach einer Times wollte ich mich gerade zur Arbeit an meinen dienstlichen Aufgaben niederlassen, als ich zum Kurfürstendamm geholt wurde. Dort erwartete mich Oberst Oxé und ein Kapitän Jenisch, der aus Trient zu einer Besprechung gekommen war über einen der Istanbuler Prozesse.[33] –
Bis ich vom Kurfürstendamm zurück war, war es 1.30. Viel schlimmer aber: ich hatte am Kurfürstendamm gehört, dass ich heute mit dem ganzen Trupp der in dieselbe Affaire verwickelten Leute aus Luftschutzgründen wegkomme, und zwar nach Fürstenberg in Mecklenburg. So angenehm es natürlich ist, die Berliner Bombennächte nicht weiter in verschlossener Zelle und sozusagen vom Logenplatz aus mitzuerleben, so unangenehm ist mir der Fortgang von Berlin. Das bedeutet, dass ich sehr viel schwerer erreichbar bin, es wird meine Einschaltung in die laufenden dienstlichen Arbeiten erschweren, ich werde von meinem Büro nichts mehr erfahren und das alles ist ein sehr hoher Preis. Nun, ich kann es zunächst nicht ändern, will aber sehen, ob man vielleicht in einiger Zeit mit meinem Rücktransport einverstanden ist.
Übrigens hörte ich gestern, dass nun auch mein Büro zerstört ist.[34] Dumm, dass darin gerade die fertigen Voranschläge waren. Und schlimm, dass ich jetzt nicht da bin, das Notwendige zu veranlassen.
Am Nachmittag habe ich noch manches gelesen, besonders neue Akten, die

[33] Noch am 17. Januar 1944 hatten Oxé und Moltke im Auswärtigen Amt an einer Sitzung über Schifffahrtsangelegenheiten (französische Donauschiffe in Istanbul) teilgenommen. Vgl. Ger van Roon (Hg.): Helmuth James von Moltke (wie Einleitung, Anm. 10), 302 ff.

[34] Das Rechtsanwaltsbüro lag in Berlin in der Viktoriastraße 33.

Oxé mir mitgebracht hat, aber die bevorstehende Änderung meiner Versetzung beschäftigte mich doch so, dass ich wohl 4 oder 5 Patiencen gelegt habe. Es ist immer ein Risiko, denn wer weiß, was für Leute einen dann dort in der Gewalt haben.
Am Abend gab es einen bescheidenen Luftalarm und dann eine friedliche Nacht. Es ist anscheinend recht kalt geworden, jedenfalls war es heute Nacht im Bett eher kühl.
Jetzt wird es wohl ½ 9 Uhr sein. Ich sitze mit all meinen Sachen gepackt nur noch am Schreibtisch, will jetzt Jesaja weiterlesen und auf meinen Abtransport warten.

Montag, 7. Februar 1944

Um 9 Uhr ging also die Fahrt los. Wir waren zu siebt, darunter Bernstorff,[35] Kiep[36] und Scherpenberg.[37] Die anderen kannte ich nicht. Wir fuhren in einer schlecht gefederten, eisigkalten grünen Minna 2 ½ Stunden über Land. Bei schlechten Wegstrecken rasselte unser ganzes Gepäck immer nach vorn auf uns nieder. Schließlich kamen wir durch Fürstenberg in Mecklenburg durch und dann zu dem riesigen Frauen-KZ Ravensbrück.[38] Es war Sonntagmittag und sie kamen in Gruppen zu Hunderten, scheußlich singend, in ihren gestreiften Kleidern offenbar von einem Spaziergang zurück. Ich konnte nicht viel sehen, aber ich hatte den Eindruck, dass hier viele tausend Frauen liegen müssen. Nach einigem Palaver fuhren wir da hinein, blieben aber an dem einen Ende und hielten vor einem verschlossenen Gitter und einem großen Haus. Nach längerem Warten wurden wir abgeholt und kamen in ein offenbar ganz neues Zellengefängnis. Das Gefängnis ist sauber und hell, mit gedieltem, gestrichenem Fußboden, Fichtenmöbeln in der Zelle und einer gebeizten dicken Eichenholztür. Licht kommt von der Seite aber durch ein längliches Fenster. Wenn man da her-

35 Albrecht Graf von Bernstorff (1890–1945), Botschaftsrat a. D., noch am 23. April 1945 ermordet.

36 Otto Carl Kiep (1886–1944), im diplomatischen Dienst, seit 1939 Offizier im Amt Ausland/Abwehr.

37 Albert Hilger Scherpenberg (1899–1969), Legationsrat. Alle drei waren als Mitglieder des Solf-Kreises verhaftet worden.

38 Es handelt sich um das KZ Ravensbrück bei Fürstenberg in Mecklenburg (ca. 90 km nördlich von Berlin), vornehmlich ein Lager für Frauen, später auch mit einem kleinen Männerlager.

ausschaut, sieht man erst auf eine hohe, sicherlich 6 m. hohe, oben nach innen gewölbte Wand, die oben mit auf Isolierknöpfen befestigtem Stacheldraht gesichert ist.
Das Gefängnis scheint ebenfalls ein Frauengefängnis zu sein, jedenfalls sind die Wärter alle Frauen und neben mir liegen in den nächsten drei Zellen drei Mädchen, die sich leider immerzu über «Die Liebe» in den Romanen, die sie lesen, unterhalten. Diese Hellhörigkeit von Zelle zu Zelle ist sehr unangenehm.
Sonst ist hier alles sehr viel angenehmer als in der P. A., nur nicht so sachgemäß. Das Angenehmste hier ist die frische Waldluft, die hereinströmt und die nach der Staubluft der zerbombten Prinz-Albrecht-Str. eine große Annehmlichkeit ist. Die Zelle ist leider kürzer als die in der P. A. und dadurch entfallen die Märsche. Denn mit nur 3 ½ Schritt schräg durch ist nicht viel Staat zu machen. Ich muss eben meine Kniebeugen vermehren und mir andere Übungen ersinnen.
Gestern habe ich nicht mehr viel getan. Bis ich mich eingerichtet und gegessen hatte, bis ich wieder umgezogen war – was aus irgendeinem mir unbekannten Grund angeordnet wurde, war es schon so spät, dass ich nur noch einen Brief an Freya schreiben konnte. Dann begann es dunkel zu werden und Licht gab es ab so um ½ 7. Die Dämmerperiode hindurch bin ich meist langsam auf und ab gegangen. Das Licht ist leider so schlecht, dass man dabei nicht arbeiten kann. So habe ich nach dem Abendbrot mehrere Patiencen gelegt. Dann bin ich ins Bett gestiegen, habe bei einer Kerze noch ein wenig gelesen und habe um ½ 10 zu schlafen begonnen; erstmalig wurde das Licht um 10 ausgemacht und das befruchtete den Schlaf sehr.
Heute Morgen wachte ich früh auf und ab 5 zog das Lager zur Arbeit aus. Die ganze Landschaft schien widerzuhallen von den Tritten der vielen Holzsohlen, zwischendurch hörte man sie als eine singende Kolonne. Es war ein unangenehmes Geräusch. Das andere unangenehme Geräusch der Landschaft ist das Hundegebell. Offensichtlich werden hier unglaublich viele Hunde gehalten, wahrscheinlich auch zu Bewachungszwecken.
Am Morgen gibt es offenbar kein Licht. Man muss also mit dem Anziehen warten, bis es soweit dämmert, dass man sehen kann. Ich bin heute um 7 aufgestanden und es wird jetzt täglich früher hell. Alles in allem ist der Aufenthalt hier so, dass man es durchaus aushalten kann.

Dienstag, 8. Februar 1944

Der gestrige Tag war rasend schnell um. Ich versuchte mehrfach, eine Verbindung mit dem evakuierten Teil der Dienststelle herzustellen, aber vergeblich. Das ist riesig unangenehm, weil ich dringend Sachen zu diktieren habe.

Im Grunde sind wir hier gut untergebracht, offenbar viel besser als die zwei Sonderwärter, die für Kiep und mich mitgekommen sind. Diese beklagen sich bitter über ihre Baracken. – Das Essen ist gut und reichlich und nett zurechtgemacht. Es gibt eben richtiges Essen und nicht nur einen Eintopf, den man löffeln muss.[39]

Unangenehm ist vorläufig, dass ich noch keine Möglichkeit habe, mir einen Tee machen zu lassen. Die Mädchen sind für uns nicht zuständig und unsere Männer finden sich ganz offensichtlich in der neuen Umgebung noch nicht richtig zurecht. Sollte ich in den nächsten Tagen meine Teekanne bekommen, so wird es wohl wieder funktionieren.

Gestern habe ich vor allem an meinen dienstlichen Sachen gearbeitet und das mit großer Freude. Wenn das nur weiter möglich bleibt. Danach habe ich eine Times gelesen und am Abend, als es dämmerte, den Windelband'schen Bismarck. Der hat nämlich so großen Druck, dass er sich auch bei schlechter werdendem Licht noch lesen lässt. Außerdem habe ich mehrere Patiencen gelegt. Ich liege immer etwas im Streit mit mir selber, ob es richtig ist, die Patiencen zu legen, denn es ist schließlich kostbare Zeit, die da verrinnt. Aber auf der anderen Seite sage ich mir, dass ich die Arbeit, die ich tun kann, auf eine möglichst lange Zeit erstrecken will, weil ich doch damit rechnen muss, noch lange hier zu sein.

Im Übrigen habe ich Jesaja weitergelesen und bin bis Kap. 40 gekommen, über das Lilje[40] vor einigen Monaten einmal gepredigt hat. Welch ein schönes und in sich geschlossenes Kapitel. Ich habe es mehrfach gelesen und werde es auch sicher mal noch mehrfach wiederholen. Dieser Aufruf zur Predigt und Einkehr, dieses Bewusstsein der Möglichkeit, in Gott fest zu ruhen.

39 Die Schutzhäftlinge im Zellenbau bekamen das gleiche Essen wie die untere SS-Wachmannschaft.

40 Hanns Lilje (1899–1977), 1936 Geschäftsführer des Berliner Sekretariats des Lutherrates, 1937 Generalsekretär des Lutherischen Weltconvents.

Außerdem war der gestrige Tag noch durch einen Ausgang von 20 Minuten verschönt, den ich an einer Wand lang auf und ab gehen durfte. Es war sehr angenehm, mal wieder heile Luft zu schöpfen und den Himmel zu sehen. Ich habe dabei festgestellt, dass das Gefängnis ganz klein ist, nur zwei Zellenseiten übereinander, ich bin in der oberen, die untere ist in die Erde gebaut und deren Fenster sind nur gerade über dem Erdboden. Das ist also weniger angenehm als bei mir oben.
Die Nacht war wieder zu kurz. Das Gelände ist so hellhörig, dass ich immer schon kurz nach 4 von irgendeinem Geräusch erwache und dann nicht wieder einschlafen kann. Aber das ist nicht an sich schlimm, nur schade, denn man könnte sonst so schön gründlich ausschlafen.

Mittwoch, 9. Februar 1944

Gestern geschah mal wieder gar nichts. Wir wurden nur zu dritt, Bernstorff, Kuenzer[41] und ich, zum Photographieren geführt und trafen dort Kiep und Scherpenberg, die gerade zurückkamen. Bei der Gelegenheit habe ich den Anfang des Lagers gesehen. Es scheint, als ginge die hohe Mauer, die auch vor meinem Fenster ist, um das ganze Lager mit Ausnahme des Eingangs. An der Eingangsfront ist ein großer Platz, an dessen Stirnseite die Küchenbaracke steht, und die Insassen treten offenbar im Wohnblock an und bekommen dann einen großen Behälter voll Essen. Auf der einen Seite der Küchenbaracke sind wir, auf der anderen Seite ist der Ausgang mit Wachhaus. Mit dem Rücken zur Küchenbaracke steht die so genannte Kommandantur, wo wir photographiert wurden, die ein anständig gebautes Haus ist mit einem schönen Blick über einen See[42] und darüber hinaus auf Fürstenberg. An dem See entlang stehen Häuser, die anscheinend Wohnungen für das Bewachungs- und Verwaltungspersonal enthalten.
Sonst war ich wieder zu einem Ausgang draußen, und zwar wesentlich länger, ich möchte annehmen eine halbe Stunde. Der Himmel war bedeckt und es nieselte von Zeit zu Zeit. Heute ist dafür, jedenfalls im Augenblick,

41 Richard Kuenzer (1875–1945), Legationsrat, 1923 aus dem diplomatischen Dienst ausgeschieden, Leiter des Zentrumsorgans «Germania», später in der Wirtschaft tätig, Mitglied des Solf-Kreises.

42 Es handelt sich um den Schwedtsee, über den hinweg man auf die Kirche in Fürstenberg sehen konnte.

strahlender Sonnenschein. Die Zelle ist gleich viel heller und das ist sehr angenehm.
Ich habe gestern wieder eine ganze Menge für das Amt gearbeitet und habe jetzt zwei lange Diktate fertig. Wenn ich sie nur los würde, es ist mir nicht angenehm, auf diesen Sachen hier zu sitzen, wenn sie in Berlin dringend benötigt werden.
Über Tag habe ich 3 Timesse gelesen und abends wieder den Bismarck. Es ist wirklich erstaunlich zu sehen, mit welch feinen Mitteln damals Politik gemacht wurde, auf welche geringen Stimmungsänderungen die beteiligten Politiker reagierten; es war eben damals ein ganz feinfühliger, raffinierter Apparat.
Mit Jesaja bin ich jetzt fertig und will heute mit Jeremia anfangen. Das Alte Testament ist eben für uns doch viel schwieriger zu lesen als das Neue. Bei aller Schönheit und Tiefe bedeutender Teile gibt es immer wieder Längen, die die Aufmerksamkeit nicht genügend fesseln. Man muss es eben sehr viel besser kennen, um auch aus diesen Stellen alles herausholen zu können, und wenn ich noch lange hier bleibe, wird mir das ja auch noch gelingen.

Donnerstag, 10. Februar 1944

Beginn der vierten Woche. Ich bin jetzt seit dem 24.1. nicht mehr vernommen worden. Erstaunlich, was hier für Kraft vergeudet wird. 3 Wochen, so viel Zeit, wie ich jetzt gehabt habe, ist etwas, was ich sonst froh bezahlt hätte.
Gestern ist wieder gar nichts geschehen. Ich habe keine Ahnung, ob die Sache überhaupt Fortschritte macht oder ob wir jetzt hier abgestellt sind und bleiben, ohne dass an der Sache weitergearbeitet wird.
Das Erfreuliche gestern war, dass ein Mädchen zum Diktat kam und dass ich in 2 Stunden etwa ein Drittel von der Sache abdiktieren konnte, die unbedingt weg musste. Hoffentlich hat sie es gestern geschrieben und kommt heute wieder, damit der erste Stoß wegkommt und damit ich die zweite Serie diktieren kann. Ich habe an diesen Sachen auch noch weitergearbeitet und sonst erstaunlich wenig getan. Ich tue zur Zeit nicht viel, weil ich noch keine neue Arbeit habe, nicht weiß, wie sich das hierher einspielen wird, und mir die jetzt vorhandene Arbeit daher strecke.
Gestern habe ich Jesaja fertig gelesen und Jeremia angefangen. Ich lese im Augenblick nicht so viel neu, weil ich immer einzelne Stellen wiederhole.

Ich finde das bitter nötig, denn ich habe so viel Jahre nicht mehr systematisch Bibel gelesen, dass ich zu sehr Anschlüsse und Bedeutungen überlese.
Gestern war ein strahlender, kalter Wintertag. Leider konnte ich nur 10 Minuten raus. Über Nacht ist es wieder warm geworden und heute ist es grau und regnerisch. Es wollte heute auch gar nicht hell werden und selbst jetzt, um 9 Uhr, ist das schlechte elektrische Licht immer noch besser als das Tageslicht. Ansonsten ist die Luft unangenehm weich.

Freitag, 11. Februar 1944

Gestern früh kam das zurück, was ich tags zuvor diktiert hatte, sodass ich wenigstens den ersten Teil los bin, aber leider kam das Mädchen nicht wieder und so habe ich den ganzen Rest noch hier liegen. – Sonst geschah am Tage nichts. Ich bekam lediglich die Nachricht, dass am Mittwoch, vorgestern, nachmittags ein Kurier aus Berlin hierher gekommen sei, und zu der Zeit seien keine Eingänge für mich bei der Dienststelle gewesen. Das gefällt mir nicht, denn es ist fast ausgeschlossen, dass nicht einmal ein Brief von Freya da sein sollte. Ich fürchte aber, dass irgendeine Panne eingetreten ist. Nun, ich muss es abwarten. Tatsächlich habe ich aber den letzten Brief von Freya heute vor einer Woche bekommen.
Abends gab es kein Licht, so kam das Abendbrot kurz nach 5, zu einer Zeit, wo man auch schon nichts mehr sehen konnte. Ich aß dann bei meiner Kerze und stieg um 6 ins Bett. Da alle nichts tun konnten, war der immer lebhafte Austausch zwischen den Zellen besonders lebhaft, und da ich auch nur friedlich im Bett lag, so hörte ich besser zu als sonst.
Neben mir sind also in den drei letzten Zellen auf meiner Seite drei Mädchen, die immer untereinander schwätzen, meist laut durch die Wände, aber wenn sie «Geheimnisse» austauschen, steigen sie offenbar auf die Stühle und reden durch die Fenster. Lauter Kappes. Darunter scheinen einige übermütige Knaben zu sein, mit denen sie sich ebenfalls durch die Fenster unterhalten und die von Zeit zu Zeit mit allen möglichen Mitteln «Musik» machen. Offenbar hört man das im Mittelgang nicht.
Zu bestimmten Zeiten sind die Aufseherinnen meist nicht im Gefängnisbau und dann geht eine heftige Unterhaltung quer durch das ganze Gefängnis durch. Gestern Abend rief, als die Aufseherin weg war, ein Mädchen «Tünnes!». Der antwortete und fragte, was sie heute gemacht habe: «Ich habe

Strohsäcke für die haute volée[43] unter uns genäht.» «Großartig», rief Tünnes. «Die h. v., das sind wir.» Mir scheint, wir vermehren uns und sind wohl zwischen 25 und 20 Häftlingen. Da werden über den Korridor Verabredungen gemacht, in denen mir als einem Novizen ganz unklar ist, wie man sie erfüllt. Schließlich um 8 abends rief ein Mädchen wieder «Tünnes! Gute Nacht, mein Engel!» Worauf der Engel ebenfalls eine gute Nacht wünschte. Dann stimmte unten ein Chor das Lied «Guten Abend, gute Nacht …» an, dann war Ruhe. Nach weiteren 10 Minuten ging das Licht an und ich las dann noch bis ½ 10 Uhr.
Da es abends kein Licht gab und daher der Tag um 4 zu Ende war, habe ich gestern wieder nur wenig gelesen. Nur im Jeremia bin ich ganz gut vorangekommen. Abends habe ich Kor. I 15 und die Bergpredigt mir selbst vorgetragen, habe aber aus der Bergpredigt das Mittelstück «Vom Almosen und vom Geld» vergessen.
Bei einer Kerze las ich alsdann auch noch einige Briefe von Freya.
Gestern hat es geschneit; als ich zum Spaziergang rauskam, lag schon eine ganze Menge Schnee, und es hat über Tag weiter geschneit. Hoffentlich hat es das zu Hause auch getan. Heute scheint wieder die Sonne, jedenfalls seit etwa 9 Uhr.

Samstag, 12. Februar 1944

Gestern gab es ganz unerwartete Freude: zwei dicke Briefe von Oxé mit Akten, ein Paket von Marion und Briefe von Freya. Es war mir sehr angenehm, dadurch festzustellen, dass die Verbindung mit Ravensbrück nun funktioniert. Dann wird sich auch der Rest einspielen. Die Briefe von Freya klangen ganz hoffnungsvoll, etwas zu sehr auf Hoffnung abgestimmt. Ich muss mal sehen, ob ich sie in diesem Punkt etwas ermahnen kann. In dem Paket von Marion fanden sich außer sehr erwünschter Eß- und Anziehsachen auch sehr begehrte Bücher, die mit theologischer Sachkenntnis ausgesucht waren. Vor allem war darunter der Große Katechismus, nach dem mich schon lange verlangt hatte.[44] – Schließlich war in dem Paket auch eine Teekanne, und zwar die Kreisauer. Worin machen die wohl jetzt Tee? Ich war darüber gerührt und entzückt und fand auch einen Mann, der mir

43 Sinngemäß die Oberen.
44 Die theologischen Bücher hatte Eugen Gerstenmaier ausgewählt.

abends einen Tee aufbereitete, den ich voller Begeisterung so stark machte, dass ich dann schlecht einschlief. Aber das war mir ganz egal. Heute Morgen habe ich dann 3 richtige Tassen Tee getrunken, die mir köstlich mundeten.

Dann kam gestern mein Schrank und ich konnte meine Sachen definitiv einräumen. Das ist ja auch angenehm. – Schließlich war gestern ein herrlicher Sonnentag und mein Ausgang war dadurch besonders angenehm und erfrischend. Kurz, gestern wimmelte es mal wieder von Freude.

Ich war aber so versorgt über all die Schätze, die ich bekommen hatte, dass ich nicht systematisch arbeitete, vielmehr in allen Sachen herumlas: im Katechismus das erste Gebot,[45] in der Ethik das erste Kapitel u. s. w.[46] Ich habe aber überall gekostet, kann aber heute nicht weiter kosten, weil ich unbedingt die von Oxé geschickten Sachen erledigen muss und das geht jetzt vor.

Einschließlich heute Morgen habe ich Jeremia fertig gelesen. Es ist doch eindrucksvoll zu sehen, dass die Leiden, die Menschen sich gegenseitig zufügen, immer die schwersten sind, viel schlimmer als Pest und Hungerzeit, Seuchen und Heuschrecken und was es sonst noch für Schrecklichkeiten gibt.

Sonntag, 13. Februar 1944

Gestern war ein ganz ruhiger Tag. Ich habe den ganzen Morgen hintereinander weg bis etwa 3 Uhr mit einer nur zum Essen ausreichenden Mittagspause meine Sachen für's Amt geschrieben, nachdem Oxé mir mitgeteilt hatte, Frl. Thiel[47] traute sich zu, meine Konzepte zu lesen. Nun ist alles fertig und heute Morgen wird die ganze Sache abgeholt werden. Ich habe jetzt nur noch drei Privatdienstbriefe, die ich mit der Maschine geschrieben haben muss, weil ich sie ja unterschreiben muss. Sonst ist alles auf dem Laufenden.

Als diese Arbeit gemacht war, schrieb ich noch einen Brief an Marion und packte ein Rückpaket. Das ist auch heute mitgegangen. Dann war nicht

45 Luther: Der Große Katechismus 1529 (Münchener Lutherausgabe, hg. von Hans Heinrich Borcherdt, München 1934–1940, Bd. 3, 186–291).

46 Georg Wünsch: Theologische Ethik, Berlin 1925.

47 Sekretärin in der Völkerrechtsgruppe.

mehr viel Zeit übrig, bis das Abendbrot kam, und danach habe ich bis 10 gelesen. Das zweite Gebot im Großen Katechismus, die Klagelieder, den Anfang von Hesekiel und danach eine Stunde Bismarck.
Es war ein angenehmer Tag, beschäftigt, festlich und zufrieden. Solche Tage sind so fruchtbar, und wenn man dazu selbst viele produzieren könnte, dann wäre dieser Zwangsaufenthalt ein rechter Segen. Es hängt nur von einem selbst ab, ob man den inneren Frieden und die Konzentration hat.

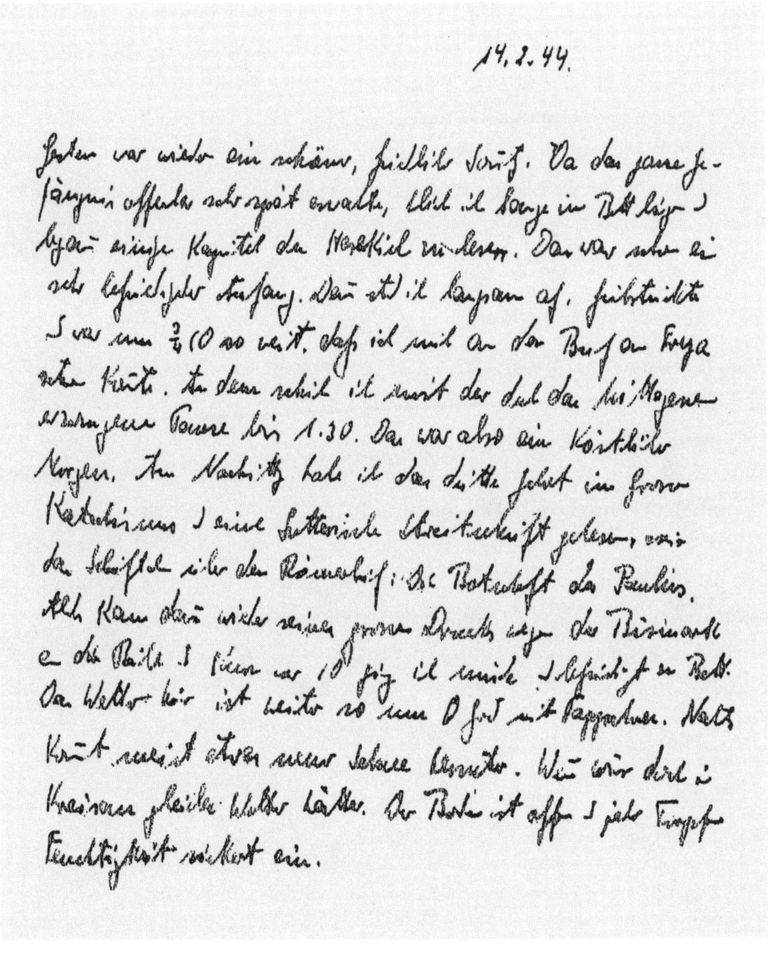
14. 2. 44.

Tagebucheintrag vom 14. Februar 1944

Montag, 14. Februar 1944

Gestern war wieder ein schöner, friedlicher Sonntag. Da das ganze Gefängnis offenbar sehr spät erwachte, blieb ich lange im Bett liegen und begann einige Kapitel des Hesekiel zu lesen. Das war schon ein sehr befriedigender Anfang. Dann stand ich langsam auf, frühstückte und war um ¾ 10 so weit, dass ich mich an den Brief an Freya setzen konnte. An dem schrieb ich mit der durch das Mittagessen erzwungenen Pause bis 1.30. Das war also ein köstlicher Morgen. Am Nachmittag habe ich das dritte Gebot im Großen Katechismus und eine Lutherische Streitschrift gelesen sowie das Schriftchen über den Römerbrief:[48] die Botschaft des Paulus. Abends kam dann wieder seines großen Drucks wegen der Bismarck an die Reihe und kurz vor 10 ging ich müde und befriedigt zu Bett. Das Wetter ist weiter so um 0 Grad mit Pappschnee. Nachts kommt meist etwas neuer Schnee herunter. Wenn wir doch in Kreisau gleiches Wetter hätten. Der Boden ist offen und jeder Tropfen Feuchtigkeit sickert ein.

Dienstag, 15. Februar 1944

Nachdem seit der Ankunft einige Tage verstrichen sind, kann ich meine ganze Umgebung besser beurteilen und beschreibe alles am Anfang. Das Gefängnis besteht aus dem Zellenbau[49] und dem senkrecht dazu gestellten Wirtschaftsbau, wo Verwaltung, Baderaum, Warteräume, unten Küche und Waschküche sind. Der Zellenbau besteht aus einem lang gestreckten, zweistöckigen Schiff mit ungefähr 80 Zellen, 40 in jedem Stock, d. h. oben sind 39. An der oberen Zelle führt ein Holzgang entlang, unten ist ein Steinchenboden. Über dem Zellenbau ist in dem mittleren Teil des Schiffes ein Glasdach, sodass es dort sehr hell ist. Das untere Stockwerk ist so tief in den Boden gebaut, dass die oben in der Zelle angebrachten Fenster mit der Unterkante auf Erdhöhe sind. Die Lage scheint mir im Ganzen so zu sein:

[48] Wahrscheinlich eine Schrift von Adolf Schlatter.

[49] Im sogenannten Zellenbau, der an das Lager grenzte, waren Zellen reserviert für Untersuchungsgefangene, für die eine Außenstelle des Reichssicherheitshauptamtes unter Kriminalkommissar Lange in der Sicherheitspolizeischule Drögen bei Fürstenberg zuständig war. Zu Verhören wurden die Schutzhäftlinge im Zellenbau mit einem Auto nach Drögen gefahren, das etwa 7 Kilometer entfernt lag.

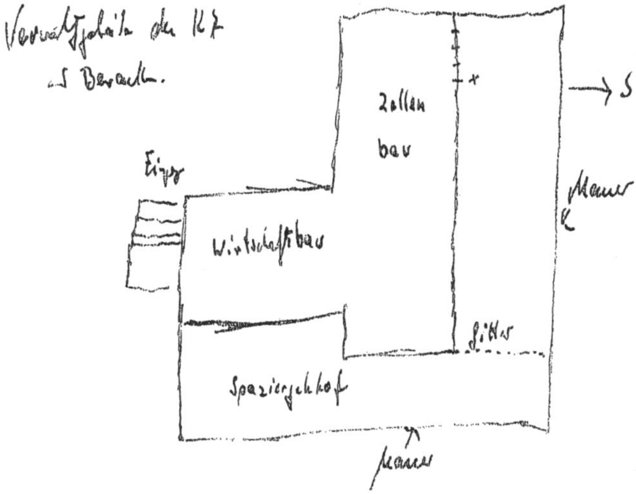

Die Mauer ist nicht so hoch, wie ich am ersten Tag meinte, sondern vielleicht 3.50 m hoch und dann Stacheldraht. Meine Zelle ist die vierte von hinten. Der Spaziergehhof ist klein und es kommt um diese Jahreszeit nur sehr wenig Sonne hinein, weil überall die Gebäude und die Mauern zu hoch sind. Trotzdem ist die Viertelstunde draußen sehr angenehm.

Die Zelle ist bei drei Meter Höhe etwa 2.50 × 3.50 und wie folgt eingerichtet:

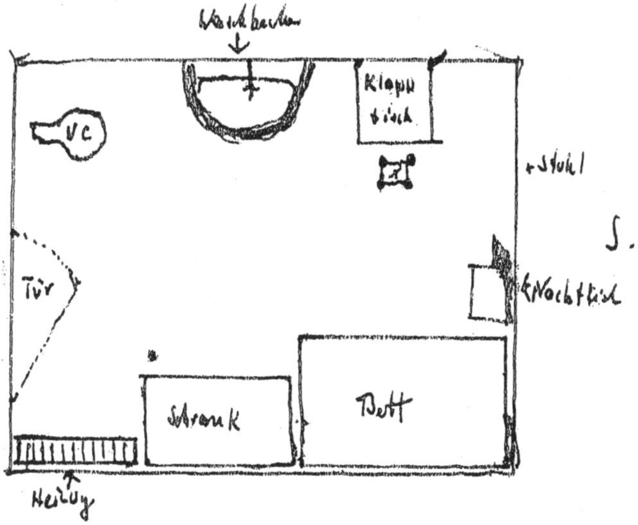

Gegenüber der Zelle in der Prinz Albrechtstr. ist sie also viel kleiner und damit fehlt die Möglichkeit, auf und ab zu gehen. Sonst aber ist sie viel besser und bequemer. Die Hauptschwäche der Zelle ist das Fenster, das in 2 m Höhe als länglicher Schlitz ein Maß von vielleicht 50 hoch und 1.50 breit [hat;] als Klappfenster angebracht, das nur so wenig aufklappt, dass man immer das Gefühl hat, zu wenig Luft zu bekommen. Auch kann man um keinen Preis den Himmel sehen. Das zweite, was mangelhaft ist, ist die elektrische Beleuchtung, die in einer 15 W. Birne oben an der Decke besteht. Ich muss unbedingt sehen, besseres Licht zu bekommen, denn so verderbe ich mir auf die Dauer die Augen. Das Ganze ist aber sauber, praktisch und nett gemacht.
Der gestrige Tag war erstaunlich plötzlich um. Es kam allerdings dazu, dass mein Brief an Freya wieder zurückkam, weil er unleserlich sei und eine Zeichnung meiner Zelle enthalte, was verboten sei. So nahm mir das Abschreiben etwa 1 Stunde und die fehlte mir dann am übrigen Tag. Ich habe die letzte Times fertig und habe gestern auch eine House of Commons-Debatte gelesen. Nachmittags das 4te Gebot und eine herrliche Predigt Luthers über die Pflicht, Kinder zur Schule zu schicken.[50] Das war wirklich eine rechte Freude und ich habe mich auch in den altmodischen Druck jetzt so hereingelesen, dass es mir keine Mühe mehr macht. Einschließlich heute früh habe ich den Hesekiel fertig und verstehe jetzt, warum die Zionisten so fanatisch sind. Merkwürdig, dass man solche Prophezeiungen so handgreiflich auffassen kann. – Abends sollte Himmler zu einer Besichtigung kommen. Er kam aber nicht. – Ich habe jedenfalls gestern nur einen Satz Patiencen gelegt und das auch erst, als mir die Augen am Abend weh taten.

Mittwoch, 16. Februar 1944

Gestern gab es plötzlich eine große Überraschung: Bald nach dem Mittagessen kam ein Beamter der Dienststelle und teilte mit, Freya sei da und ich sollte rüberkommen. Das dauerte aus mir unbekannten Gründen noch eine gute halbe Stunde, aber dann fuhren wir rüber, wobei ich auch die Schule, in der die Dienststelle untergebracht ist, zum ersten Mal sah. Ich konnte

50 «Eine Predigt, dass man Kinder zur Schule halten sollte» (1530), Münchener Lutherausgabe, Bd. 5, 259–294.

dann lange mit Freya sprechen, es waren mindestens 2 Stunden, wahrscheinlich mehr. Es gab auch viel zu besprechen. Ich hatte meinen Teetopf mitgenommen und so tranken wir auch noch köstlichen Tee.
Um ½ 8 brachten wir Freya zur Bahn, deren Zug um 8.28 gehen sollte, um 8 war ich zurück und um 8.20 gab es Fliegeralarm, und ein ungeheures Rauschen wie von den apokalyptischen Reitern ging eine Stunde lang über uns hinweg. Hoffentlich war alles vorbei, als Freya nach Berlin kam, aber sie hat es sicher schwer gehabt, in die Hortensienstr. vorzudringen, denn es muss ein großer Angriff gewesen sein. Jedenfalls war dies Rauschen hoch über den Wolken so unheimlich und erregend, dass ich lange nachher nicht geschlafen habe.
Am Morgen hatte ich den Hesekiel zu Ende gelesen, ferner im Großen Katechismus das fünfte Gebot und die [...] in der Ermahnung Luthers an seine lieben Deutschen nach dem Augsburger Reichstag.[51] Der Tag aber war wunderschön. Ob Freya wohl erlaubt worden ist, alle 14 Tage zu kommen, wie sie vorhat?

Donnerstag, 17. Februar 1944

Gestern früh um 8 sollte Oxé kommen und ich wurde zur Dienststelle geholt, um mit ihm zu sprechen. Er kam aber nicht. Hoffentlich ist ihm nur nichts passiert und er hat nur wegen Zerstörung von Verkehrsmitteln den Zug im Stettiner Bahnhof nicht bekommen. Ich habe mir dann dort erst Haare schneiden und waschen lassen und habe dann einige Briefe mit der Maschine geschrieben. Das hat den ganzen Vormittag in Anspruch genommen und kurz nach 1 Uhr war ich wieder zurück. Ich habe am Nachmittag nur noch die kleinen Propheten angefangen, das 6te Gebot im Großen Katechismus und Luthers Ermahnung an seine lieben Deutschen von 1530 zu Ende gelesen und dann war es 8 Uhr und ich ging zu Bett, weil ich von der schlechten vorhergegangenen Nacht sehr müde war. Nachts um 2 wachte ich mit Halsschmerzen auf, aber nachdem ich einen Wickel gemacht hatte, schlief ich wieder ein und schlief herrlich bis ½ 6 durch. Das war also bisher meine beste Nacht.

[51] Martin Luther: Ermahnung an seine lieben Deutschen (1530).

Freitag, 18. Februar 1944

Der gestrige Tag ist fruchtbar und schnell vergangen. Ich habe eigentlich den ganzen Tag friedlich gelesen und sonst gar nichts gemacht. Ich habe eine kleine Arbeit über den Streit um das Abendmahl zwischen Luther und Zwingli gelesen, das 7te Gebot im Großen Katechismus und Luthers Streitschrift über Winkelmesse und Pfaffenweihe.[52] Außerdem habe ich in Moltkes Briefen an seine Braut und Frau und in den Briefen aus der Türkei angefangen[53] und ein gut Stück im Bismarck weitergelesen. Das war ein ziemlich großes Programm, zumal ich noch mit ziemlicher Mühe in den kleinen Propheten geackert habe. Die kommen mir, jedenfalls im Augenblick, abgesehen von einigen kleinen prächtigen Stellen sehr lang vor.
Abends gab es wieder eine herrliche Unterhaltung zwischen zwei Zellen. A: «Elfi, wo bist Du?» E: «In Zelle 10.» A: «Dann bist Du schräg über mir.» – A: «Elfi! Wie lange haben wir eigentlich?» E: «6 Wochen.» A: «Ich dachte nur 4. Bekommen wir noch was auf den Hintern?» E: «Nein!» A: «Na, dann ist es gut.» Lange Pause. A: «Elfi, bereust Du?» E: «Nein!» A: «Ich auch nicht; jetzt können uns die anderen nicht mehr schief ansehen.»

Samstag, 19. Februar 1944

Gestern Morgen war ich verhältnismäßig spät aufgestanden und wurde um ½ 9 geholt, als ich gerade fertig war, wie ich annahm, zur Vernehmung. Statt dessen war aber Oxé da, der Reisende, mit lauter Akten und Nachrichten. Wir haben dann den ganzen Morgen über bis ¾ 12 unsere Sachen besprochen, ich habe ihm die letzten Briefe, die ich am Mittwoch geschrieben hatte, mitgegeben. – Leider haben wir bei dieser Unterhaltung festgestellt, dass meine ganzen Entwürfe vom vergangenen Samstag, und das waren sehr viele, bei der Zerstörung der Dienststelle des SD[54] am letzten Dienstagabend verbrannt sind. Dabei waren auch einige kostbare Vorgänge, aber da ich es noch im Kopf habe, werden wir wohl das meiste rekonstruieren können.

52 Martin Luther: Über Winkelmessen und Pfaffenweihe.

53 Moltke hatte verschiedene Bücher seines Großonkels Helmuth Carl Bernhard Graf von Moltke: Ges. Schriften und Denkwürdigkeiten, 8 Bde., Berlin 1891–1893, sowie: Ausgewählte Werke von Helmuth von Moltke, 4 Bde., Berlin 1896, hg. von F. von Schmerfeld.

54 Sicherheitsdienst.

Nach Tisch habe ich dann gleich einen der verbrannten Entwürfe neu gemacht und der soll heute mit nach Berlin. Hoffentlich funktioniert das.
In der Hortensienstr. scheint ziemlicher Schaden entstanden zu sein, aber reparabel. – Von Freya zwei Briefe.
Am Nachmittag habe ich nicht mehr viel anderes getan, auch weil ich über alle Nachrichten, die Oxé mitgebracht hatte, angeregt nachdachte. Abends war ich sehr müde und löschte das Licht schon um ½ 9, wachte allerdings um 2 auf und las dann noch eine Stunde. Aber im Ganzen habe ich nur die kleinen Propheten zu Ende gelesen, das 8te Gebot aus dem Großen Katechismus, einige Briefe Moltke's und ein gut Stück aus dem Bismarck. Nachts werde ich auch nicht viel zum Lesen kommen, denn Oxé hat mir viel Arbeit mitgebracht.

Sonntag, 20. Februar 1944

Gestern war ein friedlicher Arbeitstag. Ich habe die ganze Mitte des Tages über an den Sachen für das Amt gearbeitet und habe alles fertig, mit Ausnahme der türkischen Sachen. Zu denen brauche ich noch ein Mal 3 bis 4 Stunden. Für Lesen war also weniger Zeit als sonst. Am Morgen habe ich die Sprüche Salomo's gelesen, ehe ich mit meiner Arbeit anfing, am späten Nachmittag das 9te und 10te Gebot im Großen Katechismus und die Schmalkaldischen Artikel.[55] Am Abend nur noch etwas in den Briefen aus der Türkei und den Briefen an seine Braut und Frau und schließlich im Bismarck. So war der Tag rasch um und im Ganzen hatte ich den Eindruck, dass er mir zu kurz war. Das ist angenehm. – Das Wetter hat sich allmählich aufgeklärt und ist kälter geworden. Heute ist ein blauer Sonnentag. Sehr angenehm ist, dass es merklich früher heller wird und später dunkel. Ich möchte annehmen, dass der Aufenthalt hier im November viel unangenehmer ist.

Montag, 21. Februar 1944

Gestern war ein schöner friedlicher Sonntag, den ich vor allem mit einem Brief an Freya und mit vielen den Tageslauf zu Hause begleitenden Gedan-

55 Schmalkaldische Artikel (1537), Münchener Lutherausgabe, Bd. 3, 292–318; Bekenntnisschriften, 407–468.

ken gefeiert habe. Ich habe außerdem einen Brief an Asta und einen an den Landrat geschrieben, und da ich eine halbe Stunde draußen war und morgens ein groß Stück von Hiob gelesen habe, war es ½3, ehe ich zum Lesen kam. Das wurde dann auch noch um 5 durch eine ausführliche Vesper unterbrochen und so war ich erst um 7 mit der Lektüre des ersten Teils des Glaubensbekenntnisses[56] und einer Streitschrift Luther's wider Hans Worst fertig. Diese Ausdrucksfülle, wenn der Mann wirklich eifert, ist zu schön. Abends habe ich den Bismarck beendet und in den beiden Briefe-Bänden ein gut Stück weitergelesen. – Tags gab es auch ein Mal Fliegeralarm und man hörte entfernt Schießen.
Zeitungen gab es gestern und vorgestern nicht, sodass ich keine Ahnung habe, was eigentlich vorgegangen ist. Aber man ist ja immer wieder erstaunt, wie wenig sich ändert.

Dienstag, 22. Februar 1944

Gestern habe ich die ganze türkische Sache für das Amt bearbeitet und habe dazu noch mal 3 Stunden gebraucht. Morgens las ich das Buch Hiob fertig, nachmittags erst den zweiten Artikel des Glaubensbekenntnisses im Großen Katechismus und beendete den Band der Luther'schen Werke. Dann fing ich mit dem Künneth «Theologie der Auferstehung» an, was mich sehr anstrengte.[57] Bei dem Lesen des Neuen Testaments war ich zu dem Ergebnis gekommen, dass die beiden tiefsten Stücke die Bergpredigt und 1. Kor. 15 sind, und habe diese beiden Stücke täglich gelesen. Daher war ich sehr erfreut, dass auch diese Theologie die Auferstehung 1. Kor. 15 als einen der Angelpunkte des ganzen Glaubens ansieht. Trotzdem ich also wohl vorbereitet war, strengten mich die 90 Seiten, die ich gestern aus diesem Buch las, rasend an. Ich bin eben doch noch längst nicht wirklich im Training für rein wissenschaftliche Lektüre. Luther ist doch eben eine Kategorie für sich und wegen seiner plastischen, handgreiflichen, bildhaften Form und seiner Stärke letzten Endes bei aller Tiefe leichter als eine moderne Auseinandersetzung, die intellektualistischer und glaubensärmer ist.

56 Moltke las hintereinander aus dem Großen Katechismus die Erklärungen des 1., 2. und 3. Glaubensartikels, zum Vaterunser und zur Taufe, in: Bekenntnisschriften, 646–707, Münchener Lutherausgabe, Bd. 3, 186–276.

57 Walter Künneth: Auferstehung, 1933.

– Abends las ich dann nur noch in den beiden Briefe-Sammlungen des Feldmarschalls mit steigendem Genuss.

Mittwoch, 23. Februar 1944

Gestern hätte eigentlich ein Freudentag sein müssen, da Oxé kam und ich mit ihm und nachher mit einem Hauptmann Krauss zweieinhalb Stunden lang zu tun hatte. Aber […] widrigerweise hatte ich gestern einen unruhigen Tag, so als habe sich die Atmosphäre plötzlich verschlechtert. Mir hat das gar nicht gefallen; nämlich ich habe mir nicht gefallen in der Erkenntnis, dass mein Seelenfrieden eben doch arg labil ist. – Der Morgen war gut. Ich hatte den ganzen Jona gelesen, den dritten Artikel des Glaubensbekenntnisses im Großen Katechismus und war eine halbe Stunde draußen gewesen. Dann fing ich an, eine Patience zu legen, weil ich annahm, dass ich bald für Oxé geholt werden würde. So war es auch und die Arbeit war auch befriedigend, aber irgendwie hatte ich auf der Dienststelle ein ungutes Gefühl. Ich musste, nachdem Oxé weg war, noch warten, war erst um 5 zu Hause. Ich war über das Paket von zu Hause und über die Briefe natürlich glücklich, versank dann auch völlig darein, aber nachher kam die Wunde wieder und ich konnte nur noch in den beiden Briefsammlungen lesen. Das tat ich noch, als ich um 8 zu einer Vernehmung geholt wurde, die bis 11 dauerte, aus der sich aber nichts ergab. Ich ging dann müde zu Bett, nachdem ich noch bei dem herrlichen Licht der Lampe, die Freya mir geschickt hatte, meine übliche Abendlektüre genossen hatte.
Draußen war, genau wie heute, herrliches Sonnenwetter.

Donnerstag, 24. Februar 1944

Gestern trat in meiner Seelenlage wieder Ruhe ein. Was mag das nur gewesen sein. Der gestrige Tag war friedlich, schön und auch ganz fruchtbar. Den ganzen Nachmittag habe ich an der Auferstehungstheologie gelesen, die mir ganz hervorragend zu sein scheint, jedenfalls meinem Gefühl in jeder Weise entspricht. Ich habe dann aufgehört, weil so nach 3–4 Stunden einer solch einheitlichen Lektüre leider meine Aufmerksamkeit nachlässt.
– Am Morgen habe ich die mir von Oxé gebrachten Sachen durchgelesen, habe im Großen Katechismus das Vaterunser angefangen und schließlich die Theologische Ethik fertig gelesen. Am Abend wieder die Moltke'schen

Briefsammlungen. Es ist sehr nützlich, dass ich die wieder lese, denn ich hatte alles daraus vergessen und es ist eben doch notwendig, dass ich die kenne.

Freitag, 25. Februar 1944

Gestern habe ich an Freya geschrieben, weil ich so riesige Lust dazu verspürte und weil sich mir durch einen Brief von Herrn Rottgardt ein sehr angenehmer Vorwand bot. Das hat mich, wie immer, lange beschäftigt und sehr befriedigt. Gestern Abend gab es um 8 Fliegeralarm und das Licht ging aus, was den Tag um 2 Stunden kürzte. Leider entdeckte ich, dass ich tagsüber tüchtig zerstochen worden war, wie mir scheint von Wanzen, da ich 2 gefangen habe. Das war mir riesig unangenehm und ließ mich sowohl wegen der Insekten wie wegen des unangenehmen Gedankens lange nicht einschlafen, weckte mich auch wieder früh. So war das eine unangenehme Nacht.
Gestern Nachmittag habe ich am Voranschlag gearbeitet und werde dazu noch ein Mal einen halben Tag brauchen. Mich freute die Arbeit natürlich sehr. Im Alten Testament bin ich gestern bis 1. Samuelis einschließlich vorgedrungen. Im Großen Katechismus las ich die zweite und dritte Bitte und in der Auferstehungs-Theologie den vorletzten Teil. Der schien mir viel schwächer als der frühere und machte so etwas den Eindruck, als werde der schöne Gedanke nun zu Tode geritten. Es wäre schade, aber ich muss abwarten, wie das Ganze mich beim zweiten Lesen hält. In den Briefsammlungen bin ich wegen des frühen Lichtlöschens nicht viel weitergekommen. –
Der Tag war sonnig, während es heute bezogen ist und ein unangenehmer Wind weht. Seit gestern ist sehr schlecht geheizt.

Samstag, 26. Februar 1944

Gestern habe ich 2. Samuelis gelesen, die 3te und 4te Bitte des Vater Unser im Großen Katechismus, die Auferstehungs-Theologie zu Ende und ein gut' Stück in den Briefsammlungen; daneben eine kleine Schrift von Brunstäd über die Verfassung der Kirche.[58] Da ich überdies noch 2 Stunden an

[58] Friedrich Brunstäd (1883–1944), Theologie- und Philosophieprofessor in Rostock, ein Lehrer von Eugen Gerstenmaier.

dem Voranschlag gearbeitet habe, ist das eine ganz befriedigende Ausbeute des gestrigen Tages. Der war auch danach: ruhig und friedlich. Der Schluss der Auferstehungstheologie hat mir wieder besser gefallen als das vorletzte Stück, aber es bleibt doch der Eindruck unzureichender Kraft für die Größe des Gedankens. Nun: ich will es ja wiederholen. Heute aber will ich erst mit dem Augustinus anfangen.
Das Wetter war gestern unangenehm. Heute ist es milder. Von Heizung ist seit gestern eigentlich keine Rede mehr und es ist eisig in den Zimmern. Aber ich packe mich gut ein und meine Hände wärme ich an der Tischlampe, die Freya mir geschickt hat. Die Kälte hat das Segensreiche, dass sie meine Übungen etwas intensiviert. So mache ich am Morgen seit gestern 2 × 75 Kniebeugen und über Tag mindestens noch einmal 50. Das bedeutet also wieder 200.
Die Schlacht gegen die Wanzen scheint erfolgreich gewesen zu sein; jedenfalls bisher keine neuen Fälle. Heute Morgen traf ich aber einen Floh in meinem Bett, den ich leider nicht erlegte. Er war davongehüpft, ehe ich zuzuschlagen vermochte.

Sonntag, 27. Februar 1944

Gestern war wieder ein langer, friedlicher Tag, an dem ich eine ganze Menge hinter mich gebracht habe. Ich habe die ganzen Sachen für Oxé fertig gemacht, sodass ich sie ihm mitgeben kann, wann immer er kommt. Gelesen habe ich das erste Buch der Könige, den Schluss des Vater Unser im Großen Katechismus, die allgemeine Offenbarung von Brunstäd,[59] die Einleitung von der Ausgabe von Augustin's Bekenntnissen und Civitas Dei und ein gut Stück von den beiden Briefsammlungen. Die allgemeine Offenbarung habe ich leider nur zur Hälfte verstanden und will sie deswegen in einigen Tagen wiederholen. Mir ging das alles nur im Kopf herum.
Es ist weiter im Haus kalt, glücklicherweise aber draußen Tauwetter. Keine neuen Stiche, aber ich reinige mein Bett und meinen Körper mit viel Sorgfalt und großem Zeitaufwand. Wenn ich aber des Viehzeugs Herr werden sollte, so ist das jede Mühe wert.

59 Friedrich Brunstäd: Allgemeine Offenbarung. Zum Streit um die «natürliche Theologie», Halle/Saale 1935.

Montag, 28. Februar 1944

Gestern Morgen habe ich unglaublich lange beim Zurechtmachen gebraucht und war erst um 10 fertig. Ich nähte meine Decken zusammen, weil sie immer unordentlich waren, reinigte mich sehr gründlich und durchsuchte auch das Bett eingehend nach Ungeziefer. Daher war der Vormittag um, als ich gerade erst das 2te Buch der Könige fertig hatte. Dann habe ich lange erst an Freya, nachher an Marion geschrieben, habe die Taufe im Großen Katechismus gelesen und ein gut Stück von Augustins «Bekenntnissen». Abends habe ich die beiden Briefsammlungen ausgelesen. Ich bin nun den vierten Sonntag hier und habe noch keine Kirchenglocke gehört. Die Sonntagsgeräusche unterscheiden sich von den Alltagsgeräuschen dadurch, dass das Hundegebell noch anhaltender ist und die Marschlieder den ganzen Vormittag füllen; anscheinend hört man auch die H. J. Man fühlt sich so durchaus im Land der Gottlosen. Ich habe nie gedacht, dass das so spürbar wäre. – Nachmittags trank ich einen ganzen [...] Kaffee mit Inge's ganzem Kaffee. Es war herrlich, so herrlich, dass ich so aber mein Herz spürte. Da ich dazu köstliche Weißbrote und Zwiebacke mit Gelee und Honig aß, war das ein kulinarisches Fest.

[Am 29. Februar keine Tagebucheintragung]

Mittwoch, 1. März 1944

Heute kam ich nicht zum Schreiben, denn um 7 Uhr früh wurde ich abgeholt und nach Berlin gebracht, von wo ich erst um 10.15 abends wieder zurück war. Der Aufenthalt in Berlin war in jeder Hinsicht unangenehm. Die Ausweichdienststelle ist in einer Synagoge und einem jüdischen Altenheim, die beide seit Jahren geschlossen und völlig unbenutzt waren. Es war kalt, in den meisten Räumen eisig, uneingerichtet u. s. w. Ich habe da von ½9 morgens bis ½8 abends im Wesentlichen gewartet und wurde nur zu einer sehr unangenehmen Gegenüberstellung in 5 Minuten und einer ebenfalls unangenehmen Vernehmung von 15 Minuten geholt. Da ich aber nicht wusste, warum ich nach Berlin gekommen war, und da die Umgebung laut und ungemütlich war, kam ich auch nicht recht zum Lesen, sondern stand oder saß meist nur herum. Ich habe nur ein paar Parliamentary Debates gelesen. Zu essen gab es auch nichts. Die Fahrt hin war ganz schön, obwohl

das Land nach einigen Kilometern langweilig wird. Die Wintersaaten sahen gut aus, es lag aber sehr wenig Schnee und auch der Wald machte einen sehr trockenen Eindruck. Die Rückfahrt war unangenehm kalt und außerdem war ein erhebliches Schneegestöber, das das Fahren sehr erschwerte. Zeitweilig musste alle 500 m etwa gehalten werden, um die Scheiben zu säubern, da die Scheibenwischer sich versetzten.
Vorgestern hingegen war ein friedlicher Tag. Ich habe außer der 1. Chronik den Katechismus zu Ende gelesen und mich dann fast ausschließlich mit Augustin beschäftigt, dessen Bekenntnisse ich fertig gelesen habe. Ich will jetzt mit dem Gottesstaat anfangen.
Das Wetter war bis gestern grau und ist heute klar und sonnig. Es ist warm und in der Nähe der Häuser bleibt der Schnee nicht liegen. Hier hat es aber überhaupt weniger, viel weniger geschneit als in der Nähe von Berlin.

Donnerstag, 2. März 1944

Gestern war ein fürchterlicher Tag, denn um 12 wurde ich zu einer Vernehmung geholt […]. Allerdings war ich drei Stunden nicht mehr beteiligt. Aber es war eine Gegenüberstellung, bei der ein mir durchaus kameradschaftlich verbundener Mann unglaublich feindselig war und bei der ich schließlich in eine Position gedrängt wurde, wo ich mich gegen ihn stellen musste. Es war grauenvoll. Diese 12 Stunden beherrschten den Tag vollständig. Am Morgen habe ich nur noch das zweite Buch der Chronik gelesen.
Während der Vernehmung war Oxé da gewesen, konnte aber nicht zu mir kommen, hat aber rührend wieder einen Koffer und ein Paket für mich mitgeschleppt, mit herrlichen Esssachen und vor allem mit 5 Briefen von Freya, von der ich lange nichts gehört hatte. Das habe ich dann nach Mitternacht sehr genossen.

Freitag, 3. März 1944

Gestern war ich den ganzen Tag in Ravensbrück, ohne geholt zu werden, aber es war ein unruhiger Tag. Die Ereignisse der beiden letzten Tage beschäftigten mich so, dass ich nicht mit aller Konzentration lesen konnte, sondern vielmehr immer abirrte. Dazu kam, dass ich gleich nach dem Essen von meiner alten Zelle 25 nach 36 umziehen musste. Es ist an sich die gleiche Zelle, nur liegt sie weiter vorn. Das hat den Vorteil, dass man leichter jemanden erreicht, wenn man etwas haben will, dafür ist aber der Krach, den die Aufseher hier machen, auch viel größer. Von dem hörte man hinten nichts. Der Hauptvorteil der Zelle ist aber, dass der Stift aus der Angel des Fensters herausgeht, sodass man das Fenster ganz aufmachen kann. Dadurch kommt Licht und Luft ganz anders herein und außerdem sieht man so auch ohne Kofferbenutzung den Himmel. Im Ganzen ist das also eine Verbesserung. – Gelesen habe ich gestern nur die Bücher Esra, Esther und Nehemia und habe damit alles gelesen bis auf die 5 Bücher Moses. Die lasse ich im Augenblick, denn ich hatte sie erst kürzlich gelesen, und kehre zum Römerbrief, überhaupt zu den Apostelbriefen zurück. – Gestern habe ich schließlich in dem 2ten Band von Luther's Werken begonnen und «Von der Freiheit eines Christenmenschen» gelesen.[60]

Samstag, 4. März 1944

Gestern war glücklich Friede wieder eingekehrt und so habe ich ganz schön wieder gelesen. Außer dem Anfang des Römerbriefes, den ich jetzt zusammen mit einer Schrift von Schlatter zu dem Brief lese, habe ich den ganzen Gottesstaat Augustin's in einem Zuge gelesen. Ein herrliches Werk, das ich unbedingt noch ein Mal lesen muss, denn mir sind gegen Schluss einige Dinge nicht ganz klar gewesen. Danach habe ich nur noch den Voranschlag fertig gerechnet, dessen letzte fehlende Ziffer in einem der Briefe Freyas steht, die ich Mittwoch bekam. – Gestern war teuflisches Wetter: Südsturm, der die Zellen kalt machte und außerdem den Spaziergang draußen ernsthaft beeinträchtigte. Heute ist es wieder ganz windstill und milde.

Sonntag, 5. März 1944

Sonntag. Es ist windstill, sonnig und warm, ein herrlicher Vorfrühlingstag. Ich erwachte erst um 7, streute dann etwas Vogelfutter vor mein Fenster und sah im Bett liegend zu, wie die Meisen kamen, es sich zu holen.
Gestern war ein stiller und im Ganzen friedlicher Tag. Ich hatte mit der Möglichkeit gerechnet, dass Freya käme, und daher wartete ich von 3–5 mit Spannung, ob ich geholt werden würde. Man wartet eben dann doch.

60 In: Münchener Lutherausgabe, Bd. 2, 267–287.

Ich weiß, dass sie seit Freitagnachmittag in Berlin ist. – Gestern früh habe ich die Lektüre des Römerbriefs fortgesetzt und dann die Abhandlung von Troeltsch über die Bedeutung des Protestantismus für die moderne Welt gelesen.[61] Mit viel Nutzen, wenn auch nicht mit voller Zustimmung. – Abends habe ich dann eine frühe Fassung von Luther's Katechismus (1520) gelesen[62] und schließlich eine ganz leidliche House-of-Lords-Debatte über die Ernährungskonferenz von Hot Springs.
Im Laufe des Nachmittags kam ein Arzt, offenbar aus Berlin, um uns zu untersuchen, da hier ein Fall von Fleckfieber vorgekommen ist, den wir aus Berlin mitgebracht haben. Tatsächlich habe ich ja ominöse juckende Flecken und vielleicht waren die Tierchen, die ich für kleine Wanzen hielt, in Wahrheit Läuse. Nun, wir müssen es abwarten.

Montag, 6. März 1944

Gestern war ein durchaus friedlicher Tag. Nur habe ich wieder von 3–½5 mit der Möglichkeit gerechnet, dass Freya gekommen sei, und das hat mich während dieser Zeit stark beeinträchtigt. Aber sonst habe ich die Stille und das herrliche Wetter sehr genossen. [...] war schön. Ich habe am Morgen an Freya geschrieben und den zweiten Teil des Römerbriefes durchgearbeitet. Nachher habe ich nur noch die Luther'sche Rechtfertigungsschrift gegen die Bannbulle gelesen, die er 1520 verfasst hat.[63] Es liest sich schwer, weil die Schreib- und Denkweise uns doch zu fremd ist, aber es war sehr genussreich und befriedigend. Abends habe ich dann den 4. Akt von Faust II gelesen und damit war der Tag um.

Dienstag, 7. März 1944

Gestern war ein herrlicher Tag. Die Sonne schien durch das weit offene Fenster und von 9–3 habe ich in der Sonne gesessen, immer mit meinem Stuhl mitrückend. Ich habe flink und mit Genuss Luther's Kommentar zum

61 Ernst Troeltsch: Die Bedeutung des Protestantismus für die Entstehung der modernen Welt, München/Berlin 1911.

62 Gemeint ist wohl Luthers Sermon von den guten Werken, in: Münchener Lutherausgabe, Bd. 1, 3–80.

63 Martin Luther: Grund und Ursach aller Artikel, so durch römische Bulle unrechtlich verdammt sind (1520), in: Münchener Lutherausgabe, Bd. 2, 301–380.

Magnificat[64] gelesen, nachdem ich erst den Römerbrief beendet hatte. Außerdem hoffte ich auf Freya, obwohl ich mir das selbst immer nicht gestehen wollte. So ging der Morgen rasch um. Um ½4 sank meine Hoffnung ganz niedrig und ich war entsprechend niedergeschlagen. Da kamen amerikanische Bomber, und da Freya während eines Angriffs auf Berlin abgefahren war, betrachtete ich diese Flugzeuge als Boten ihres Kommens. Dann kam ein Wagen von der Dienststelle, ich hörte die Leute kommen, sie gingen aber an mir vorüber und zu anderen Zellen. Das schien mir das Ende meiner Aussichten zu bedeuten, denn nun war es ½5. Aber gerade als ich mit einem anderen Buch anfangen wollte, wurde ich doch geholt. So war alles gut und wir haben eine gute Stunde Zeit gehabt, alles zu besprechen. Das war sehr schön. Alles scheint in Ordnung zu sein. Außerdem brachte sie rührende Geburtstagsgeschenke mit, von Casparchen ein neues Tagebuch, sehr schön gemalt, und von ihr selbst ein Buch mit Bildern vom Berghaus. – Um 7 war ich mit Schätzen beladen wieder zu Hause. Da hatte ich aber schon keinen Appetit und bekam gleich nach dem Auspacken einen Ohnmachtsanfall, [so] dass ich rasch ins Bett stieg und um 8.30 schon schlief.

Mittwoch, 8. März 1944

Gestern früh fühlte ich mich scheußlich elend, musste immer aufs Clo und war grässlich schwach im Kopf. Ich blieb daher im Bett und döste den ganzen Morgen und sah meinen Meisen zu, die hereinkamen, um ihr Futter zu holen. Um ½12 kam dann Kommissar Möller herein und sagte, er wolle mich um 12 zur Vernehmung mitnehmen. So raffte ich mich auf, aß nur einige Zwiebacke und trank einen Tee und im Laufe des Nachmittags wurde es viel besser, gegen Abend, als ich von der Vernehmung zurückkam, ging es mir wieder ganz gut und ich aß mit Freuden mein Abendbrot. Nach dem Abendbrot habe ich mir Notizen gemacht für eine Vernehmung, deren Thema mir angekündigt worden ist, und als ich fertig war, war es Zeit, ins Bett zu gehen. So habe ich gestern kein Wort gelesen.
Der Morgen gestern war grau und windstill. Um 1 Uhr kam die Sonne heraus und abends gab es einen wunderschönen Sonnenuntergang mit einer [...] Sicht auf im Westen rotleuchtenden Lämmerwölkchen.

64 Das Magnificat (1521), in: Münchener Lutherausgabe, Bd. 6, 186–244; Ausgewählte Werke, Bd. 5, Stuttgart 1932, 57–137.

Die Nacht war sternenklar und mondhell. Ich sah vor dem Einschlafen noch ein wenig zu, wie die Sterne von links nach rechts an meinem Fenster vorüberzogen. Es war eine warme Nacht. Heute Morgen ist ein ganz klarer, sonniger Frühlingstag aufgegangen.

Donnerstag, 9. März 1944

Gestern hatte ich wieder Halsschmerzen, aber nicht schlimm. Sie sind aber nicht gleich durch die Umschläge weggegangen wie das letzte Mal und so habe ich mir heute ein Glas essigsaure Tonerde gemacht und hoffe, sie damit loszuwerden. – Gestern bin ich wieder in meine alte Zelle 25 zurückgezogen. Das ist im Ganzen traurig, weil ich da eben den Himmel nicht sehe, keine Sonne bekomme und keine Meisen habe. Aber was hilft's. Und einen vernünftigen Grund scheint dieser Vorgang nicht zu haben. Meine alte Zelle hat sich insofern verbessert, als ich einen völlig neuen und besseren Schrank habe und ein neues Eisenbett, das angenehmer ist als mein altes Holzbett. Im Übrigen ist die Zelle stiller und das hat auch seine Vorteile. Der Umzug hat aber den größeren Teil des Nachmittags verschlungen. Gestern früh habe ich die erste Hälfte des 1. Korinther-Briefes gelesen, dann eine Schrift Luthers über das Sakrament in beiderlei Gestalt und schließlich am Nachmittag und Abend eine neue Übersetzung von Heckel von Luthers Tröstungen an Friedrich den Weisen.[65] Sehr schön übersetzt. Am Abend habe ich dann den 2ten Akt von Faust II angefangen, war aber durch meinen Hals doch so behindert, dass ich schon kurz nach 9 das Licht löschte.

Freitag, 10. März 1944

Gestern war draußen ein etwas kälterer, windstiller, bedeckter Tag. Mittags kamen in 3 großen Wellen eine Masse Bomber in Richtung Berlin vorüber. Eine Bombe ist irgendwo im Umkreis gefallen, man hörte die Explosion deutlich.

65 Martin Luther: Sermon von dem hochwürdigen Sakrament des heiligen wahren Leichnams Christi. Und von den Bruderschaften (1519), in: Münchener Lutherausgabe, Bd. 1, 382–398; ders.: 14 Tröstungen für Mühselige und Beladene, übersetzt und eingeleitet von Bischof D. Th. Heckel, Helsinki 1941.

Ich habe den Morgen im Wesentlichen mit einem Brief an Freya und einen an Caspar'chen zum Selbstlesen verbracht. Das hat mir Beides große Freude gemacht. Ich bin gespannt, ob C'chen das lesen kann, es ist jedenfalls recht schwierig, groß und klar und schulbuchgerecht zu schreiben. – Die Meisen sind mit mir umgezogen. Ich hatte ein Stückchen Schinken-Anschnitt ans Fenster gehängt und das hat genutzt. Heute Morgen waren sie wieder da und holten ihr Futter.
Nachmittags habe ich zwei Schriften Luthers über die weltliche Obrigkeit und über den Ehestand gelesen.[66] Beides mit großer Freude. Abends habe ich an einem Geburtstagsgeschenk für Freya gearbeitet, weiß aber noch nicht, ob es gelingen wird. Es wird mir noch viel Arbeit machen und die Tage, die mir im Augenblick schon recht kurz vorkommen, weiter kürzen.

Samstag, 11. März 1944

Gestern Vormittag war ich gerade so recht in Schuss gekommen, als ich zu einer kurzen Vernehmung geholt wurde, die bis ½ 1 dauerte. Ich hatte am Morgen nur die erste Hälfte des zweiten Briefes an die Korinther gelesen und beendete nun am Nachmittag den zweiten Band von Luther's Werken mit einem Entwurf einer Gemeindeordnung und eines «Gemeinen Kastens» nebst einem Anschreiben Luther's sowie einem Mahnschreiben an die Ratsherren und Obrigkeiten, Schulen einzurichten.[67] Außerdem schrieb ich einen Brief an Inge. Um 6.30 wurde ich abgeholt, um nach Neu-Strelitz zu fahren und dort meine Unterschrift beglaubigen zu lassen, war um 8 zurück und habe dann bis kurz vor 10 an Freya's Geburtstagsgeschenk gearbeitet.
Mein Hals war gestern früh schlecht und ich hatte Ohrenschmerzen. Den Tag über habe ich immer wieder Wickel gemacht und auch meine Ohren eingepackt und heute scheint es viel besser, ja fast gut zu sein.
Das Wetter ist wechselnd regnerisch, immer bedeckt, nicht kalt, aber durch einen Wind unangenehm rau.
Die Meisen scheinen sich ganz hierher gewöhnt zu haben. Jedenfalls mahnen sie auch schon ihr Futter an, wenn es nicht pünktlich kommt.

66 Von weltlicher Obrigkeit, wie weit man ihr Gehorsam schuldig sei (1523), in: Münchener Lutherausgabe, Bd. 5, 7–42; Von Ehesachen (1530), ebd., 211–257.

67 Ordnung eines gemeinen Kastens, in: Münchener Lutherausgabe, Bd. 5, 43–64; An die Ratsherrn aller Städte deutschen Landes, dass sie christliche Schulen aufrichten und halten sollen, in: ebd., 81–104.

Sonntag, 12. März 1944

Gestern war ein ganz ruhiger Tag. Den Morgen habe ich mit Lesen verbracht – die zweite Hälfte des zweiten Korinther-Briefes und 2 Schriften von Schlatter –, dann habe ich zur Feier meines Geburtstages Freya's Briefe wieder gelesen und schließlich habe ich von 3 Uhr an bis fast 11 Uhr abends an dem Geburtstagsgeschenk für Freya gearbeitet. Ob es was wird, weiß ich immer noch nicht. Ich hoffe, heute so weit zu kommen, dass ich ein Urteil darüber habe. Abends bekam ich die Nachricht, Geburtstagsbriefe und Pakete seien für mich an der Dienststelle angekommen, könnten aber nicht mehr herkommen, weil drüben kein Auto sei.

Montag, 13. März 1944

Gestern früh erschienen also die Sachen, die eine Ordonanz aus Berlin mitgebracht hatte: ein Brief von Freya, ein Strauß und Gratulation vom Amt, ein sehr schönes Paket mit Brief von Peter und Marion und eine fabelhafte Torte mit Apfelsinen von Davy.[68] Die Torte hatte auch einen köstlichen Zuckerguss und Inschrift. So war es also am Morgen recht geburtstäglich und in der Tat war ich einen großen Teil des Morgens beschäftigt, auszupacken und einzuräumen.

Nachmittags habe ich die Torte mit meinen 9 Aufsehern vertilgt, abgesehen von einem Stück, das ich noch habe. Ich wollte einen Teil der Torte meinen mir bekannten Mitgefangenen geben, aber das wurde mir nicht erlaubt. So bekamen die Gefängnisbeamten eben mehr. – Die Blumen habe ich in den Behälter für Abwasser des Fensters unter dem Fenster gesteckt. Sie schmücken das Zimmer sehr.

Ich habe nur den Brief an die Galater und ein Stück von 4. Moses gelesen. Dann habe ich einen Brief an Freya geschrieben und den ganzen Rest des Tages bis 10 Uhr an dem Geburtstagsgeschenk für Freya gearbeitet, das jetzt so aussieht, als könnte es gelingen.

Das Wetter war gestern wechselnd, aber überwiegend sonnig, nachts hat es geregnet.

68 Davida von Moltke, die Frau von Hans-Adolf von Moltke und Schwester von Peter Yorck von Wartenburg, wohnhaft auf dem Gut Wernersdorf, das auf dem Wege von Kreisau nach Breslau lag.

Dienstag, 14. März 1944

Gestern Morgen habe ich den Brief an die Epheser gelesen, dann Briefe an Oxé und Haus geschrieben und dann bin ich fast eine Stunde draußen gewesen. Mittags kam Oxé mit Nachrichten und vielen Times, was mich natürlich sehr befriedigte. Auch einen sehr schönen Brief von Freya brachte er mit. Als er um 3 wegfuhr, sollte ich eine Liste von Bekannten und Freunden machen, was mich sehr lange, bis 6, in Anspruch nahm. Um 7 war ich wieder zurück und habe mich dann gleich an Freyas Geburtstagsgeschenk gesetzt, mit dem ich aber bis ½ 11 nicht so weit gekommen war, wie ich gewollt hatte, da mir der Nachmittag fehlte. – Ich habe heute schriftlich gebeten, die Frage meiner Haftentlassung zu prüfen, und bin gespannt, welche Reaktion dieser Vorstoß auslösen wird.

Mittwoch, 15. März 1944

Gestern fühlte ich mich den ganzen Tag mickerig, ohne einen rechten Grund dafür zu haben. Mir war nicht wohl, ich hatte keine Lust zu essen u. s. w. Glücklicherweise hatte ich aber noch viel an Freyas Geburtstagsgeschenk zu arbeiten und dazu bin ich dann sehr angenehm von vormittags um 11 bis abends um 10 […] Nun ist es heute fertig und, wenn es auch nicht voll gelungen ist, so ist es doch leidlich und befriedigt mich im Ganzen. Hoffentlich freut es sie. – Gelesen habe ich gestern nur den Philipperbrief und etwas im 2ten Buch Moses. – Das Wetter war gestern wechselnd mit einer Tendenz zu schön, heute ist ein sonniger Tag mit vereinzelten Wolken.

Donnerstag, 16. März 1944

Gestern ging es mir viel besser, wenn es auch noch nicht gut war, so war es doch erträglich. Ich war auch ziemlich lange draußen und habe einen gründlichen Dauerlauf gemacht. Freyas Geburtstagsgeschenk[69] und Geburtstagsbrief sind fertig und ich will sie zur Dienststelle schaffen, damit sie alles mitnehmen kann, falls sie kommen sollte. Ich habe in dem Troeltsch zu lesen begonnen, was leichter zu sein scheint als ich dachte. Am Morgen

69 Nach Auskunft Freya von Moltkes hat er ihr den Großen Katechismus gemalt.

las ich den Kolosserbrief. Im Bett habe ich schließlich noch eine Times gelesen. – Nachts sollte alle 10 Minuten das Licht zur Kontrolle eingeschaltet werden. Ich habe daher fast nicht geschlafen.

Freitag, 17. März 1944

Gestern war wieder ein Freudentag erster Güte. Ich wurde um kurz vor 9 abgeholt und im Wagen wurde mir eröffnet, Freya sei da. Von 9.30 war ich bei ihr und wir durften bis 11.30 zusammenbleiben. Das war sehr schön. Sie hatte einige Änderungen von Zeumer[70] am Bestellplan mit, die mir nicht gefielen, aber ich hatte nicht genügend Unterlagen da, um Gegenvorschläge machen zu können. Alles in allem hatten wir viel Zeit und ich habe mich mit allerhand Nachrichten von [zu] Hause vollgetankt. Auch sonst hatte sie herrliche Sachen mit, noch Nachwehen vom Geburtstag und ein Glas mit Quark, den ich noch am gleichen Tage ganz aufaß, eigentlich seit etwa 10 Tagen das erste, was ich mit wirklichem Genuss gegessen habe.
Nachmittags habe ich die Sachen für Oxé fertig gemacht für den Fall, dass sie abgeholt werden, habe dann noch versucht, in dem Troeltsch zu lesen, war aber von allem, was ich von Freya gehört hatte, so beschäftigt, dass ich mich nicht drauf konzentrieren konnte, und gab es daher bald auf. Ich bin schon um 9 im Bett gewesen und habe köstlich mit einer kleinen Unterbrechung bis 6 geschlafen. – Statt des Einschaltens des Lichtes habe ich mit meinen Bewachern verabredet, dass das Licht brennen bleibt, und mit meiner Lampe habe ich [es] so eingerichtet, dass es dämmerig und nicht etwa hell ist. So ist das geregelt. – Ich habe wieder einen üblen Hals; gestern Abend schmerzhaft, heute schneeweiß.

[Kein Tagebucheintrag am Samstag, 18. März 1944]

Sonntag, 19. März 1944

Gestern habe ich nicht geschrieben, weil ich im Bett geblieben bin. In der Nacht von vorgestern zu gestern wachte ich kurz nach 1 Uhr auf mit so geschwollenen Mandeln, dass ich kaum schlucken konnte, und mit üblen

70 Adolf Zeumer, von Ende September 1929 bis 1945 Gutsinspektor in Kreisau.

Hals- und Ohrenschmerzen und Fieber. Ich machte einen Umschlag, fing dann an zu schwitzen und schlief gegen Morgen ein. Es war aber auch nach dem Aufwachen doch so unangenehm, dass ich im Bett zu bleiben beschloss. Ich habe mehrfach am Tage nur so gedöst, habe aber den ersten Brief an Timotheus und ein großes Stück aus dem Troeltsch gelesen. Es ist ein anregendes Buch, aber für eine Haft nicht faszinierend genug, sodass man immer daneben an andere Sachen denkt. Man ist nicht genügend gezwungen, mitzuarbeiten. Ansonsten habe ich 3 Timesse gelesen. Sonst ist nichts geschehen. Es ging mir allmählich besser und heute früh ist es kaum noch empfindlich, aber bei meinen morgendlichen Kniebeugen geriet ich ins Schwitzen und bemerke daran, dass ich noch nicht in Ordnung bin. Item: so werde ich den Hals weiter gut eingepackt lassen. – Gestern Abend kam noch ein Brief von Freya aus Berlin, aus dem ich zu meiner Freude erfuhr, dass sie mein Geburtstagsgeschenk schön findet.
Vorgestern war auch nichts Besonderes. Gelesen habe ich Troeltsch und Timesse. Der Tag war irr und so sehr schnell um und gegen Abend hatte ich noch die Halsschmerzen, die mich besonders nachts weiter störten.

Montag, 20. März 1944

Gestern war ein friedlicher, angenehmer Sonntag. Ich las am Morgen zuerst einen größeren Stoß von Freya's Briefen noch einmal, dann las ich die beiden Briefe an Timotheus und ein kleines Stück aus 4. Mose und dann ging ich 1 ½ Stunden raus, weil ich auch draußen aß. Nach dem Essen schrieb ich lange an Freya, Marion und Vesper[71] und genoss das sehr, dann trank ich einen köstlichen Tee und las noch etwa 200 Seiten aus dem Troeltsch. Damit war der Tag vorüber.
Es ist seit gestern kalt und grau draußen. Zeitweilig steht der Wind sehr unangenehm auf meinem Fenster, sodass ich es schließen muss. Heute Nacht gab es etwa 45 Minuten langen Fliegeralarm, aber man konnte keine Flieger hören.

71 Karl Vesper, Kapitän zur See im Sonderstab HWK (Handelskrieg und wirtschaftliche Kampfmaßnahmen), Brief vom 19. März an ihn, in: Ger van Roon (Hg.): Helmuth James von Moltke (wie Einleitung, Anm. 10), 305 f.

Dienstag, 21. März 1944

Gestern war ein ganz ruhiger Tag. Am Morgen las ich erst den 2. Timotheus und Titus, entwarf dann einen Brief an Lange,[72] den ich bis Abend liegen ließ, um ihn dann neu zu schreiben und heute Morgen abzusenden. Den Rest des Vormittags habe ich aufgeräumt. Es war manches zu machen und wegzupacken. Dann habe ich ein gutes Stück in dem Troeltsch und eine Times gelesen. Nachmittags war eine Zellenrevision und es wurde uns Rasiermesser, Nagelfeile, Schere weggenommen. Ich weiß nicht, ob das nur eine generelle Vorsichtsmaßnahme ist oder ob irgendein Anhalt dafür besteht, dass einzelne von unserer Party die Haft nervenmäßig schlecht aushalten. Hoffentlich das erste, denn die armen Leute, die sich mit Haftpsychose abquälen müssen, können einem sehr leid tun.
Das Wetter klärte sich im Laufe des Tages auf und heute ist es klar und sonnig.
Heute Morgen habe ich nun erst Mal 100 Kniebeugen hintereinander und 200 im Ganzen gemacht. Es war aber recht mühsam und ich glaube nicht, dass ich jetzt zum 100er Standard übergehe.

Mittwoch, 22. März 1944

Gestern früh las ich den ersten Brief Petri und nachher las ich den Troeltsch weiter. Kurz nach dem Essen kam ein Brief von Freya bald nach ihrer Ankunft in Kreisau. Dann wurde ich abgeholt und da war Fräulein Thiel, die neue Arbeit brachte und die alte abholte. Ich habe ihr gleich einiges diktiert. Dann war kein Wagen da, um zurückzufahren, und so habe ich erst meine Haare schneiden lassen und habe mich dann mit den Kommissaren Sonderegger[73] und Strüwing[74] lange allgemein unterhalten.
Abends bekam ich noch einen Brief von Freya, und zwar vom 21. früh, also ganz neu. Das war sehr schön.

72 Herbert Lange: SS-Sturmbannführer und Kriminalrat, zu Kriegsbeginn zuständig für Exekutionen in Polen, ab 1942 im Reichssicherheitshauptamt, Abteilung IV, Leiter der späteren Sonderkommission 20. Juli.

73 Kriminalkommissar, der zusammen mit Oberstkriegsgerichtsrat Manfred Roeder Hans von Dohnanyi und Dietrich Bonhoeffer am 5. April 1943 verhaftet hatte. Zugeordnet war er Walter Huppenkothen.

74 Strüwing war Mitarbeiter in der Lange-Kommission.

Abends hatte ich riesigen Hunger und habe wieder ganz so gut gegessen wie früher.
Ich habe heute 2 Mal 100 Kniebeugen gemacht und hoffe, dass ich auf diesem Standard bleibe. Es ist noch mühsam, aber es müsste gehen.
Es ist heute wieder bedeckt, windstill, kühl, Neuschnee.

Donnerstag, 23. März 1944

Nachdem ich am Morgen den zweiten Brief Petri gelesen hatte, habe ich mich gleich auf den Troeltsch gestürzt und mit nur ganz kleinen Pausen bis ½ 10 abends ihn ausgelesen. Die letzten 100 Seiten sind ziemlich eng gedruckt, sodass es eine beachtliche Arbeit war. Es waren lauter Besprechungen fremder Bücher und darin kam sehr vieles heraus, besonders zum Teil in der manchmal polemischen Form sehr schön und glänzend. Danach habe ich aber den ganzen Tag fast nichts anderes getan.
Ich habe wieder vollwertig Hunger und esse viel. Das Gefühl der Mickerigkeit ist jedenfalls zurzeit ganz verschwunden, der Hals ist wieder gut, wenn ich auch weiter meinen Schal trage.
Gestern Mittag gab es wieder Fliegeralarm und eine große Anzahl Flugzeuge, z. T. sichtbar, flog über uns in Richtung Berlin. Um 10 Uhr abends gab es wieder Alarm, aber es waren keine Flieger zu hören. Hoffentlich ist den Freunden in Berlin nichts zugestoßen.

Freitag, 24. März 1944

Gestern früh las ich die Johannesbriefe und beging dann den Donnerstag wie immer mit einem festlichen Brief an Freya. Damit war der Morgen ausgefüllt. Am Nachmittag las ich einige kleinere Sachen und wollte dann zum Heiler[75] übergehen, als V. R. R. Huppenkothen[76] und Kriminalrat Lange kamen, um mir zu eröffnen, dass von Haftentlassung keine Rede sei, dass sie meinen Fall vielmehr sehr viel ernster betrachteten als bisher und dass Anklage wegen Begünstigung oder Teilnahme am Hoch- und Landesverrat

75 Friedrich Heiler: Altkirchliche Autonomie und päpstlicher Zentralismus, München 1941, 113–162.

76 Walter Huppenkothen: SS-Standartenführer und Regierungsrat. Nach Einsätzen in Polen ab Juli 1941 Gruppenleiter bei der Gestapo im Reichssicherheitshauptamt, 1944 Mitglied der Sonderkommission 20. Juli.

erhoben werden würde. Das hat mich dann den Rest des Abends und ein gut Teil der Nacht beschäftigt. Damit muss ich nun erst fertig werden. Wie gut, dass der Brief an Freya schon weg war. Das Wetter war gestern wechselnd mit einer Tendenz zu schön. Befinden gut.

Samstag, 25. März 1944

Gestern war es den ganzen Nachmittag rasend anstrengend. Die Nachricht vom vorhergegangenen Tage hatte alle meine menschlichen Hoffnungen, bald herauszukommen, zerschlagen und ließ überhaupt nichts Gutes erwarten. Ich habe erst versucht, mich abzulenken, Times zu lesen, Patiencen zu legen, weil ich meine Gedanken auf den Hebräerbrief, den ich zu lesen angefangen hatte, einfach nicht konzentrieren konnte. Außerdem hatte ich Kopfweh wegen der Nacht, in der ich fast nicht geschlafen hatte. Schließlich um 10 griff ich wieder zum Hebräerbrief und zwang mich dann, jede Zeile so oft zu lesen, bis ich sie durch den Wirbel meiner anderen Gedanken hindurch verstanden hatte. Und als ich im 17. Kapitel angekommen war, war der Sturm im Wesentlichen gebrochen. Ich setzte dann erst mal einen Schriftsatz an V. R. R. Huppenkothen auf, dann gab es Mittagessen, dann ging ich raus und las am Nachmittag leicht und mit großer Erbauung den Anfang des Johannes-Evangeliums. Gegen 5 kam ein Brief von Freya, in dem nichts Besonderes stand, der aber bei meiner Seelenverfassung Balsam war. Zur Zeit des Abendbrots war dann alles weiter. Nach dem Abendbrot habe ich dann den Schriftsatz an Huppenkothen umgeschrieben und bin früh ins Bett gegangen. Ich habe gut geschlafen und hoffe, dass dieser unangenehme Tag mir Nutzen bringen wird. Aber heute Morgen meldeten sich wieder menschliche Hoffnungen, wenn auch auf niedrigerer Basis. Schlimm, dass die immer wieder kommen, auch wenn man weiß, dass sie nichts wert sind. Das Fleisch ist eben sehr schwach.
Vergangene Nacht um 9.45 Fliegeralarm und Einflug starker Kräfte in Richtung auf Berlin. Hoffentlich ist den Freunden nichts geschehen.

Sonntag, 26. März 1944

Gestern war ein ruhiger Tag. Am Morgen habe ich die beiden letzten Apostelbriefe gelesen und das Johannes-Evangelium beendigt. Früher war es mir sehr fremd, aber zusammen mit den Paulinischen Briefen ist es mir in

den letzten 2 Monaten sehr nah und verständlich geworden. – Dann habe ich weiter an meinem Brief an V. R. R. Huppenkothen gearbeitet und will ihn nun heute abgehen lassen. Es ist unangenehm, dass man sich mit niemandem über diese Fragen besprechen kann, denn so ist man nie ganz sicher, ob man sich nicht in einer ganz falschen Richtung verrennt. Nun, es hilft nichts. Man muss sich zu einem Entschluss aufraffen.
Am Nachmittag habe ich den Großen Katechismus von Luther gelesen, weil ich ihn an Freya abschicken will. Ich war gerade mit dem Vaterunser fertig, als Fliegeralarm der weiteren Lektüre ein Ende setzte. Nachmittags kam auch ein Brief von Freya. Sie ist nicht in die Berge gefahren und eigentlich ist es mir auch lieb, sie zu Hause zu wissen.
Ich war gestern 1 Stunde 20 hinten draußen. Das war sehr angenehm. Das Wetter war gestern sonnig mit gelegentlichen Wolken, heute bezogen mit einem kleinen Strahl Sonne von Zeit zu Zeit.

Montag, 27. März 1944

Das Wetter entwickelte sich gestern rasch zum Schlechteren, und als ich gegen Mittag rauskam, regnete es mit etwas Sonne gemischt. Ich nahm also meinen Regenschirm mit und der Anblick eines Mannes mit Regenschirm im Gefängnishof auf- und abgehend hatte anscheinend für Zuschauer etwas sehr Komisches. So trug ich ganz erheblich zur Heiterkeit bei. Ich konnte aber ziemlich lange draußen bleiben, weil mit Rücksicht auf den Regen der Andrang nicht so groß war. Die Unterhaltungen meiner Nachbarinnen sind schrecklich deprimierend. Es sind ganz junge Mädchen um 21 und 22 Jahre, die hier Aufseherinnen im KZ waren. Die eine sitzt, weil sie eine alte Frau, die sie zu bewachen hatte, ins Wasser gestoßen hat, worin diese ertrunken ist – 1 Jahr 3 Monate wegen Totschlags –, die andere rühmt sich, dass sie den schärfsten Hund im Lager geführt hatte und dass sie mehrfach weibliche Häftlinge habe so verhauen lassen, dass sie mit der Tragbahre hätten weggetragen werden müssen. Eine hätte sie auch mal mit eigener Hand in einen solchen Zustand geschlagen. Die Mädel scheinen sich gar nicht darüber klar zu sein, was das ist und bedeutet. Daneben gibt es nur Geschichten von Männern, und was für welche. Die Krone war folgende: Das Mädchen war bei ihrer Schwester zu Besuch, deren Bräutigam auch da war. Plötzlich nachts sei sie davon erwacht, dass der Bräutigam in ihrem Bett gelegen hätte; er habe ihr gesagt, dass die Schwester jetzt schlafe, er aber noch nicht genug

hätte. Sie, das Mädchen, hätte das einige Tage später ihrer Mutter erzählt, die sich darüber fast totgelacht hätte. So auf dem Niveau bewegt sich alles.
Den Sonntag gestern habe ich vor allem mit einem Brief an Freya gefeiert. Es war der Geburtstagsbrief, aber ich musste ihr ja von den schlechten 24 Stunden am Donnerstag/Freitag berichten.
Ich habe die Offenbarung zu lesen angefangen und sonst nur Times gelesen. – Der Tag war plötzlich vorbei.

Dienstag, 28. März 1944

Gestern war ein ruhiger, in keiner Hinsicht bemerkenswerter Tag. Abends kam ein Brief von Freya mit angenehmen Nachrichten. Ich habe über Tag wenig getan. Ich habe nichts Rechtes mehr zu lesen und so studiere ich überall umher. Habe jetzt Künneths Theologie der Auferstehung zum zweiten Mal angefangen, lese in dem Heiler und habe abends eine kleine Novelle von Stifter «Brigitta» gelesen.[77] Das ist aber alles nichts, was einen zur Mitarbeit absolut zwingt.
Es wird langsam wieder kälter.

Mittwoch, 29. März 1944

Gestern war ein ruhiger Tag wie gewöhnlich. Am Morgen habe ich die Offenbarung zu Ende gelesen und einige Kapitel im 5. Buch Mose. Nachmittags habe ich Künneth's Auferstehungstheologie und abends wieder ein Stück Stifter gelesen. Leider bin ich im Augenblick nicht ganz gut, sondern lasse meine Gedanken immer auch auf andere Dinge wandern. Das liegt daran, dass diese Sachen beim zweiten Lesen nicht dasselbe Maß von Konzentration verlangen wie beim ersten Lesen. – Gestern habe ich außerdem noch einige Hefte Parliamentary Debates gelesen, darunter eine sehr mäßige Debatte.
Gestern war bezogener Himmel, ein wenig Wind und sehr viel kälter als in den letzten Tagen. – Abends kam ein ausführlicher Brief von Freya. Sie hat meinen Brief vom 19. nicht bekommen und sich deswegen mehrere Tage in Sorge befunden. Wie dumm.

77 Adalbert Stifter: Brigitta, in: Gedenke Mein! Taschenbuch für 1944, auch in: Stifter, Studien Bd. 4, Pest/Leipzig 1847.

Donnerstag, 30. März 1944

Gestern war Freya's Geburtstag und es war in jeder Hinsicht ein Feiertag. Ich habe den ganzen Tag über fast gar nichts getan und habe mich doch keinen Augenblick unglücklich gefühlt, sondern innerlich zufrieden. Ich wachte sehr früh auf, wusch mich, machte meine 100 Kniebeugen und stieg wieder ins Bett, nachdem ich den Meisen Futter gestreut hatte. Da habe ich dann wohl 2 Stunden von ½6–½8 friedlich gelegen, an Freya gedacht und die Meisen betrachtet, die ab und zu kamen. Um ½8 bin ich aufgestanden und habe so gegen ½9 gefrühstückt, um dann den Tag mit einem Brief an Freya zu feiern. Dann habe ich ein Stück die Apostelgeschichte gelesen und das letzte Kapitel der Sprüche und dann war Mittag. Als sie zu Hause aßen, habe ich meinen Spaziergang gemacht und nachher habe ich Parliamentary Debates mit großen Pausen gelesen. Nach der Vesper las ich einen Abschnitt in Künneth's Theologie der Auferstehung und [aß] eine kleine Tafel Schokolade, die mir Davy zum Geburtstag geschickt hatte. Nach dem Abendbrot legte ich noch 2 Patiencen und stieg um ½8 ins Bett, legte meine zweite Tafel Schokolade heraus und las Stifter und nachher Alice in the looking glass[78] und aß meine Schokolade dazu. Wieder mit großer Pause. Ich war riesig zufrieden und gönnte Stifter's Urgroßvater von Herzen die gute Frau, die er gefunden hatte. Dann las ich noch einige Sprüche und Psalmen und um 9.15 richtete ich meine Nachtbeleuchtung ein und fing so allmählich in den angenehmsten Gedanken an einzuschlafen. Welch ein schöner Tag. Jedenfalls werde ich mit diesem angenehmen Tage dieses Heft schließen und das mir von Casparchen geschickte neue morgen anfangen. Denn solch' gute Tage können ja nicht in Serie gehen.

Freitag, 31. März 1944

Dieses Heft kann ich am besten mit einer Beschreibung meiner Umgebung beginnen.

Neben mir liegen zwei Mädchen, die früher Aufseherinnen im Lager waren. Die eine ist wegen Totschlags, die andere wegen einer Liebschaft mit einem Häftling eingesperrt. Daneben ist ein Mädchen, das offenbar schon lange hier ist und, da sie einen roten Winkel und eine Häftlingsjacke trägt,

[78] Lewis Carroll: Through the Looking-Glass, 1872, deutsch: Alice hinter den Spiegeln.

wegen politischer Sachen hier sein muss.[79] Auf der anderen Seite von mir sind lauter Leute meiner Art. – Unter mir sitzen eine ganze Reihe, vielleicht insgesamt 10 Mann, die früher hier zur Lageraufsicht gehört haben und die außerhalb des Dienstes einen Mann aufgehängt haben. Die Unterhaltung mit ihnen wird von einem Rheinländer dominiert, der die gute Laune hervorragend aufrechterhält. Immerhin gewinnt man an ihren Berichten den Eindruck, dass das Aufhängen durchaus zu ihrer Beschäftigung gehörte.

Dazwischen liegt eine Schweizer Journalistin, die, 1940 von den Franzosen wegen Spionage zugunsten Deutschlands zum Tode verurteilt, auskniff, aber seitdem von uns eingesperrt ist.[80] – Außerdem ist da noch ein Ortsbauernführer aus dem Kreis Stargard, der auch SS-Mann ist und wegen irgendwelcher disziplinarischer Sache drei Wochen geschärften Arrest bekommen hat. Diese ganze Gruppe SS-Leute wird rasend streng behandelt: zeitweise müssen sie im Dunkeln sitzen, es ist ihnen alles abgenommen außer den notwendigsten Kleidungsstücken, sie bekommen «kalte Platte», d. h. kein Bett und keine Decke, sondern nur die blanke Holzpritsche. Die ersten Tage, manchmal 4, manchmal 5, manchmal 6 Tage [bekommen sie] überhaupt keine Bissen zu essen und einer von ihnen ist an Händen und Füßen gefesselt. Vorgestern Abend erhob dieser auch ein schreckliches Gebrüll, bat um einen Bissen zu essen, weil er seit 6 Tagen nichts gehabt hätte. Diese ganzen Leute wurden nun gestern plötzlich geschoren, rasiert, gebadet und bekamen frische Wäsche, ein Vorgang, der sie sehr besorgt machte. Sie fürchteten, dass das die erste Stufe sei, um hingerichtet zu werden. Wir erlebten also eine ängstliche Nacht und tatsächlich wurden sie um 3 geweckt. Da aber gegen 4 nur 3 Mann wegkamen, der Rest um 9, scheint es, dass sie lediglich in andere, und zwar verschiedene Lager gekommen sind. – Meine eine Nachbarin, die wegen Totschlags verurteilte, kommt heute auch weg, sodass es sehr ruhig werden wird.

79 Isa Vermehren, Mithäftling im Zellenbau, beschreibt in ihrem 1945 verfassten Buch «Reise durch den letzten Akt» die Winkelordnung des Lagers: «roter Winkel = politischer Häftling, roter Winkel mit eingesticktem P = polnischer politischer Häftling, mit einem N = Niederländer, einem F = Franzose, einem I = Italiener usw.; violetter Winkel = IBV (Intern. Bibelforscherverband), grün = BV (Berufsverbrecher), schwarz = asozial, gelb und schwarz über Kreuz gelegte Winkel = Rassenschande, rot und gelb über Kreuz = nicht arisch, rosa = LL (lesbische Liebe), roter Punkt auf weißem Kreis = Fluchtversuch, sog. Fluchtpunkt, schwarzer Punkt = Strafblock»; in: Ausgabe 1979, 20.

80 Siehe ebd., 28.

Abgesehen von derart berichteten Vorgängen war es gestern sehr friedlich. Ich habe ein gut Stück der Apostelgeschichte und im 5. Moses gelesen, habe eine Parlamentsdebatte mit einer Debatte über Außenpolitik und die Theologie der Auferstehung von Künneth beendet.
Das Wetter war windstill, grau, wärmer werdend. Heute scheint die Sonne.

Samstag, 1. April 1944

Schon drei Tage keine Nachricht von Freya; das verstehe ich nicht. Auch aus Berlin weder von Peter noch von Oxé Nachricht. Hoffentlich sind die alle noch heil. – Gestern war ein ruhiger Tag, an dem wenig geschah. Ich habe ein gut Stück der Apostelgeschichte und einige Kapitel aus 5. Mose gelesen, nachmittags habe ich eine ganz leidliche Parlamentsdebatte über Nachkriegsziele gelesen und am späten Nachmittag zum zweiten Mal die Theologische Ethik von Wünsch.
Ich teile meinen Tag jetzt etwas anders. Morgens stehe ich früh kurz auf, wasche mich oberflächlich, mache meine etwa 100 Kniebeugen und gehe wieder ins Bett, bis das Brot für das Frühstück kommt. Das ist jetzt meist erst um ½8. Dann erst stehe ich richtig auf und bin dann gerade fertig, wenn mein Tee kommt. Abends gehe ich auch meist früher ins Bett als zuvor, so zwischen 8 und 9, und benutze diese zwei Stunden im Bett, die ich so abends und morgens dazubekomme, an Freya zu denken oder zu lesen.
Ich weiß nicht, ob sich darin ein Laxwerden ausdrückt, aber es ist mir jedenfalls so angenehm und ich kann keinen rechten Grund sehen, warum ich das nicht tun soll.

Sonntag, 2. April 1944

Gestern war ein ganz stiller Tag. Ich habe am Morgen ein gut Stück der Apostelgeschichte und etwas vom 5. Buch Mose gelesen. Nachmittags habe ich erst die «Allgemeine Offenbarung» von Brunstäd beendet und bin dann im Heiler fortgefahren. Der hat große Längen, aber die Geschichte der irisch-schottischen Kirche ist ein sehr schöner Abschnitt.
Gegen 7 kam Post, wie ich hörte, und ich hoffte genuin auf Nachricht von Freya. Es kam auch ein Umschlag aus Kreisau mit dem Bestellungsplan, aber ohne Brief, sodass ich fürchtete, man hätte Freyas Briefe zurückge-

halten; ich hatte ja nun schon den 5. Tag keine mehr bekommen. Glücklicherweise war aber der Mann, der die Briefe zensiert, gerade da, und als ich ihn fragte, sagte er mir, für mich lägen noch einige Briefe in Droegen, er sei nur nicht dazu gekommen, sie zu lesen. So bin ich also sachlich beruhigt. Nur ist traurig, dass ich noch keine Nachricht habe. Die letzte ist vom 25. Ich freue mich aber auf heute. Dass der Bestellungsplan da ist, ist mir sehr angenehm, denn so kann ich den noch ein Mal richtig durcharbeiten.
Das Wetter war gestern wechselnd mit einer Tendenz zu schön. Es war mild und als ich draußen war, schien die Sonne.
Die Meisen fangen jetzt an, zu mir ins Zimmer zu kommen. Ich füttere fast nur noch so, dass sie etwas ins Zimmer kommen müssen, und seit heute können sie es auch ertragen, angesehen zu werden. Wenn das so weitergeht, dann werden sie noch ganz zahm werden.

Montag, 3. April 1944

Die Briefe von Freya sind immer noch nicht da. Das ist riesig ärgerlich, aber wenn ich nun weiß, dass sie in Droegen liegen, bin ich schon zufrieden und werde eben warten.
Gestern habe ich am Morgen ein Stück der Apostelgeschichte gelesen und hab dann den ganzen Tag den Heiler «Altkirchliche Autonomien und päpstlicher Zentralismus» geackert. Den werde ich heute fertig bekommen, wenn nichts dazwischenkommt.
Am Vormittag hab ich Freya geschrieben und am Nachmittag habe ich Zeumer's neuen Bestellungsplan durchgearbeitet, der immer noch von Optimismus strotzt. Es ist schlimm, dass ich ihn nicht selbst etwas zerreden kann. Abends habe ich Alice Through the Looking-Glass fertig gelesen.

Dienstag, 4. April 1944

Wie immer alles zusammenkommt, so war es auch gestern. Im Laufe des Vormittags bekam ich 5 Briefe von Freya, die in Droegen liegen geblieben waren. Dann kam auch gleich noch ein Brief von Inge und am Nachmittag ein Paket von Freya, das mehr als 14 Tage unterwegs gewesen und zum Teil in traurigem Zustand war, aber es war ein großer Freudentag, da alle Nachrichten aus Kreisau gut klangen, Casparchen wieder zurück war und auch sonst alles in Ordnung zu sein schien.

Sonst war gestern ereignislos. Ich habe die Apostelgeschichte beendet und den Heiler fertig gelesen. Nachmittags fing ich wieder mit dem Decline and Fall of the Roman Empire an.[81] Ich brauchte aber viel Zeit zum Auspacken des Pakets, zum Lesen der Briefe, schrieb auch gleich einen Quittungsbrief an Freya und ging früh ins Bett, um dort an dem Gibbon weiterzukauen.
Das Wetter war gestern windstill und bedeckt, zeitweilig etwas Sonne.

Mittwoch, 5. April 1944

Gestern war wieder ein Freudentag erster Klasse, denn Freya war da. Um 4 wurde ich geholt und um 7 setzten wir sie am Bahnhof Fürstenberg ab. Es war alles sehr schön und befriedigend, die Nachrichten klangen alle zuversichtlich und gut und ich hatte wieder den Eindruck, dass alle Leute rührend um mich besorgt sind und alles tun, um Freya Freude zu machen – außerdem brachte sie herrliche Sachen mit, einen köstlichen Sandkuchen von Schönchen,[82] wunderschön bemalte Ostereier von der ganzen Familie, Tee, Kaffee, Zucker, Bonbons, Zwieback, Quark, und ich weiß nicht was noch alles. Jedenfalls bin ich mal wieder auf lange Zeit versorgt, und zwar fast nur mit größten Kostbarkeiten. – Außerdem brachte sie die Nachricht, dass Oxé heute käme, was mir auch sehr angenehm ist.
Am Morgen habe ich den Anfang des Markus-Evangeliums und ein kleines Stück im 5. Mose gelesen, den Rest des Tages, bis Freya kam, Gibbon, «Decline and Fall of the Roman Empire» bis zur Regierung Diokletian's. Am Abend habe ich nur in den verschiedenen Büchern, die Freya mir mitgebracht hatte, herumgesucht und geblättert.
Gestern regnete es und dadurch hatte das Gefängnis die Freude, wieder einmal einen Mann mit Regenschirm im Hof auf- und abgehen zu sehen.

81 Eduard Gibbon: Decline and Fall of the Roman Empire, deutsch: Der Untergang des römischen Weltreiches, Berlin u. a. 1934.

82 Manon Schönberg, früher Gesellschafterin von «Tante Luise» im Berghaus, seit 1928 wohnhaft in Schweidnitz.

Donnerstag, 6. April 1944

Gestern war Oxé da. Der Eindruck der Sache, die er mitbringt, ist weiter der eines allmählichen Auseinanderlaufens. Das ist traurig. Er war aber nett wie immer, ist auch ausgebombt und wohnt jetzt in Wengler's Haus.[83] Das war mittags. – Vormittags habe ich ein Stück im Markus-Evangelium gelesen und dann hauptsächlich den Gibbon fortgesetzt. Nachmittags habe ich mit dem 3. Band der Gesammelten Werke des Feldmarschalls angefangen und eine Reihe Denkschriften über die militärpolitische Lage zwischen 1859 und 1866 gelesen. Abends habe ich die Hohenzollern von Reinhold Schneider angefangen.[84] Oxé brachte von Freya einen Brief und eine Russlandkarte mit.

Karfreitag, 7. April 1944

Gestern war wieder ein ganz stiller Tag. Am Morgen habe ich im Markus-Evangelium bis zum Abendmahl gelesen und habe dann den Rest des Vormittages einen Brief an Freya geschrieben. Nachmittags habe ich zuerst den ersten Band des Gibbon zu Ende gelesen und habe dann mit dem mir von Freya mitgebrachten Tauchsieder zum ersten Male alleine Tee gemacht. Ich war etwas besorgt, ob das auch gehen wird, aber es ging gut. Damit bin ich nun von der Freundlichkeit der Männer unabhängig und, obwohl sie immer getan haben, um was ich bat, es ist doch noch besser, sie nicht bitten zu müssen. – Ich fühlte mich am Nachmittag nicht ganz wohl und hatte Kopfweh, hatte daher einige Zeit auf dem Bett gelegen und gedöst. Nach dem Tee wurde das aber wieder gut, ich schrieb dann an Peter und Marion und las am Abend im 3. Bd. der Werke des Feldmarschalls weiter. Die strategischen Erwägungen aus der Zeit nach 1870 sind eben immer gültig, überhaupt ist sehr vieles davon heute noch gültig. – Vor dem Bett gehen las ich dann ein Kapitelchen von Schneider's Hohenzollern.

83 Dr. Wilhelm Wengler war ein enger Mitarbeiter Moltkes in der Völkerrechtsgruppe. Zwei Tage vor Moltke war er am 17. Januar 1944 wegen defaitistischer Äußerungen verhaftet worden.

84 Reinhold Schneider: Die Hohenzollern. Tragik und Königtum, Berlin 1933.

Samstag, 8. April 1944

Gestern hatte ich beschlossen, zu fasten und weder zu essen noch etwas anderes als Wasser zu trinken. Das ist mir bis auf einige Stunden nach dem allgemeinen Essen gar nicht schwergefallen; ich muss sagen, dass ich mir das viel unangenehmer vorstellte. – Morgens habe ich aus den 4 Evangelien die Passionsgeschichten gelesen und habe mich dann auf Luther's Passionspredigten gestürzt. Die waren aber leider mehr als ich konnte, denn sie sind zu ¾ Lateinisch und so schwer zu lesen, dass ich es ohne Lexikon nicht kann oder jedenfalls nicht mit Genuss kann. Das war schade. Ich bin lange über Mittag draußen gewesen und habe nach Tisch einige Briefe geschrieben und dann in dem Moltke gelesen. Plötzlich um ½3 kam der Kriminalkommissar Möller, der mich mehrfach vernommen hat, und sagte, er wolle mich für einen Spaziergang abholen. Mit ihm und seiner Sekretärin habe ich dann durch die Wälder der Umgebung und an den Seen entlang einen Spaziergang von 14 km gemacht, von dem wir um 8 abends zurückkehrten. Das war sehr angenehm und auch nett von ihm. Die Gegend ist schön; vom Frühling war eigentlich noch keine Spur zu sehen, nur einige Spiräen hatten schon getrieben. – Ich war dann tüchtig müde.

Ostersonntag, 9. April 1944

Gestern habe ich früh den Anfang des Lukas-Evangeliums gelesen und habe dann an den Sachen gearbeitet, die Oberst Oxé mitgebracht hatte. Nachmittags habe ich eine Zeit lang an derselben Sache gedoktert, konnte aber nicht weiter, weil noch einiges fehlt. Dann habe ich angefangen, die Ackerbaulehre durchzuarbeiten. Das geht sehr langsam und ich werde an diesem Werk lange zu tun haben. Dann habe ich fürstlich Kaffee getrunken und Schönchens herrliche Sandtorten gegessen und nachher in dem 3. Band der Werke Moltke's weitergelesen. Abends habe ich wieder ein Stück aus Schneider's Hohenzollern gelesen. Das Wetter gestern war schön und sonnig. Es gibt dieses Jahr schöne Ostern. Eine der Bibelforscherinnen feiert hier ihr siebentes Jahr.[85]

[85] Zu den Bibelforscherinnen s. auch Helmuth James von Moltke: Briefe an Freya (wie Einleitung, Anm. 12), 599.

Ostermontag, 10. April 1944

Ostersonntag war ein stiller, schöner Frühlingstag, strahlende Sonne am blauen Himmel, kein Windzug, die ersten Schmetterlinge. Die Störungen des Tages bestanden im Wesentlichen darin, dass immerzu Flieger in der Luft waren und auch einmal Vollalarm und mehrfach Vorwarnung gegeben wurde. Das gab ein unangenehmes Gefühl. – Am Morgen las ich die Auferstehungsbotschaft aus den 4 Evangelien[86] und die Osterbotschaft aus dem Faust und stand dann zu einem köstlichen Frühstück auf. Anschließend schrieb ich an Freya und füllte damit den ganzen Rest des Morgens. Mittags war ich fast eine Stunde draußen und genoss den schönen Tag. Nachmittags las ich im 3. Bd. des Moltke, trank zwischendurch einen Kaffee mit Sandtorte und begann am Abend in der Schafzuchtlehre zu lesen. Im Bett beschäftigte ich mich weiter mit den Hohenzollern von Schneider, die mir gar nicht gefallen. Leider konnte ich dann absolut nicht schlafen: der Kaffee stellte sich als zu stark gewesen heraus und hielt mich so gut wie die ganze Nacht wach. Die Nacht brachte auch wieder Alarme.

Dienstag, 11. April 1944

Gestern war wieder ein strahlender, warmer Frühlingstag und der heutige verspricht genauso zu werden. Ganz plötzlich ist es jetzt Frühling geworden und in ein paar Tagen wird es draußen ganz grün sein. Die Tage sind schön, aber man fühlt an ihnen auch die Freiheitsberaubung besonders stark.
Am Morgen habe ich ein Stück im Lukas-Evangelium gelesen, habe dann einige Briefe geschrieben und am Nachmittag in dem Handbuch der Schafzucht und in dem dritten Band Moltke weitergelesen. Am Abend so um ½ 9 wurde ich plötzlich von Herrn Sonderegger geholt, um mich über meinen Lebenslauf auszulassen. Das dauerte bis ½ 11 und dann habe ich schlecht geschlafen. – Nachtrag: Noch kein Brief von Freya.

Mittwoch, 12. April 1944

Gestern war insofern ein trauriger Tag, als das einzig wirklich nette Mädchen von den Mithäftlingen, die 3 Zellen von mir entfernt saß, weggekom-

86 Markus 14–16, Matthäus 26–28, Lukas 22–24, Johannes 18–22.

men ist. Sie wurde Gerti genannt, stammte aus Düsseldorf, war schon 5 Jahre im Ganzen eingesperrt, 4 in Lager und 11 Monate im Zellenbau in Einzelhaft. Sie war aber riesig anständig und kameradschaftlich, kannte alle und hob den Ton. So hatte sie erreicht, dass über Ostern, vor allem Karfreitag, im Zellenbau von den lockeren Mädchen keine Schlager gesungen wurden. Gerti ist also als Pflegerin im Revier des KZ Auschwitz.[87]
Sonst war der Tag still und ohne Ereignisse. Am Morgen las ich ein Stück des Lukas-Evangeliums und etwas aus dem 5. Buch Mose, außerdem einen erheblichen Teil in dem Rest des Moltke und nachmittags befasste ich mich hauptsächlich mit Boden-Biologie in dem Handbuch der Landwirtschaft. Abends las ich dann die Geschichte der Schafzucht und beschloss den Tag mit einem kleinen Abschnitt aus den Hohenzollern. – Noch keine Nachricht von Freya.

Donnerstag, 13. April 1944

Gestern Mittag kamen 2 Briefe von Freya, vom 6. und 8. Das war sehr angenehm, erfuhr ich doch dadurch, dass sie heil angekommen war und zu Hause alles wohl angetroffen hatte. Ich glaube, die Briefe liegen jetzt immer so lange in Droegen, weil die mit der Zensur nicht fertig werden.
Gestern war ein friedlicher Tag. Am Morgen las ich ein Stück aus dem Lukas-Evangelium und hatte dann allerhand aufzuräumen. Ich hab jetzt auch die Decken aus dem Bezug genommen und schlafe jetzt höchstens unter einer Decke, manchmal nur unter dem Bezug. Es ist rasend warm im Haus, trotzdem meine Heizung jetzt schon über mehr als eine Woche ganz abgestellt ist.
Ich las dann wieder ein Stück in dem Moltke und beendete die Reichstagsreden. Es ist immer wieder erstaunlich, wie die auch jetzt noch aktuell sind. Nachmittags ackerte ich die Bodenbiologie fertig und las einen Beitrag von Münzinger über Klimafragen, mäßig. Immerhin war ich damit bis ¾ 9 abends beschäftigt und las dann nur noch ein Stück der Hohenzollern im Bett.
Im Laufe des gestrigen Tages habe ich auch eine Scheibe aus meinem Fenster rausbekommen und so kriege ich endlich genug Luft. Das war bisher auch grässlich.

87 Siehe Moltke, Briefe an Freya (wie Einleitung, Anm. 12), 599.

Freitag, 14. April 1944

Gestern war ein ruhiger Tag. Am Morgen las ich 3 Kapitel aus dem Lukas-Evangelium und dann einige Seiten aus dem Moltke. Dann setzte ich mich an einen Brief an Freya, der mich bis über das Mittagessen hinaus riesig angenehm beschäftigte. – Nachmittags ackerte ich weiter in der Ackerbaulehre einen Beitrag über Meliorationen. Da war nur ein kleiner Teil für mich von Interesse, weil ich ein groß Teil der mit Flussregulierungen zusammenhängenden Fragen schmerzlich aus der Praxis kenne und der Beitrag zu diesem Thema eigentlich nichts brachte, was ich nicht gewusst hätte. Hingegen waren die Teile, die sich mit Drainierung und Bewässerung befassten, besser, wenn auch die vielen Berechnungen über Wirtschaftlichkeit wohl schon seinerzeit reichlich akademisch waren und heute vollkommen überholt sind. Am Abend hab ich dann noch ein Stück in dem Schafzuchtbuch und schließlich noch in den Hohenzollern gelesen.
Am Nachmittag kam eine Unterhaltung zu eingesperrten SS-Männern der Bewachungskompagnie zustande, die ein grausiges Bild der dort herrschenden Zustände gab. Das scheinen alles mehr oder minder Verbrecher zu sein. Die zwei Rumänen, die vor allem das Wort führten, erzählten, wie sie an einem Attentat in Bukarest beteiligt gewesen, und könnten deswegen nicht zurück, die anderen hatten in großem Umfang Likör und Stoffe geschoben. Deutsche scheint es darunter nur wenige zu geben.

Samstag, 15. April 1944

Gestern war ein Freudentag erster Klasse: am Morgen kamen zwei Briefe von Freya von den beiden Ostertagen und am Nachmittag wurde ich nach Droegen geholt, wo Frl. Thiel mit Akten war, und dort bekam ich einen ganz frischen Brief von Freya vom 12. morgens. Das war besonders schön, weil die Ostertage offenbar in Kreisau herrlich gewesen waren, die Kinder hatten draußen im Garten suchen können, und es hatte offenbar eitel Freude und Seligkeit geherrscht. Das war also sehr schön. – Frl. Thiel war nett wie immer und hatte mir außer der Arbeit noch einen herrlichen Strauß Osterglocken mitgebracht.
Am Morgen las ich ein Stück des Lukas-Evangeliums und habe mich dann

den Rest des Tages mit Ausnahme der Zeit, während deren ich in Droegen war, mit dem Handbuch des Ackerbaus[88] befasst, und zwar mit einem guten, wenn auch nicht schweren Beitrag über die Bodenbearbeitung. Am Abend habe ich noch ein wenig in dem Schafzuchtbuch gelesen und den Tag mit einem Kapitel aus den Hohenzollern beendigt.

Sonntag, 16. April 1944

Gestern war ein stiller Tag. Ich hab den größten Teil des Tages OKW-Sachen bearbeitet, Gutachten gelesen und ähnliches. Ich muss das heute fertig machen, da morgen Oxé kommt. Außerdem habe ich einen großen Stoß Parliamentary Debates beseitigt. – Am Morgen beendete ich das Lukas-Evangelium und schrieb einen Kondolenzbrief an Tante Monika aus Anlass von Onkel Friedhelm's Tod.[89] – Draußen war es den ganzen Tag schwül und drückend. Eine Wolkenwand stand manchmal drohend am Himmel, es regnete aber nicht. Kurze Zeit schien die Sonne, meist war der Himmel durch eine niedrige Wolkenlage bedeckt.
Wir haben neue Leute bekommen. 2 Zellen hinter mir ist eine Aufseherin eingezogen, die mit einem Häftling eine Liebelei hatte. Der Häftling war zu meiner Zeit noch hier und soll erschossen worden sein, weil er sich weigerte, den Namen des Mädchens preiszugeben. Er hieß Emil und ich erinnere mich wohl, dass es eines Tages mit mir damals nicht verständlichem Schrecken hieß: der Emil ist zu einem Spaziergang ums Lager aufgefordert worden. Jedenfalls kam er nicht wieder. – Außerdem haben wir, scheint's, eine alte Kupplerin bekommen, die den deutschen Mädchen Franzosen beschaffte. Das scheint eine rechte Hexe zu sein. – Das Krematorium schräg gegenüber rauchte gestern wieder fürchterlich und die Mädchen meinten: «Das war wieder eine ganz fette.»

88 Es handelt sich um das «Handbuch der Ackerbaulehre» von Theodor Römer, Berlin 1933. Es enthielt folgende Einzelbeiträge: Boden-Biologie, Melioration, Saatgut, Pflanzenernährung, Ernte und Ernteaufbewahrung, Düngerlehre, Rinderzuchthaltung, Pflanzenkrankheiten. Die Ackerbaulehre arbeitete Moltke vom 8. bis 26. April durch. Parallel las er neben dem Schaf- auch ein Rinderzuchtbuch.

89 Monika von Rittberg, Schwester von Moltkes Vater, verheiratet mit Friedhelm von Rittberg auf dem Gut Balfanz in Pommern.

Montag, 17. April 1944

Gestern gab es wieder 2 Briefe von Freya, vom 13. und 14., [ist] also wieder ganz schnell gegangen und mit lauter schönen Frühlingsnachrichten: ihr Garten und Bienen, Felder und Wald. Damit war also der gestrige Tag schon ohne weiteres schön. – Sonst geschah […] über Tag nichts. Am Morgen las ich einige Kapitel aus Jesaja, dann schrieb ich an Freya, was mich bis nach dem Mittagessen beschäftigte, dann arbeitete ich für das OKW bis etwa 6 Uhr und las bis 8 noch in dem Schafzuchtbuch. Abends las ich noch ein Stück in den Hohenzollern, die ich heute morgen beendete, und damit war der Tag um. Es war ein diesiger Frühlingstag, so warm, dass ich draußen meinen Rock auszog.

Dienstag, 18. April 1944

Gestern früh pfiff plötzlich jemand ganz laut 2 Verse von God save the King. Und im Laufe des Tages erfuhr ich auch, dass ein englischer Major, der als Agent in Zivil abgesprungen war, da sei. Es war jedenfalls sehr komisch, als diese Töne plötzlich laut das ganze Gefängnis durchschallten. – Mittags kam Oxé, mit dem eine Menge zu besprechen war, vor allem türkische Sachen, die ganz schiefzugehen drohen. Auch Huppenkothen war da und sprach mich kurz auf meinen Brief vom 26.3. an und versicherte, die dort gebrauchten Argumente würden berücksichtigt werden. Mir scheint, das war eine freundliche Art zu sagen, dass nichts geschieht.

Am Morgen habe ich wieder Jesaja gelesen, dazu einige Briefe geschrieben und dann kam ein eiliges Schreiben von Oxé, das bis Mittag bearbeitet sein sollte. So habe ich am Vormittag schließlich nichts Anderes mehr getan. Nach meiner Rückkehr von Droegen habe ich im Handbuch des Ackerbaus den Beitrag über Saatgut gelesen und bin dann zu dem Schafzuchtbuch übergegangen, das ich bis Ende der Woche beendigen will, um es Freya mitzugeben. Abends habe ich dann den Augustinus zum zweiten Mal angefangen.

Der Tag war leicht bezogen mit ganz klaren Intervallen, warm, sogar eher schwül.

Meine Nachbarin, das sächsische Mädchen, ist weg. Sie kommt für den Rest der Zeit – wohl noch drei Wochen – ins Gefängnis nach Prenzlau.

Mittwoch, 19. April 1944

Gestern gab es am Abend einen Brief von Freya vom 15. und einen sehr netten auch von Inge. Der Brief von Freya berichtete sehr schön über den Betrieb und über Caspar u. Konrad. – Am Morgen las ich einige Kapitel aus Jesaja und ging dann zu dem Schafzuchtbuch über. Abends las ich einen kleineren Beitrag aus der Ackerbaulehre und beendete den Tag mit einem kleinen Stück aus Augustin.
Es war ein stiller Tag, an dem nichts geschah. – Das Wetter ist weiter schönstes Frühlingswetter, warm, sonnig und nachts doch noch kühl.

Donnerstag, 20. April 1944

Gestern Morgen habe ich noch ein Stück aus Jesaja gelesen und dann einen Beitrag über Pflanzenernährung in der Ackerbaulehre angefangen. Kurz nach dem Essen holte mich Kommissar Möller noch zu einer Vernehmung über Generalia und subjektiven Tatbestand. Als ich um ½7 zurückkam, fand ich einen Brief von Freya vom 16. vor. Das ist doch sehr angenehm, dass die Postverbindung augenblicklich so gut klappt. Ich las nur noch wenig in dem Schafzuchtbuch und beendete den Tag bald mit einigen Kapiteln aus dem 5. Buch Mose. Ich war sehr müde, ohne dass ich wusste, warum, und fing bereits um 9 meinen Schlaf an.
Gestern war wieder ein strahlender Frühlingstag. Man beginnt den Feldern die Trockenheit anzusehen.

Freitag, 21. April 1944

Gestern war wieder ein stiller Tag. Ich habe nicht viel getan, war nicht sehr arbeitslustig. Morgens las ich einige Kapitel aus Jesaja, dann habe ich das Schafzuchtbuch beendet und einige Seiten der Ackerbaulehre gelesen. Abends habe ich einige Seiten Augustin gelesen, bin früh ins Bett gegangen und leider um 3 wieder aufgewacht. Trotz dieser großen Untätigkeit war ich mit meinem Tag ganz befriedigt. – Es war wechselndes, schwüles Wetter.

Samstag, 22. April 1944

Gestern war wieder einer der Hauptfreudentage, denn nachmittags kam Freya. Erstens hatte sie wieder herrliche Schätze von Sachen mit, aber vor allem sah sie wohl aus und ich hatte den Eindruck, dass es ihr und den anderen zu Hause gut ginge. Das war so angenehm. Die Nachrichten aus dem Betrieb klangen allerdings nicht so recht befriedigend, denn Z[eumer] ist mal wieder auf Extratouren aus und ich weiß nicht recht, wie man ihn da bändigen soll. –
Am Morgen hatte ich einige Kapitel aus Jesaja gelesen und hatte dann den Beitrag über Ernte und Ernteaufbewahrung aus dem Handbuch der Ackerbaulehre gelesen. Nachmittags hatte ich mit der Düngerlehre gerade angefangen, als ich abgeholt wurde, und habe am Abend nach meiner Rückkehr nur noch in den neuen Büchern, die Freya mitgebracht hatte, herumgelesen.
Das Wetter ist umgeschlagen. Es fing gestern schon an, kühler zu werden und etwas zu regnen. Heute ist es bedeckt und ausgesprochen regnerisch.

Sonntag, 23. April 1944

Gestern war ein stiller, friedlicher Tag. Am Morgen las ich einige Kapitel aus Jesaja. Dann machte ich meine Steuererklärung fertig, und am Nachmittag las ich zwei Hefte der Parliamentary Debates. Abends kam dann erst noch ein Stück aus dem Rindviehzuchtbuch dran und ein Abschnitt aus dem ersten Band des Moltke. Der Tag wurde mit dem Anfang der Confessiones von Augustin beschlossen. Sonst geschah nichts.
Das Wetter war eher schlecht: kühl, windig, gegen Abend stürmisch mit großen Mengen Sand, die bis in die Zelle transportiert wurden.

Montag, 24. April 1944

Gestern Morgen habe ich den Propheten Jesaja zu Ende gelesen und habe dann an Freya geschrieben, da es ja Sonntag war. Damit war der Vormittag im Wesentlichen ausgefüllt, oder vielmehr ganz ausgefüllt. Nachmittags habe ich erst etwa ein Drittel einer der Luther'schen Passionspredigten übersetzt.[90] Das ist mit Rücksicht darauf, dass es mittelalterliches Kirchen-

90 Moltke muss inzwischen ein Latein-Lexikon bekommen haben. Die von ihm benutzte Ausgabe der Passionspredigten von Luther war nicht zu ermitteln.

latein ist und außerdem auch noch mit Abkürzungen arbeitet, die wohl scholastischer Begriffsbildung entnommen sind, eine sehr schwierige Aufgabe und geht daher auch entsprechend langsam. Nun, das tut nichts. Ich hoffe, dass ich nach einigen Tagen mich besser einlese und mehr schaffe. – Anschließend habe ich einen langen Brief an Zeumer geschrieben über seine blödsinnigen Änderungen am Bestellungsplan. Um ½ 8 habe ich köstlich ein Täubchen und Salat zu Abend gegessen und habe nachher erst in dem ersten Band des Moltke weitergelesen und den Abend mit einem Stück aus den Confessiones Augustin's beendet.
Der Wind hat sich gelegt. Es ist noch bezogen, aber wärmer.

Dienstag, 25. April 1944

Gestern früh habe ich erst den Propheten Jeremia angefangen und bin dann zu dem Beitrag über die Ernährung der Pflanzen aus der Ackerbaulehre übergegangen. Mittags kam ein Brief von Oxé, der eine Aufzeichnung von mir haben will, und die habe ich dann am Nachmittag gemacht. Damit war ich gegen ½ 6 fertig, als das Abendbrot kam. Ich habe dann noch 2 Stunden in dem Rinderzuchtbuch gelesen, einige Zeit in dem Moltke und habe den Tag, wie jetzt immer, mit einem Abschnitt aus Augustin beendet. – Sonst geschah gar nichts. Der Tag war warm, aber gegen Abend kam der unangenehme, kalten Sand transportierende Südwind wieder auf. – Unsere Korrespondenzen sind jetzt auf 2 Briefe in der Woche eingeschränkt. Das ist wenig. Ich muss mal sehen, wie ich damit zu Rande komme, denn es bedeutet, dass ich nur noch an Freya schreiben kann, alle anderen Briefe wegfallen.

Mittwoch, 26. April 1944

Gestern früh habe ich einige Kapitel aus Jeremia gelesen und bin dann gleich zu dem Beitrag über Pflanzenernährung aus dem Handbuch des Ackerbau's übergegangen, den ich bis zur Vesper beendigt habe. Ich habe dann eine fürstliche Vesper eingelegt und nach der Vesper habe ich das Rinderzuchtbuch weitergelesen bis gegen 7. Nach dem Abendbrot habe ich den Moltke fortgesetzt. Ich bin jetzt bei rein militärischen Teilen: «Aufklärung und Sicherung», «Befehl und Meldungen» und ähnliches. Trotzdem finde ich es ganz lesenswert, wenn es auch nicht so spannend und aktuell ist wie die Ausführungen zu strategischen Fragen, vom Zusammenhang zwischen Politik und Kriegsführung und zu den Fragen der Kriegsgliederung und Organisation im Kriege. – Den Tag habe ich dann mit einem Abschnitt aus Augustin beendet. – Noch ist keine Nachricht von Freya da. Heute müsste sie eigentlich kommen.

Donnerstag, 27. April 1944

Gestern früh habe ich im Jeremia einige Kapitel gelesen und habe dann den Beitrag über Pflanzenkrankheiten aus der Ackerbaulehre durchgenommen. Damit habe ich den Wälzer beendigt. Ich war gestern müde, weil ich aus irgendeinem unerklärlichen Grund nachts schlecht geschlafen hatte. So habe ich mich nach Tisch hingelegt, und zwar nicht gerade geschlafen, aber gedöst. Danach habe ich einige Seiten aus dem zweiten Band des Gibbon «Decline and Fall of the Roman Empire» gelesen. Dann kam Freya's erster Brief vom 23. (!). Sie hatte ihn in Brieg eingesteckt. Nun, ich war froh, dass er da war, wenn sich auch daraus ergab, dass der ganze Ausflug eine rechte Strapaze für sie gewesen ist. – Nachmittags habe ich nur noch im ersten Bande des Moltke gelesen und bin früh, bald nach 9, ins Bett gestiegen. Um 4 Uhr nachts war wieder hier im Gefängnis etwas gefällig; ich konnte aber nicht heraushören was. Ich bin gegen Morgen noch ein Mal eingeschlafen und erwachte durch meine Meisen, die empört am Fenster standen, weil es kein Futter gab.

Freitag, 28. April 1944

Gestern früh habe ich erst einige Kapitel aus Jeremia gelesen und habe danach erst ein Mal an Freya geschrieben. Ich hatte einen Brief von ihr erwartet und hörte deswegen gegen ½ 11 auf, um weiterzuschreiben, wenn er käme. Bis 8 war er nicht da und so setzte ich den Brief fort, hatte aber gerade den ersten Satz fertig, als der Brief nun doch kam – vom 23. aus Kauern,[91] so beendete ich den Brief also besonders freudig. – Inzwischen hatte ich ein großes Stück aus dem Rinderzuchtbuch gelesen, das ganz gut ist und einen recht interessanten Überblick über alle Rassen

91 Das von Marion und Peter Yorck von Wartenburg verwaltete Gut Kauern, wenige Kilometer entfernt vom Schloss Klein-Oels gelegen.

der Welt gibt. Damit befasste ich mich den ganzen Tag, nur am späten Nachmittag arbeitete ich etwa eine Stunde an dem Abschluss 42/43. Abends so um ½ 9 kam ich nochmals 20 Minuten raus und lief hintereinander 60 Runden, das Doppelte meines Normalquantums, die 60 Runden sind etwa 2 ½ km.
Die illegalen Unterhaltungen zwischen Zelle und Zelle in diesem Bau finden in allen möglichen Sprachen statt: Englisch, Französisch, Russisch, Polnisch, Rumänisch und nur ganz ausnahmsweise Deutsch. Gestern Abend beim Laufen hörte ich eine angeregte Unterhaltung in Deutsch, und als ich erstaunt hinsah, da war es der englische Spion. Dieser Turmbau zu Babel ist fabelhaft. Das Rumänisch stammt von den eingesperrten SS-Männern der Bewachungskompagnie.
Wetter ist kalt, wechselnd, meist bezogen.

Samstag, 29. April 1944

Gestern war ein stiller Tag. Am Morgen habe ich einige Kapitel aus Jeremia gelesen und bin dann bis kurz nach dem Mittagessen bei dem Rinderzuchtbuche geblieben. Anschließend habe ich eine Debatte aus dem House of Commons über Empire-Fragen gelesen, die recht schlecht war und nicht annähernd auf der Höhe der entsprechenden Debatten des House of Lords. Abends habe ich in dem Moltke weitergelesen bis zum Schlafengehen. – Am Abend, als ich schon im Bett lag, gab es plötzlich große Unruhe, und gegenüber zogen einige Leute um. Was das wohl wieder sollte, war unklar. Während dieses Krachs kam zu meiner Überraschung auch noch ein Brief von Freya an. Das war ein sehr schöner Tagesabschluss.

Sonntag, 30. April 1944

Wieder ein Monat zu Ende und die schönste Zeit des Jahres beginnt, ohne dass wir viel [da]von bemerken werden, oder doch: die Atmosphäre bessert sich bei schönem, mildem Wetter immer. Gestern Morgen habe ich erst wieder mit einigen Kapitelchen aus Jeremia begonnen. Danach habe ich eine der Parlamentsdebatten gelesen, dann das Rinderzuchtbuch beendigt. Den späteren Nachmittag und den größeren Teil des Abends habe ich damit verbracht, den Brief an Zeumer nochmals um- und ins Reine zu schreiben, weil ich keine Schreibmaschine bekommen kann und ich daher bei erster Gelegenheit zum Abschreiben mitgeben muss. Außerdem war der Abend sehr kurz, weil ich um 6 noch ein Mal 5/4 Stunden raus konnte und dann einen brüllenden Hunger entwickelt hatte, sodass auch mein Abendbrot viel Zeit in Anspruch nahm. Ich ging also, nachdem ich den Brief an Zeumer fertig hatte, gleich ins Bett und löschte um ½ 11 das Licht.

Montag, 1. Mai 1944

Gestern früh habe ich erst einige Kapitel aus Jeremia und einige aus Josua gelesen und habe dann den Anfang der Bergpredigt mit allen Verweisungen durchgearbeitet. So war es plötzlich Mittag geworden und ich habe erst nach dem Essen an Freya geschrieben. Kaum war ich damit fertig, als die Schreibmaschine kam. Ich habe dann bis 9 Uhr alles hintereinander geschrieben, erst eine Aufzeichnung für das OKW und dann den Brief für Zeumer. So bin ich zum Lesen fast gar nicht gekommen und habe nur noch einige Seiten aus dem ersten Band des Moltke gelesen. – Im Laufe des Nachmittags kamen aber zwei ganz neue Briefe von Freya, vom 27. und 28., und ein Brief von Jowo. Das war also sehr schön und ich war auch über die Nachrichten aus Kreisau im Ganzen befriedigt. Durch die Füllung des Schlosses ist da jetzt ein riesiger Betrieb, besonders unendliche Kinder.

Dienstag, 2. Mai 1944

Gestern früh habe ich erst einige Kapitel aus Jeremia gelesen und dann bis Mittag lauter Kleinigkeiten gemacht. Nach Tisch wurde ich abgeholt, weil Oxé da war, mit dem ich von 1 bis 3 gearbeitet habe. Nach meiner Rückkehr habe ich erst Tee getrunken, weil ich in Droegen durchgefroren war, und habe dann nur ein paar mir von Oxé mitgebrachte Nachrichten und sonst den ersten Band Moltke gelesen. Am Abend gab es zu Ehren des 1. Mai[92] ein fürstliches Essen: Suppe, massenhaft Fleisch, Rotkohl und Kartoffeln, einen Pudding, den ich nicht gegessen habe, und drei große Stück ganz guten Kuchen's. Mir war gar nicht klar, dass dieser Tag so groß gefeiert [werden] würde.

92 Der 1. Mai war ein staatlicher Feiertag seit 1933, als die Nationalsozialisten ihn zum «Tag der nationalen Arbeit» proklamiert hatten.

Mittwoch, 3. Mai 1944

Gestern früh habe ich Jeremia beendet und ein Stück im Josua gelesen. Dann habe ich den Rest des Vormittags und einen Teil des Nachmittags Nachrichten gelesen, die mir Oxé mitgebracht hatte. Diese Nachrichten ergaben ein erstaunlich anderes Bild als das, was man sich aus unseren Nachrichten machen kann, weil sich daraus ergibt, dass das Schwergewicht der feindlichen Luftangriffe in den Westgebieten liegt und da auf den Verkehrsmitteln. Diese Angriffe, die wohl in vielen Einzelaktionen bestehen, spiegeln sich in unseren Berichten nur ganz vage wider. – Ich hatte die Nacht zuvor schlecht geschlafen, sodass ich mich nachmittags von 2–¼ 4 hinlegte, etwas schlief und einige Seiten im zweiten Band von Gibbon Decline and Fall of the Roman Empire las.

Dann ging ich zum Zahnarzt, der ein fabelhaft eingerichtetes Arbeitszimmer hat, aber erstaunlich großzügig in der Art der Behandlung [ist]. So: «Wollen mal sehen, ob wir die richtige Stelle getroffen haben.» Die mir gemachte Füllung ist auch schon wieder raus, sodass ich heute wieder hin muss. Das Ganze war eher komisch, zumal ich drohenden Regens wegen den Schirm mitnahm und bei der Wanderung durch das KZ mitleidiges Erstaunen, gemischt mit Heiterkeit erregte. Warum die Leute das so merkwürdig finden, weiß der liebe Himmel. Nachmittags habe ich den ersten Band des Moltke fast fertig gelesen und am Abend noch einige Kapitel aus den Confessiones Augustin's.

Donnerstag, 4. Mai 1944

Gestern gab es drei Briefe von Freya, sodass es ein besonderer Freudentag war. Einer enthielt meinen neuen Schlips und eine sehr süße Photographie von Freya und Konrädchen. Die beiden anderen waren aber voller Nachrichten. – Sonst war der Tag durch einen eisigen Südwind mit bedecktem Himmel gekennzeichnet. In der Zelle war es kalt und es pfiff nur so hindurch. Das reduzierte die Lebensgeister bei im übrigen guter Laune und so habe ich nach Tisch wieder eine Stunde gelegen. – Am Morgen habe ich die Klagelieder Jeremias gelesen und dann vor- und nachmittags den Schneidewind «Pflanzenernährung».[93] Nachmittags und abends habe ich

93 Wilhelm Schneidewind: Die Ernährung der landwirtschaftlichen Kulturpflanzen, Lehr-

im Gibbon das XVIte Kapitel beendigt, das sich mit den Christenverfolgungen befasst. Ich bin nach einem langen Dauerlauf schon um 8.30 ins Bett gegangen und habe dann noch einige Kapitel aus den Confessiones gelesen. – Es war im Ganzen ein fauler Tag, aber ich war merkwürdigerweise doch ganz zufrieden.

Freitag, 5. Mai 1944

Gestern war ein stiller Tag, aber wieder das mörderische Wetter, welches die Lebensgeister reduziert. Am Morgen habe ich erst einige Kapitel aus Hesekiel und Josua gelesen und habe dann den einen Koffer gepackt und überhaupt allgemein aufgeräumt. Damit war der Morgen vertan. Nach Tisch habe ich erst an Freya geschrieben; leider ist mir erklärt worden, dass ich meine Briefe kürzen müsse, und so war es nicht so schön wie sonst, weil ich mich nicht unterhalten konnte. Dann habe ich Nachmittag und einen Teil des Abends damit verbracht, im Schneidewind zu lesen. Das Buch ist 1922 erschienen, aber tatsächlich ist manches schon nach meiner Kenntnis überholt, ein Zeichen, wie viel auf dem Gebiet der Landwirtschaft in diesen wenigen Jahren an Forschungsarbeit geleistet [worden] sein muss, dass es schon bis zu einem reinen Praktiker wie mir durchgedrungen ist. Trotzdem ist es ein gutes und sehr lohnendes Buch. Im Bett habe ich noch einige Seiten aus Gibbon gelesen.

Samstag, 6. Mai 1944

Gestern war wieder ein kalter, regnerischer Tag, aber das Wetter wurde im Laufe des Tages etwas besser und abends war der Himmel klar und beruhigter. Morgens habe ich einige Kapitel aus Hesekiel und Josua gelesen und dann den größten Teil des Tages an dem Schneidewind: Ernährung der landwirtschaftlichen Pflanzen gearbeitet. Sonst habe ich 2 Tage Debatten des House of Commons gelesen und einige Seiten aus Gibbon. Das Deutsch des Herrn Schneidewind ist mörderisch.

buch auf der Grundlage wissenschaftlicher Forschung und praktischer Erfahrung, Berlin 1922.

Sonntag, 7. Mai 1944

Gestern war ein Freudentag, denn erstens kamen 2 Briefe von Freya und zweitens war ich zur Mittagszeit bei Sonne 1 ½ Stunden draußen. Die Nachrichten von zu Hause klangen ganz befriedigend. – Morgens habe ich erst 6 Kapitel im Hesekiel und 3 von Josua gelesen und habe dann den ganzen Tag abwechselnd mit Schneidewind, Gibbon und Parliamentary Debates verbracht. Um ½3 habe ich mich hingelegt, weil ich müde Beine hatte, und habe bis 5 Tee trinkend und lesend gelegen. Es war also alles in allem ein Luxustag. Sonst gab es nichts Neues. – Die Aufseherin, die 2 Zellen von mir entfernt eingesperrt und ganz nett ist, Walli, hat 4 Wochen Arrest und kommt dann wieder in ihren Dienst zurück. Die kurze Zeit, die sie nur noch eingesperrt ist, fand sie schön, aber sie wäre lieber nachher nach Hause gezogen in die Nähe von Wien.

Montag, 8. Mai 1944

Gestern früh habe ich erst einige Kapitel aus Hesekiel und dann den Hebräerbrief gelesen. Damit war der Vormittag um. Nachmittags habe ich erst an Freya geschrieben, leider nur kurz, da ich auf eine Seite einseitig beschrieben beschränkt bin. Den Rest von Nachmittag und Abend habe ich mit dem Lesen von Parliamentary Debates und von Gibbon verbracht, habe mich auch manchmal in der neu gelernten Kunst des Nichtstuns betätigt. Das ist sehr merkwürdig. Vor 3 Monaten hätte ich das absolut nicht gekonnt. – Gegen Abend kam ein Telegramm von Freya, Hirsch[94] sei gestorben und die Beerdigung sei am Dienstag, woraus sich ergab, dass sie erst in der zweiten Hälfte der Woche kommen würde. Kurz danach hörte ich den Mann in der Zelle neben mir so röcheln, ich klopfte und da er gar nicht reagierte, machte ich einen mörderischen Krach, bis jemand kam, was am Sonntag immer schwer ist. Tatsächlich lag er völlig blau angelaufen da, wie ich hörte, es kam ein Sanitätssoldat und allmählich erholte er sich wieder von einer Herzattacke. – Am Morgen, als ich von meinem Spaziergang kam, wurden lauter Bibelforscherinnen, nette, alte Frauen, in den Zellenbau gebracht. Ich fragte die Aufseherin, ob Gottesdienst sei, da ich mich dann gerne beteiligen würde. Diese Frage hatte einen großen Heiterkeitserfolg,

94 Hirsch war ein pensionierter Förster in Kreisau.

denn «so was gibt es hier weit und breit nicht». Die armen Frauen sollten vielmehr neu vernommen werden. – Mein Zahn ist immer noch nicht gemacht. – Gestern war Fliegeralarm und starke Verbände überflogen uns gegen Mittag. – Das Wetter ist weiter bedeckt und kühl bis kalt, aber weniger regnerisch und windstill, also nicht so unangenehm.

Dienstag, 9. Mai 1944

Gestern früh habe ich einige Kapitel aus Hesekiel gelesen und dann den ganzen Vormittag über Arbeiten für das O. K. W. gemacht. Nachmittags habe ich fast ausschließlich den Schneidewind durchgeackert und ihn bis auf einige wenige Seiten beendet. Ich will aber den ganzen Teil über die Düngung noch mal durcharbeiten. Gegen Abend kamen 2 Briefe von Freya vom 3. und 4. 5. mit ganz befriedigenden Nachrichten. Das war also eine große Freude. Abends habe ich eine recht gute Debatte des House of Commons über Agrarpolitik gelesen.

Mittwoch, 10. Mai 1944

Gestern Morgen habe ich einige Kapitel aus Hesekiel gelesen und habe danach den ganzen Tag an einer Wiederholung der Düngerlehre des Schneidewind gearbeitet, unterbrochen von dem Lesen einiger Debatten des House of Commons. Gestern war endlich besseres Wetter: noch sehr kühl, aber eine warme Sonne, klarer Himmel, windstill. Es war sehr angenehm, endlich zu bemerken, dass es Frühling würde. Sonst geschah gestern gar nichts. Der Tag war still und friedlich.

Donnerstag, 11. Mai 1944

Gestern war wieder einer der großen Freudentage, da nachmittags Freya kam. Sie war wieder über Nacht gefahren, sah aber wohl aus und alles, was sie berichtete, klang auch ganz gut. Ich war gar nicht sicher, ob sie gestern schon kommen würde, und hatte mich nach Tisch hingelegt, als ich plötzlich kurz nach 2 geholt wurde. Sie brachte auch sehr nette Bildchen von den beiden Kleinen mit. – Am Morgen habe ich weiter Hesekiel gelesen und dann die Düngerlehre von Schneidewind durchgearbeitet. Nachdem ich von Freya zurückkam und ausgepackt hatte, habe ich nur noch kurz im

2ten Band des Schmerfeld'schen Moltke gelesen, den Freya mitgebracht hatte. Gestern war es warm geworden, windstill, sonnig und frühlingsmäßig. Das war sehr angenehm.

Freitag, 12. Mai 1944

Gestern war ein himmlischer, warmer Frühlingstag mit strahlender Sonne. Nachts war es ganz kühl, aber in der Zelle ist es jetzt nachts schon recht unangenehm, weil es nicht genügend lüftet. Das ist unangenehm. – Gestern Morgen habe ich erst den Hesekiel zu Ende gelesen und dann einen Brief an Zeumer geschrieben. Nachmittags habe ich an Freya geschrieben, obwohl ja nichts Besonderes zu schreiben war, habe eine kleine Schrift gelesen, die der Pfarrer in Konstantinopel Pastor Wild[95] geschickt hatte, und habe den Rest am Nachmittag und abends mit der Streitschrift «An den Adel deutscher Nation von des christlichen Standes Besserung» verbracht.[96] Das habe ich etwa zur Hälfte gelesen und habe dann nur noch Zeit für ein paar Seiten aus dem Moltke gehabt.

Samstag, 13. Mai 1944

Gestern früh habe ich erst einige Kapitel aus Daniel gelesen und mich dann den ganzen Morgen mit Schneidewinds Düngerlehre befasst. Nach dem Essen fuhr ich nach Droegen, wo Frl. Thiel war, der ich einiges diktierte. Sie hat den Zug verpasst und so blieb ich auch noch etwas länger drüben und wir haben wohl eineinhalbe Stunde vor dem Dienstgebäude in der Sonne gesessen, wobei ich allerlei aus dem Amt gehört habe. Sie brachte mir auch einige sehr schöne Bücher mit. Abends, als ich zurückkam, habe ich in diesen neuen Büchern ein wenig gelesen, vor allem in einer Luther-Biographie von Thiel.[97]

95 Hermann Wild war Pfarrer in der Gemeinde Graeditz, zu der Kreisau gehörte. Er lieh Moltke eine Volksausgabe von Schriften Luthers aus. Es handelte sich um die sogenannte Calwer Luther-Ausgabe: Ausgewählte Werke, 6 Bde., Stuttgart 1930–1940.

96 Martin Luther: An den christlichen Adel deutscher Nation von des christlichen Standes Besserung (1520), in: Münchener Lutherausgabe, Bd. 2, 81–150; Ausgewählte Werke, Bd. 6, Stuttgart 1940, 160–169.

97 Rudolf Thiel: Luther von 1483 bis 1522, Berlin 1933.

Sonntag, 14. Mai 1944

Pankratius und Servatius haben wir nun als glühend heiße, windstille, klare Tage hinter uns gebracht.[98] Hoffentlich kommt nicht noch ein Rückschlag nach. Vielleicht waren die kalten Tage voriger Woche vorweggenommene Eisheilige. – Gestern früh habe ich erst Daniel fertig gelesen und habe danach den ganzen Morgen die Sachen gelesen, die Fräulein Thiel mitgebracht hatte. Das hat mich auch am Nachmittag noch etwas beschäftigt. Am Nachmittag habe ich aber vornehmlich in der Luther-Biographie gelesen, die mir sehr gut gefällt. Abends habe ich noch einige Seiten in dem 2ten Band des Moltke gelesen. Diese von Schmerfeld verfasste Zusammenstellung nach Sachgebieten ist doch nicht sehr gelungen. Es kommen zu viele Wiederholungen vor und dafür wird Zusammengehöriges auseinandergerissen. Da ich aber die vollen Texte nicht oder meist nicht kenne, kann ich nicht beurteilen, ob die nicht für den laienhaften Leser zu fach-militärisch und schwer verständlich sind. Das kann wohl sein. – Bei meinem Abendlauf gestern habe ich wegen des schwülen Wetters so geschwitzt, dass ich nachher alles auszog bis auf die Unterhose, um mich wieder abzukühlen, und auch so dauerte es gut ¾ Stunden. – Der Tag ist jetzt ganz regelmäßig eingeteilt, da ich nach dem Essen rauskomme. Das ist sehr angenehm. Man hat so 4 ziemlich gleichlange Abschnitte von ½ 9–½ 12, von ½ 1–½ 4, von 4–7 und von 8–10. Dazwischen liegen dann Mittagessen und Rausgehen ½ 12–½ 1, Tee und eine Patience ½ 4–4, Abendbrot und zweites Rausgehen 7–8. Ernstlich arbeiten will ich nur in den beiden ersten Abschnitten, sonst lese ich Sachen, die mir gefallen.

Montag, 15. Mai 1944

Gestern früh habe ich erst den Propheten Daniel zu Ende gelesen und außerdem einige Kapitel aus Josua. Dann habe ich mich der Hauptfreude des Sonntags hingegeben und an Freya geschrieben. Den Rest des Tages habe ich ganz überwiegend für das Amt gearbeitet, da Oxé heute oder morgen herkommen will. Ich musste mich durch einen fürchterlichen Wust schlecht geordneten Papiers hindurchlesen und das war ziemlich langweilig und lästig. Außerdem habe ich ein Stück in der Luther-Biographie gelesen

98 Die Namen der Eisheiligen.

und am Abend auch einige Seiten im Moltke. – Der gestrige Tag war rasend schwül und abends gab es ein Gewitter, auf das eine kühle Nacht folgte, heute regnet es leicht, aber anhaltend, und ist kühl.

Dienstag, 16. Mai 1944

Gestern früh habe ich den Daniel beendet und habe dann erst auch noch etwas für das Amt gearbeitet. Dann habe ich die kleine Schrift über die Entstehung des Neuen Testaments gelesen und danach mit Holl's Aufsätzen[99] zur Kirchengeschichte angefangen, an denen mich vor allem ein Aufsatz über die innere Entwicklung Augustins sehr fesselte. Ich habe den Nachmittag weiter daran gelesen und ein kleines Absätzchen zu Freya's Brief hinzugefügt. Am Abend habe ich einige Seiten in dem 2ten Band des Moltke und ein gut Stück der Luther-Biographie gelesen. Abends kam bereits ein langer Brief von Freya mit Berichten aus Kreisau vom 12. Das war sehr befriedigend.
Mittags erschien Kriminalrat Lange, um mir zu eröffnen, dass der Reichsführer SS meiner Entlassung unter bestimmten Bedingungen zugestimmt habe, und über diese Bedingungen wolle er, Lange, Ende der Woche mit mir verhandeln. Ich bin gespannt, was das geben wird, habe aber leider kein Zutrauen zu einem Erfolg dieser Besprechungen.

Mittwoch, 17. Mai 1944

Gestern war ein stiller Tag, den ich ganz mit Lesen verbrachte. Erst las ich den Propheten Joel und einige Kapitel aus Amos und ging dann zu Holl's Aufsätzen zur Kirchengeschichte über, von denen ich eine ganze Anzahl, Einzelfragen der Lutherforschung betreffend, las. Abends las ich einige Seiten aus dem 2ten Band des Moltke und zwischendurch beendete ich den ersten Band der Lutherbiographie. Abends kamen noch 2 Briefe von Freya, vom 13. und 15. Dieser letzte war also erst tags zuvor eingesteckt, aber erstaunlich schnell gekommen und mit ganz frischen Nachrichten. Es geht zu Hause riesig turbulent zu, scheint mir, und die arme Freya hat nicht viel Ruhe.

99 Karl Holl: Gesammelte Aufsätze zur Kirchengeschichte, Bd. I: Luther, Tübingen 1921, 2. Aufl. 1923; Bd. II: Der Osten, Tübingen 1928; Bd. III: Der Westen, Tübingen 1932.

Unten, ein wenig weiter nach vorn, ist ein SS-Mann «Rolf» eingezogen, der früher bei der Fremdenlegion [gewesen] ist und leider ständig singt, obwohl er nicht singen kann. Das ist ziemlich schlimm. Fürchterlich ist jedoch, dass er sich mit einem ebenfalls neu gekommenen sächsischen Mädchen angefreundet hat, die pausenlos laut redet und was für fürchterliches Zeug! Sie findet sich fein und das Hauptthema ist widerlichste Pornographie. Ich bin gespannt, ob es gelingen wird, diese beiden zu zähmen, denn das stört unseren durchaus harmonischen Frieden in diesem Teil des Zellenbau's.

Donnerstag, 18. Mai 1944

Nachdem ich seit Sonntag keine Nacht richtig geschlafen hatte, sondern immer nur so 3–4 Stunden, ohne dass ich dafür irgendeinen Grund angeben könnte, beschloss ich gestern, im Bett zu bleiben und mich über Tag auszuruhen. Da es ein kalter, regnerischer Tag war, so fühlte ich mich im Bett besonders gut aufgehoben. Am Morgen las ich zuerst den Propheten Amos zu Ende und Obadja und ging dann zu Holl's Aufsätzen zur Kirchengeschichte über, die ich abwechselnd mit dem 2ten Band des Moltke und dem 2ten Band der Lutherbiographie den ganzen Tag über las. Diese Aufsätze habe ich sehr genossen. Sie sind eigentlich besser als Troeltsch, weil sie ein geschlossenes, disziplinierteres Bild geben. Sie brillieren nicht so und das ist angenehm. – Sonst geschah den ganzen Tag nichts.

Freitag, 19. Mai 1944

Gestern war ein stiller, friedlicher Tag. Am Morgen habe ich Jona und den Anfang von Micha gelesen und dann fast den ganzen Tag aus Holl's Kirchengeschichtlichen Aufsätzen gelesen. Nur aus dem Moltke und der Lutherbiographie hab ich ein paar Seiten gelesen. Am Morgen habe ich an Freya geschrieben, was sehr schön war, und am Abend kamen 2 Briefe von ihr vom 16. und 17. So war es also ein Freudentag.
Der Tag war bezogen und kühl, es regnete immer wieder mal in kleinen Schauern, mal sanft und landregenartig. Schwalben und Störche sind gekommen. Heute ist ein schöner Tag mit nur leicht verschleiertem Himmel.

Samstag, 20. Mai 1944

Gestern Morgen habe ich erst die Propheten Micha und Nahum gelesen und dann an dem Holl weitergeackert, mit dem ich abends auch fertig war. Das ist ein sehr gutes Buch, viel besser als der Troeltsch, der glitzernder ist. Kurz vor 1 wurde ich nach Droegen geholt, wo Oxé war, mit dem allerhand zu besprechen war. Wir wurden aber bis zum 3 Uhr-Zug fertig, den Oxé trotz Alarm erreichte. Zurückgekehrt, habe ich erst den Holl beendet und dann in dem 2ten Band des Moltke weitergelesen. Der volkstümliche Bericht über den Krieg 1870/71 hat für einen Laien doch große Längen und wenige Höhepunkte. Die Auszüge aus dem offiziellen Bericht, die der erste Band bringt, sind viel besser. Abends habe ich dann noch einige Seiten im 2ten Band des Luther gelesen und habe dann für meine jetzigen Verhältnisse ganz gut geschlafen: von 11–4.45.

Sonntag, 21. Mai 1944

Gestern habe ich erst die Propheten Habakuk und Zephanja gelesen und mich dann an den 2ten Band des Moltke gesetzt. Ich hatte aber damit kaum angefangen, als ich nach Droegen geholt wurde, wo ich zu zwei Erklärungen aufgefordert wurde: erstens: warum ich Kiep gewarnt hätte, und zweitens, warum ich noch nicht an der Front gewesen sei und ob ich mich verpflichten wolle, im Falle meiner Entlassung aus dem Verfahren mich freiwillig zum Frontdienst bei Infanterie oder Fallschirmjägern zu melden. Ich habe die beiden Erklärungen abgegeben und muss nun abwarten, ob ich daraufhin entlassen werde.
Am Nachmittag habe ich den 2ten Band des Moltke ausgelesen und bin ein Stück in der Lutherbiographie weitergekommen. Ich war aber mit dem Inhalt meiner Erklärungen vom Morgen noch so beschäftigt, dass ich schlecht gelesen habe. – Nachts bin ich zwar erst nach 2 eingeschlafen, habe aber dann bis 6 gut geschlafen. – Der Himmel ist ganz leicht bezogen, und es ist im Ganzen für dies windstille, sonnige, wenn auch leicht verschleierte Wetter recht kühl.

Montag, 22. Mai 1944

Gestern Morgen habe ich Haggai gelesen und Sacharja angefangen und habe dann erst einen Brief an Freya begonnen. Da ich aber seit Donnerstag keine Nachricht mehr hatte, so habe ich bald aufgehört, habe dann den Schluss von 1. Moses gelesen und bin dann zu der Volksausgabe von Luther's Schriften übergegangen, die Freya mir geschickt und Pastor Wild mir geliehen hat. Da habe ich gesehen, wie verwöhnt ich bin. Der schlechte Druck, die einfältige Einleitung, die unglaublich schlechten Anmerkungen stören mich ungemein. Trotzdem habe ich mit Genuss die Schrift zur Auslegung des Vater-Unser gelesen, also bis kurz nach dem Thesenanschlag.[100] – Im Laufe des Nachmittags habe ich den Titel «Moltke als Bauer» angelesen und mich sonst vornehmlich mit der Luther-Biographie beschäftigt. – Das Wetter war schön, aber für die Jahreszeit recht kühl. Eine Hummel, die ich im Schatten fand, war ganz klamm.

Dienstag, 23. Mai 1944

Gestern war wieder ein stiller Tag ohne Ereignisse. Am Morgen habe ich das Alte Testament zu Ende gelesen und bin dann wieder zu den Luther'schen Schriften zurückgegangen, von denen ich frühe Erklärungen zu den 10 Geboten, «Von den guten Werken» und den «Sermon zur Bereitung zum Sterben» gelesen habe. Wegen der miserablen Nacht habe ich nach Tisch etwas geschlafen. Dann habe ich die Parlamentsdebatte vom 22. 2. über die Kriegslage gelesen, die recht mäßig war. Immerhin waren zwei sehr bemerkenswerte Reden über Kriegsziele und Bombenangriffe dabei, die doch über das allgemeine Niveau hinausragten. Am Abend habe ich noch einige Seiten Luther-Biographie gelesen. – Nachmittags kam ein Brief von Freya vom 18. 5. und einer von Asta.

Mittwoch, 24. Mai 1944

Gestern morgen habe ich erst die ersten 7 Kapitel des Matthäus-Evangeliums gelesen und habe mich dann fast den ganzen Tag mit Luther's Werken befasst, von dem ich die Schrift über die «Babylonische Gefangenschaft

100 Martin Luther. Ausgewählte Werke, Bd. 2, Stuttgart 1931, 122–197.

der Kirche»,[101] den «Sendbrief an Leo X»,[102] «Warum des Papstes Bücher verbrannt sind»[103] und die «Grenzen des Gehorsams gegen die weltliche Obrigkeit»[104] gelesen habe. Danach habe ich nur die Luther-Biographie ausgelesen und ein kleines Stück einer House of Commons-Debatte. – Gestern war ein ganz großer Post-Tag: es kamen ein Brief von Inge und 3 Briefe von Freya, einer vom 19. und 2 vom 20. morgens und abends. Besonders der letzte war voller Nachrichten und klang eigentlich ganz gut. Ich habe den Eindruck, dass es zu Hause nicht so kalt ist wie hier. Ich glaube nicht, dass wir morgens viel mehr als 2 bis 3 Grad haben; trotz Sonne erwärmt es sich über Tag nur ganz wenig.

Donnerstag, 25. Mai 1944

Gestern und heute herrscht draußen eisige Kälte, es ist windig, manchmal sonnig, meist bezogen und von Zeit zu Zeit gibt es Regenschauer. Es ist jedenfalls ein sehr ungemütliches und schädliches Wetter. Nach allen Regeln müsste es nun von Morgen an warm werden. Dafür ist es dann in der Zelle gleich wieder heiß. – Gestern früh habe ich erst Josua zu Ende gelesen und die Richter angefangen. Dann habe ich den ganzen Tag an Luther's Werken gelesen: «Recht und Macht einer Christengemeinde»,[105] «Deutsche Messe und Gottesdienstordnung»,[106] «Ob Kriegsleute auch im seligen Stand sein können»,[107] «Antwort an den König von England»[108] und die Hauptschrift

101 Martin Luther: Vom babylonischen Gefängnis der Kirche (1520), in: Münchener Lutherausgabe, Bd. 2, 151–254; Ausgewählte Werke, Bd. 6, Stuttgart 1940, 160–169.

102 Martin Luther: Ein Sendbrief an den Papst Leo den Zehnten (1520), in: Münchener Lutherausgabe, Bd. 2, 255–265.

103 Martin Luther: Warum des Papsts und seiner Jünger Bücher von D. Martino Luther verbrannt sind (1520), in: ebd., 289–300.

104 Martin Luther: Von weltlicher Obrigkeit, wie weit man ihr Gehorsam schuldig sei (1523), in: ebd., Bd. 5, 7–42; Ausgewählte Werke, Bd. 2, Stuttgart 1931, 263–303.

105 Martin Luther: Dass eine christliche Versammlung oder Gemeine Recht und Macht habe, alle Lehre zu beurteilen und Lehrer zu berufen, ein- und abzusetzen: Grund und Ursach aus der Schrift (1523), in: Münchener Lutherausgabe, Bd. 3, 93–100; Ausgewählte Werke, Bd. 2, Stuttgart 1931, 371–382.

106 Martin Luther: Deutsche Messe und Ordnung des Gottesdienstes (1526), in: Münchener Lutherausgabe, Bd. 3, 128–155.

107 Martin Luther: Ob Kriegsleute auch im seligen Stande sein können (1526), in: ebd., Bd. 5, 169–205.

108 Martin Luther: Antwort an den König von England (1522).

gegen Zwingli und Oekolampad «Dass die Worte Christi ‹Das ist mein Leib› noch feststehen. Wider die Schwarmgeister».[109] Das hat praktisch den ganzen Tag angefüllt. Daneben habe ich nur ein wenig in den Debatten des House of Commons gelesen und am Abend die ungekürzte Ausgabe der Bekenntnisse Augustin's begonnen.
Bei meinem Ausgang gestern habe ich mir einen Strauß aus lauter Gräsern gepflückt, der sehr gelungen ist und jetzt auf meinem Schreibtisch steht.

Freitag, 26. Mai 1944

Gestern war ein besonders schöner Tag, denn am Morgen fing ich einen Brief an Freya an, den ich nach einem Drittel abbrach, um zu warten, ob Nachricht von ihr käme, und am frühen Nachmittag kamen 2 Briefe vom 22. morgens und abends und darin steht, dass sie versuchen wird, heute oder Dienstag nach Pfingsten zu kommen. Auch sonst klangen die Briefe gut. Gestern war es wieder kalt und grau, gegen Abend wurde es etwas wärmer und regnete. – Am Morgen las ich erst einige Kapitel aus den 1. Richtern und beschäftigte mich dann wieder mit den Werken Luther's, mit einer ganzen Reihe kleinerer Schriften, von denen mir außer dem Katechismus[110] vor allem die Schrift über den Türkenkrieg Eindruck machte.[111] – Nebenher las ich ein wenig im Gibbon, begann die Biographie von Soederblom[112] und las das erste Buch der Bekenntnisse Augustins in der vollständigen Ausgabe.

Samstag, 27. Mai 1944

Gestern war ein großer Freudentag, denn kurz nach 1 Uhr wurde ich abgeholt, weil Freya da war; sie wurde leider um 3 schon wieder rausgesetzt, aber es war doch schön, dass sie noch vor Pfingsten hatte kommen können. Es war mal wieder ein besonders schöner Besuch, und abgesehen von den

109 Martin Luther. Ausgewählte Werke, Bd. 6, Stuttgart 1940, 201–308: Überblick über die Scheidung der Geister; 330–345: Überblick über den Abendmahlsstreit.

110 Martin Luther: Der große Katechismus (1529), in: Münchener Lutherausgabe, Bd. 3, 186–291; Der kleine Katechismus, ebd., 176–185; Ausgewählte Werke, Stuttgart 1930, Bd. 1, 15–170.

111 Martin Luther. Ausgewählte Werke, Bd. 6, Stuttgart 1940, 326–330, bringt unter der Überschrift «Vom Krieg wider die Türken» Auszüge aus Luthers Türkenschrift.

112 Es könnte sich um Peter Katz: Nathan Soederblom, ein Führer zur kirchlichen Einheit, 1925, handeln.

herrlichen Sachen, die sie mitbrachte, war dabei ein sehr schöner Brief von Casparchen, sein erster Brief, und der war mit 5 schönen getrockneten Blüten verziert. – Am Morgen hatte ich im 1. Buch der Richter einige Kapitel gelesen und dann wieder an dem Luther geackert: «Erläuterung zu dem kaiserlichen Edikt» (Reichstagsakten Augsburg),[113] «Wie soll man beten?»,[114] «Artikel von der Schenkung Konstantins».[115] Nachdem ich von Droegen zurückgekommen war, habe ich nicht sehr viel getan, sondern mich nur noch nachgefreut, habe Tee getrunken mit der herrlichen Pfingsttorte, die Freya mitgebracht hatte, Maiglöckchen eingestellt und schließlich noch einige Seiten aus dem 4ten Band des Moltke gelesen. Abends habe ich noch das 2te Buch und die Hälfte des 3ten von der ungekürzten Ausgabe der Confessiones gelesen.

Pfingstsonntag, 28. Mai 1944

Gestern war ein stiller Tag. Am Morgen las ich einige Kapitel aus dem Buch der Richter und habe dann bis Mittag Luther's Werke zu Ende gelesen, darunter vor allem die Schmalkaldischen Artikel[116] und die Einleitung zu den verschiedenen Büchern der Bibel,[117] beides sehr schön. Nachmittags habe ich mich fast ausschließlich auf den 4ten Band Moltke gestürzt, den ich bald ausgelesen haben werde, weil darin mehr als die Hälfte Familienbriefe sind, die ich in einer der beiden Briefsammlungen gerade gelesen habe. Außerdem habe ich ein Kapitel von Gibbon gelesen, einige Seiten aus der Biographie Soederblom und am Abend das dritte Buch der Confessiones. Mehrfach am Tage habe ich aber auch nichts getan, an Freya und die Kleinen und Kreisau gedacht, mich an ihrem Besuch und an dem großen Strauß Maiglöckchen gefreut. – Gestern wurde es im Laufe des Tages erst warm, dann schwül, wir hatten eine unangenehme warme Nacht, in der ich

113 Acta Augustana (1518), in: Münchener Lutherausgabe, Bd. 1, 58–87.

114 Wie man beten soll, in: Ausgewählte Werke, Bd. 2, Stuttgart 1931, 198–218.

115 Von der Schenkung Konstantins (1520).

116 Schmalkaldische Artikel, so da hätten sollen aufs Konzilium zu Mantua, oder wo es würde sein, überantwortet werden (1536/37), in: Münchener Lutherausgabe, Bd. 3, 292–318; Ausgewählte Werke, Bd. 1, Stuttgart 1930, 277–316.

117 Ausgewählte Werke, Bd. 1, Stuttgart 1930, 1–11: Luthers Vorreden zur Gesamtausgabe seiner deutschen Schriften 1539 und zur Gesamtausgabe seiner lateinischen Schriften 1545; Vorrede zum Neuen Testament (1522), Münchener Lutherausgabe, Bd. 6, 80–84, zum Alten Testament (1523), ebd., 21–33.

auch prompt schlecht geschlafen habe, wohl nur von 11–½1 und dann wieder nach ½6. Heute ist schönes Pfingstwetter und sehr warm. – Ich sah gestern ein Rotschwänzchen und ein Rotkehlchen.

Montag, 29. Mai 1944

Gestern Morgen habe ich erst einige Kapitel aus dem Matthäus-Evangelium und dann die Pfingstgeschichte gelesen. Danach habe ich den vierten Band Moltke ausgelesen und Bismarck, Gedanken und Erinnerungen, angefangen. Das war allerdings nach Tisch. Vormittags habe ich nur einen Brief an Caspar geschrieben und den Anfang eines Briefes an Freya. Abends habe ich etwas im Gibbon gelesen und den Tag schließlich mit dem vierten Buch der Confessiones beendet. Es war ein heißer Tag und dann fing gestern früh meine Heizung an zu gehen, obwohl sie abgestellt ist. Heute ist es noch heißer und alle Fette wurden uns in bereits flüssigem Zustand gereicht. Ich habe eine Kühlanlage in meinem Waschbecken eingerichtet, die das Zimmer etwas kühlt und meine Butter schön kühl hält.

Dienstag, 30. Mai 1944

Gestern war ein stiller Tag ohne Ereignisse. Die Sonne stand glühend am Himmel, es war schwül, meine Heizung tat ihr bestes, aber trotzdem war es noch nicht unerträglich. Am Morgen habe ich einige Kapitel aus den Richtern und das Buch Ruth gelesen und habe den Tag über abwechselnd Römer's Ackerbaulehre und Gedanken und Erinnerungen gelesen. Den Tag habe ich dann mit dem fünften Buch der Confessiones beschlossen. – Nachmittags oder vielmehr abends habe ich den Brief an Freya fertig gemacht. Auf unserem Höfchen arbeiten 10 polnisch-politische Häftlinge ganz langsam, um den Weg zu verbreitern und eine kleine Randrabatte zu machen. Darunter sind 3, die einen guten Eindruck machen, auch sichtlich die Anführer sind, sie sind aber alle entschlossen, möglichst wenig zu tun.

Mittwoch, 31. Mai 1944

Gestern war wieder ein ganz stiller Tag. Am Morgen machte ich erst den Brief für Freya fertig, las einige Kapitel des Matthäus-Evangeliums und arbeitete dann den ganzen Vormittag an dem Voranschlag, den Freya mitgebracht hatte. Nach Tisch las ich erst im Gibbon, dann ein wenig in der Soederblom-Biographie und arbeitete schließlich von 4 bis 8 an der Römer Ackerbaulehre. Abends las ich noch ein Kapitel aus Gedanken und Erinnerungen und das sechste Buch der Confessiones. Es war unglaublich heiß für die Jahreszeit, eine pralle Sonne und völlige Windstille.

Donnerstag, 1. Juni 1944

Gestern habe ich das Matthäus-Evangelium ausgelesen und dann an Freya's Schulbuch für Chemie gearbeitet. Es ist traurig, was man so alles vergessen hat, aber ich hoffe, dass ich es schnell wieder zusammenbekomme. Immerhin wird mich diese reine Schulchemie viel Zeit kosten. Nach Tisch habe ich erst ein Kapitel in Gedanken und Erinnerungen und etwas aus dem Gibbon gelesen und bin dann zu dem Römer Ackerbaulehre übergegangen, auch ein viel Zeit in Anspruch nehmendes, etwas hochmütig geschriebenes Buch. Nach dem Tee habe ich dann eine Aufzeichnung über meine Vorstellungen über die Entwicklung in Kreisau und über die Regelung unserer Vermögensangelegenheiten gemacht, damit Freya für den Fall meines Todes einen Leitfaden hat, wie von mir alles angelegt und beabsichtigt war. Ob sie es so weitermachen will, müssen die Umstände lehren, aber so weiß sie wenigstens, warum das eine so und das andere so gemacht war. Diese Aufzeichnung ist erst nach 8 fertig geworden und ich habe dann nur noch das siebente Buch der Confessiones gelesen. Glücklicherweise war es gestern bei schönem Wetter viel kühler, gar nicht mehr drückend, sondern frisch und frühlingsmäßig, und auch meine Heizung hatte sich beruhigt.
Gestern war wieder ein Freudentag: es kamen 3 Briefe von Freya vom 25., 27. und 28., außerdem ein Telegramm, dass die Dürreentschädigung gezahlt sei.

Freitag, 2. Juni 1944

Gestern früh habe ich das Markus-Evangelium angefangen und habe danach an Freya geschrieben, aber nur ein halbes Blatt, weil ich warten wollte, ob noch ein Brief von ihr käme. Der kam auch am frühen Nachmittag, worauf ich dann den Brief fertig schrieb. Freya's Brief berichtete von einem strahlenden schönen Frühlingstag in Kreisau und war eine große Freude. Den Rest des Vormittags beschäftigte ich mich mit dem Chemie-Lehrbuch, mit dem ich sehr zufrieden bin, obwohl ich nur sehr langsam vorwärtskomme. Aber ich habe gestern das wichtige N-Gebiet durchackert und habe das Gefühl, davon Rudimente neu begriffen zu haben. Nachmittags habe ich vornehmlich an der Ackerbaulehre von Römer gearbeitet, bei der ich auch nur langsam fortschreite. Das gestern bearbeitete Kapitel über die Fruchtfolge war das bisher Beste. Dazwischen hab ich dann noch ein Kapitel von Gedanken und Erinnerungen und einige Seiten aus dem Gibbon gelesen. Ich habe mit diesen Lektüren erst um 10.15 aufgehört, [so] dass ich das achte Buch der Confessiones nicht mehr fertig bekommen habe.

Samstag, 3. Juni 1944

Gestern war ein sehr zerrissener Tag. Denn am Morgen wurde ich um 10 abgeholt, um in Droegen zum Zahnarzt zu gehen, und am Nachmittag war ich von 1–3 drüben, weil Frl. Thiel da war. Die berichtete vor allem, dass Wengler wieder frei sei, und das ist ja sehr erfreulich. – Am Morgen las ich einige Kapitel aus dem Markus-Evangelium und habe dann den Rest des Tages hauptsächlich mit der Ackerbaulehre verbracht. Zwischendurch habe ich ein Kapitel aus Gedanken und Erinnerungen und einige Seiten aus der Soederblom-Biographie gelesen. Abends habe ich das achte Buch der Confessiones zu Ende gebracht. – Es kamen gestern 2 Briefe von Freya – 30. und 31. 5. – mit sehr befriedigenden Nachrichten von [zu] Hause. Dort ist offenbar ein riesiger Betrieb. – Das Wetter war gestern kühl, bedeckt mit gelegentlichen Regenschauern. Die Hitze ist also mal wieder vorüber und daher ist es in der Zelle wieder sehr angenehm.

Sonntag, 4. Juni 1944

Gestern war ein stiller Tag. Morgens habe ich erst das Markus-Evangelium beendet und habe mich dann wieder auf das Lehrbuch der Chemie gestürzt, was mir zeitweilig sehr mühsam war. Hoffentlich habe ich das nun wirklich begriffen. Mittags habe ich den ersten Band von Gedanken und Erinnerungen und die Biographie von Soederblom ausgelesen und habe den ganzen Nachmittag an der Ackerbaulehre von Römer gearbeitet: Bodenbearbeitung und organische Düngung, leider sehr viel schlechter als im Schneidewind, insofern also enttäuschend. Abends habe ich das 9. Buch der Confessiones gelesen.

Der Tag war recht kühl, fast kalt zu nennen, war aber trocken, und gegen Abend begann es sich aufzuheitern. Aber immerhin hatte ich einen Pullover an und eine Decke um und selbst beim Laufen war mir der Pullover nicht zu warm.

Montag, 5. Juni 1944

Gestern war ein ganz stiller Sonntag. Offenbar war auch kein Mann aus Droegen gekommen, denn es gab keinen Brief von Freya. Am Morgen habe ich den Anfang des Lukas-Evangeliums gelesen und habe mich dann an den Stoß Times gesetzt, den Frl. Thiel mir mitgebracht hatte, und habe im Laufe des Tages 5 gelesen. Am Morgen habe ich außerdem meinen Brief an Freya angefangen. Am frühen Nachmittag habe ich den zweiten Band Gedanken und Erinnerungen zu lesen begonnen und am Abend die Confessiones zu Ende gelesen. Das schönste ist aber das große und lange 10te Buch, darüber ist kein Zweifel, und der Herausgeber der Kroener-Ausgabe hat durchaus Recht, wenn er die ersten 9 Bücher in einem Teil I zusammenfasst und das 10te Buch als Teil II bezeichnet. Wie überhaupt beim Lesen des vollen Textes auffällt, wie gut Auswahl und Einleitung der Kroener-Ausgabe sind, obwohl sie von der Einteilung des Urtextes vollkommen abweicht. Hingegen ist die Übersetzung der Kroener-Ausgabe nicht überall ganz überzeugend, wenn man sie mit der des Herrn Rapp vergleicht. Jedenfalls war diese Lektüre ein großer Genuss.
Das Wetter ist kühl geblieben und der Himmel bedeckt. Hier in der Nähe nistet ein Paar Rotschwänzchen, das Nest muss gleich jenseits der Mauer sein.

Dienstag, 6. Juni 1944

Gestern Morgen habe ich erst einige Kapitel aus dem Evangelium des Lukas gelesen. Dann habe ich mich an das Lehrbuch der Chemie gesetzt und daran den ganzen Vormittag gearbeitet. Nachmittags habe ich erst zwei Times gelesen und dann einige Seiten aus Gedanken und Erinnerungen. Zur Teezeit kam ein Brief von Freya vom 1./2., der etwas unglücklich klang, weil sie noch keine Nachricht von mir hatte. Ich habe dann meinen Brief an sie erst fertig geschrieben und mich danach wieder mit der Ackerbaulehre von Römer befasst. Abends habe ich ein paar Seiten aus dem Gerstenmaierschen Buch «Die Kirche und die Schöpfung» gelesen.[118] Mittags war es schwül und bedeckt, nach einem kleinen Regen kühlte es sich gegen Abend wieder ab.

Mittwoch, 7. Juni 1944

Gestern früh habe ich erst einige Kapitel des Lukas-Evangeliums gelesen und habe mich danach an das Lehrbuch der Chemie gesetzt. Mir wird das erstaunlich schwer und es geht deshalb sehr langsam. Bis sich das bei mir zu einem verwendbaren, in sich geschlossenen System verdichtet haben wird, wird noch einige Zeit vergehen. Nachmittags habe ich erst zwei Times und ein Kapitel aus Gedanken und Erinnerungen gelesen und bin dann zu dem Römer übergegangen, der je länger je schlechter wird. Der Abschnitt über die Mineraldüngung, den ich gestern durchgenommen habe, ist eine Sammlung von Einzeltatsachen, denen jeder innere Zusammenhang fehlt. Abends habe ich noch ein Kapitel aus den Gedanken und Erinnerungen und ein Kapitel aus Civitas Dei gelesen.
Am Abend bekamen wir die Nachricht, dass am Morgen die Invasion begonnen hätte. Ich war gerade bei meinem Abendlauf, als die Nachrichten kamen, und hörte sie mit an. Das wird nun zu einer Krisis und dann, so Gott will, zu einer Entscheidung führen. Jedenfalls sind jetzt die Würfel gefallen. – Am Abend kam Freyas Brief vom 3. 6., der wieder nicht sehr glücklich klang. Aber Tante Julima[119] war in Kreisau gewesen und offenbar sehr zufrieden.

Donnerstag, 8. Juni 1944

Gestern früh habe ich das Lukas-Evangelium zu Ende gelesen und mich dann wieder den ganzen Vormittag mit dem Lehrbuch der Chemie beschäftigt. Das geht immer wieder erstaunlich langsam. Aber nachdem ich jetzt die landwirtschaftlich wichtigen Elemente hinter mich gebracht habe, will ich mit der anorganischen Chemie aufhören und erst ein Mal die organische vornehmen. Mittags habe ich wieder 2 Times gelesen und mich den Nachmittag über und den größeren Teil des Abends über die Ackerbau-

118 Eugen Gerstenmaier: Die Kirche und die Schöpfung. Eine theologische Besinnung zu dem Dienst der Kirche an der Welt, Berlin 1938.

119 Margarethe von Mirbach.

lehre von Römer geärgert. Abends habe ich dann nur noch ein Kapitel aus den Gedanken und Erinnerungen und eins aus der Civitas Dei gelesen. – Es kam ein Brief von Freya vom Sonntag, aus dem sich ergab, dass sie die Flaute überwunden hatte und dass es ihr besser ging.

Freitag, 9. Juni 1944

Gestern früh habe ich das erste Buch Samuelis begonnen und habe mich dann an die mir zur Bearbeitung geschickten OKW-Akten gesetzt. Das hat mich praktisch den ganzen Tag gekostet und war im Ganzen unerfreulich, denn der gute Oberst hat sich von Martin übers Ohr hauen lassen, und nun ist gerade die Sache nicht bearbeitet, an deren Bearbeitung uns liegt. Der Teufel soll diese Intriguen der Ministerial-Bürokratie holen. – Zwischendurch habe ich zwei Times gelesen und einige Kapitel aus Gedanken und Erinnerungen. Am Abend habe ich auch noch einige Zeilen aus Civitas Dei gelesen. – Der Tag empfing seinen Glanz aber von einem sehr schönen Brief von Freya, die sich wieder ganz gefangen hat, und davon, dass ich in zwei Teilen an sie geschrieben habe: die erste Hälfte früh, die zweite am Abend. – Sehr komisch ist, dass die Stimmung im ganzen Zellenbau durch den Beginn der Invasion gehoben ist. Alle haben das Gefühl, dass nun die Stagnation überwunden ist und dass es wieder vorwärtsgeht. Dieselbe Stimmung scheint auch im «freien» Lager zu herrschen, soweit ich aus den Worten der Vorübergehenden und der Küche entnehmen kann. Jedenfalls ist die Atmosphäre völlig verändert. – Das Wetter bleibt kühl, bedeckt mit gelegentlichen Regenschauern.

Samstag, 10. Juni 1944

Gestern früh habe ich einige Kapitel aus dem ersten Buch Samuelis gelesen und habe mich dann in meinem Lehrbuch der Chemie der organischen Chemie zugewandt. Ich will die erst ein Mal durchlesen und dann erst richtig durcharbeiten, denn ich fürchte sonst, den Zusammenhang nicht zu finden. – Mittags habe ich wieder 2 Times gelesen und am Nachmittag die Abschnitte über Unkrautbekämpfung und Erntebehandlung im Römer. Am Abend habe ich noch ein Kapitel aus den Gedanken und Erinnerungen gelesen und eines aus der Civitas Dei. – Kein Brief von Freya. – Das Wetter ist kühl und bedeckt mit gelegentlichen Regenschauern.

Sonntag, 11. Juni 1944

Mami's Todestag. 9 Jahre ist es nun her, und der 11. Juni bleibt immer ein sehr wichtiges Datum. – Gestern Morgen habe ich weiter einige Kapitel aus dem Buch Samuelis gelesen und bin dann zu dem Lehrbuch der Chemie übergegangen, dessen Durchlesen ich beendete. Nun muss ich die organische Chemie noch durcharbeiten und habe damit gestern angefangen. – Mittags habe ich wieder 2 Times gelesen und am Nachmittag weiter an dem Chemiebuch gearbeitet. Außerdem habe ich den zweiten Band von Gedanken und Erinnerungen zu Ende gelesen und im dritten angefangen. Am Nachmittag kamen 2 Briefe von Freya, die den Bestellungsplan und die Antworten auf meine Fragen zum Voranschlag enthielten, den ich nun heute fertig machen kann. Die Briefe klangen sehr gut und zufrieden. – Abends ließ Frau Kiep[120] mir sagen, sie hätten solchen Hunger, ob ich was für sie hätte. Die Armen! Glücklicherweise hatte ich noch was. – Das Wetter ist weiter grau und regnerisch, aber warm bis schwül.

Montag, 12. Juni 1944

Gestern früh habe ich erst einige Kapitel aus dem 1. Buch Samuelis und dann aus dem Römerbrief gelesen, den ich in verschiedenen Abschnitten im Laufe des Tages durchlas. Danach habe ich erst angefangen, an Freya zu schreiben, und habe dann einige Kapitel aus Civitas Dei gelesen. Im Laufe des Nachmittags habe ich etwas in dem Gibbon gelesen, mich aber sonst vor allem dem Voranschlag und dem neuen Bestellungsplan zugewandt. Dieses Wirtschaftsjahr werden wir schließlich doch noch besser bestehen, als ich erwartet hatte. Sonst war der Tag innen und außen friedlich.
Es ist wärmer geworden, regnet aber immer wieder in kleinen Schauern über Tag und klärt meist nur abends auf. – Heute Nacht war mal wieder Fliegeralarm. – Heute Morgen habe ich 200 Kniebeugen hintereinander gemacht, ohne dass ich danach gänzlich zerschlagen gewesen wäre, jedenfalls viel weniger, als ich am Anfang meiner Haft nach 25 Kniebeugen war.

120 Hannah Kiep war die Frau von Otto Carl Kiep, die beide im Zusammenhang der «Teegesellschaft» (Solf-Kreis) verhaftet und am 5. und 6. Februar nach Ravensbrück gebracht worden waren.

Dienstag, 13. Juni 1944

Gestern früh habe ich das erste Buch Samuelis beendet und habe mich dann wieder mit der anorganischen Chemie befasst. Nach Tisch habe ich an dem Voranschlag und dem neuen Bestellungsplan weitergearbeitet und mich auf Freya's Besuch vorbereitet. Dann kam ein Brief von Freya und ich habe daraufhin den Brief an sie zu Ende geschrieben. Schließlich habe ich noch Civitas Dei und den dritten Band von Gedanken und Erinnerungen zu Ende gelesen.

Mittwoch, 14. Juni 1944

Gestern früh habe ich mit dem zweiten Buch Samuelis begonnen und habe dann die organische Chemie in dem Lehrbuch zu Ende gebracht. Nach Tisch habe ich Parlamentsdebatten gelesen, um den großen Stoß etwas zu reduzieren. Ich habe dann etwas in dem Becker, Ernährung der Landwirtschaft, Nutzpflanzen gelesen und wurde dann um ½6 durch die Mitteilung gestört, Freya sei da, habe aber keine Sprecherlaubnis, ich solle die Sachen, die ich zurückzugeben hätte, schicken. Das war mir natürlich ganz unangenehm, da es mir eigentlich ganz unverständlich ist, warum sie keine Sprecherlaubnis hat. Überdies habe ich so vieles mit ihr zu besprechen. Das hat mich etwas beunruhigt, vor allem der Gedanke, dass sie nun ganz traurig und enttäuscht wieder nach Hause fährt. Leider kam am Abend kein Wagen mehr von Droegen, sodass ich keine Nachricht von ihr hatte und auch keine Aufklärung über diese rätselhafte Angelegenheit bekam. – Ich habe dann noch etwas in dem Gibbon gelesen.

Donnerstag, 15. Juni 1944

Gestern nach dem Essen kamen die Sachen, die Freya mitgebracht hatte, und ein Brief, aus dem sich ergab, dass sie am Dienstag früh gefahren war, obwohl sie wusste, dass sie keine Sprecherlaubnis hätte, sodass sie wenigstens nicht erst in Berlin diese Enttäuschung erlebte. Irgendwelche Anzeichen für einen Grund, weswegen sie keine Sprecherlaubnis bekommen hatte, sind aus dem Brief nicht zu entnehmen. Aber sie scheint es ganz ruhig genommen zu haben, und das ist mir schließlich die Hauptsache. Sie hatte auch noch ein Briefchen von C'chen mit, das sehr lieb war. Im Übrigen hat sie sich wieder mit großen Kostbarkeiten [ab]geschleppt. – Gestern habe ich erst einige Kapitel in dem zweiten Buch Samuel gelesen und habe dann in dem Chemiebuch wieder bei den Metallen angefangen, wo ich unterbrochen hatte, um die organische Chemie vorwegzunehmen. Ich hoffe, dass ich dann im Laufe der Woche mit dem ganzen Buch fertig werde. – Am Nachmittag habe ich vor allem Parliamentary Debates gelesen und werde das jetzt wohl mehrere Tage tun, um den Stoß, der sich angesammelt hat, etwas zu verringern. Zwischendurch las ich ein Kapitel aus dem Gibbon und einige Seiten aus dem Seneca. – Abends kam noch ein etwas älterer Brief von Freya.

Freitag, 16. Juni 1944

Gestern früh habe ich noch einige Kapitel aus dem zweiten Buch Samuel gelesen und dann den ganzen Vormittag an dem Chemiebuch gearbeitet. Nach Tisch habe ich erst an Casparchen und dann an Freya geschrieben und das hat bis zur Vesper gedauert. Dann habe ich den Ranke, Geschichte der Reformation,[121] angefangen, den Freya mir mitgebracht hatte, und habe am Abend noch etwas Gibbon gelesen. Um 6.30 kam Ge[neral] Müller,[122] der anscheinend das Lager besichtigte, versicherte mir, er hoffe zuversichtlich, dass der Reichsführer SS meine Entlassung anordnen würde, und ging wieder. Sonst war der Tag ohne Ereignisse, kühl, zeitweise klarer, jedenfalls gar kein Juni-Wetter.

Samstag, 17. Juni 1944

Gestern früh habe ich erst einige Kapitel aus dem zweiten Samuel gelesen und habe dann endlich das Lehrbuch der Chemie fertig durchgeackert. Mittags wurde ich abgeholt und Frl. Thiel war mit allerhand Arbeit und mit neuen Times da. Nach meiner Rückkehr habe ich dann 2 von diesen gelesen, habe die Einleitung zu Ranke's Geschichte der Reformation fertig gelesen und schließlich einige Seiten aus dem Seneca. Damit war der Tag

121 Leopold Ranke: Geschichte der Reformation in Deutschland, mit einer Einleitung von Artur Brausewetter, Berlin 1917.

122 Generalleutnant Heinrich Müller, Chef der Gestapo («Gestapo-Müller») im Reichssicherheitshauptamt.

auch schon um. – Das Wetter bleibt kühl und regnerisch. Von Freya noch keine Nachricht.

Sonntag, 18. Juni 1944

Gestern habe ich einige Kapitel aus 1. Könige gelesen und habe dann Sachen für's Amt bearbeitet. Danach habe ich mich den Rest des Tages auf Ranke und Gibbon konzentriert und nur 2 Times über Mittag gelesen. Abends habe ich noch einige Seiten aus dem Seneca gelesen. Am Abend kam auch Freya's erster Brief nach ihrer Rückkehr mit der Mitteilung, dass sie gut gereist und in große Berge von Arbeit gefallen sei. Auch 3 Schwärme hat die Arme schon gehabt. – Während es über Tag regnete, klärte es sich abends auf und wurde warm. Nachts hatten wir 3 Stunden Alarm mit vielen Fliegern und offenbar systematischen Würfen in der Nähe, jedenfalls zitterte das Haus in regelmäßigen Abständen.

Montag, 19. Juni 1944

Gestern früh habe ich zuerst einige Kapitel aus 1. Könige gelesen, 2. Mose begonnen und den Anfang von Hiob. Dann habe ich 5 Times gelesen, was mich fast den ganzen Tag gekostet hat, und hab schließlich noch einige Seiten aus Ranke's Geschichte der Reformation, Gibbon und Seneca gelesen. – Nachricht von Freya kam nicht, ich habe auch gestern noch nicht geschrieben. Am Tage war wieder ein großer Verband feindlicher Flieger über uns. Das Wetter war am Morgen schön, am späten Nachmittag gab es ein sehr schweres Gewitter mit wolkenbruchartigem Regen und abends klärte es wieder auf. Es fängt an, wieder sehr warm zu werden.

Dienstag, 20. Juni 1944

Gestern habe ich erst einige Kapitel aus dem ersten Buch der Könige gelesen und habe danach den zweiten Band des Gibbon beendigt. Nach Tisch habe ich 2 Times gelesen und danach den Rest des Nachmittags Ranke's Reformationszeit. Abends habe ich an Freya geschrieben. Ich hatte so lange gewartet, weil ich auf einen Brief von ihr hoffte, der jedoch nicht kam. Ich war dann riesig müde und ging schnell schlafen. – Es ist jetzt sehr warm.

Mittwoch, 21. Juni 1944

Gestern fühlte ich mich am Morgen schon nicht ganz wohl, stand aber auf und las erst den Schluss des ersten und dann den Beginn des zweiten Buches der Könige. Dann las ich einige Seiten aus Ranke, fühlte mich aber immer schlechter, aß kein Mittag und legte mich nach meinem Ausgang hin und döste mit kurzen Unterbrechungen den ganzen Nachmittag. Ich hatte scheußliche Kopfweh und Schädel- und Gliederschmerzen. Ich habe während des ganzen Nachmittags und Abends nur zwei Times gelesen. Gegessen habe ich auch nicht und so war es abends doch wieder so gut, dass ich die mir gegebene Gelegenheit eines zweiten Ausgangs dankbar annahm und nachher ein Mal 2 Stunden auf- und abging. Ich habe dann gut geschlafen und fühlte mich heute Morgen besser, wenn auch noch nicht wieder in Ordnung. – Von Freya kamen zwei Briefe, wonach sie sehr unter Heuschnupfen leidet. Sonst scheint aber zu Hause alles in Ordnung zu sein.

Donnerstag, 22. Juni 1944

Gestern war ein Genesungstag. Es ging mir schon viel besser. Mittags habe ich nicht gegessen, sondern mich tagsüber von Zwieback und Tee ernährt, abends habe ich aber einen Teller Suppe gegessen und heute Morgen fühle ich mich ganz wohl. – Am Morgen habe ich einige Kapitel aus dem zweiten Buch der Könige gelesen und habe dann den ganzen Tag über Ranke gelesen, allerdings nicht sehr intensiv, sondern langsam und mit Pausen. Abends habe ich den Nachsommer von Stifter angefangen.[123] – Es kam ein Brief von Jowo, aus dem sich ergab, dass alles in Ordnung ist, und ein Brief von Freya, wonach es ihr wieder besser geht. Die Sensation des Tages war ein Telefongespräch mit Peter. Als ich nämlich zu meinem Abendspaziergang rausging, fragte ich, ob Witt[124] für mich bei Peter anrufen könnte, um zu erfahren, ob sie nach dem heutigen, schweren Tagesangriff heil geblieben seien und ob Freya da sei. Das Telefon kam, als ich noch draußen war, und Witt erlaubte mir, beides selbst zu fragen. So hörte ich auch, dass Freya erst nächsten Mittwoch kommen werde.

123 Adalbert Stifter: Der Nachsommer, 3 Bde., 1857.

124 Witt (Vorname unbekannt) vom Reichssicherheitshauptamt war mit nach Ravensbrück gekommen.

Freitag, 23. Juni 1944

Gestern früh habe ich erst einige Kapitel aus den 2. Königen gelesen und mich dann wieder Ranke zugewandt. Mittags kam ein Brief von Freya vom 20. Nach der Vesper habe ich an Freya geschrieben, und als ich fertig war, kam auch Freyas Brief vom 19. Daraus ergab sich nun, dass sie für den Besuch bei mir auf Einholung einer neuen Auskunft am 28. vertröstet und darüber recht traurig war. Seit ihrem letzten Besuch sind jetzt auch 4 Wochen vergangen. Am Abend habe ich noch einige Seiten aus dem Seneca gelesen. – Das Wetter war wieder kalt und bezogen, aber trocken. Ich glaube nicht, dass das Thermometer über 10° gekommen ist.

Samstag, 24. Juni 1944

Gestern früh habe ich erst einige Kapitel in dem 2. Buch der Könige gelesen und dann den 1. Band der Ranke'schen Reformation beendet. Nach Tisch wollte ich mich gerade an meine 2 letzten Times machen, als ich nach Droegen geholt wurde, [...] wo Oxé war, mit dem ich eine sehr freundliche, aber sachlich sehr unerfreuliche Besprechung hatte. Alle wirklich wesentlichen Ergebnisse meiner Arbeit der letzten Jahre sind in den wenigen Monaten verwirtschaftet worden und wir sind wieder so weit, dass sich niemand mehr um uns kümmert. Zurückgekommen, habe ich dann die von Oxé mitgebrachten Papiere gelesen und am Abend habe ich einige Seiten aus dem Nachsommer von Stifter und einige Seiten aus dem Seneca gelesen. Isa[125] singt jetzt abends immer sehr schön und plötzlich sagte gestern Abend ein sehr rüder SS-Mann, der schräg unter mir liegt: Sind Sie katholisch? Und als Isa das bejahte: «Das ist sehr schön, was Sie gesungen haben, es erinnert mich an meine Heimat und an meine Jugend, 8 Jahre habe ich das nicht mehr gehört. Wenn ich rauskomme, gehe ich aber es wieder anhören.» Isa hatte den Gregorianischen Choral gesungen.

125 Isa Vermehren, geb. 1918, Kabarettistin in Berlin, zum Katholizismus konvertiert, in Sippenhaft wegen ihres Bruders Erich, der als Mann der Abwehr in Istanbul mit seiner Frau Gräfin Elisabeth von Plettenberg zu den Engländern übergelaufen war. Ab 15. April 1944 im Zellenbau in Ravensbrück.

Sonntag, 25. Juni 1944

Gestern früh habe ich erst das zweite Buch der Könige ausgelesen und habe danach mit dem Gerstenmaier'schen Buch «Die Kirche und die Schöpfung» angefangen, das rasend schwer ist. Ich habe manchmal eine halbe Stunde zu einer Seite gebraucht, und es ist für mich kaum zu verstehen, nachdem ich doch in diesen Gedankenkreisen laienhaft drin bin. Für den normalen Laien muss das Buch m. E. ganz unverständlich sein. Am Nachmittag habe ich einige Parliamentary Debates, einige Seiten aus dem 2ten Band Ranke's Reformation und schließlich ein gut' Stück aus dem Nachsommer gelesen. – Das Wetter ist ganz merkwürdig: morgens und abends meist klar und schön, mittags regnerisch und den ganzen Tag kühl, nachts sehr kalt.

Montag, 26. Juni 1944

Gestern früh habe ich erst das 2. Buch Könige angefangen und dann einige Kapitel aus dem 2. Mose, Klagelieder 3 und schließlich die Bergpredigt gelesen. Danach habe ich den größten Teil des Tages an dem Gerstenmaier'-schen Buch geackert. Nachmittags kamen 2 Briefe von Freya, die etwas angestrengt klangen. Herr Pastor[126] ist gestorben, was sehr betrüblich ist. Ich habe dann gleich einen Kondolenzbrief an Frau Pastor geschrieben und auch den Brief an Freya angefangen. Abends habe ich noch ein Stück aus Seneca und ein Kapitel aus dem Nachsommer gelesen. – Das Wetter war schön und sonnig, aber nicht übermäßig warm, eher sogar recht kühl, sobald man nicht in der Sonne war.

Dienstag, 27. Juni 1944

Gestern früh habe ich erst einige Kapitel aus den 1. Chroniken gelesen und habe mich dann bis fast zum Tee mit dem Gerstenmaier'schen Buch beschäftigt. Dann habe ich eine der Parliamentary Debates, einige Seiten aus dem 2ten Band des Ranke, einige Seiten aus dem dritten Band des Gibbon gelesen und schließlich den Brief an Freya fertig geschrieben. Abends habe ich noch ein Stück aus dem Seneca und etwa ein halbes Kapitel aus dem

126 Gemeint ist der Graeditzer Pfarrer Hermann Wild, Moltke war Kompatron dieser evangelischen Gemeinde.

Nachsommer gelesen. Es ist jetzt warmes, sommerliches Wetter, aber noch nicht unangenehm, zumal die Nächte kühl sind. Gestern Abend gab es ein kleines Mozartkonzert.

Mittwoch, 28. Juni 1944

Heute bin ich 6 Monate von [zu] Hause weg. – Gestern früh habe ich erst einige Kapitel aus 1. Chron. gelesen. Dann habe ich den Gerstenmaier und den Seneca ausgelesen und den Hauptteil des Tages damit verbracht, Parliamentary Debates zu lesen. Gegen Abend habe ich noch ein Kapitel aus dem Ranke und etwa ein halbes Kapitel aus Stifter's Nachsommer gelesen. Nach einem sehr warmen Tage gab es abends ein schweres Gewitter, aber es kühlte nicht ab, sondern blieb schwül. Das Gewitter war schön zu sehen und ein Blitz schlug auch in unsere elektrische Umzäunung, jedenfalls lief da eine leuchtende Welle über den Zaun. Mittags kam ein Briefchen von Freya, das gut klang.

Donnerstag, 29. Juni 1944

Gestern früh habe ich erst einige Kapitel aus den 1. Chron. gelesen und habe den Tag über lauter verschiedene Sachen gelesen, weil ich gedacht hatte, dass vielleicht Freya käme. So habe ich ein Kapitel aus dem 2. Band der Reformationszeit von Ranke, ein Kapitel aus dem Gibbon, ein Kapitel aus dem Nachsommer, den Anfang von der Aereboe'schen Betriebswirtschaftslehre[127] und einige Seiten aus den Parliamentary Debates gelesen. Am Abend telefonierte ich dann wieder mit Peter, und Mariechen[128] sagte mir, dass Freya erst heute früh ankäme. Am Abend kam auch ein etwas angestrengt klingender Brief von Freya, sie hat jetzt so viel am Hals. – Es war gestern ein schöner Sonnentag, warm und doch nicht unangenehm, die Schwüle des Vortages war fort.

127 Friedrich Aereboe: Allgemeine landwirtschaftliche Betriebswirtschaftslehre für den Agrar- und Ernährungsbereich, 1. Aufl. 1917.

128 Maria Krause hatten die Yorcks aus Schlesien als Haushaltshilfe mitgebracht.

Freitag, 30. Juni 1944

Gestern früh habe ich das 1. Buch Chron. ausgelesen und habe mich dann mit der Aereboe'schen Betriebswirtschaftslehre befasst. Es ist eine Ausgabe von 1919, und man hat durchaus das Gefühl, dass das Buch aus dem Anfang des 19ten Jahrhunderts stammt, so überholt scheint das alles. Daraus kann man sehen, wie sich alles verändert hat. Ich lese das Buch jetzt also mehr als historische Kuriosität denn als Lernbuch. Nachmittags habe ich wieder Ranke und Gibbon gelesen. – Freya war wieder in Droegen und hat wieder keine Sprecherlaubnis bekommen. Wir haben aber ausführlich telefoniert und das war immerhin etwas. Dahin hatte sie sich mit Bergen von Köstlichkeiten für mich geschleppt, darunter Tomaten, Gurken und ein Körbchen Erdbeeren, die fabelhaft waren und bei den Verschiedenen, die hier etwas abbekamen, große Freude erweckten. – Richtig: am Morgen haben wir einem Mithäftling, der Geburtstag hatte, ein Ständchen gebracht durch einen dreistimmigen Kanon. – Das Wetter war sommerlich schön und warm, abends angenehm abgekühlt.

Samstag, 1. Juli 1944

Gestern früh habe ich erst mit dem 2. Buch Chron. angefangen und dann den Vormittag über den Aereboe gelesen. Nachmittags habe ich fast nur an dem 2. Band der Ranke'schen Reformationszeit gelesen und lediglich am Abend noch einige Seiten aus dem Nachsommer. Eben kam auch ein schöner Brief von Freya vom 26., der ganz zufrieden klang. Es war gestern ein warmer, stiller, leicht bezogener Sommertag.

Sonntag, 2. Juli 1944

Gestern früh habe ich erst einige Kapitel aus dem zweiten Buch der Chronik gelesen und habe danach zuerst einen Brief an Stauffenberg[129] in der Sache Wengler entworfen. Anschließend habe ich einige Seiten aus dem Aereboe gelesen und das nach Tisch fortgesetzt. Nach dem Tee habe ich Ranke's Reformation gelesen und damit war der Tag auch schon zu Ende. Richtig, ich habe mich nach dem Tee erst mal mit dem neuen Bestellungs-

129 Gemeint ist Moltkes Kollege Berthold von Stauffenberg.

plan befasst und daran wohl 3 Stunden gearbeitet, sodass für den Ranke verhältnismäßig wenig Zeit blieb und der Nachsommer gestern ganz ungelesen blieb. – Das Wetter ist immer sommerlich schwül. Abends ist es aber noch leidlich frisch, sodass es bisher nicht unangenehm ist. – Am Abend während meines Ausgangs haben Puppi[130] und Isa in meinem Zimmer mit Herrn Papprath zusammen die Karten der Kriegslage besichtigt und ich hatte dafür herrliche Brötchen gemacht, die auch sehr appreziiert wurden.

Montag, 3. Juli 1944

Gestern früh habe ich einige Kapitel aus dem 2. Buch Chron. gelesen und anschließend etwas aus 2. Mose. Dann habe ich an dem Bestellungsplan gearbeitet, meine Bemerkungen dann aufgezeichnet und als ich soweit war, war Vesperzeit. Es war aber eine angenehme und erfreuliche Arbeit. Nach dem Tee habe ich einige Seiten aus Ranke's Reformationszeit gelesen und anschließend noch an Freya geschrieben. Abends hat Isa uns ein sehr schönes, auf abendliche Trauer gestimmtes Konzert gegeben. Es war eine zauberhafte, stille Mondscheinnacht. – Nachmittags kamen auch 2 Briefe von Freya, der eine vor ihrer Reise hierher geschickt, der andere aus Berlin nach ihrer Rückkehr aus Droegen. Das war sehr befriedigend, zumal die Briefe gut, kräftig und nicht gehetzt klangen.

Dienstag, 4. Juli 1944

Gestern habe ich zuerst einige Kapitel aus dem 2. Buch der Chron. gelesen und habe dann den ganzen Vormittag alle Sachen für Freyas Besuch geordnet, noch ein Mal durchgesehen und bearbeitet. Dabei habe ich einige Papiere aufgeräumt und so war nachher alles schön fertig und vorbereitet. Nachmittags, abends und nachts habe ich den 2ten Band von Ranke's Reformation gelesen, um ihn heute früh fertig zu bekommen, damit Freya ihn mit zurück nehmen kann. Damit war ich dann gut beschäftigt, kam auch, da ich miserabel schlief und mit Pause bis 2 gelesen habe, gut voran. – Es war ein heißer Tag und eine schwüle Nacht.

130 Marie-Louise Sarre, Schwester von Eduard Waetjen, Frau von Friedrich Carl Sarre. Anfang 1940 hatte sich Moltke dem Rechtsanwaltbüro Sarre/Waetjen angeschlossen.

Mittwoch, 5. Juli 1944

Gestern früh habe ich gleich mit dem Ranke wieder angefangen und ihn bis 10 ausgehabt. Dann habe ich den Koffer gepackt, den Freya mitnehmen soll. Gleich nachdem ich mit meinem Mittagsausgang fertig war, wurde ich abgeholt, weil Freya da war. Das war also sehr schön und ich war glücklich, dass das nach den vielen vergeblichen Versuchen endlich erfolgreich war. Wir hatten von 1–½4 Zeit, das war für das Riesenprogramm nicht viel, aber da wir rechtzeitig erfuhren, dass ich um ½4 zurück müsse, so konnten wir es nun richtig einteilen. Von daher war es auch schön und befriedigend. Sie war wohl und was sie zu berichten hatte, klang auch ganz gut. Sie hatte auch wieder herrliche Sachen mit, so war alles sehr schön. – Vor meiner Unterhaltung mit Freya sagte mir Krim[inal]. Rat Lange noch, dass meine Entlassung angeordnet sei, aber unter der Bedingung, dass ich aus der Wehrmacht entlassen und Industriearbeiter werde. – Nachdem ich aus Droegen zurück war, war ich so mit meinen 2¼ Stunden mit Freya beschäftigt, dass ich gar nichts Rechtes mehr tun konnte, sondern nur noch ein wenig in dem Nachsommer las und dann verhältnismäßig früh ins Bett ging, auch gegen ½12 schon einschlief. – Der Tag war glühend heiß mit einzelnen Windstößen und sehr staubig. Auch in der Zelle war sehr viel Staub.

Donnerstag, 6. Juli 1944

Gestern war ein heißer bis schwüler Sommertag und ich war dadurch und durch meine Gedanken über Freya's Besuch gar nicht dazu aufgelegt, etwas Ernsthaftes zu tun. Vielmehr habe ich den Tag, den ich mit einigen Kapiteln aus dem 2. Buch Chron. begonnen, mit lauter Pläsierchen fortgesetzt, habe ein wenig im 1. Band von Ranke's Geschichte der Päpste, vor allem aber im Nachsommer und im Gibbon gelesen, doch manchmal auch nichts getan, war viel draußen und habe zufrieden nichts gemacht, habe auch nach Tisch geschlafen. Es kam auch ein ziemlich alarmierender Wehrmachtsbericht[131] und der beschäftigte mich auch lange. Leider war es auch nachts nicht kühl, sodass ich miserabel geschlafen habe. Die Kniebeugen am Morgen und das Laufen am Abend habe ich der Hitze wegen eingestellt.

131 Es könnte sich um die Eroberung von Minsk durch die sowjetische Armee am 3. Juli und um den Beginn der sowjetischen Offensive am 4. Juli auf Wilna handeln.

Freitag, 7. Juli 1944

Gestern früh habe ich das 2. Buch der Chron. ausgelesen und habe dann mit Kant's Kritik der reinen Vernunft angefangen. Nachmittags habe ich einige Seiten aus Ranke's Geschichte der Päpste gelesen und bin dann zu dem Lehrbuch der Botanik übergegangen. Abends habe ich an Freya geschrieben und dann nur noch im Nachsommer gelesen. – Von den Mitgefangenen sind 5 Frauen gestern Abend entlassen worden und das verursachte einen ziemlichen Wirbel. – Der Tag war wieder sehr heiß, die Nacht schwül, sodass ich bis weit nach 12 las und danach auch nicht zu gut schlief. Aber abends war ein zauberhaft schöner Mondschein.

Samstag, 8. Juli 1944

Gestern früh habe ich das Buch Esra angefangen und habe mich dann mit nur geringem Erfolg mit der Kritik der reinen Vernunft beschäftigt. Tatsächlich ist es mir noch sehr schwer, alles zu verstehen, und ich muss Sätze immer und immer wieder lesen. Das geht also sehr langsam, aber das tut ja nichts. Gestern trat ein erheblicher Personenwechsel ein und unter den neu angekommenen sah ich die Prinzessin Ruspoli.[132] Nachmittags las ich erst den Nachsommer aus und einige Kapitel im Ranke und ging dann zu dem Lehrbuch der Botanik über, das mir recht gut gefällt, in dem ich aber auch nur langsam vorankomme, weil es sehr gedrängt geschrieben ist und man daher immerzu aufpassen muss. Am Abend las ich wieder einige Seiten aus dem Ranke. – Es war wieder ein heißer Tag, doch ein klein wenig angenehmer, da ein kleines Lüftchen wehte. Die Nacht war wieder schwül und mit Schlafen war nicht viel. Außerdem gab es während der kurzen Zeit, in der ich schlief, auch noch Fliegeralarm.

Sonntag, 9. Juli 1944

Gestern früh habe ich erst das Buch Esra fertig gelesen und habe mit Nehemia begonnen. Dann habe ich den ganzen Vormittag über an der Kritik der reinen Vernunft gekaut. Mittags bin ich wohl 2 Stunden mindes-

132 Elisabeth Ruspoli, Belgierin, Freundin von General Alexander von Falkenhausen, Unterstützerin des belgischen Widerstands. Moltke hatte sie in Brüssel kennengelernt.

tens draußen gewesen und habe alle Wege gesprengt, die staubig und heiß waren. Das war im Ganzen sehr angenehm. Während ich draußen war, kamen auch 2 Karten von Freya aus Berlin, wonach sie alles bestens erledigt hatte, was sie tun musste. Nachdem ich wieder drin war, habe ich erst ein wenig in dem Aereboe gelesen und auch etwas in dem Ranke, um dann eine halbe Stunde zu schlafen. Nach dem Tee habe ich an dem Lehrbuch für Botanik gearbeitet, was auch sehr langsam geht. Schließlich bin ich wieder zu dem Ranke zurückgekehrt. – Es war Tag und Nacht wieder unglaublich heiß, so sehr, dass an Schlaf nachts kaum zu denken war. Selbst das Kopfkissen war immerzu feucht. Nun, ewig wird diese Hitze ja nicht dauern.

Montag, 10. Juli 1944

Gestern habe ich erst einige Kapitel aus Nehemia gelesen, ferner die Bergpredigt, einige Kapitel aus Mose und einige Psalmen. Dann bin ich sehr lange draußen gewesen und habe mich im Übrigen am Tage eigentlich nur noch mit Gibbon und Ranke befasst wie den Brief an Freya angefangen. Es war ein glühend heißer Tag, aber immerhin mit einem kleinen Luftzug, von dem man allerdings in der Zelle nichts bemerkte. Nachmittags habe ich mit großem Genuss gekühlten Kaffee getrunken und dann einen Brief von Freya gelesen, der ihre Ankunft in Kreisau meldete. Abends haben wir ein Konzert italienischer Volkslieder genossen, das sehr schön war.

Dienstag, 11. Juli 1944

Gestern früh habe ich erst Nehemia zu Ende gelesen und habe mich dann wieder mit Kant befasst, was gestern etwas besser ging als zuvor. Nach Tisch habe ich einige Zeit den Aereboe vorgehabt, auch einige Seiten aus dem Ranke gelesen und bin danach zur Botanik übergegangen, mit der ich mich bis spät in den Abend beschäftigte. Danach hatte ich nur noch Zeit, an Freya zu schreiben. – Gestern Abend war ich mit einem Mann draußen, der plötzlich ein Wettgehen mit mir anfing und mich dabei knapp schlug. Es ging ausgezeichnet und ich hatte, da ich nicht recht darauf gefasst war, mit einem zu langen Schritt angefangen, den ich nicht mehr ändern konnte, als ich merkte, dass er besser war. Es war aber ein ganz schöner, recht ausgeglichener Wettstreit von sicherlich 30–40 Minuten. – Heute Nacht war es das erste Mal wieder kühl und das war herrlich. Ich habe auch durchgeschlafen, und zwar so gut, dass ich die mehrfach gellende Alarmsirene nur ganz vage hörte.

Mittwoch, 12. Juli 1944

Gestern früh habe ich erst einige Kapitel aus Esther gelesen und habe mich dann den Vormittag über mit der Kritik der reinen Vernunft befasst. Es kamen auch 2 Briefe von Freya, der eine alt, der andere aber vom 8. mit ganz guten Nachrichten aus Kreisau. Nach Tisch habe ich ein Stück in Aereboe und einige Seiten aus den Päpsten Ranke's gelesen und habe mich dann vom Tee bis in den Abend hinein mit dem Botanikbuch befasst. Am Abend kam noch ein Brief von Freya vom 9., sodass ich wirklich sehr gut ausgestattet war. Als ich abends noch ein Mal draußen war, kam Krim[inal]-Rat Lange, um mir mitzuteilen, ich werde in 3 oder 4 Tagen entlassen gegen die Verpflichtung, Rüstungsindustriearbeiter zu werden. Wir waren meist draußen: Isa, Puppi, Neptun und ich, und haben Hochsprung, Weitsprung und Fangen gespielt, was eher komisch war.

Donnerstag, 13. Juli 1944

Gestern früh habe ich erst das Buch Esther zu Ende gelesen und mit Hiob angefangen und habe dann in Ranke's Päpsten einige Seiten gelesen. Ich war aber drei Mal gestern draußen und das hat die Zeit riesig zerteilt, die für eine ernsthafte Beschäftigung blieb. Nach Tisch habe ich einige Kapitel aus dem Aereboe vorgenommen, bin dann wieder zu Ranke übergegangen, um nach dem Tee an dem Botanik-Buch zu arbeiten. Abends habe ich wieder in dem Ranke gelesen und zum Abschluss des Tages haben wir zu viert Decktennis[133] gespielt. Inzwischen ist es kalt geworden, ungemütlich kühl mit Regenschauern. Ganz blödsinniges Wetter.

133 Tischtennis.

Freitag, 14. Juli 1944

Gestern früh habe ich erst einige Kapitel von Hiob gelesen und habe mich dann dem Ranke gewidmet. Ich war aber noch nicht sehr weit gekommen, als ich abgeholt wurde, weil Jowo da war. Das war sehr nett. Er blieb bis 12, sodass wir 2 ½ Stunden hatten, um nicht nur seine geschäftlichen Angelegenheiten, sondern auch den ganzen Stand der Familie zu besprechen. Ich war erfreut zu sehen, wie gut ihm Oslo an Körper und Geist getan hatte. Er fährt noch 2 Tage nach Baden-Baden und dann nach Oslo zurück.[134] Zurückgekehrt, las ich dann weiter in dem Ranke und vom Tee an in dem Botanikbuch bis zum Abend. Abends schrieb ich an Freya. – Leider wurde gestern Isa auf die Nordseite verlegt, was für uns sehr traurig ist, weil uns nun niemand mehr singen wird.

Samstag, 15. Juli 1944

Gestern früh habe ich erst einige Kapitel aus Hiob gelesen und habe mich anschließend den ganzen Morgen mit Rankes's Päpsten befasst, da ich den ersten Band fertig bekommen will. Nach Tisch habe ich mich dann ziemlich bald an das Botanik-Buch gesetzt und daran bis zum Abend gearbeitet. Gestern war nach der Kühle des Vortages ein feuchter, schwüler Tag und erst gegen Abend wurde die Luft frischer.

Sonntag, 16. Juli 1944

Gestern früh habe ich erst einige Kapitel aus Hiob gelesen und habe dann den ersten Band der Päpste von Ranke beendet. Dann habe ich mich dem Aereboe zugewandt und nach Tisch ein Kapitel des Gibbon gelesen und habe schließlich den Spätnachmittag und Abend mit dem Botanikbuch verbracht. Es war ein stiller Tag, an dem ich ganz gut arbeitete; draußen war es kühl, gegen Abend und in der Nacht regnete es. – Seit Mittwoch keine Nachricht von Freya.

134 Joachim Wolfgang von Moltkes Frau Inge lebte in Baden-Baden.

Montag, 17. Juli 1944

Gestern früh habe ich erst einige Kapitel aus der Offenbarung, Hiob und 2. Moses gelesen und habe mich dann den Vormittag und einen Teil des Nachmittags mit dem Aereboe befasst. Nach Tisch habe ich ein Kapitel aus Gibbon gelesen und nach dem Tee das Botanikbuch beendet. – Es war ein schwüler, bedeckter Tag mit vereinzelten Regenschauern. – Gestern ist bemerkt worden, dass ich meinem Unterwohner immerzu Essen runtergeworfen habe, und es hat einen kleinen Krach gegeben. – Sonst war der Tag ohne Ereignisse, leider auch ohne Brief von Freya.

Dienstag, 18. Juli 1944

Gestern früh habe ich erst einige Kapitel aus Hiob gelesen und habe mich danach mit dem Aereboe befasst, den ich im Laufe des Tages bis auf ein kleines Kapitel ausgelesen habe. Der zweite Teil des Buches ist wesentlich besser als der erste, wenn auch manches uns heute als Plattheit erscheint, was es damals vielleicht nicht war. Mittags habe ich ein halbes Kapitel aus dem Gibbon gelesen und abends einige Goethe'sche Gedichte. Es kamen 3 Briefe von Freya, vom 11./12./13./14./15., sodass ich jetzt wieder ganz auf dem Laufenden bin. Die Briefe klangen auch ganz gut. Abends habe ich 2 Stunden damit verbracht, langsam an Freya zu schreiben, was auch sehr befriedigend war. – Das Wetter scheint sich aufzuklären und es sieht so aus, als wollte es wärmer werden.

Mittwoch, 19. Juli 1944

Gestern habe ich zunächst einige Kapitel aus Hiob gelesen und dann wieder an der Kritik der reinen Vernunft gearbeitet. Das hat mir den ganzen Vormittag genommen. Nach Tisch habe ich erst ein Kapitel im Gibbon zu Ende gelesen, dann den Aereboe endgültig beendet und schließlich den zweiten Band der Rankeschen Päpste vorgeholt. Abends habe ich wieder ein wenig im Gibbon gelesen. Es wird wieder wärmer, die Nacht war schwül, es gab Fliegeralarm.

Donnerstag, 20. Juli 1944

Gestern früh habe ich erst Hiob zu Ende gelesen und im Psalter angefangen. Den Tag habe ich eigentlich im Ganzen vertrödelt. Ich war mit allerhand Gedanken beladen, die mich beschäftigten, und kam nicht zum ruhigen Lesen. So habe ich auch mancherlei verschiedene Sachen gelesen, um immer wieder aufzuhören, wenn die Konzentration nicht mehr reichte: Meister's Lehrjahre[135], Ranke, Parliamentary Debates und Becker-Dillingen, Pflanzenernährung. Nur am Gibbon habe ich ein Kapitel richtig hintereinander gelesen. Am Abend habe ich auch noch etwa die Hälfte der Goethe'schen Novelle[136] gelesen. – Der Tag war schwül, manchmal klar, manchmal bedeckt. – Am Vormittag kam ein Brief von Freya, am Nachmittag kamen noch 3, darunter der vom 18. früh, sodass plötzlich ein Mal einer nur einen Tag gegangen war. Es war sehr schön, so frische Nachricht zu haben, nur fürchte ich, dass das bedeutet, dass nun wieder mehrere Tage nichts kommen wird.

Freitag, 21. Juli 1944

Gestern früh habe ich erst einige Psalmen gelesen und habe mich dann den ganzen Vormittag über mit der Kritik der reinen Vernunft befasst. Nach Tisch habe ich ein gut Stück aus dem 2ten Band der Päpste gelesen und gegen Abend an Freya und Caspar geschrieben. Den Tag habe ich dann mit der Novelle von Goethe beendet. Es kam das neue grüne Bestellungsplanbuch und eine sehr schöne Karte von C'chen. – Der Tag war heiß, zeitweise schwül, in der Zelle noch erträglich und nachts angenehm abgekühlt. Ich habe letzte Nacht sogar besser geschlafen als seit langem.

Samstag, 22. Juli 1944

Gestern früh habe ich ein Stück im Psalter gelesen und dann in der Kritik der reinen Vernunft wieder begonnen, kam aber nicht sehr weit, da ich schon um ½ 10 ausgehen sollte. Nachher war der ganze Tag wieder durch Unruhe ausgezeichnet und ich hab teils nur gesessen und teils im Ranke, in

135 Johann Wolfgang von Goethe: Wilhelm Meisters Lehrjahre, ein Roman (1778).
136 Johann Wolfgang von Goethe: Novelle (1828).

Parliamentary Debates, in Meister's Lehrjahren gelesen, ohne mich recht auf das Gelesene konzentrieren zu können. Auch draußen herrschte starke Unruhe, denn es kam eine größere Zahl neuer Leute, was immer viel Trubel hervorruft.[137] – Der Tag war heiß, zeitweise schwül, die Nacht ging. Allerdings habe ich auch nicht sehr viel geschlafen, weil auch da mehrfach Leute kamen und gingen und [es] um ½ 1 Alarm gab.

Sonntag, 23. Juli 1944

Gestern war ein Tag, an dem es immer wieder mühsam war, die durch die äußeren Ereignisse genährte Unruhe zu bekämpfen. Ich habe den Tag deswegen nicht mit einer regelmäßigen Arbeit verbracht, sondern meine Zeit zwischen Nachdenken, Bibellesen und Wilhelm Meister's Lehrjahre aufgeteilt. So habe ich einen Tag verbracht, der mich manches, was ich bereits zu wiederholten Malen gelesen hatte, in neuem Lichte oder in tieferer Auffassung sehen lehrte, und ich hoffe, dadurch gestern manchen Besitz erworben zu haben, den ich nicht wieder verlieren werde. – Jedenfalls war das Ergebnis, dass mir der Tag nicht lang wurde, meine Unruhe immer zu dämpfen war und dass ich schließlich gut und ausdauernd schlief. – Der Tag ließ sich heiß an, am Vormittag gab es ein sehr schweres Gewitter mit gleichfalls schwerem Hagel. Es kam mir vor, als hätte ich ein so schweres Gewitter in solcher Nähe noch nicht erlebt. Der Umfangsdraht, der elektrisch geladen ist und nur 5 m vor meinem Fenster verläuft,[138] war häufig wie ein Lichtbogen, wenn Blitze an ihm entlang liefen. – Keine Nachricht von Freya.

Montag, 24. Juli 1944

Gestern habe ich wieder den ganzen Tag abwechselnd mit der Bibel, Wilhelm Meister's Lehrjahren und Ranke verbracht und in allen drei mit Ge-

137 Im Zusammenhang des Attentatsversuchs vom 20. Juli 1944 nach Ravensbrück gebrachte Verhaftete: Peter Graf Yorck von Wartenburg, Ewald Heinrich von Kleist, Ulrich Wilhelm Graf Schwerin von Schwanenfeld, Joseph Wirmer, Ulrich von Hassell, Erwin Planck, Werner von Alvensleben, Hjalmar Schacht, Johannes Popitz, Julius Leber, Theodor Haubach, Wilhelm Leuschner, Hermann Maaß, Franz Halder und Karl Ludwig Freiherr von und zu Guttenberg.

138 Fünf Meter betrug der Abstand zu der südlichen Mauer des Zellenbaus, hinter dem sich das Krematorium befand.

nuss und langsam gelesen, mehr um mich daran zu erfreuen, als um daraus zu lernen. So habe ich auch immer große Pausen gemacht. – Der Tag war warm, aber nicht heiß und abends wurde es sehr angenehm kühl. Von Freya keine Nachricht.

Dienstag, 25. Juli 1944

Gestern früh habe ich erst einige Psalmen gelesen und dann einen großen Abschnitt aus dem zweiten Buch von Ranke's Päpsten. Der Tag fing besonders gut an, weil bereits um 7 zwei Briefe von Freya kamen, vom 20. und 21.7. Das war sehr schön. Es ging aber sehr unruhig weiter, weil unter ziemlicher Aufregung, unter Umziehen und Trubel wieder neue Leute kamen. Am Abend verkündete Krim[inal]-Rat Lange, der sich stets darüber wie ein Kind zu Weihnachten freute, dass es Schacht[139] und Popitz[140] seien. Das war sehr komisch, zumal L[ange] sie mit allen Titeln bezeichnete. Solche Unruhe durch neue Ankömmlinge ist immer unangenehm und hat auch unsere Existenz insofern sehr beeinträchtigt, als jetzt die ganze Zeit von Mittag an für alle die Neuen gebraucht wird, die einzeln gehen müssen, sodass wir in einer immer größeren Herde mittags rausgetrieben werden und abends nicht mehr rauskommen. – Nachmittags hab ich an Freya geschrieben und den Tag mit Wilhelm Meister's Lehrjahren beendet. – Gestern war es kühl und über Nacht sogar sehr kühl. Der Himmel ist verhangen, aber es ist trocken.

Mittwoch, 26. Juli 1944

Gestern früh habe ich einige Psalmen gelesen und den Vormittag über an der Kritik der reinen Vernunft weitergeackert. Nach Tisch habe ich ein Kapitel aus Gibbon und ein gut' Stück aus dem Ranke gelesen. Abends bin ich wieder zu Wilhelm Meister's Lehrjahren zurückgekehrt. Am Abend kam von Marion ein sehr schönes Paket mit Pfirsichen und Eiern. Abgesehen von 2 Pfirsichen, die ich verschenkte, habe ich die restlichen 4 gleich in

139 Hjalmar Schacht, Reichsbankpräsident von 1933–1939, wurde später mit Isa Vermehren am Pragser Wildsee befreit.

140 Johannes Popitz (1884–1945): ab 1933 Preußischer Finanzminister, Zusammenarbeit mit Hans Oster, Carl Goerdeler und anderen im Widerstand.

einem Satz aufgegessen, weil ich so glücklich war, endlich ein Mal etwas Frisches essen zu können. – Der Tag war kalt, sodass ich selbst beim Spazierengehen einen Pullover anhatte, bezogen, aber trocken.

Donnerstag, 27. Juli 1944

Gestern früh habe ich erst wieder einige Psalmen gelesen und mich dann mittags mit der Kritik der reinen Vernunft befasst. Diese Tätigkeit wurde sehr angenehm durch einen allerdings alten Brief von Freya v. 19. unterbrochen, seitdem zugleich auch ein netter Brief von Inge kam. Nach Tisch habe ich mich dann bis abends eigentlich andauernd dem zweiten Band der Päpste von Ranke gewidmet und abends noch einige Kapitel aus den Wanderjahren gelesen.[141] – Der Tag war grau, aber wärmer.

Freitag, 28. Juli 1944

Gestern habe ich einige Psalmen gelesen und mich danach wieder mit mäßigem Erfolg mit der Kritik der reinen Vernunft befasst. Nach Tisch habe ich ein Kapitel aus dem Gibbon zu Ende gelesen und dann bis zum Abend den zweiten Band der Ranke'schen Päpste ausgelesen. Am Abend kamen wieder 2 Briefe von Freya vom 24. und 25. mit durchaus befriedigenden Nachrichten. Abends habe ich an Freya geschrieben. – Gestern war wieder fürchterliche Unruhe hier im Hause: es wurde umgezogen und Zellen unter mir wurden frei gemacht, außerdem haben wir zwei neue Kerkermeister bekommen, die sich noch nicht recht auskennen. – Das Wetter war tagsüber warm und bedeckt, abends nach einem kleinen Schauer schnell abkühlend.

Samstag, 29. Juli 1944

Gestern früh habe ich erst einige Psalmen gelesen und habe mich dann den Vormittag über wieder mit der Kritik der reinen Vernunft befasst. Nachmittags habe ich ein Kapitel aus Gibbon gelesen, ein Kapitel aus dem dritten Band von Ranke's Geschichte zur Zeit der Reformation und einige Seiten aus Wilhelm Meister's Wanderjahren. Außerdem habe ich noch 2 Stunden

[141] Johann Wolfgang von Goethe: Wilhelm Meisters Wanderjahre (1821/1829).

allerlei zu schreiben gehabt und einen halben Satz Schachfiguren aus Wachs gemacht. – Gestern war ein warmer Sommertag mit etwas Feuchtigkeit in der Luft und einem mittleren Gewitter gegen Abend, das aber nur wenig Abkühlung brachte. Es war aber nicht unangenehm heiß. Abends kam ein Brief von Freya.

Sonntag, 30. Juli 1944

Gestern früh habe ich einige Psalmen gelesen und mich dann der Kritik der reinen Vernunft zugewandt. Nach Tisch habe ich den 3ten Band des Gibbon ausgelesen und gegen Abend auch noch einige Kapitel aus Wilhelm Meister's Wanderjahren. Abends kamen 2 Briefe von Freya, der neueste vom 28., also nur 36 Stunden alt. – Leider ist durch den großen Zuzug neuer Häftlinge, die alle allein gehen müssen, die Ausgehzeit auf eine halbe Stunde reduziert und überdies sind dann auch noch eine ganze Menge Leute zugleich draußen. Das ist sehr störend und wirkt sich doch ganz erheblich im Wohlbefinden aus, zumal seit gestern auch die Luft stickig und schwül ist. Nun, es ist nicht zu ändern und wird dauern, solange dieser Andrang andauert.

Montag, 31. Juli 1944

Gestern früh habe ich erst Psalmen gelesen, dann 2. Mose beendet und schließlich ein gutes Stück aus dem Römerbrief gelesen. Da ich vormittags herauskam, so war damit der Vormittag um. Nach Tisch habe ich einige Parliamentary Debates gelesen und mich dann bis zum Abend mit Wilhelm Meister's Wanderjahren befasst. Allerdings habe ich zwischendurch an Freya geschrieben und außerdem kam Breier, mir mitzuteilen, dass ich nur noch 10 Zeilen mit jeder Post an Freya schreiben dürfe, dass sie aber am Mittwoch herkäme, also eine verzuckerte Pille. – Die Tage sind weiter unruhig dadurch, dass ständig neue Leute kommen und dass man beschäftigt ist, deren Identität zu entziffern. – Gestern war ein schwüler, in den Zellen unangenehmer Tag, aber abends brachte ein leichtes Gewitter sehr willkommene Erfrischung.

Dienstag, 1. August 1944

Gestern früh habe ich erst die Psalmen zu Ende gelesen und habe mich dann den Tag über mit Wilhelm Meister's Wanderjahren befasst, weil ich sie gerne Freya mitgeben will. Nach Tisch habe ich an einer größeren Sache für Kreisau gearbeitet, die ich mit Freya zu besprechen habe. – Der Tag war unangenehm schwül, in der Zelle war es unglaublich stickig und daher habe ich auch wenig vor mich gebracht. Ich habe den Eindruck, dass infolge der starken Belegung verbrauchte Luft auch aus dem Gang in die Zellen zieht, jedenfalls wird es erst wieder besser werden, wenn es wieder leerer wird.

Mittwoch, 2. August 1944

Gestern habe ich erst in den Sprüchen angefangen und habe danach die Wanderjahre zu Ende gelesen, um schließlich wieder den Rest des Vormittags mit Ranke zuzubringen, den 3ten Band der Geschichte der Reformationszeit. Kurz nach Tisch wurde mir eröffnet, dass ich aus meiner Zelle 25 auszuziehen hätte, und zwar wurde die mir direkt gegenüberliegende Zelle 12 oder die schräg unter 25 liegende 62 angeboten. Ich bin dann in 12 gezogen, trotzdem es Nordseite war. Das Umziehen und Erwägen über die Gründe, die zu dieser Aktion geführt haben mag, haben mich dann den Rest des Tages voll beschäftigt. Es gab drüben keinen Schrank, aber heute gelang es mir, einen zu organisieren. Die Zelle ist nicht anders als die 25, doch geht sie nach Norden, hat also keine Sonne, dafür Wind und mehr Luft; sonst ist alles gleich, das Fenster geht weit auf, ist immer ganz auf. Das Unangenehmste ist der Krach. Nachts wird in der Baracke gegenüber, vielleicht 10 Schritt von uns entfernt, bis 12 gearbeitet, getippt, geredet und morgens ist ab 4 großer Betrieb im Lager, auch über Tag ist eigentlich immer etwas Krach und manchmal großer Krach. Außerdem findet vor meinem Fenster das sogenannte Strafestehen statt: die Frauen müssen von morgens 5 bis abends 12 stehen, im Freien und von Zeit zu Zeit angeschrieen, weil sie nicht gerade stehen, gesprochen oder gegessen haben. Das ist unangenehm und im Ganzen ist eben diese Zelle schlechter.

Donnerstag, 3. August 1944

Gestern war ein Freudentag erster Ordnung, denn tatsächlich war Freya da,[142] worauf ich kaum zu hoffen gewagt hatte. Sie kam um 3 und ich war schon drüben. Um 5 mussten wir uns trennen. Das war sehr schön. Sie ist voll grauer Haare, sieht aber sehr wohl aus. Nun gab es diesmal viel und sehr Wichtiges zu besprechen, vor allem die Frage des Verhaltens im Falle eines Einrückens der Russen. Es war erfreulich zu finden, dass wir uns in allem ganz einig waren und dass wir eigentlich nicht das Verhalten im Grundsatz, sondern nur seine praktischen Konsequenzen und die jetzigen Maßnahmen zu besprechen hatten. So war es also besonders nützlich und fruchtbar. – Das war am Nachmittag. Am Morgen hatte ich erst einige Kapitel aus den Sprüchen gelesen und hatte dann an der Vorbereitung für die Unterhaltung mit Freya gearbeitet. Ich kam schon mittags raus und blieb über das Mittagessen draußen, sodass ich eigentlich direkt anschließend, kaum war ich wieder in meiner Zelle, nach Droegen fuhr. Dort war ich schon um 1 und saß 2 Stunden in der Dienststelle in der Sonne und dabei sah ich vor einem der anderen Häuser etwa 200 m entfernt lauter Generäle, Admiräle, Generalstabsoffiziere und ähnliche Honoratioren ihren Rundgang unter starker Bewachung halten. Es war ein sehr komischer, wenn auch trauriger Anblick, alle diese Prachtuniformen jetzt in Gefangenschaft zu sehen. Darunter sah ich auch Canaris.[143]

Nach meiner Rückkehr habe ich nur noch ausgepackt und Gaben verteilt. Freya hat wieder herrliche Sachen mitgebracht, darunter Johannisbeeren, die ich entstielen musste, und ein Ei war in die Unterlagen gelaufen. Ich hatte inzwischen auch einen Schrank im Zimmer bekommen, den ich einrichten musste, kurz: es war nach 8, als ich schließlich mit allem fertig war, und da ich todmüde war, löschte ich um 10 das Licht.

Freitag, 4. August 1944

Gestern früh habe ich erst einige Kapitel aus den Sprüchen gelesen und, da ich in Gedanken noch sehr mit Freya's Besuch und dem Ergebnis unserer

142 Freya war am 2. August in Drögen.

143 Wilhelm Canaris war als Leiter des Amtes Ausland/Abwehr Moltkes Chef. Er wurde im Juli 1944 verhaftet.

Besprechungen beschäftigt war, habe ich den Rest des Tages allerlei durcheinander gelesen: 2 Kapitel aus dem dritten Buch von Rankes Reformationszeitalter, die Hälfte des ersten Bandes im Witiko von Stifter[144] und die Einleitung zu einer Ausgabe einzelner Schriften von Fallmerayer's über Byzanz und das Abendland;[145] auch ein Heft der Parliamentary Debates habe ich gelesen. Abends habe ich meine 10 Zeilen an Freya geschrieben, die heute früh abgegangen sind. – In einer Zelle schräg gegenüber ist ein ständig schreiendes Baby angekommen, sodass meine Degradierung auf die Nordseite vielleicht ein blessing in dignise[146] ist. – Der Tag gestern war angenehm: sonnig und nicht zu heiß, dazu ein kleiner Wind gerade in mein Fenster.

Samstag, 5. August 1944

Gestern früh habe ich zunächst die Sprüche Salomonis beendet. Danach habe ich einige Debatten des House of Lord gelesen und dann war Ausgang und Mittagessen. Gleich nach Tisch kam ein herrliches Paket von Gersdorff's mit Äpfeln, Pfirsichen und Gemüse. Nachdem ich das verstaut hatte, las ich abwechselnd Ranke's dritten Band der Geschichte der Reformationszeit und Stifter's Witiko bis zum Abend. Zwischendurch kam auch noch ein Brief von Freya vom 29. – Gestern war ein schöner warmer Sonnentag, der besonders angenehm war, weil es hier auf der Nordseite in der Zelle kühl, fast kalt bleibt.

Sonntag, 6. August 1944

Gestern früh habe ich begonnen, den Prediger zu lesen. Danach habe ich erneut mit der Kritik der reinen Vernunft gerungen und im Ganzen mit mehr Erfolg als früher. Nachmittags habe ich ein wenig im Witiko gelesen, vor allem aber in Ranke's Geschichte der Reformationszeit III. Am Abend kam noch ein Koffer von Freya mit weiteren Büchern und Wäsche. – Ich war am Abend auch noch ein Mal eine Stunde draußen, was sehr ge-

144 Adalbert Stifter: Witiko. Eine Erzählung, erschienen in drei Bänden 1865–1867.

145 Jakob Philipp Fallmerayer: Byzanz und das Abendland. Ausgewählte Schriften, Wien 1943.

146 «Sich im Nachhinein als Segen erweisen».

nussreich war, da es ein schöner, stiller Sommerabend war. Der Tag war warm, aber nicht heiß gewesen.

Montag, 7. August 1944

Gestern früh habe ich erst den Prediger zu Ende gelesen, habe einige Kapitel aus dem Evangelium Markus, einige Kapitel aus Jeremia, einige aus 2. Mose und die Bergpredigt gelesen. Dann habe ich Schnittchen gemacht und einen Obstteller hergerichtet. Es war nämlich ein halbes Jahr seit dem Einzuge von Witt, Motekus und mir und Puppi, und ich hatte beschlossen, dies zu feiern. So gab es früh echten Kaffee und mittags Gurkensalat und nachher Obst und Schnittchen. Ich habe den Eindruck, dass den Kerkermeistern das Fest gefallen hat. Nach Tisch habe ich ein gutes Stück im zweiten Band Witiko gelesen und nach dem Tee 2 Kapitel aus Ranke's Geschichte der Reformationszeit. Gestern war wieder ein herrlicher, warmer, doch nicht heißer Sommertag und still und klar. Mittags, als ich draußen war, gab es Fliegeralarm und große Geschwader flogen über uns hinweg. Nicht sehr weit entfernt stürzte ein Flugzeug ab.

Dienstag, 8. August 1944

Gestern früh habe ich das Hohelied Salomon's gelesen und habe mich dann den Vormittag über mit der Kritik der reinen Vernunft befasst, bei der ich gut vorangekommen bin. Nachmittags habe ich erst ein gutes Stück im 2. Buch des Witiko gelesen und habe danach die Geschichte der Reformationszeit von Ranke beendigt. Das war ein sehr genussreiches Buch. Abends um 10 kam ein Brief von Freya schon von Kreisau und anschließend habe ich dann noch meine 10 Zeilen geschrieben.

Mittwoch, 9. August 1944

Gestern früh habe ich das 3te Buch Mose zu Ende gelesen. Da ich gleich meinen Rundgang hatte, so blieb so wenig vom Vormittag übrig, dass ich nur noch einige Debatten des House of Lords las. Nachmittags habe ich erst Witiko und dann einige klein[e]re Aufsätze von und über Ranke [gelesen] und fing den 4ten Band des Gibbon Decline and Fall of the Roman Empire an. Abends kam ein Brief von Freya vom 5. 8. an und ein Brief von

C'chen, beide waren sehr schön und klangen gut. – Es war im Ganzen ein fauler Tag. Das Wetter war heiß und sommerlich, in der Ferne gab es ein Gewitter, aber hier kühlte es nicht ab, sondern blieb noch während der Nacht schwül. Auf der Nordseite stört das jedoch nicht, da die Zellen nicht so warm werden.

Donnerstag, 10. August 1944

Gestern früh habe ich zunächst das 4te Buch Mose begonnen und dann den Vormittag wieder mit der Kritik der reinen Vernunft verbracht. Nach Tisch habe ich erst das 2. Buch von Witiko zu Ende gelesen und habe dann angefangen, mein altes Kinderbuch: Graebner Handbuch zum Pflanzenbestimmen vorzunehmen. Das ist sehr gedrängt geschrieben und geht daher nur sehr langsam. Dann habe ich einige Debatten des House of Lords gelesen und dabei folgendes herrliches Zitat gefunden:
It has once been said, that no man with any capacity of going to gaol would ever think of going to sea, because in gaol the quarters are much more comfortable, the food much better, and the company more congenial, in addition he would not run the risk of being drowned.
[Es hieß einmal, dass kein Mensch, der Talent dazu hätte, ins Gefängnis zu kommen, je daran dächte, zur See zu gehen, weil im Gefängnis das Quartier viel komfortabler, das Essen viel besser und der Umgang passender wäre, zudem liefe man nicht Gefahr zu ertrinken.]
Der Tag war durch furchtbare Roheiten vor meinem Fenster gekennzeichnet. Frauen der Lagerpolizei verprügelten irgendwelche Häftlinge und traten ihnen in den Bauch und zwangen sie dann, Strafe zu stehen. Das war recht qualvoll. – Es war ein heißer Sommertag.

Freitag, 11. August 1944

Gestern früh habe ich einige Kapitel aus dem 4ten Buch Mose gelesen und mich dann den Rest des Vormittags mit der Kritik der reinen Vernunft befasst. Nach Tisch habe ich ein gut Stück aus Witiko, nachher einige Abschnitte aus dem Handbuch zur Pflanzenbestimmung und am Abend ein Kapitel aus dem 4ten Band von Gibbon Decline and Fall of the Roman Empire gelesen. Nachmittags kamen 2 Briefe von Freya, erst der vom 6./7. und später der vom 8. Der erste klang etwas mitgenommen, aber beim zweiten hatte sie sich sichtlich schon wieder erholt. Abends habe ich an Freya und Caspar geschrieben. 10 Zeilen dauern jetzt fast so lange wie früher eine ganze Seite, weil es schwer ist, diese 10 Zeilen richtig auszunutzen. Der Tag war warm, gegen Abend regnete es etwas, und es wurde kühler. Das Lager bekommt, obwohl es schon übervoll ist, ständig neuen Zuzug und die Schar der neuen Zugänge war gestern so groß, dass bis spät in die Nacht gearbeitet wurde, um sie unterzubringen. Als ich um 12 Uhr etwa einschlief, war draußen bei strahlender Beleuchtung noch alles in vollem Gange und anscheinend viele auch noch wartend.

Samstag, 12. August 1944

Gestern früh habe ich einige Kapitel aus 4. Mose gelesen und habe mich danach den Vormittag über mit der Kritik der reinen Vernunft befasst. Nachmittags habe ich den größten Teil des Johannes-Evangeliums gelesen, außerdem ein Kapitel aus Witiko, ein Kapitel aus dem Graebner'schen Handbuch zum Pflanzenbestimmen und 2 Kapitel aus Trevelyan's History of England.[147] Den Tag über habe ich gefastet und erst heute morgen wieder gegessen, und die Folge war, dass der Tag [...] die Mittagszeit recht lang wurde. Das ging aber schnell vorüber. – Gestern war ein schöner, warmer Sommertag und abends ein köstlicher Abend.

[Keine Eintragung am 13. August 1944]

Montag, 14. August 1944

Gestern früh habe ich erst mit großem Genuss die ersten 9 Kapitel des Römerbriefes gelesen, um dann mich den ganzen Tag so elend zu fühlen, dass ich meist auf dem Bett gelegen und gedöst habe. Was los ist, weiß ich nicht. Abends war es besser, aber es ist auch jetzt keineswegs in Ordnung. Jedenfalls war an irgendein systematisches Lesen gar nicht mehr zu denken, vielmehr habe ich nur einen Albatros Band «The flowing Stream» gelesen, der mir gut gefallen hat. Ich fühlte mich auch gestern so scheußlich, dass ich mich nicht dazu aufraffen konnte, eine Tagebuch-Notiz zu schreiben. Dabei bin ich sonst aber durchaus befriedigt.

147 George M. Trevelyan: History of England, London 1926.

Dienstag, 15. August 1944

Gestern früh habe ich den Römerbrief zu Ende gelesen und dann fing ich wieder an, mich nicht wohl zu fühlen, ging noch raus und legte mich dann bis 5 Uhr, ohne zu Mittag zu essen, hin. Dann ging es mir besser und ich las ein wenig in Fallmerayers Byzanz, fühlte mich aber, nachdem ich mehrere Patiencen gelegt und an Freya geschrieben hatte, wieder recht elend, kolikartig und mit leichtem Schüttelfrost, ging also wieder zu Bett, wo ich jedoch nicht einschlafen konnte. Um 11 wurde mir erklärt, dass ich in einer Stunde zur Vernehmung abgeholt werden würde, ich stand also auf, braute mir einen Tee und las ein wenig im Psälterlein. Es kam schließlich noch ein Alarm dazwischen, aber um ½1 wurde ich geholt und gleich mit Handschellen gefesselt. So kam ich in Droegen an, wo ich bis 7 etwa vernommen wurde. Dann wurde ich friedlich ohne Handschellen wieder zurückgebracht. – Gestern kamen drei Briefe von Freya, die also gerade recht kamen, um mich für die Nacht zu stärken.

Mittwoch, 16. August 1944

Gestern früh versuchte ich erst in dem verdunkelten Zimmer zu schlafen; da es mir wegen des Krachs draußen jedoch nicht gelang, so stand ich dann auf, frühstückte und schrieb dann bis Mittag. Nach Tisch machte ich wieder einen Schlafversuch, war auch sehr müde, konnte aber wieder nicht einschlafen und blieb daher bis abends liegen, meist nichts tuend, zuweilen lesend. Ich las z. B. mit großem Genuss Teile aus dem Korintherbrief und meine Lieblingsstellen aus dem Alten Testament, vor allem aus Jesaja und dem Psalter. Um 7 wurde ich wieder zur Vernehmung geholt und fuhr mit Leber[148] zusammen hin. Die Vernehmung befasste sich nur mit einer Art Nachlese aus der Nacht zuvor und ich war um ½12 wieder zu Hause. Brief von Freya vom 12. 8.

[148] Julius Leber, mit dem Moltke zum letzten Mal am 9. Januar 1944 drei Stunden gesprochen hatte (Moltke: Briefe an Freya, wie Einleitung, Anm. 12, 588). Er wurde am 5. Juli verhaftet.

Donnerstag, 17. August 1944

Gestern früh wachte ich rasend müde auf. Die Nacht war zu kurz gewesen, um die Folgen der ganz durchwachten Nacht davor zu beseitigen, und ich fühlte mich recht erschlagen. Zuerst las ich einige Kapitel aus dem 4ten Buch Mose und etwas im Psalter. Kam dann zu dem Rundgang raus und war nachher so erschlagen, dass ich bis zum Essen nur noch eine Patience legte und sonst nichts tat. Nach Tisch legte ich mich wieder hin, las ganz wenig, konnte aber auch nicht schlafen und lag noch, als ich um 5 wieder zur Vernehmung geholt wurde. Strüwing wollte mich über Reichwein befragen. Ich fuhr wieder mit Leber raus und kam mit Haubach[149] zurück, beide Male aneinandergefesselt. In Droegen sah ich in der Ferne Canaris und in einem anderen Zimmer saß ein General, ich hatte den Eindruck, als sei es Thomas,[150] habe ihn aber nicht genau gesehen. In Droegen bekam ich drei Briefe von Freya, darunter den vom 15., der also nur 36 Stunden alt war. Die Briefe klangen wieder nicht so gut, recht unruhig und etwas verzagt …

Freitag, 18. August 1944

Gestern früh habe ich zuerst das 4te Buch Mose zu Ende gelesen und dann den ganzen Vormittag sowie einen Teil des Nachmittags schriftliche Arbeiten zu erledigen gehabt. Nachmittags habe ich einige Seiten in dem Handbuch zum Pflanzenbestimmen und in Trevelyan History of England gelesen und schließlich noch an Freya geschrieben. Angenehmerweise kam ich abends noch ein Mal heraus und habe dann vorzüglich geschlafen. Der Tag war also friedlich und ereignislos. Es war ein schöner warmer Sommertag mit mittlerer Wolkenbildung und ich sah im Geiste die Erntewagen bei uns in den Hof fahren.

[Am 19. August 1944 wurde Helmuth James von Moltkes Status eines Untersuchungshäftlings aufgehoben.]

149 Theodor Haubach, den Moltke zum letzten Mal am 12. Januar 1944 besucht hatte (Moltke: Briefe an Freya, wie Einleitung, Anm. 12, 591). Er wurde am 9. August verhaftet.

150 General Georg Thomas war bis Ende 1942 im OKW Chef des Wehrwirtschafts- und Rüstungsamtes und hatte Kontakte zu Beck und Goerdeler. Da er erst im Oktober 1944 verhaftet wurde, muss sich Moltke geirrt haben.

«Hier gilt nur, was man in sich hat»
Briefe aus der Prinz-Albrecht-Straße

Sonntag/Montag, 23./24. Januar 1944

Mein Lieber, gestern Abend hat man mir gesagt, ich dürfe Dir schreiben, und so habe ich mich seither auf diesen Augenblick gefreut, den ich jetzt genieße. Es ist Sonntag und nachdem ich meinen inneren und äußeren Menschen gerichtet und meine Umgebung geordnet habe, ist dieser Brief das erste, was am Sonntag geschieht. Ich habe Euer aber schon beim Aufwachen und seither ständig auf das zärtlichste gedacht.

Nun möchte ich zunächst ein Mal eine Reihe geschäftlicher Dinge[1] mit Dir erörtern:

1. Den Bericht über den Voranschlag habe ich in einem Exemplar bei mir. Die Voranschläge selbst befinden sich in meinem Büro zum Schreiben und müssen fertig sein. Lass sie Dir, bitte, schicken, führe ihn bis 31.12. weiter und schicke ihn mir mit den etwa vorzuschlagenden Änderungen, damit wir sehen, ob wir mehr Geld brauchen.
2. Zeumer soll, bitte, die Rückkehr der Polen jetzt mit aller Energie betreiben, damit er dann nicht wieder erklärt, er müsse aus Mangel an Arbeitskräften die Hackfruchtfläche kürzen.
3. Ich lasse sehr bitten, dass das Pflanzen der Bäume immer im Auge behalten und mit Vorrang erledigt wird.
4. Wegen des Zersägens der Vatspern-Eiche musst Du bei erster Gelegenheit mit Meister Erwin sprechen. Ich kam leider nicht dazu.
5. Bleibe bei dem Kampf um die Sperling'sche[2] Wohnung hart und hole Dir alle notwendige Verstärkung von Herrn Sperling, den Peter telephonisch erreichen kann. Wenn er nicht weiß, wie, dann soll er, bitte, Haus fragen. – In dieser Geldfrage bleibe bitte unerbittlich darauf bestehen, dass wir keine persönliche Haftung übernehmen wollen, sodass es auf die Grundbucheintragung beschränkt bleiben muss. – Wenn das die Sache erleichtern würde, so kannst Du aber versprechen, dass wir für [die] Kriegsdauer die Rente erhöhen wollen. Noch besser wäre es natürlich, wir zahlten noch ein Mal einen zusätzlichen Betrag einmalig. Die Hauptsache ist, dass Sperling festbleibt. Mit ihm musst Du daher Kontakt halten.
6. Wegen der Sachen, die mein Büro betreffen, schreibe ich an Metzler und bitte ihn, Dir [eine] Abschrift meines Briefes zu schicken, damit Du unterrichtet bist.

Ich habe die Unverschämtheit, einige persönliche Wünsche zu haben, die ich auch Marion mitteile, über die das ja laufen müsste: Seife (das ist das eiligste, denn meine ist zu Ende), 100 gr. Tee auf Vorrat, Zucker, Äpfel, Karotten, eine kleine Teekanne, Kondensmilch, Marmelade, am besten Gelee (ich darf aber kein Glas in der Zelle haben, daher bitte in einem Blecheimerchen oder in einem Porzellantöpfchen), ein Zelluloid-Zahnputzglas, ein Essbesteck mit Teelöffel, Schuhputzzeug, den Rasierklingenschleifapparat. Viel, nicht wahr? Außerdem wäre ich dankbar, wenn ich regelmäßig etwas Essen nachgeliefert bekommen könnte, besonders Vitamine und Fette, und desgleichen regelmäßig Leibwäsche und alle 14 Tage ein sauberes Tuch und 1 Kopfkissenbezug. Wird das alles gehen, mein Herz?

Schließlich habe ich noch eine Bitte: Oxé, Haus und die wenigen Mädchen und Ordonanzen, die von der Amtsgruppe noch in Berlin zurückgeblieben waren, waren zu mir sehr nett und hilfreich und ohne die kameradschaftliche Unterstützung dieser «Bunkergemeinschaft» hätten wir unsere Arbeit ja nie wieder so in Schwung gebracht, wie es tatsächlich geschehen ist. Die sind nun wieder sehr betrübt und bestürzt über meine Abwesenheit. Könntest Du ihnen vielleicht einen Kuchen backen? Ich würde Dich bitten, ihn an mein Mädchen Frl. Anna Thiel, OKW Ag. Ausland I. B. Berlin-Dahlem, Laus Schule, Lausstr. zu schicken und sie zu bitten, ihn mit dem Berliner Restkommando zu essen. Schreibe bitte auf die Adresse «Falls Frl. Thiel nicht anwesend, durch Oberst Oxé oder Hauptmann Haus zu öffnen».

So, mein Lieber, nun komme ich zu dem Teil, der Dich am meisten interessiert, nämlich meinem Ergehen. Das ist sehr gut, nicht etwa wie Casparchen sagen würde: «gut!» Die Unbequemlichkeiten sind durchaus erträglich, die Wachtmeister sind sehr ruhig und freundlich, das Essen ist nicht übel und ausreichend, aber im Grunde ist das natürlich der schwächste Punkt. Es gibt kein Weißbrot und nie etwas Substantielles, weil man ja grundsätzlich nur Löffel bekommt. Das Essen ist aber nie angebrannt und nie versalzen, nie klumpig. Das ist schon eine Leistung. Übrigens: was sehr nett wäre, wären Zwieback und Kekse.

Bewegung mache ich mir durch Auf- und Abgehen und dabei denke ich an unsere Märsche auf dem Deck der verschiedenen Schiffe, auf denen wir auch auf- und abgerast sind, wenn auch längere Strecken, als mir hier möglich sind.

Die Tage verbringe ich mit Lesen und Nachdenken. Ich poliere eifrig an meinem inneren Menschen herum und bin gespannt, ob das Erfolg haben wird. Die Voraussetzungen dafür sind natürlich glänzend, denn hier gilt nur, was man in sich hat oder finden kann. – Eben höre ich die Kirchenglocken.

Ob Du wohl heute zur Kirche gegangen bist? Dann aber seid Ihr schon mitten in der Predigt, denn hier fängt die Kirche erst um 10 Uhr an. – In mir ist natürlich nicht genug, aber Dir bin ich zu großem Dank verpflichtet, dass das wenige da ist, was da ist, und an diesem Wenigen fühle ich mich reich. Du hast mich mit Bildern gesättigt, mein Herz, an die ich immer wieder denken kann, nachdem Mami mir schon einen netten kleinen Grundstock mitgegeben hatte.
Gestern wurde mir ein Brief von Jowo ausgehändigt, aus dem ich entnahm, dass Du in Kreisau geblieben bist. Wie gut. Vielen Dank. Vielleicht kommt also auch ein Mal ein Brief von Dir. – Grüße Deine Söhnchen. – Wo steht eigentlich Casparchen's Taufspruch?[3] Mit Konrädchen's Taufspruch und dem ganzen Korintherbrief beschäftige ich mich immer wieder. – Einen Kuss für Asta, der ich weiter gute Besserung wünsche. Viele Grüße allen Freunden, vor allem auch Schwester und Herrn Zeumer. J.
Schick mir bitte auf alle Fälle einen Faust. Wenn Du das hast, auch ein Gymnastikbuch.

24.1. früh
Guten Morgen, mein Lieber, nach einer friedlichen Nacht bin ich wieder mit dem Gefühl Deiner unmittelbaren Nähe aufgewacht. Der Brief konnte gestern nicht abgehen, ich hoffe aber, Gelegenheit zu haben, ihn heute zu expedieren.

1 Mit diesem Brief begann der kontinuierliche Austausch mit Freya über Fragen des landwirtschaftlichen Betriebs in Kreisau. Moltke verfolgte intensiv alle Einzelheiten der Feldbestellung und der ökonomischen Probleme. 2 Die Sperlings waren Bombenflüchtlinge aus Berlin, die im Schloss untergebracht waren. 3 2. Timotheus 1,7: «Gott hat uns nicht gegeben den Geist der Furcht, sondern der Kraft und der Liebe und der Besonnenheit.»

Sonntag, 30. Januar 1944

Mein Lieber, tagelang habe ich mir schon die Freude verkniffen, Dir zu schreiben. Und nun will ich sie heute, am Sonntag, auch voll genießen. Ich könnte Dir wahrscheinlich täglich schreiben, aber erstens weiß ich nicht, ob der Zensor das gerne sähe, und zweitens gibt es zu wenig zu berichten, als dass dadurch nicht die Freude zerteilt und in kleinen Portiönchen verbraucht würde. So bin ich egoistisch genug, mir die Freude anzusammeln und Dir nur selten zu schreiben.

Am Freitag bekam ich die erste unmittelbare Nachricht von Dir, dann aber gleich in Gestalt von 5 Briefchen. Das war also ein ganz besonderer Festtag. Ich habe bis dahin mehrfach alte Briefe von Dir, die ich bei mir hatte, gelesen und jetzt lese ich eben nur die 5 wiederholt. – Welch ein grässlicher Streit mit der Rentenannie! Hätte ich doch dabei helfen können, aber es sieht mir so aus, als sei es mit Carl-Viggo[1] und ohne mich eigentlich besser gegangen, als wenn ich da gewesen wäre. Hoffentlich ist das nun ausgestanden und die Rentenannie irgendwo untergebracht außerhalb des Schlosses und möglichst auch außerhalb Kreisau's. Wenn das gelungen ist, so ist es Dir zu danken und man kann dann nur sagen, dass die Sache gut ausgegangen ist. Jetzt, nach dieser fürchterlichen Affäre, die sie uns eingebrockt hat, haben wir jedenfalls keinen Anlass mehr, uns um sie zu kümmern.
Ich bin froh, dass die Holzzerkleinerungsmaschine da ist. Hoffentlich funktioniert das gut. Wie steht eigentlich die Sache mit dem Gummiwagen? Mein letzter Schritt war gewesen, an Merian zu schreiben und ihn zu bitten, die Landesbauernschaft zu einem schriftlichen Bescheid an Landskron zu veranlassen. Könntest Du Dich bitte um die Sache kümmern? – Bitte triff auch Fischer wegen des Lageplanes, wenn Du ihn hast und er ist einigermaßen brauchbar, dann schicke ihn bitte an Herrn Küntzel, Reichsnährstand, Bauberatung; die genaue Adresse weiß Peter, außerdem muss sie bei meinen Akten in Berlin sein. Eben läuten wieder die Glocken. Ob Du wohl Deinem Plan gemäß heute in Berlin bist? Ob Du dann jetzt eben mit Peter zu Lilje in den Gottesdienst gehst? Wenn Du da bist, würde ich es bestimmt tun. Denn es lohnt sich wirklich. Aber halte Dich nicht unnötig hier auf, sondern fahre lieber nach Hause.
Die Hauptsensation der Woche war der sehr unangenehme Luftangriff am Freitagabend oder vielmehr am Samstag früh. Es war sehr wenig schön, aber schließlich ist es ja gut vorübergegangen. Sonst reicht ein Tag dem anderen die Hand, ohne dass viel geschähe. Ich habe etwas zu arbeiten und lese sehr viel. Eigentlich lese ich den ganzen Tag mit Ausnahme von 10 Stunden, die ich im Bett liege, und vielleicht 3 Stunden, die ich für Reinemachen, Aufräumen, Aufstehen, Waschen, Essen und Bewegungen brauche. Ich sitze auch mal friedlich eine Viertelstunde und gedenk Euer; meist aber tue ich das am Beginn und Ende der 10 Stunden, die ich im Bett verbringe.
Es ist Dir offenbar nicht klar, dass ich am 19., da ich ja am 20. nach Hause fahren wollte, keine Leibwäsche mehr hatte. Ich sitze also jetzt seit 14 Ta-

gen in demselben Hemd und in derselben Unterhose. Wenn auch die Einrichtungen, um sich sauber zu halten, hier sehr gut sind, so ist das doch eher unangenehm. Wenn es also möglich wäre, mir möglichst bald saubere Wäsche zu verschaffen, so wäre ich sehr dankbar. Im Übrigen hoffe ich, dass mein Brief vom vorigen Sonntag inzwischen bei Dir eingelangt ist, wo ich ja alles genau aufgezeichnet habe, was ich brauche.

Marion sorgt rührend für mich und ich fühle mich auch sehr gut versorgt. Ich schreibe ihr noch gesondert. Eben fällt mir noch eine geschäftliche Angelegenheit ein: ich füge ein Schreiben der Kreissparkasse bei. Bitte unterzeichne die Urkunde in Vollmacht für mich und lass sie einreichen. Das hat letztlich den Zweck, meine Kreditangelegenheiten zu regeln.

Nun zu mir, denn das bin ich Dir ja schuldig; mir geht es weiter gut. Wir haben gegenwärtig kein Licht, keine Heizung und keine Fenster. Aber das sind Unbequemlichkeiten, die letzten Endes mit der inneren Lage nichts zu tun haben. Ich habe keine Ahnung, ob man mich in ein, zwei Tagen wieder gehen lässt oder ob ich auf längere Zeit hier bleibe. Ich bin über die Arbeitsweise hier so wenig unterrichtet, dass ich mir darüber gar kein Bild machen kann. Ich bin jedenfalls dafür, dass ich mich so einrichte, als bliebe ich lange hier, denn wenn ich erst anfange, von einem Tag zum anderen auf einen Fortschritt zu warten, dann werde ich nur ungeduldig und das hat ja keinen Zweck. Wenn ich mich nun schon auf eine lange Zeit einrichte, dann will ich derweilen auch etwas Vernünftiges tun, denn der Zwang zur Konzentration ist in so kleinen 4 Wänden groß und man muss das ausnutzen. Ich habe mir nun überlegt, dass ich vor allem Landwirtschaft arbeiten sollte, und daneben werde ich gerne etwas Theologie lesen, soweit das für einen Nicht-Humanisten möglich ist.[2] Kannst Du Dich ein Mal um Beides kümmern und mir die notwendige Literatur verschaffen? Nicht so viel auf ein Mal, damit ich nicht mit Massen von Büchern beladen bin, wenn ich ein Mal etwa umziehen muss. – Von allgemeiner Literatur bitte ich um den Faust und die Briefe aus der Türkei oder überhaupt ein Band Moltke.[3] Schließlich hätte ich gerne einen meiner großen Blocks, die ich zum Schreiben von Konzepten immer habe. Auf diesen arbeite ich immer gerne.

Mein Lieber, jetzt ist meine Haupt-Sonntagsfreude zu Ende. Ich habe nichts mehr zu berichten, als dass ich Euch in Gedanken stets umfasse, Ihr meine Lieben. Vorzüglich aber bin ich natürlich bei Dir, mein Herz. Hoffentlich erträgst Du diese Prüfung gut und voller Vertrauen. Warum sie uns und vor allem Dir auferlegt werde, wissen wir nicht. Wir können nur versuchen, daraus das Beste zu machen, wissend, dass wir alle geborgen sind. Auf Wiedersehen, mein Lieber, ich umarme Euch alle, grüße die Anderen. J.

Richtig, mein Lieber, noch etwas fällt mir ein: Du hattest mir mal Lebensmittelmarken zum Zusetzen gegeben, die m. W. nächste Woche verfallen und die ich nicht gebraucht habe. Hoffentlich bekommst Du sie noch rechtzeitig. Ich füge bei: 250 gr. Butter, 325 gr. Nährmittel, 200 gr. Brot. D. h., es ist wohl klüger, ich schicke sie Marion. Das werde ich tun.

1 Carl Viggo von Moltke, jüngster Bruder des Vaters Helmuth, von Beruf Richter. 2 Moltke hatte auf dem Realgymnasium in Potsdam Abitur gemacht, von den alten Sprachen hatte er nur Latein gelernt. 3 Siehe Helmuth Karl Bernhard Graf von Moltke: Gesammelte Schriften und Denkwürdigkeiten, 8 Bde., Berlin 1891–93.

Donnerstag, 3. Februar 1944

Mein Lieber, am Dienstag war ich über Deinen Besuch viel zu freudig erregt, als dass ich alles hätte sagen können, was ich hätte sagen müssen. Denn nachdem mir bisher jede Unterredung abgelehnt worden war, hatte ich nicht für möglich gehalten, dass Du Sprecherlaubnis bekommen würdest. Welch eine Freude war es, Dich zu sehen. Hoffentlich hast Du die Überzeugung mitgenommen, dass ich ganz wohl und auch ganz guten Muts bin. Ich habe in den vierzehn Tagen, die ich hier bin, viel gelernt, und manchmal gelingt es mir selbst in unangenehmen Augenblicken, ganz fest zu wissen, dass Du, Deine Söhnchen und ich, kurz wir alle, in Gottes Hand sind. Bewahr' Dir nur Deinen inneren Frieden, mein Herz, alles Andere wird sich finden. – Nach unserer Unterhaltung erfuhr ich, dass die Bombe, die vor meinem Fenster liegt, etwa 10 m davor in gerader Richtung, dass die kein Blindgänger ist, sondern eine ganz schwere Bombe, deren Zündmechanismus irgendwie verloren gegangen ist, wahrscheinlich durch eine sie treffende Flakgranate abgeschossen. Wäre das nicht geschehen, so wäre Dein Wirt heute in Atome zerfetzt, denn es soll sich um eine 4 Ztr. Bombe handeln. Diese Nachricht hat mich auch sehr gestärkt.
Nun zu all dem, was ich vergaß: mir liegt vor allem daran, dass Du Dir den Voranschlag sofort vom Büro kommen lässt, ihn bis Ende Januar weiterführst, mit Zeumer besprichst und dann noch einmal herkommst, damit wir ihn besprechen können. Ich fürchte nämlich, dass der Betrieb nicht genügend Geld haben wird, und dafür müssen wir rechtzeitig Vorsorge treffen.

Am besten wäre es, Du kämest einen Tag mittags an, brächtest den Voranschlag in einem Exemplar zu mir, damit ich ihn durcharbeiten kann, und wir bespráchen ihn am nächsten Tage. – Vielleicht kannst Du während der Nacht in Baruth schlafen.[1] Dort gibt es ein für mich reserviertes Zimmer und wenn Peter mal mit Oxé spricht, so lässt es sich sicher einrichten, dass Du für ein oder zwei Nächte dort gegen Bezahlung wohnst. Der Ort hat den Vorteil, dass Du immer über Dresden nach Haus kommst, falls die Zugmöglichkeiten aus Berlin zu schwierig sind. Ich bin aber dafür, dass Du Dich sputest.

Ich habe nochmals darüber nachgedacht, ob Du nicht doch besser Zeumer unterrichtest, und bin zu einem positiven Ergebnis gekommen im Gegensatz zu unserer Unterhaltung. Auch möchte ich Dich bitten, den Landrat zu unterrichten und ihm meinen herzlichsten Dank für seine Hilfe in der Angelegenheit der Rentenannie zu übermitteln. Nur such' ihn dann bitte auf und bitte ihn, es für sich zu behalten. Sag ihm, ich hätte ihm einen Dankesbrief geschrieben, wenn ich nicht behindert wäre.

Schließlich wiederhole ich meine persönliche Bitte nochmals: Äpfel und Karotten, Zucker, Tee, Kondensmilch, Marmelade im Blecheimer, und kleine Teekanne, mein Schleifapparat für Rasierklingen aus der Hortensienstr., von Zeit zu Zeit Butter, Keks, Zwieback, Weißbrot, Wurst.

Dann hatte ich Dich fragen wollen, und habe auch das vergessen, ob Du Illemie oder ihren Mann[2] gesehen hast, während Du in Berlin warst. Ich wüsste gerne, wie es Adriänchen[3] geht. Hast Du C. D. gesprochen? Wie geht es Margrit's Zwillingen?[4] Hast Du Eddi[5] gesehen oder war er noch nicht zurück? Ich wüsste auch gerne, ob die über die Bombennächte gut hinweggekommen sind. Ich hoffe, Du hast nach unserer Unterhaltung noch mit Haus oder Oxé gesprochen und sie ermutigt, mich nur tüchtig arbeiten zu lassen. Ich hab ja jetzt reichlich Zeit dazu und auch die Genehmigung.

Das Wetter ist weiter warm und bedeckt mit gelegentlichen Regengüssen, aber ganz ideal für Fliegerangriffe. Trotzdem haben wir jetzt eine ganze Reihe ruhiger oder fast ruhiger Nächte gehabt. Hoffentlich habt Ihr zu Hause Regen, damit wenigstens Feuchtigkeit in den Boden kommt. Wenn ich dieses anormale Wetter sehe, dann zittere ich um die neue Ernte. Das sind ganz traurige Aussichten. Seit gestern aber habe ich wieder eine Art Fenster, es ist aus Zellophan mit Drahtgeflecht, nicht unangenehm, es hält nur die Kälte nicht ab, nur den Wind und den Durchzug. Es ist also ein Fortschritt. Heizung werden wir, scheint's, lange noch nicht bekommen. Nun, wir werden uns gewöhnen. Ich sitze immer stark vermummt, ein Pullover um den Kopf, den Mantel an, eine Decke um mich gehüllt und eine Decke als Fußsack um die Füße. Wenn mir dann kalt wird, mache ich im Schnelltempo einen Marsch durch die Zelle, immer 6 Schritte hin und 6 zurück, mindestens 1000 Schritt = 1 km. Wenn das noch nicht reicht, mache ich Kniebeuge[n], bis ich wieder richtig warm bin. Ob das alles aber reichen wird, wenn erst ein Mal 15 oder 20° Kälte sind, weiß ich nicht.

Hoffentlich bekommt Zeumer bald seine Polen zurück. Wäre es nicht besser, er schickte Fräulein Schönfeld oder vielmehr Frau Schwan hin? Wie geht es mit der Holzhackmaschine? Ich bin sehr gespannt zu hören, was damit geschafft wird. Ist am Hinterbusch weiter Holz gemacht worden? Ich lasse Zeumer sehr bitten, das Pflanzen der Bäume im Hinterbusch mit Vorrang zu berücksichtigen. Denn wenn wir das dieses Jahr nicht machen, wächst uns da wieder eine Wildnis von Gestrüpp ran, derer wir nicht Herr werden können. – Hat Hans Heini[6] die Riemen für die Steigeisen zum Bäume-Ausasten gebracht und ist das ein Mal versucht worden? Was ist mit dem Kauf eines neuen Bocks? Ich denke, der Verband sollte 2 Böcke für uns kaufen. Es wäre nur besser, Hansen wäre vorher da gewesen, damit er genau weiß, was für Böcke wir brauchen. – Im Kuhstall soll Lachmann vor allem sehen, dass er die Stallmilchtiere pflegt und sie auf Leistung hält, soweit das möglich ist. – Wenn Du am Voranschlag arbeitest, dann nimm auch den Futtervoranschlag noch mal durch und prüfe an Hand der neuen Druschergebnisse, ob wir durchkommen werden. Die ganzen Unterlagen, die an dem Bericht über den Voranschlag dranhängen, musst Du in einem Exemplar zu Hause haben. Ein Exemplar habe ich hier. – Richtig, noch etwas: Metzler soll sich doch auch um Sprecherlaubnis für mich bemühen, damit ich die laufende Sache mit ihm erörtern kann. Er soll mir aber die ganze Post, die eingelaufen ist, herschicken. Das muss alles über die Dienststelle am Kurfürstendamm gehen, bei der Du auch warst.

Von mir, mein Lieber, gibt es seit Dienstag nichts Neues. Es geht mir gut, ich zehre von den 10 Minütchen mit Dir und von Deinem Brief. Ich habe alle Briefe von Dir ab 28. 12. bei mir, und die lese ich manchmal ganz durch, manchmal nur die ab 22. 1. Nach dem Abendbrot lese ich nur noch Erbauliches und Deine Briefe. Ich bin jetzt zum zweiten Mal beim Johannes-Evangelium und will dann das Neue Testament verlassen und im Alten mit Jesaja anfangen. Besonders erfreut war ich über die Umgebung, in der sich

Konrädchen's Taufspruch findet. Den Teil vom 13. Kapitel an lese ich meist jeden Abend. Dann gehe ich ins Bett und dann liege ich meist noch lange und denke an Euch, was Ihr wohl getan habt am Tage, was Ihr jetzt tut, ob es Dir, mein Herz, gut geht. Erst wenn ich mich ganz friedlich fühle und zu meinen glaube, dass es bei Euch auch friedlich ist, schlafe ich ein und mein erster Gedanke am Morgen fliegt zu Euch. Das Leben ist ganz anders als früher. Früher, da hatte ich den Kopf voll Sorgen und Verantwortung und so zärtlich ich auch Euer gedachte, mein letzter Gedanke am Abend und mein erster am Morgen war eigentlich immer mit meinen Aufgaben beschäftigt. Jetzt ist das anders. Grüße alle, mein Lieber, umarme Deine Söhnchen und halte bitte lieb Deinen Ehewirt J.

Richtig, mir fällt noch folgendes ein: vielleicht wäre es gut, Du brächtest mir ein Paar dicke Schuhe und Wollsocken mit, statt dass ich hier in dünnen schwarzen Halbschuhen und dünnen Socken einherlaufe. Lass die Schuhe nur erst nachsehen, dass sie in Ordnung sind. Aber die Socken könntest Du vielleicht vorweg schicken, denn die könnten mir ja auch im Bett gute Dienste tun, falls ich mal meine Füße nicht warm bekomme.

1 Baruth ist eine Kleinstadt ca. 60 km südlich von Berlin, dort befanden sich Ausweichquartiere der Abwehr. 2 Baronin Illemie Steengracht von Moyland, verheiratet mit Baron Gustav Adolf Steengracht von Moyland, Mitarbeiter von Außenminister Joachim von Ribbentrop, 1943 Staatssekretär als Nachfolger Ernst von Weizsäckers. 3 Adrian, Sohn der Steengrachts. 4 Vetter Carl Dietrich von Trotha (1907–1952), Sachbearbeiter im Reichswirtschaftsministerium, seine Frau Margrit war eine promovierte Volkswirtschaftlerin, beide im Kreisauer Kreis tätig. 5 Eduard Waetjen, als Rechtsanwalt Bürogenosse von Moltke, im Krieg häufiger Gesprächspartner von Moltke, Mitarbeiter in der Abwehr, meistens in der Schweiz. 6 Hans-Heinrich von Portatius, Gutsbesitzer aus dem Kreis Reichenbach.

«Bringe recht viele Nachrichten mit»
Briefe aus Ravensbrück

Sonntag/Montag, 6./7. Februar 1944

Mein Lieber, mit 6 anderen bin ich heute Morgen nach einem anderen Ort verlegt worden.[1] Ich werde Dir seinen Namen im Augenblick noch nicht sagen, weil ich nicht weiß, ob das gestattet ist. Es ist für Dich auch zurzeit gleichgültig, denn alle Post und Pakete gehen weiter über die Dienststelle Kurfürstendamm, wo jetzt nicht mehr Herr Haaker zuständig ist, sondern Herr Breier.[2] Wir sind, so sagt man mir, aus Luftschutzgründen hierher verlegt, und ein Teil der Berliner Dienststelle zieht auch mit. Jedenfalls ist es von Berlin aus in einem Tag hin und zurück erreichbar, zwar wirst Du Dir am besten mein Rad mit auf die Bahn nehmen, denn es ist über 3 km von der Bahn. Es ist ein ganz neuer Zellenbau, mit sauberen kleinen Zellen, Clos und fließendem Wasser. Es liegt praktisch auf dem Lande, von dem man allerdings nichts sieht, weil nur durch ein Drahtglasfenster oben Licht hereinfällt. Meine Zelle liegt nach Süden, daher stand die Sonne gerade darauf, als ich um 1 dort einzog. Diese Unterbringung hat unzweifelhaft den Vorteil, dass Du Dir keine Sorge mehr bei Luftangriffen auf Berlin zu machen brauchst, aber trotzdem wäre ich lieber in Berlin geblieben. Ich habe jetzt massenhaft Akten mit und weiß nicht, ob das alles klappen wird mit der Kurierverbindung mit Berlin. Nun, wir müssen es abwarten.
Ich habe inzwischen gehört, dass mein Büro in der Viktoriastraße total zerstört sein soll. Das bedeutet wahrscheinlich, dass alle Exemplare des diesjährigen Voranschlages vernichtet sind; das ist sehr lästig für Dich, mein Lieber, aber ich kann dir folgende Ziffern aus meinem Material hier sagen: [es folgen Aufstellungen] Von diesen 36.207.89 waren zu decken: RM 10.000,– durch Düngerwechsel und RM 15.000,– durch Kreisbankkredit, sodass rund RM 12.000,– ungedeckt blieben, die als kurzfristige Schulden mitgenommen werden sollten.
Unter den veränderten Umständen ist mir aber zweifelhaft, ob es nicht richtiger ist, wir decken möglichst alle Schulden ab. Bei dem sehr schlechten Jahresergebnis, das wir 43/44 bekommen, kann ich es mir, glaube ich, auch einkommenssteuermäßig ruhig leisten, und zwar aus dem Honorar Kempinski.[3] Bitte, sprich ein Mal mit Fräulein Br[eslauer][4] d[a]rüber, nämlich, ob sie weiß, wieviel ich noch aus der alten Abrechnung zu bekommen habe. Sonst soll sie doch Steinke[5] bitten, ihr eine Aufstellung darüber zu geben, wie viel ich noch zu bekommen hatte. Das könntest Du dann mitbringen, wenn wir uns das nächste Mal sprechen, und dann können wir se-

hen, wieviel ich von diesem Geld jetzt anfordern soll, damit wir ohne Bankschulden auskommen. Bitte, prüfe auch den Futtervoranschlag nach den jetzigen Druschergebnissen nach.
Der neue Ort hat einen Nachteil: die Zelle ist zu kurz und daher kann man nicht darin auf- und abgehen. Aber ich werde wohl für meine Bewegung noch eine Lösungsmöglichkeit finden. Das Mittagessen, das wir eben bekamen, war aber noch etwas besser als in der Prinz Albrechtstraße, an die ich ja doch ein gewisses Attachment habe. Wenn das Essen so bleibt, dann reiche ich mit meinen Zusatzvorräten wie folgt: Wurst und Butter die ganze Woche, Weißbrot noch vier Tage, Gelee bis Mitte nächster Woche, Honig den ganzen Monat, Zucker dsgl., Karotten bis morgen, Äpfel bis Donnerstag einschließlich, Kekse bis Mittwoch. – Übrigens, von Zeit zu Zeit finde ich ein Ei in der jetzigen Lage gar nicht übel, besonders, wenn es nicht hart gekocht ist, sondern so gerade noch ein wenig weich. – Bitte, schicke mir auch etwas Papier und Umschläge.
Mir geht es soweit gut. Die Kälte in der P. A.[6] habe ich mühelos überstanden, gegessen habe ich wie ein Scheunendrescher, vor allem Butter. Ich habe den 2. Teil der Woche nicht viel gelesen, weil Oxé mir eine ganze Menge Arbeit gebracht hatte und weil ich 2 Mal etwa je 2 Stunden mit Oxé gearbeitet habe. Wie das jetzt werden wird, muss ich erst einmal sehen. Vielleicht hat die hiesige Dienststelle eine so regelmäßige Kurierverbindung nach Berlin, dass ich immer 1 oder 2 Mal wöchentlich reinfahren kann. – Für die nächsten Tage habe ich jedenfalls riesig viel Arbeit, die ich erledigen muss.
Um nun noch einmal zu dem zerstörten Büro zu kommen: vor allem muss ich Metzler sprechen, sobald er es einrichten kann. Ich muss ja wissen, wo die anderen sich niederlassen und ob ich da mitkann. Frl. Br[eslauer] soll sich aber auch eigenmächtig darum kümmern. Vor allem muss sie einen Bombenschein für mich erobern und damit meine Post umdirigieren und die angelaufene Post abholen. Sie soll sich bitte den Kopf zerbrechen, wie wir es am gescheitesten machen, und soll sich mit Herrn Steinke und Herrn Kämmel gegenüber und bei dem Oberfinanzpräsidenten mit irgendeiner Adresse melden. Wohl am besten Hortensienstraße 50 und da muss sie eben von Zeit zu Zeit vorbeigehen. Die gleiche Adresse muss dem Postscheckamt und Comes und Co.[7] gegeben werden. Außerdem soll sie mal sehen, was noch aus den Trümmern zu retten ist. – Dann müsste sie sich bitte daranmachen, meine Steinke betreffenden Akten zu rekonstruieren.

Wenn Steinke's Büro steht, dann am besten dort, sonst bei Herrn Kämmel. Das muss sie allein wissen.
Seit ein paar Tagen ist es klar und kalt; es liegt ein ganz klein wenig Schnee, aber so wenig, dass es nicht der Rede wert ist. Schrecklich, nicht wahr. Denn bei Euch ist sicher nicht mehr. Was machen wir nur, wenn wir wieder eine Missernte haben? Wenn es tatsächlich keine Winterfeuchtigkeit gibt, so würde ich dieses Jahr die Obstbäume das ganze Jahr doch ein Mal die Woche wässern. Z[eumer] muss eben diese Fuhre leisten. Dein ganzer Mist wird ja wieder kein anständiger Kompost. Aber vielleicht kannst Du die Stäsche dazu veranlassen, den Kompost zu wässern. Vergiss aber nicht, den Schattenmorellen dieses Jahr eine tüchtige Gabe Kompost zu geben, auch den anderen Bäumen würde ich eher Kompost als Mist geben und wenn Du dieses Jahr keinen Kompost hast, lieber jetzt aussetzen und für nächstes Jahr Kompost machen.
Gut, dass Z[eumer] auf der Breslauer Auktion keinen Bock gekauft hat. Glogau tat es für uns vollkommen. Wenn nur Hansen bald zur Zuteilung käme. – Richtig: noch etwas hatte ich mit Dir zu besprechen. Die Katastrophenentschädigung für Dürreschäden sollte ja, so hatte es mir der Landrat zugesagt, vor Beginn der Frühjahrskampagne gezahlt werden. Kannst Du den Landrat, unter Hinweis darauf, dass Du ja die Finanzierungsfrage für dieses Jahr in den nächsten 14 Tagen bis 3 Wochen mit mir besprechen musst, fragen, wie es damit steht und ob in nächster Zeit mit Zahlung zu rechnen ist und in welcher Höhe. Bitte, mache ihn darauf aufmerksam, dass die erneute Umfrage bei uns nicht gewesen ist.
Mein Lieber, ich denke viel und zärtlich an Euch. Den Tag über verfolge ich, was Ihr wohl tut und vor allem, was wohl mein Lieber tut. Erhält er sich auch seinen Frieden? Macht er sich nicht zuviel Kummer? Er soll sich jedenfalls nicht zu viel sorgen. Aber er hat jetzt allerhand am Hals. Ich kann ihm leider nichts abnehmen. Geht es dem Mütterchen[8] gut? Wegen P. W.[9]: den Brief von Simon an P. W. habe ich an diesen weitergeschickt, nachdem ich bei der Zentrale der Passierscheinstelle festgestellt hatte, dass dieser Brief ausreichen würde. Ob P. W. dann mit diesem Brief da war?
So, ich höre für heute auf und lasse den Brief bis morgen liegen, da er vorher doch nicht abgeholt [wird]. Auf Wiedersehen für heute, mein liebes Herz.
Am Morgen des 7. Nach einer angenehmen Nacht, die um ½ 10 begann und um ½ 6 endete, habe ich gerade gefrühstückt. Ehe ich jetzt zu arbeiten

beginne, will ich noch schnell den Brief fertig machen in der Hoffnung, dass ich ihn heute irgendwann expediert bekomme. Mir sind noch folgende Dinge über Nacht eingefallen: am Samstag – 4. 2. – habe ich für Marion ein Paket mit gebrauchter Wäsche und Packmaterial und einen ausführlichen Brief an der Dienststelle hinterlassen. Aber da alles mit Umzug beschäftigt war, bitte ich Dich, bei ihr nachzufragen, ob sie es bekommen hat. – Hier scheint hinsichtlich Besteck kein so strenger Ritus zu herrschen wie in der Prinz Albrechtstraße. Vielleicht könntest Du mir noch eines erbitten. Desgleichen brauche ich eine starke Nagelschere für Fußnägel.
Mein Lieber, sonst ist alles immer dasselbe und ich bin in Gedanken immer bei Euch J.
Welches ist die Postnummer für Schlesien?
Bitte schreibe Inge, ich sei sehr gerührt über Brief und Geschenke. Ich schreibe ihr jedoch nicht selbst, weil zu vieles Schreiben hier wegen der Zensurnotwendigkeit ungern gesehen wird, sodass ich mich nur auf das Notwendige beschränke.
Es ist Abend und der Brief kommt heute nicht mehr fort. Ich will Dir nur noch rasch berichten, dass ich mit besonderer Freude Jes. 40 gelesen habe. Lilje hat mal darüber gepredigt, aber ich hatte es vergessen. Es fängt an: Tröstet, tröstet mein Volk.

1 Ins KZ Ravensbrück. 2 Am Kurfürstendamm 140 befand sich eine Ausweichdienststelle der Gestapo. Haaker und Breier waren SS-Kriminalkommissare. 3 Moltke hatte dem Hotelier Hans Kempinski bei dessen Vermögensregelungen und der Emigration geholfen. 4 Katharina Breslauer, Sekretärin in Moltkes Rechtsanwaltsbüro. 5 Werner Steinke, Prokurist und Betriebsführer der Firma Kempinski, mit dem Moltke in der Frage der «Arisierung» des Betriebes zusammenarbeitete, die nach Jahren verhindert werden konnte. 6 Prinz-Albrecht-Straße 8, Zentrale der Gestapo. 7 Treuhand, Vermögensverwaltung und Versicherungstreuhand. 8 Freyas Mutter Ada Deichmann. 9 P. W. Müller, Bekannter von Ada Deichmann aus Belgien, der einen Passierschein nach Deutschland benötigte.

Sonntag/Montag, 13./14. Februar 1944

Mein Lieber, den Sonntagmorgen will ich wieder mit einem Brief an Dich feiern. Der Tag fing heute hier nur sehr spät an, und da ich Licht hatte, lag ich lesend bis ziemlich 8 Uhr im Bett. Dann zog ich mich langsam an, machte mein Zimmer und um 9.15 kam schließlich mein Tee. Jetzt ist es ¾10 und das Frühstück gerade vorbei. Ich habe also schon zwei Stunden sehr erbaulich gelesen.

Das Leben hier spielt sich viel geruhsamer ab als in Berlin, wo es doch stramm militärisch zuging. Davon ist hier keine Rede. Wann man aufsteht und ins Bett geht, ob man sich über Tag hinlegt, alles das ist ganz gleichgültig hier. Zwischen ¾8 und 8.15 bekommt man sein Frühstück, zwischen 11.15 und 12.15 sein Mittagessen und zwischen 5 und 6 das Abendbrot. Sonst kümmert sich kein Mensch um einen; nur ab 10 gibt es kein Licht mehr. – Der Hauptteil der Insassen und der Aufseher sind Mädchen. Wir haben für uns drei Mann mitbekommen. Diese und die Mädchen sind sehr freundlich und sind immer bereit, einem zu helfen, wenn man etwas braucht. Die menschliche Atmosphäre ist also gut. Das Ganze ist, was man «ein schmuckes, apartes Gefängnis» nennen könnte.
Die Zelle ist wohl 2.50 × 3.50 und 3.50 hoch und wie folgt eingerichtet:

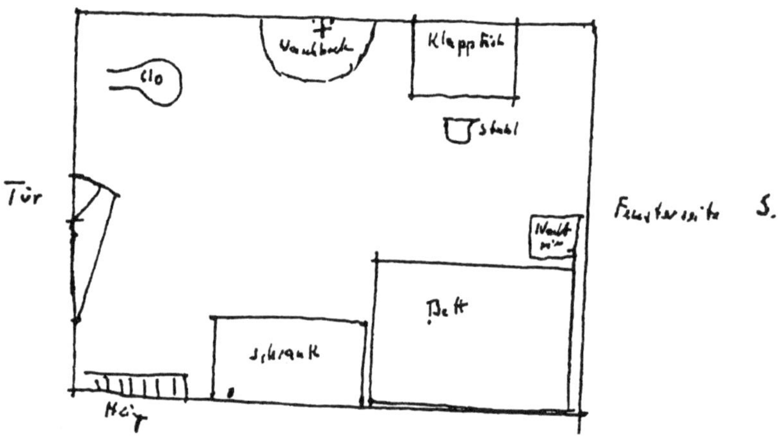

Das ist alles neu und sauber. Der einzig schwere Nachteil ist, dass das Fenster zu klein ist. Es ist ein länglicher Schlitz oben an der Wand, etwa 1.50 × 0.40, der aber nur in einem kleinen Winkel nach oben aufgeht und einfach für mein Gefühl nicht genügend Luft hereinlässt. Außerdem ist das Fenster aus Drahtglas, sodass man nie den Himmel sieht und nie einen Strahl der auf das Fenster stehenden Sonne direkt bekommt. Das ist wenig angenehm, wird aber dadurch erheblich gemildert, dass wir täglich einmal etwa 15 Minuten auf einem Höfchen auf und ab gehen können. Das ist ganz angenehm, oder vielmehr sehr angenehm.
Die Woche habe ich sehr angenehm verbracht bis auf den Donnerstag. Ich hatte nämlich bis Donnerstag spätestens Post irgendwelcher Art erwartet

und es kam nichts, weder von Dir noch von Marion, noch von Oxé. Ich hatte nun das Gefühl, es sei irgendwo die Verbindung gerissen und der Transport der Post hierher funktionierte nicht. Dafür kam dann am Freitag ein herrliches Paket von Marion, Arbeit von Oxé und Briefchen von Dir. Damit war ich dann nicht nur befriedigt, sondern beseligt, dass die Verbindung wieder funktionierte.
Das Essen hier ist gut. Wir bekommen früh einen Berg Brot und Marmelade. Das Brot muss für den ganzen Tag reichen; es ist gut und mehr als ich essen kann. Ich gebe eigentlich immer etwa ein Drittel wieder ab. Mittags gibt es Suppe und ein Gericht, einmal in der Woche als einen Eintopf. Er ist recht gut gekocht. Das Gericht besteht eigentlich immer aus viel Kartoffeln, einem Gemüse, viel Sauce und wenig Fleisch. Abends gibt es Margarine und Wurst oder Käse. Zwei Mal in der Woche gibt es abends warm, einmal Pellkartoffeln mit Quark (beides mäßig), einmal Makkaroni mit Speck (Makkaroni gut, Speck mäßig). Das, was ich von Dir bekomme, das von Marion ist jetzt quantitativ gerade richtig. Das Essen ist in der Qualität und in der Menge nicht ganz ausreichend, um «in gutem Futterzustand» zu bleiben, und außerdem zu eintönig, um wohl gegessen zu werden. Daher ist der Zusatz weiter sehr erwünscht. Auch hier sind die Mängel Fett, Zucker und Vitamine. Das Fett, das wir bekommen, ist qualitativ schlechter, als es in Berlin war. Denn wir bekommen nur Margarine, während wir dort mehrfach Fett bekamen. Auch Wurst und Fleisch waren in Berlin qualitativ besser.
Das Porzellan, das wir hier bekommen und das eine sehr angenehme Verbesserung gegenüber Berlin bedeutet, ist aus Königszelt. Wandbecken und Clo sind aus Bunzlau.[1] Ich war über diesen heimatlichen Anklang sehr gerührt.
Nun komme ich Unbescheidener erst ein Mal zu meinen Wünschen und Bitten. Von Casparchen wünsche ich mir zum Geburtstag noch so ein Notizheft wie dasjenige, das er mir Weihnachten geschenkt hat. – Meine Rasierseife und meine Zahncreme werden Anfang März zu Ende sein. Für meine Schubläden und Schrankfächer hätte ich gern etwas Ausschlagpapier, falls Du noch welches besitzt, mit Reißnägeln. Es gibt hier keinen Spiegel, und obwohl ich es im Rasieren ohne Spiegel schon zu einer beträchtlichen Virtuosität gebracht habe, wäre ich für einen kleinen Spiegel dankbar. Das Schlechteste hier ist das elektrische Licht. Kannst Du mir vielleicht eine Tischlampe – möglichst eine zum Ankneifen, weil mein Tisch

sehr klein ist – und einen Doppelstecker zum Einschrauben in eine Birnenfassung schicken? Die Schnur müsste aber 2 m lang sein.
Es geht immer noch weiter: mein Pyjama ist zerrissen, ich bitte also bald um einen neuen. Ich benötige bald einen meiner großen Konzeptblocks, von denen wir die Masse nach Kreisau geschafft haben. Hier gibt es Flöhe. Und da ich ja nicht weiß, wo ich noch hinkomme, wäre es auf alle Fälle gut, wenn ich irgendein Insektenbekämpfungsmittel hätte. Desgleichen wäre ich für ein Abführmittel dankbar, obwohl ich es vorläufig nicht benötige. Schließlich noch drei Sachen. Ich hätte gerne Civitas Dei von Augustin, notfalls lateinisch, dann aber, bitte, mit Lexikon. Vielleicht findest Du jemanden, der es hat, mein Exemplar ist nämlich seit Jahren weg. Ferner hätte ich gerne ein Bild von Kreisau. Vielleicht kannst du S. R.[2] schreiben, ihm sagen, mein Liebling sei verbrannt, ob er mir noch eines verkaufen würde. Und dann bitte ich Dich, meine neue Raucherkarte auszukaufen und mir das Ergebnis in Schachteln zu schicken. – So, Schluss der Wünsche.
Nun kommt der Kommentar zum letzten Paket. Du musst, bitte, Marion sagen, wie außerordentlich dankbar ich für ihre rührende Fürsorge bin. Ich habe ihr zwar geschrieben, aber ich weiß immer nicht, ob ich dem genügend Ausdruck gebe. Es war alles herrlich. Ein Weißbrot ist etwas zu viel auf ein Mal. Ein kleiner Kreisauer ist gerade das richtige Format. Zwieback ist nützlicher als Weißbrot. Dabei fällt mir noch ein Wunsch ein: ich bitte noch um eine Kerze, damit ich eine in Reserve habe. Das Licht ist hier manchmal plötzlich weg. – Sardinen brauche ich zwei Pakete lang nicht mehr. [Mit] Tee bin ich jetzt auf längere Zeit versorgt. Die Schätze aus dem vorigen Paket waren die Teekanne und die Bücher. Mein Herz, dass Du Dich von Deiner getrennt hast, finde ich ja rührend. Die weiße hätte es für mich doch auch getan. Aber natürlich hat mich ihr Anblick entzückt. Vielen Dank. Woraus trinkt Ihr nun Tee? Diese Kanne hat mein Leben hier entscheidend verschönt. Ich bekomme früh und abends herrlichen Tee. Die Bücher waren ja mit Weisheit und Sachverstand ausgesucht. Ich nehme an, dass Eugen sie beschafft hat. Kannst Du mal diskret anfragen, ob wir diese Bücher kaufen dürfen oder ob ich sie zurückgeben muss. Wenn wir sie kaufen können, ob wir nicht die ersten drei Bände der Werke Luther's auch bekommen können.[3] Ich habe deren Inhaltsverzeichnisse gelesen und mir ist danach das Wasser im Munde zusammengelaufen. Ich lese es jedenfalls mit Genuss, Erbauung und langsam wachsendem Verständnis. Wo kommt der Faust her? Das ist doch kein Exemplar von uns. Sollen wir das nicht austauschen?

Der größte Genuss meiner Tage sind aber Deine Briefe, mein Herz, die ich häufig wieder lese. Ich habe den ganzen Satz vom 28ten an bei mir. Nun zu den letzten drei. Der Kuhstall macht mir große Sorge. Das Gefährliche ist, dass die Kühe herunterkommen und dann gegen alle Krankheiten anfällig werden. Ich fürchte, es wird schon am Heu liegen. Den Kühen ist das weiche Futter eben einfach über, so als müssten wir tagein tagaus Griesbrei essen. Man muss eben versuchen, ihnen so viel Stroh zu geben, wie man nur in ihre Mägen kriegen kann, und da muss man eben experimentieren. Das ist alles sehr schlimm und bis man auf die Weide kann, vergehen noch 3 Monate. Wenn der Stall bloß gesund bleibt. Auf die Milch wollen wir in diesem Katastrophenjahr schon verzichten. – Frau Pick[4] kannst Du ruhig für Dich behalten. Das Problem scheint mir nur zu sein, ob Du nicht ein Mädchen noch auf Deine Kappe nimmst und das T[ante] Leno[5] ablässt. Denn Frau Pick rechnet ja wegen Alters nicht. Aber vielleicht ist eine glatte Lösung besser und das andere zu kompliziert. – Die Eiche kann nur bei hartem Boden transportiert werden. Wenn sie zerschnitten ist, so soll das Holz in den kleinen Holzladen hinten in eine Ecke getan und mit Latten zusammengenagelt werden, damit es keiner wegholt. – Wegen P. W.: ich habe ihm nie geschrieben, sondern nur folgendes gemacht: den Brief von Simon mit der Zentrale besprochen. Die hat mir gesagt, der Brief genügt, und hat Brüssel verständigt und dann habe ich den Brief losgeschickt, mit dem P. W. dann zur Passierscheinstelle gehen sollte. – Anliegenden Brief zeige bitte Frau Luchter. Ich hatte dorthin geschrieben und den Chefarzt gebeten, Luchter nach Schlesien zu transportieren. Frau Luchter möchte mir sagen, wo er denn nun hingekommen ist. Die Sache klingt nicht schlecht. – Gut, dass die Holzzerkleinerungsmaschine gut funktioniert. So bekommen wir hoffentlich einen Vorrat an Festholz, der nun reicht. – Das blöde Zimmer im Schloss würde ich mit T[ante] Lenos Zustimmung vermieten.

Mein Lieber, aus Deinen Briefen sehe ich, dass Du Dir einesteils zuviel Sorge machst, andernteils zu hoffnungsfroh bist. Mein liebes Herz, es ist für mich natürlich leicht reden, denn ich stecke ja drin und nicht Du. Aber Du musst versuchen, diese Prüfung zu nutzen. Vertrauen in mich ist dabei ganz fehl am Platze. Sieh', mein Lieber, was hätte Dir alles Vertrauen in mich genutzt, wenn die Bombe, die in jener Freitagnacht vor meinem Fenster landete, nicht unterwegs von einem Flakgeschoss entschärft worden wäre? So ist es mit allem anderen. Vertrauen kannst Du mit Nutzen nur zu dem haben, der die Bombe entschärft hat, und dazu die Gewissheit, dass es

auch seinen Sinn hat, wenn er einmal eine Bombe nicht entschärft. Jeder menschliche Optimismus ist in allen Dingen falsch, das glaube ich nun einmal ganz fest gelernt zu haben. Als ich am 19ten abends mit meinen Bettsachen meine Bibel bekam, schlug ich sie auf, ohne zu denken und eigentlich ohne alles Bewusstsein. Und mein Auge fiel erst auf Jeremia 11,18 ff.[6] und mein Daumen lag auf Josua 1,9.[7] Das hat mich so bestätigt in der Überzeugung, dass Optimismus falsch und Vertrauen richtig ist. Hoffentlich ist das klar, mein Lieber. Ich weiß, dass ich es leicht habe, denn ich kann mich den ganzen Tag mit solchen Fragen beschäftigen und Du musst Dir Dein Vertrauen in den knappen Zeiten Deiner vollen Tage erkämpfen.
Du fragst, wie die Tage vergehen. Das ist sehr verschieden. Die meisten Tage vergehen wie der Wind. Der Tag hat, da ich um 7 aufstehe und um 10 ins Bett gehe, 15 Stunden. Davon vergehen 2 Stunden mit Aufstehen, Waschen, Zimmer machen, Essen, Spazieren gehen. Bleiben 13 Stunden übrig: 2 Stunden lese ich in der Bibel, 2 Stunden lese ich Times und Parliamentary Debates, eine Stunde lese ich Bismarck,[8] 1 Stunde lege ich Patiencen, 1 Stunde denke ich zärtlich an Euch, ohne etwas anderes zu tun, aber im übrigen tue ich es immer, 3–4 Stunden habe ich Arbeit vom Amt, 1 Stunde lese ich Briefe vom Pim, und den Rest der Zeit lese ich andere Sachen. An diesem Brief habe ich jetzt z. B. 2 geschlagene Stunden geschrieben, dann habe ich an Tagen, an denen ich keine Arbeit für das Amt hatte, etwas für die Söhnchen geschrieben. – Lang jedoch sind mir nur Tage, an denen ich auf etwas gewartet habe, und das ist, glaube ich, bisher 3 Mal vorgekommen. Dann hat man das Gefühl, man sei eine weggelegte Akte, vergessen und von den Freunden könnte niemand an einen ran. Ich habe aber alle solche Anflüge immer gleich energisch bekämpft, und [so] sind sie nie schlimm gewesen. Solange man seine Seelenlage in Ordnung hält, wird die Zeit nicht lang. – Die viel größere Gefahr ist, dass man die viele Zeit, die man hat, vertrödelt, indem man das Gefühl hat, es käme ja nicht darauf an. Das ist aber ganz falsch. Die Zeit ist hier genauso kostbar wie draußen.
Mein Lieber, vor allem aber zehre ich von meinen Schätzen. Und siehe da: je mehr ich davon zehre, umso mehr werden es. Es ist so wie mit der Speisung der 5000.[9] Ich habe auch das Gefühl, dass ich jetzt schon mehr Krümel aufsammeln könnte, als ich am Anfang Brot hatte. – Weißt Du, dass wir morgen vor 10 Jahren auf unsere erste Reise nach Afrika abfuhren? Wir fuhren über Tag nach Rotterdam und stiegen damals auf einen der Wörmann-Dampfer, dessen Namen ich wieder vergessen habe. Dann kam un-

ser erster Besuch bei Tante Emma und dann die Watussi und dann das halbe Jahr vom 18.3.–18.9. und, mein Lieber, denkst Du daran, dass in 12 Tagen Mami's 60ter Geburtstag ist?[10] Bitte Fräulein Hirsch, einen besonders schönen Kranz zu machen.[11] Ich will nachher noch an Jowo zu diesen Tagen schreiben.

Mein Lieber, ich hoffe, Du kannst Dir aus dem allen ein Bild machen und weißt, dass es mir gut geht. Natürlich habe ich Sehnsucht nach Euch, aber Ihr seid mir auch in mancher Beziehung so innig nah, dass ich mich gar nicht recht getrennt fühlen kann. Vor allem fühle ich mich eben durch Dich, mein Herz, so reich, dass ich mir vorkomme wie einer, der ein ganzes Leben in einer Schatzkammer gelebt hat, aber vergaß, das Licht anzumachen. Und nun plötzlich ist es angemacht. – Möge Dir, mein Herz, Dein Frieden im Innern und, wo es möglich ist, auch im Äußeren bewahrt bleiben. J.

[Nachschriften vom 14.2.:]

Wenn Du kommst, kannst Du vielleicht in Pinnow[12] oder in Schöningen[13] wohnen. Vielleicht ist das bequemer als Baruth. Du kannst auch auf der Dienststelle in Berlin ruhig fragen, ob sie Dich nicht eine Nacht hier unterbringen können, sei es auf der Dienststelle oder sei es in einer Zelle. Ich wüsste nicht, warum dies letzte nicht gehen sollte.

[Diesen Brief bekam Moltke wegen Unleserlichkeit zurück, sodass er eine zweite, kürzere Fassung schrieb, die aber keine wesentlichen Abweichungen enthält.]

1 Königszelt und Bunzlau sind Orte in Niederschlesien mit bekannten Porzellan- und Keramikfabriken. 2 Karl Schmidt-Rottluff (1884–1976). Er hatte im September 1942 Kreisau gemalt. 3 Es wird sich um die sogenannte Münchener Ausgabe der ausgewählten Werke Luthers handeln. 4 Moltkes Haushaltshilfe in der Garagenwohnung an der Derfflingerstraße in Berlin, jetzt wohnte sie in Kreisau. 5 Leonore von Hülsen (1875–1961), Schwester von Moltkes Vater. Ihr Sohn Hans Carl und seine Frau Editha waren 1943 bei einem Luftangriff auf Berlin umgekommen, mit ihr zusammen waren die Hülsen-Kinder im Schloss Kreisau untergekommen. 6 Geschichte des Anschlags der Leute von Anatot auf Jeremia. 7 «Siehe, ich habe dir geboten, dass du getrost und unverzagt seist. Lass dir nicht grauen und entsetze dich nicht; denn der Herr, dein Gott, ist mit dir in allem, was du tun wirst.» 8 Gemeint sind die «Gedanken und Erinnerungen» von Bismarck (Erstausgabe 1898), die Moltke kontinuierlich las. 9 Die Geschichte der Speisung der 5000 steht bei Markus 6,31–44; Matthäus 14,13–21; Lukas 9,10–17; Johannes 6,1–13. 10 Moltkes Mutter war am 25. Februar 1885 geboren. 11 Fräulein Hirsch war die Tochter eines pensionierten Försters, die das Feldmarschallzimmer und die Besucher betreute. 12 Wohnort der Familie Dohna-Schlobitten östlich von Schwerin. 13 In Schöningen (Landkreis Helmstedt) befand sich das Gut von Vater und Sohn Schlange-Schöningen, zu denen Moltke intensive landwirtschaftliche und politische Beziehungen unterhalten hatte.

Sonntag, 20. Februar 1944

Mein Lieber, heute will ich versuchen, gleich so groß und klar zu schreiben, dass dieser Brief sofort weggeht. Es ist jetzt 9.30 und draußen ist ein kalter, klarer Sonnentag. Die Sonne scheint, wenn auch durch das Drahtglas etwas beeinträchtigt, in meine Zelle. Um ½9 habe ich gefrühstückt und habe Euch zu gleicher Zeit auch um den Frühstückstisch versammelt gewähnt mit Deinem kleinen Söhnchen und dem gierigen Jörg[1] neben Dir. Derweil habe ich mich von all den Herrlichkeiten genährt, die Du mir mitgebracht hast: köstlichem Tee, einem wirklich besonders gelungenen Weißbrot, Butter, Honig und schwarzem Johannisbeergelee (das ist es doch?). Ihr werdet hoffentlich auch ein sonntägliches Frühstück eingenommen haben, mit Kuppe'scher Semmel.

Ich benehme mich wie ein Kind, das immerzu Weihnachtswunschzettel schreibt. Ich habe einen kleinen Zettel in meiner Brusttasche und auf dem notiere ich immer die Woche über, was mir einfällt. Und jetzt liegt er vor mir, um in Reinschrift meinem liebsten Weihnachtsmann vorgelegt zu werden. Also fange ich damit an: in dieser Woche hatte ich einen Anflug von Halsschmerzen, und da das ja eine schwache Stelle bei mir ist, bat ich um Gurgelwasser, was es aber nicht gab. Ich habe die Sache mit Wickeln kuriert. Wenn Du mir aber essigsaure Tonerde in Pulverform beschaffen könntest, wie Du es schon ein Mal tatest, wäre das eine gute Vorbeugungsmaßnahme. – Bei derselben Gelegenheit stellte ich fest, dass ein Wollschal auch sehr nützlich wäre. – Ich brauche dünne Socken, da ich die dicken in den kleinen Schuhen nicht tragen kann. – Willst Du bitte darauf achten, dass keine Unterhosen, die im Schritt nach unten zerrissen sind, von den Mädchen als ganz behandelt werden. Das geschieht nämlich häufig. – Meine Sockenhalter sind so alt, dass der ausgeleierte Gummi in die Waden schneidet. Solltest Du passendes Gummiband haben, so könntest Du es vielleicht das nächste Mal mitbringen. Die Breite ist ┌──────┐. Wenn ich meine dicken braunen Schuhe bekomme, so muss ich auch vollständiges Schuhputzzeug dazu bekommen, denn ich habe nur welches für schwarze Schuhe da. Bekomme ich die braunen Schuhe noch nicht, so brauche ich bald eine neue Dose schwarze Schuhcreme. – Meine Briefumschläge gehen zu Ende. – Ich hätte gern auch noch den Heiler, den ich zu lesen angefangen habe. – Bitte denke daran, die Zahlung [von] RM 600.– monatlich an Frl. von Rüet zu stoppen. – Die Bressalina[2] frage bitte, ob sie meine Um-

meldung von Derfflingerstr. zu Peter endlich veranlasst hat. Sie soll das nämlich seit Anfang Januar tun. Sag ihr, das müsste geschehen, und wenn womöglich mein grüner Bombenschein in der Viktoriastr. verbrannt ist, dann muss sie eben sehen, wie sie das in Ordnung bekommt. Desgleichen soll sie bitte eine Abschrift von meinem Antrag auf Entschädigung wegen des Schadens Derfflingerstr. beschaffen. – Ich nehme an, dass mein erstes Rückpaket an Marion in Berlin mit verbrannt ist. Darin war ein Satz Wäsche und ein Kopfkissenbezug. Vielleicht sagst Du das Marion, damit sie nicht denkt, ich hätte noch einen. Leider sind auch Akten für Oxé mit verbrannt, aber es ist ersetzbar, bis auf drei Nummern von Round Table.[3]
Der Höhepunkt der Woche lag, wie Du ja weißt, am Anfang. Mein Herz, wie schön war es, Dich zu sehen. Noch zehre ich gar nicht davon, sondern ich betrachte es immer wieder erfreut. – Was Du nur jetzt alles am Bein hast, mein Lieber. Hoffentlich wird es Dir nicht zu viel. Lass nur alle anderen gut für Dich arbeiten. – Oxé kam am Mittwoch nicht, wie Du weißt. Ich wartete in der Dienststelle auf ihn, und als er nicht kam, schrieb ich stattdessen den ganzen Vormittag über auf der Maschine einige dringende Privatdienstbriefe, die ich dann Oxé mitgab, der am Freitag kam. – Richtig, die Nacht von Dienstag zu Mittwoch habe ich kaum geschlafen, weil ich zuerst noch mit uns so beschäftigt war und mich dann das Gedröhne der vielen Flugzeuge erregte. Ich hatte das doch noch nie als Passatus gehört, sondern immer nur als Opfer und dann ist das Gedröhne vom Knallen übertönt. – Donnerstag habe ich dann den ganzen Tag gelesen. Freitag früh kam Oxé. Ich war sehr gerührt, denn es ist doch eine ziemliche Strapaze, aber es war auch bitter nötig. Um 12 waren wir fertig, sodass er gerade zu seinem Zuge kam. – Gestern, Samstag, habe ich hauptsächlich an den Sachen für Oxé gearbeitet und heute oder morgen muss ich noch ein Mal 3 bis 4 Stunden daran wenden.
Meine Annahme, ich sei der Flöhe Herr geworden, hat sich leider nicht bestätigt, aber es kann nur einer sein, der sich nur ganz bescheiden betätigt. Dafür habe ich beim Ende des vorigen Absatzes auf der Wand vor mir eine Wanze getroffen.
Meine Lektüre freut mich ganz ungeheuer. Besonders Luther lese ich mit wahrer Begeisterung. Die Kraft der Sprache ist zu erfrischend. So Sätze: «Was können sie mir schon anhaben? In welcher Weise sie mir aus dem sündigen, alten Madensack heraushelfen, soll mir gleich sein» sind eben zu schön. Die Ausdrucksweise ist unglaublich grob, aber dabei von einer Fein-

heit und Raffinesse sondergleichen. Ich hoffe sehr, dass ich die anderen Bände auch noch bekomme, denn sonst würde mir etwas Wesentliches im Tageslauf fehlen. Mit großer Freude habe ich auch seine Übersetzung der Äsop'schen Fabeln gelesen, besonders die Fabel vom Wolf und Lamm, die gemeinsam am Bach trinken, gefiel mir in ihrem Schluss besonders gut.[4]
An dem Voranschlag habe ich noch nicht gearbeitet. Ich will ihn im Laufe dieser Woche vornehmen. Hoffentlich klappt die Sache mit der Dürre-Entschädigung, denn davon hängt das Jahr wirklich weitgehend ab. – Wird eigentlich an der Peile gearbeitet? Wenn ja, dann überlege, bitte, mit Zeumer, ob Ihr nicht den Landrat bittet, Euch eine Kolonne zum Bäumepflanzen im Hinterbusch zur Verfügung zu stellen. Und zwar mit folgender Begründung: die Pflanzerei sei jetzt wegen der Rodearbeiten für den Kreis notwendig geworden und deshalb bäten wir um Hilfe. Denn es ist ja wichtig, dass diese Pflanzen rechtzeitig und schnell in die Erde kommen.
Inzwischen war ich eine halbe Stunde draußen. Es ist kalt und sonnig. Schönes Winterwetter, aber es wäre noch schöner, wenn mehr Schnee läge. Wie mag es in Kreisau sein? Wenn wir doch nur genug Winterfeuchtigkeit bekämen. – Die Stickstoff-Kalamität habe ich mir nochmals durch den Kopf gehen lassen. Mit der Hackfruchtfläche kommen wir einschließlich Raps, Flachs, Futterrüben etc. auf etwa 35%. Ich glaube, Du solltest doch einen Vorstoß machen. Vielleicht bekommen wir etwas. Z[eumer] soll aber, bitte, allen Stickstoff, den er bekommt, auf die Zuckerrüben konzentrieren. Außerdem lass ich ihn bitten, für 44/45 mit dem Raps erheblich zurückzugehen, wenn nicht ganz auf ihn zu verzichten. Wir können bei dieser Lage nicht mehr so viel Dünger an den Raps [ver]wenden. – Ich bin sehr gespannt, von Dir zu hören, wie der Einschlag auf dem Kapellenberg und im Hinterbusch aussieht.
Reimer ist doch ein sehr netter Mann, nicht wahr? Es freut mich, dass er sich bereit erklärt hat, mich zu vertreten. – Mir liegt natürlich die Schiedsgerichtssache sehr am Herzen. Richtig, diese Akten muss Frl. Bressalina auch rekonstruieren, teils von Gersdorff, teils von Hörnig, teils von Peter.[5]
Besprich doch mal mit Peter, ob Hörnig nicht ruhig hier anfragen soll, ob ich nicht für die Verhandlung zur Verfügung gestellt werden kann. Dies könnte ja auch hier in Fürstenberg stattfinden. Hörnig müsste dabei darauf hinweisen, dass es schließlich nicht geht, unter den heutigen Verhältnissen 9.000 Morgen in einer so zweifelhaften Rechtslage zu belassen. – Kannst Du mir noch eine Zusammenstellung der gesamten Druschergebnisse

schicken? Einen Brief an den Landrat füge ich bei. Wenn Du es für richtig hältst, so schicke ihm den, aber nach Breslau und als «Persönlich».
Mein liebes Herz, «siehe, ich habe Dir geboten, dass Du getrost und freudig seist» möchte ich Dir mit Josua immer wieder sagen. Das gilt vor allem anderen und das gilt, was immer geschieht. Ich glaube zu wissen, dass Du es auch bist, und das ist mir eine Quelle der Stärkung. Mit täglich neuer Freude, mit täglich neuem Glück denke ich immer wieder an die letzten 15 Jahre. Die kann uns nichts mehr rauben. Mein Lieber, grüßen Sie alle, vorzüglich Ihre Söhnchen, pflegen Sie sich und sie und behalten Sie bitte lieb Ihren Ehewirt. J.

[Zusatz:]
Ist das nicht auch schön, was ich heute gelesen habe: Erster Satz einer Schrift gegen den Herzog von Braunschweig-Wolfenbüttel aus dem Jahre 1541:
«Es hat der von Brunsuig zu Wolfenbüttel itzt abermal ein Lesterschrift lassen ausgehen, darin er an meines Gnädigsten Herrn des Churfürst zu Sachsen ehren / grind und gnatz zu reiben forgenommen / auch mich zweimal angetastet und gelocket.» Dann sagt er, wie gerne er beschimpft wird und wie es ihn freut, dass «Gott der Herr / beide die hellischen und weltlichen Fürsten / also erbittert und unsinnig macht / das sie fur Bosheit sich zureissen und zubersten wollen / Und ich dieweil unter des Glaubens und Vater unser's schatten sitze und lache / der Teuffel und seiner schupen in jrem großen Zorn / plerren und zerren.»[6]

6 Uhr. Ein freundlicher Mann hat mir nachmittags noch ein Mal Tee gemacht und so habe ich eben eine süße Vesper gehalten mit all Deinen Herrlichkeiten und habe Euch im Wohnzimmer um den runden Klapptisch gewähnt.

1 Ein von Freya als Bombenflüchtling aufgenommenes Kind eines Freundes. 2 Andere Bezeichnung für Katharina Breslauer. 3 Die von Lionel Curtis herausgegebene Zeitschrift des Royal Institute of International Affairs. 4 Die Äsop'schen Fabeln bei Luther, in Einzelausgaben vorhanden. 5 Reimer, Gersdorff und Hörnig waren in der Schiedsgerichtssache tätige Berliner Rechtsanwälte. Es ging um eine Streitsache zwischen Peter Yorck und seinem Bruder Paul. Moltke vertrat Peter anwaltlich. 6 Das Zitat stammt aus Luthers Schrift «Wider Hans Worst» von 1541, in: Ausgewählte Werke, Bd. 6, Stuttgart 1940, 438–445.

Donnerstag, 24. Februar 1944

Mein Lieber, dies ist sozusagen ein Zwischenbrief, der vor allem durch das anliegende Schreiben von Herrn Rottgardt veranlasst ist. Ich weiß nun noch nicht, ob Du mit Maack in dieser Sache klargekommen bist, aber da ich das annehme, füge ich einen Brief von Maack bei. Diesen Brief – wenn er der Situation angemessen sein sollte – füge bitte dem Brief von Rottgardt bei, während ich Dich bitte, die beiden dazugehörigen Schreiben von Willich vom 9. 2. und von Adermann vom 18. 2. unmittelbar an Rottgardt zurückzusenden.[1] – Dieses Unwesen der Hofschranzen ist wirklich fürchterlich!
Fußsack, Lampe[2] und alles andere brachte der rührende Oxé persönlich mit angeschleppt. Ich war selig. Der Fußsack bewährt sich sehr, das gute Licht kommt der Arbeit sehr zustatten. Die selbst gebackenen Zwiebacke finde ich ganz vorzüglich und eine große Bereicherung, und alles, was Du schreibst, freute mich sehr zu hören, abgesehen von der Nachricht vom Tode von Frau Sperlings Eltern. Das ist nicht nur traurig für Frau Sperling, sondern auch nachteilig für ihren Haushalt.
Ich werde wieder erst meine Wünsche anbringen: gestern habe ich Dir ohne Brief Lebensmittelmarken geschickt, die m. W. diese Woche verfallen. Ich hätte gerne bei Gelegenheit einige neue, damit ich was habe, falls es irgendwann nötig sein sollte. – Bitte überlege mal, eventuell mit Maack, ob es nicht angezeigt wäre, einen Prozess gegen die Rentenannie anzustrengen mit dem Petitum, dass ihr verboten wird, sich ihres Wohnrechts anderen, insbesondere Dienststellen gegenüber zu berühmen. Es wäre zu überlegen, ob wir einen solchen Prozess führen oder ob man das nicht Herrn Sperling vorschlägt. – Ich hätte gern ein Hühneraugenmittel, am liebsten W-Tropfen. Nicht eilig! – Schließlich hätte ich gerne einen Tuschkasten, einen weichen Bleistift und einen Radiergummi, falls Du keinen Gummi mehr bekommst, kannst Du ja Oxé darum bitten. Ich will etwas versuchen, werde es Dir aber erst gestehen, wenn es entweder ge- oder misslungen ist. – Oxé ist doch praktisch seit dem Herbst nicht mehr zu Hause gewesen, denn Weihnachten wurde er zurückgerufen, und als er jetzt fahren wollte, kam meine Verhaftung ihm in die Quere. Wenn Du es entbehren kannst, so wäre es sehr freundlich, wenn Du seinen Kindern irgendeine Kleinigkeit schicktest und seiner Frau dazu ein Briefchen schicktest.
Ich bin froh, dass der Hinterbusch fertig ist. Aber dränge bitte Z[eumer], dass er das Pflanzen sehr ernst nimmt und sich das vordringlich vornimmt,

denn was wir da jetzt verderben, das ist für lange Zeit verdorben. Im Frühjahr drängt immer alles auf ein Mal und ich habe große Sorge, dass das Pflanzen dann zu kurz kommt. Er soll auch im Wierischauer Busch anpflanzen, soweit ihm die Pflanzen reichen. An der Ziegelwiese lang würde eine Reihe Kanadische Pappeln gar nicht schaden, wenn wir reichen.
Glücklich war ich darüber, dass Jowo da war. Das war sehr nett. Wenn Du ihm schreibst, so sage ihm bitte, wie sehr mich das gefreut hätte. Ich bin natürlich auch froh über seine Versetzung, denn ich war doch etwas in Sorge um ihn. Ich habe ihn ja leider nicht gesehen. – Was Du über die Ställe schreibst, klingt alles ganz gut und besonders das Lamm-Ergebnis ist ja sehr befriedigend. Hoffentlich war nur inzwischen Hansen da, damit mit dem Bocken angefangen werden kann. – Hast Du etwas von dem alten Fischer gehört wegen des Lageplans für den Hof?
Mir ist es an einem Tag nicht ganz gut gegangen, nämlich am Dienstag. Ich fröstelte den ganzen Tag und hatte schnelle fix. Aber gestern war wieder Frieden eingezogen. – Ich bin jetzt ganz fasziniert von einem Buch: Künneths Auferstehungs-Theologie. Ich war in meinen Erwägungen so vor 14 Tagen oder drei Wochen, vielleicht auch noch etwas früher, zu dem Ergebnis gekommen, dass die wichtigste Stelle des Neuen Testaments theologisch und als Glaubensproblem 1. Kor. 15 ist, wo nämlich Paulus die These vertritt, dass Glaube und Erlösung nur sind, wenn Christus auferstanden ist. Und genau diese These vertritt also Herr Künneth, natürlich nicht so primitiv wie Dein Wirt. Er kommt zu dem Ergebnis, dass alles, was ist, ausschließlich von der Auferstehung zu verstehen ist, dass also auch die ganze Schöpfung, d. h. also Moses 1, nur dann sinnvoll ist, wenn man sie als auf die Auferstehung hin angelegt auffasst. Man kommt mit dieser Meinung m. E. ein gut Stück voran, denn man kann dann die ganze Schöpfung als Einheit sehen und kommt von der Vorstellung ab, dass alles der Mensch ist. Ich bin also damit höchst beschäftigt, werde heute oder morgen mit dem Buch fertig, will es dann eine Woche etwa liegen lassen, ehe ich es wieder lese. Es ist nämlich schwer und liest sich nicht so glatt wie Luther. Das Verhältnis von Kraft und Gedanke ist bei Luther eben so günstig, dass alles klar wird, auch was kompliziert ist. Bei Herrn Künneth ist das leider anders: mit seiner Kraft ist es nicht so gut bestellt.
Dass wir den Luther nicht bekommen können, ist traurig. Aber vielleicht kann ich die beiden ersten Bände geliehen erhalten? Meine nicht-theologische Literatur geht sicher in der nächsten Woche zu Ende. Ich meine, ich

sollte ruhig am Feldmarschall weiterlesen. Vielleicht kannst Du mir einfach einen Band der großen Schmalenbach'schen Ausgabe schicken; das ist die große rote Ausgabe. Die Bände sind allerdings etwas unhandlich, dafür ist es aber die beste Ausgabe.[3] Überhaupt werde ich wohl Ende der nächsten Woche mit aller Lektüre, profaner wie geistlicher, zu Ende sein.
Richtig, eine der Hauptfreuden aus Deinen Briefen betraf den Schneefall. Hier liegt etwas Schnee, aber keineswegs viel, jedenfalls sichtlich nicht so viel wie in Kreisau. Ist der Schnee auf weichen Boden gefallen?
Mein Lieber, ich höre jetzt auf in der Hoffnung, dass der Brief vielleicht noch am Morgen zur Dienststelle geht. Es ist 11 Uhr. Meine Uhr liegt immer neben mir und verfolgt Euren Tageslauf, vom Aufstehen bis Schlafengehen. Am Sonntag um ½7 dachte ich, ob Du wohl Deine Söhnchen im Bett hast und ihnen vorliest? Aber dass mein Notizchen so geehrt würde, hatte ich allerdings nicht erwartet. Ich dachte auch, C'chen sei noch zu klein. Auf Wiedersehen, mein Herz. Ich umarme Dich. J.

1 Alle genannten Personen waren Berliner Rechtsanwälte. 2 Wissenschaftliche Mitarbeiter in der Völkerrechtsgruppe. 3 Gemeint ist wohl die Ausgabe von F. von Schmerfeld: Graf von Moltke – Ausgewählte Werke, Berlin 1896, 2. Aufl. 1925.

Sonntag, 27. Februar 1944

Mein Lieber, nun ist es also Sonntagnachmittag und den will ich feierlich mit einem Brief an Dich eröffnen. Dies heißt: Hier ist es nach Mittag, denn es ist 12.15. Ihr werdet während dieses Briefes gerade zu Tisch gehen und essen. Wenn Ihr aufsteht, werde ich wohl fertig sein, obwohl das Großschreiben sehr langsam geht. – Ich bin heute mit dem Brief in den Nachmittag geraten, weil ich am Morgen erst eine sorgfältige Durchsuchung meines Bett's vornahm und dann meine 2 in einer Hülle befindlichen Bettdecken zusammennähte, weil mich die Unordnung, die durch ihr internes Verrutschen entstand, zu sehr störte; außerdem passte sie nicht und so gab es immer oben oder unten Knubbel. Das ist jetzt also behoben. Da ich überdies mich täglich von oben bis unten abseife, um vor Ungeziefer bewahrt zu bleiben, so dauert meine Morgentoilette ungebührlich lange und ich war erst um 10 mit allem fertig. Dann las ich das zweite Buch der Könige – die ersten 4 oder 5 Kapitel hatte ich morgens im Bett genossen – und eh ich damit fertig war, war es gerade Essenszeit. – Meine Wanzen scheine ich los zu sein, denn ich habe seit 2 Tagen keine Stiche mehr. Einen Floh

traf ich gestern auf meinem Kopfkissen, verfehlte ihn aber, glaube ich. Immerhin scheinen die Reinigungsmaßnahmen genutzt zu haben, denn mein jüngster Stich ist von Donnerstag.
Nun kommen wieder die Wünsche: meine Nahrungsmittel sind ziemlich am Ende, aber das weißt Du ja. Ich habe gestern Deine himmlischen Bonbons beendigt und heute geht der Zucker zu Ende, Honig noch für 2 oder 3 Tage, Gelee bis Mitte nächster Woche – also etwa bis 8. 3. – u. s. w. Ich bekomme jetzt immer auch nachmittags einen Tee, den ich so zwischen 3 und 3.30 nehme und mit Deinen Zwiebäcken. Weißbrot, Honig und Gelee immer zu einem besonderen Festausbruch. Das ist sehr angenehm, und wenn man von 12 Uhr an liest, dann ist eine Unterbrechung um 3 eine Labsal. Aber natürlich verzehrt dieses Sonderfest Tee und Zucker. Mit einem etwas schlechten Gewissen genehmige ich mir aber dennoch den Genuss, nur um Dich schonend darauf vorzubereiten, dass der Tee nicht weit über den 1. 4. hinaus reichen wird. Ich brauche auch für jeden Aufguss ziemlich viel, weil ich ja nicht nachgießen kann. Vergib dem Verschwender! – Dabei fällt mir ein, dass in meinem Koffer, den Marion mir am 14. schickte, 1 [Päckchen] Tee gewesen sein muss, das ich Dir hatte bringen wollen, weil Marion noch genug in Berlin hatte. – Das zweite, wovon ich rasend viel brauche, ist Seife. Man ist hier immer schmutzig und wäscht sich daher dauernd; aber viel verbrauche ich vornehmlich bei meiner täglichen Abseifung. Ich habe nur noch für 14 Tage reichlich, aber ich bitte Dich doch, mir ein Reservestück zu schicken. – Ferner wäre ich für Insektenpulver dankbar, denn ich muss ja auf eine Wiederholung der Attacke von Mitte dieser Woche gefasst sein. – Schließlich weiß ich nicht mehr, ob ich Dir schon geschrieben hatte, dass der 24-jährige Sohn von Roland Reitz, Lieutnant Claude R.,[1] in deutscher Kriegsgefangenschaft ist.
Heute zum Mittag habe ich zwischen Suppe und Fleisch Deine 3 letzten Briefe nochmals gelesen, das sind alle Briefe seit Deinem Besuch. Dies tue ich manchmal und freue mich der Nachrichten […].
Denk Dir, bei mir hier hat es verhältnismäßig wenig geschneit, jedenfalls nicht so viel, dass irgendwann ein Schneepflug für die Schlittenbahn hätte notwendig sein können. So hoffe ich, dass Ihr mehr Feuchtigkeit hattet. Nach 2 Winter-Sonnentagen in der Mitte der Woche ist es wieder grau geworden und gestern taute es. Das ist auch gut, weil seit drei Tagen hier so gut wie nicht mehr geheizt wird. Offenbar haben sie keinen Koks mehr. Ich sitze aber warm eingehüllt mit meinen Füßen im Fußsack und wärme meine

Hände, wenn sie klamm werden, an der Tischlampe. Du siehst, wie gut Du für mich gesorgt hast.
Seit Donnerstag ist eigentlich nichts geschehen, als dass ich mit meiner Lektüre gut vorangekommen bin, die ganze Arbeit für Oxé und den Voranschlag gemacht habe. Ich bin jetzt bei Augustin an dem letzten noch ungelesenen Buch. Ich hoffe also auf neue Nahrung, kommt keine, so macht es auch nichts, weil ich alles gut noch ein Mal lesen kann und einiges unbedingt noch ein Mal lesen muss. Auch die beiden Briefsammlungen des Feldmarschalls werden heute fertig werden. Morgen früh will ich all die erledigten Sachen zusammenpacken.
Dies hier ist ein gottloses Land. Seit ich hier bin, habe ich noch keine Kirchenglocke gehört, dabei ist Fürstenberg gar kein kleiner Ort. Das hauptsächliche Geräusch ist das Hundegebell, an dem wohl über einige hundert mitwirken. Sonntags hört man dann während der Kirchzeit Marschlieder, offenbar der Hitler-Jugend und der Lagerinsassen, die ausgeführt werden. Das Fehlen der Kirchenglocken stört mich riesig. – Übrigens, bei der langanhaltenden Lektüre des Alten Testaments ist doch eines beeindruckend: das Ganze ist eine Illustration zum ersten der 10 Gebote. Alle anderen Gebote sind letztlich subsidiär und der Schlüssel liegt immer im ersten Gebot. Mir ist das nie so klar geworden wie jetzt und ich habe doch so mehr oder minder in der Vorstellung gelebt, das erste Gebot beziehe sich auf den Götzendienst in seiner üblichen Form und sei daher nicht so aktuell wie die anderen. Aber das ist alles Unsinn. Am ersten Gebot hängt alles und ich fasse mich an den Kopf und frage mich, wie es möglich ist, dass ich so etwas auf der Hand Liegendes nicht gesehen habe.
Zurzeit fliegen die Tage wie der Wind. Mit Spannung greife ich von einem meiner Bücher zum anderen, trenne mich ungern von meiner jeweiligen Lektüre und tue es doch, um frisch und aufnahmefähig zu bleiben. Alle Pausen, die ich mache, sind nicht etwa von einer inneren Unruhe diktiert, sondern erwachsen aus dem Bedürfnis von Auge und Hirn auszuspannen. Hoffentlich bleibt das so, dann nutze ich nämlich die Tage recht und vertrödele sie nicht.
Meine Gedanken begleiten Dich, mein Herz, den ganzen Tag. Im Umkreis Deiner Geschäfte suchen sie Dich und besonders dann, wenn sie zu wissen glauben, wo Du gerade bist. Es ist jetzt 1 Uhr 5 und Ihr werdet doch wohl schon bei der Speise sein. Hoffentlich war die Kinderschar brav, sodass alle Speise bekommen. Ich habe mir heute Schokoladencreme gemacht: das

Gelbe aus einem Deiner Eier, das noch weich war, Kondensmilch, Zucker und Kakao von Üx.[2] Es war recht gut. – Hoffentlich kommst Du nur mit all Deiner vielen Arbeit zurecht. Frau Pick ist Dir, so hoffe ich, eine rechte Hilfe. Voller Zärtlichkeit dachte ich heute früh um ½7, ob wohl Deine Söhnchen zu Dir ins Bett gekommen wären und ob Du dann C'chen weiter vorläsest. – Übrigens, das wird Dich interessieren, seit 2 Nächten habe ich gut meine 8 Stunden durchgeschlafen. Das ist mir sehr angenehm und ich hoffe, dass es so bleibt. – Ob Du heute in der Kirche warst? Ich dachte eigentlich «Nein», aber schick nur Deine Mädchen von Zeit zu Zeit. Ich denke jedenfalls immer an Euch alle und die ganze Umgebung. Ich visualisiere, um mit Granny zu reden. Grüße alle herzlich von mir. Grüße bitte auch Zeumer und bestelle Irene meine besten Wünsche zum neuen Ehestande. – Dich aber trage ich stets in meinem Herzen, mein Ankerplätzchen. J.

1 Roland Reitz war der Sohn eines den Moltkes bekannten Buchhändlers aus Paris.
2 Edgar Freiherr von Üxküll (1882–1952), Mitarbeiter in der Abwehr, Bekannter von Hans-Adolf von Moltke.

Donnerstag, 2. März 1944

Mein Lieber, da Du ja morgen im Laufe des Tages nach Berlin kommen willst, will ich Dir rasch ein Wörtchen in die Hortensienstr. schreiben. Gestern bekam ich 5 Briefe von Dir und einen Koffer und ein Paket von Marion. Der rührende Oberst Oxé hat sie mitgeschleppt und dabei war er noch vergeblich gekommen, denn ich war ja beschäftigt. Die Briefe wurden mir dann nachts ausgehändigt, und als ich glücklich kurz nach 12 im Bett lag, habe ich mich ihrer Lektüre mit großem Genuss hingegeben. Ich habe sie dann heute früh alle noch ein Mal gelesen und alle Nachrichten und Gedanken in mich aufgesogen. Mein Autorenstolz war natürlich sehr geschmeichelt darüber, dass meine Darstellung von Mami meinem Pim[1] gefallen hatte. Deinen grünen Schal mit Blümchen habe ich, aber das ist ja kein so richtiger Wollschal für Umschläge, oder ist das ein Vorurteil von mir?
Ich bin heute umgezogen in eine Zelle, die wärmer sein soll, was mir aber gleichgültig ist, die aber heller ist, was mir sehr angenehm ist, und aus der ich den Himmel sehen kann, weil das Fenster etwas weiter aufgeht. Das ist also sehr angenehm. Ich habe bei der Gelegenheit auch endlich meinen Schrank mit Deinem schönen Schrankpapier ausgeschlagen. Ich hatte es bisher nicht

getan, weil ich eine Wiederkehr von Ungeziefer fürchtete und daher das Papier nicht opfern wollte. Nachdem nun eine Woche seit dem letzten Stich vergangen ist, hoffe ich auf Frieden. – Das Umziehen und wieder Einräumen hat eine gute Stunde benötigt. Jetzt ist aber alles schön sauber.
Dass der Landrat freundlich war, ist mir sehr angenehm. Ich hatte es erwartet, aber man ist doch froh, es zu wissen. Wenn nur die dumme Sache mit der Rentenannie nicht neue Schwierigkeiten bringt. Hoffentlich hast Du Tante Leno den Ernst der Lage in der Wohnungsfrage recht klar gemacht.
Ich habe die ganze Woche an den Geschichtsbüchern des alten Testamentes gekaut. Das ist manchmal arg langweilig und dann gibt es wieder herrliche Stellen. Ich bin aber damit heute fertig und will nun wieder bei den Paulus-Briefen anfangen. Darauf freue ich mich schon sehr. Ich habe nämlich inzwischen so manches darüber gelesen und hoffe daher, sie mit mehr Nutzen zu lesen als zuvor. – Gestern habe ich einen Berg neuer Lektüre bekommen, die mich wohl den ganzen Monat beschäftigen wird. Ich bin immer wieder erstaunt, was ich alles nicht oder nicht mehr wusste.
Für den Fall, dass Du kommen darfst, habe ich schon einen ganz langen Fragebogen vorbereitet. Leider sieht der Voranschlag doch nicht so günstig aus, wie Du gedacht hattest, denn es fehlten unter den Schulden die RM 10.000.– von Dir für das […] – ich gratuliere zum Rechnungsdatum –, den Du bei dem Voranschlagsposten schon abgebucht hattest. Wenn wir nicht mindestens RM 20.000.– Dürre-Entschädigung bekommen, dann ist die Lage unangenehm. – Über das Suchen nach Deiner Vollmacht habe ich mich recht amüsiert: die Juristin ist tüchtig tot. Es ist nämlich eine notarielle Vollmacht, das Originalblatt bei Maack, und es gibt nur Ausfertigungen; die aber kannst Du Dir jederzeit neu erteilen lassen.
Meine Gedanken sind immerzu bei Euch. Sie begleiten Euren Tag, Konrädchen's Schlittenfahrten und Casparchen's Schulweg. Dass die Schule anfängt, ihm Eifer zu machen, freut mich sehr. Wenn sie nur mehr lernten! – Er scheint Dich jetzt häufig auf Deinen Gängen zu begleiten. Wie schön. Dass es den Schafen so gut und den Kühen besser geht, ist eine rechte Erleichterung. Wird der Mist im Schafstall jetzt gewässert oder funktioniert das noch nicht? Den Mist muss Z[eumer] nach allen Regeln der Kunst pflegen. Der Mist und die Gesundheit der Tiere und Menschen des Betriebs haben die allererste Priorität und gehen dem Geldbeutel absolut vor. Nun bin ich von dem zärtlich begonnenen Absatz bereits auf den Geldbeutel heruntergekommen.

Jetzt werde ich vespern und hoffe, dass ich den Brief dann recht bald loswerde, damit Du ihn möglichst bald in Berlin bekommst. An Jowo geht ein Brief mit gleicher Post. Bitte teile mir mit, ob ich Marion einen Kondolenzbrief schreiben soll.[2] Noch brauche ich von dem Todesfall keine Kenntnis genommen zu haben.
Auf Wiedersehn, mein liebes Herz. Lassen Sie es sich wohl ergehen, bleiben Sie aller Ihrer Mühen und Sorgen Herr und behalten Sie, bitte, lieb Ihren Ehewirt J.

1 Kosename für seine Frau Freya. – In den vorhandenen Briefen Moltkes fehlt eine längere Darstellung seiner Mutter. 2 Um welchen Trauerfall es sich gehandelt hat, war nicht zu ermitteln.

Geburtstagsbrief der Freya von Moltke an Helmuth James von Moltke

Mittwoch, 8. März 1944

Mein liebes Herz, dies muss nun gleich mein Geburtstagsbrief werden, da ich heute Nachmittag nach Hause fahren will, Oxé Dich am 11. aufsuchen wird und ich bis dahin wohl kaum einen Brief aus Kreisau nach Berlin bekommen werde. Ich werde auch in Kreisau zu Deinem Geburtstag nichts anderes sagen können als heute. Auch da würde es nicht viel werden, denn ich fühle mich ganz arm an Worten, wenn ich die Kostbarkeit dieses Tages für mich bedenke. Sag nicht, ein Anderer täte es ja auch für Dich, was Du sagst, wenn Du mich ärgern willst, denn das willst Du ja bestimmt jetzt gar nicht. Sag es nicht und denke es nicht, denn es stimmt nicht! Du bist mein Wirt, Du bist mein Liebstes, und mein Leben ist nicht ohne Dein Leben, Dein Leben ist mein Leben. Wir gehören so fest zusammen. Du fühlst es genauso, wie ich es fühle. Ich weiß es! So werde ich Deinen Geburtstag auch dieses Jahr wie einen großen Festtag begehen, noch festlicher und noch bewusster als in den letzten Jahren und mit dem starken Gefühl meiner großen Liebe im Herzen. Meine Wünsche für Dich entspringen unmittelbar meinen eigenen Wünschen. Ich liebe Dich und alles, was Dich betrifft, so sehr, dass ich es von mir gar nicht trennen kann. Wer weiß, was uns Beiden das vor uns liegende Jahr noch bringen wird, aber es bringt es uns Beiden und deshalb fühle ich mich stark und ruhig. Alles, was kommt, gehört uns auch, ist Teil unseres Lebens. Mein Liebster, ich sitze hier und kann Dir nichts sagen, weil ich mich so voller Liebe fühle und voller Dankbarkeit für das Glück einer solchen Liebe. Mich überwältigt das richtig. Ich wünsche Dir, mein Herz, vor allem Kraft. Ich glaube auch an Deine Kraft, weil ich genau weiß, woher Du sie schöpfst. Sie erprobt und stärkt sich ja uns in Schwierigkeiten und uns durch volles Vertrauen. Ich weiß, dass Du es hast. Ich fürchte zwar die Mühen für Dich und zittere, wenn ich sie mir vorstelle, aber ich weiß, dass Du alles in Dir gefunden hast, was man zu ihrer Überwindung braucht, fühle mich auch darin mit Dir ganz verbunden, wenn ich auch erst am Anfang stehe und Du vielleicht viel weiter bist. Ich bin weit entfernt von allem einfachen Optimismus, zu dem ich ja an sich fraglos neige, ich bin aber voller Hoffnung, dass wir gemeinsam das uns Auferlegte tragen können und müssen und dass diese Gemeinsamkeit immer, immer bleiben wird. Ich werde also am Sonntag in Kreisau Deinen Geburtstag feiern, ich werde mich freuen und feiern. Ich werde denken, dass der 11. März der beste Tag des Jahres für mich ist, der und der 18. Oktober.[1] Ich werde Tee trinken. Ich werde einen schönen Kuchen backen. Konrad und Jörg werden Schokolade trinken. Zum Frühstück werde ich ein Ei essen, Frau Pick und die Mädchen auch, und das habe ich seit langer Zeit nicht mehr getan. Ich werde feiern mit allen Kräften und obwohl mein J. nicht da ist, werde ich den ganzen Tag im Geiste mit ihm zusammensein. Du, mein Herz, wirst durch die Tatsache, dass es Dein Geburtstag ist, viel weniger beeindruckt sein als ich. Du wirst Dir wohl gar nicht viel hermachen, aber ich, mein Lieber, werde feiern. Das kannst Du fest glauben, weil mein Liebster Geburtstag hat. Du wirst ja gar nicht alleine sein an Deinem Geburtstag. Du kannst sicher sein, dass sehr viele Gedanken aus sehr vielen verschiedenen Menschen zu Dir wandern werden und alle voller Liebe, Freundschaft, Zuneigung, voller Wünsche und mit Wärme gedacht. Ich weiß so viele! Fühle Dich ja nicht alleine! So viele werden an Dich denken.

Oxé wird ja auch den herrlichen Kuchen von Davy mitbringen. Der geistige Vater ist allerdings Peter, der fand, ohne solchen Kuchen könntest Du unmöglich Geburtstag haben, und Davy auserkor, ihn selbst zu machen. C[arl] Viggo hat ihn heute früh mitgebracht. Wir haben ihn bis heute früh dann liebevoll betrachtet und wieder zugepackt. Oxé wird ja auch sonst noch allerlei mitbringen, denn wo ich hinkam, planten sie. Gestern war ich zuerst bei Herrn Huppenkothen, um die Schiedsgerichtssache zu besprechen. Darüber soll Herr Lange selbst mit Dir sprechen, aber grundsätzlich schien er mir nicht abgeneigt, es so zu machen, wie Du wolltest. Danach war ich bei Deiner Dienststelle, um ein Rendez-vous mit Bürkner abzumachen. Ich

sprach dabei Haus, Frl. Thiel und dann kam Oxé auch gerade an. Sie waren wieder alle sehr nett, herzlichst voller Sorge um Dich. Bürkner wollte mich erst heute sprechen, aber daraus wurde wieder nichts, was mich eigentlich ärgert. Er will mich nächste Woche, vielmehr beim nächsten Besuch sprechen, aber dieses Mal komme ich nächste Woche schon dafür wieder her, denn er nimmt mich doch jetzt zum 2. Mal nicht und so etwas lässt sich doch einrichten, wenn man will. Ich aber will ihm das nicht ersparen und komme. Vielleicht habe ich dann wieder was Eiliges und komme zu Dir! Es war wieder so schön bei Dir. Es sind solche Oasen. Vorher sitze ich immer und hoffe, dass es lange, lange zu sein scheint, dass die Zeit langsam vergeht. Aber es war doch wirklich schön lange! Vor allem, da es nur 30 Minuten dauern sollte und ich mir schon Sorgen machte, wie wir durch alles durchkommen sollten. Ich fand Dich wohl, mein Liebster, und hoffe nur, dass Dir aus der Fleckfiebersache nichts Unangenehmes erwächst, Dir auch das Impfen nicht zu schlecht bekommt. Über Fleckfieber werde ich gleich Muto[2] interpellieren und dann berichten. Ich verlasse mich außerdem darauf, dass Du mir immer berichtest, wenn es Dir nicht gut geht, nicht wie Zeumer. – C[arl] Viggo war heute hier, hat einiges geklärt, aber nicht viel. Immerhin war es ganz nützlich. Er ist nun noch bei Leonie. Jetzt höre ich auf, weil ich bald weg muss. Leb wohl, mein liebes Herz. Du wirst ja nun einige Tage nichts hören, wenn Oxé selten herauskommt. Aber vielleicht ergibt sich wieder eine Gelegenheit, damit Du von uns hörst. Ich umarme Dich zärtlich, mein Geburtstagskind: P.
Der heutige Tagesangriff verlief hier friedlich, wie auch der erste am Montag, als ich bei Dir war. Nachts war Ruhe.

1 Am 18. Oktober 1931 hatten Freya und Helmuth James in Köln geheiratet. 2 Irene von Yorck, Schwester von Peter Yorck, die an allen Kreisauer Tagungen teilgenommen hatte und jetzt als Ärztin in Waldenburg (Niederschlesien) arbeitete.

Donnerstag, 9. März 1944

Mein Lieber, mir scheint, dass die Freuden Deiner Besuche mir zuviel sind, denn genau wie ich nach Deinem letzten Besuch[1] nicht ganz wohl war, so auch dieses Mal. Am Abend, als ich nach Hause kam, hatte ich schon keine Lust mehr auf mein Abendbrot und als ich gerade mit Einräumen der Schätze fertig war, fand ich mich plötzlich am Boden liegend. Ich muss also einen Moment ohnmächtig gewesen sein. Ich stieg also rasch ins Bett,

schlief nur mäßig und wachte am Morgen nicht sehr wohl auf, sodass ich im Bett blieb. Dann hatte ich eine beschleunigte Verdauung, fühlte mich mittags aber schon besser, stand auf, aß aber nur einige Zwieback von Dir und trank einen Tee und abends hatte ich Appetit und eine Halsentzündung, in die sich die Geschichte wieder auflöste. Leider bekam ich den Hals nicht mit einem Wickel in Ordnung und so habe ich mir eben von Deinem Pulver essigsaure Tonerde gemacht, mit der ich hoffe, nun heute zu Rande zu kommen. – Es ist gar nichts. Aber ich berichte es, damit Du siehst, dass auch die ungünstigen Faktoren erwähnt werden.
Mein Herz, wie schön war Dein Besuch wieder! Ich bin noch ganz erfüllt davon und froh, so vieles gehört, vor allem aber, Dich gesehen zu haben. Hoffentlich ist Dein Knie nun aber wirklich besser und hoffentlich hat ihm der Ausflug hierher nicht geschadet. Du hättest aber nicht so viel schleppen sollen. Jetzt bist Du aber wieder zu Hause und nun pflege es. – Ich habe angenommen, dass Du gestern um 5.30 gefahren bist, habe Dich jedenfalls in diesem Zuge nach Hause begleitet, bis ich einschlief, und gehofft, dass Du heute Morgen noch schläfst, als ich um 6 erwachte. Das Haus ohne Casparchen und den darauf folgenden Trubel muss ja sehr merkwürdig sein. Du hast also die kleinen Reichweins und so auch 4 Kinder.[2]
Was für schöne Sachen Du mir mitgebracht hast. Ich habe das alles erst beim Auspacken und Einräumen recht realisiert. Mein Herz, ich werde viel zu sehr verwöhnt. Deine Bonbons sind wirklich herrlich. Ich habe sie schon etwas weiter weg verstaut, weil ich zu verfressen darauf bin. Der Schinken ist delikat und, so will mir scheinen, auch etwas besser geräuchert als früher. Über die Wurst sind bisher nur meine Kohlmeisen hergefallen, sodass ich sie auch habe in den Schrank stecken müssen. Diese Tierchen haben aber sichtlich eine sehr hohe Meinung von ihr. Weißbrot, Zwieback, Honig und all die anderen Schätze. Mit großem Genuss sehe ich mir mehrfach am Tage Deine Bildchen von Kreisau an. Was hast Du das schön gemacht. Woher hattest Du das schöne Vorsatzpapier? Casparchen's Werk betrachte ich auch mit Freude und will ihm heute noch darüber schreiben.
Inzwischen hatte ich eine Pause gemacht und Deine letzten Briefe gelesen. Das tue ich manchmal aufs Neue und freue mich daran. – Hoffentlich klappt alles mit Tante Leno, ohne dass es zuviel Mühe macht. Wenn es doch gelänge, den kleinen Hülsens eine neue Heimat zu schaffen.[3] Es erfüllt mich immer mit Befriedigung, wenn ich an die vielen Kinder bei uns denke. Es kann uns nur recht sein, wenn die alle ein Heimatgefühl bei uns bekom-

men. Sie dürfen nur nicht so eine Art Herrenschicht in der Dorfschule bilden. Anlagen haben sie dafür nicht, aber die Gefahr ist der Lehrer. Achte jedenfalls darauf und bekämpfe den kleinsten Ansatz dazu energisch.
Alles, was den Betrieb betrifft, haben wir ja eingehend besprochen. Aus Deinen Briefen ist nur neu dazugekommen, dass eine Möglichkeit besteht, Luzernesamen zu bekommen. Tritt Z[eumer] deswegen. Er ist imstande, es für Unfug zu halten, weil Merian das sagt. – Die Briefe von Maack und Dir an Rottgardt schicke ich wieder zurück. Ich will mich hier nicht mit Papier belasten. Verwahre Du sie bitte. – Von den Kreisauer Nachrichten hat mich am meisten gefreut, dass die Polen zurück sind, sodass wir arbeitsmäßig voll besetzt sind. Z[eumer] soll aber die zurückgekommenen Polen mit Misstrauen betrachten, denn bei der Lage im Generalgouvernement ist nicht ausgeschlossen, dass sie Sabotage-Aufträge bekommen haben. Wenn etwas vorkommt, muss man also sehr sorgfältig prüfen. Das bedeutet aber nicht, dass jeder fehlende Gegenstand bei den Polen gesucht werden muss. Es bezieht sich nur auf Fälle des unerklärlichen Todes von Tieren, das Entzweigehen größerer Maschinen oder auf Brände. – Ich habe noch 2 kleine Wünsche: a. dass Du einen großen Stapel Holz bekommst. b. dass Gräben geräumt werden, wo es nötig ist, und Z[eumer] nicht sagt, es kommen trockene Jahre, da kommt es nicht drauf an. Unter anderem müssen die Hindernisse im Graben unter dem Berghausberg beseitigt werden. Da ist ein Weidenstrauch gewachsen. Außerdem habe ich vergessen, Dich zu bitten, nochmals an der Frage der Vertiefung des Wierischauer Brunnens zu bohren. Das ist die Voraussetzung für eine Mistpflege im Schafstall. Vielleicht können wir das im Laufe des Sommers gemacht bekommen. Vielleicht kann uns Herr Bohn dabei helfen, der an der Frage schließlich auch interessiert ist.
Von den von Dir mitgebrachten Büchern habe ich die Neu-Übersetzung von Luthers 14 Tröstungen durch Heckel mit Freude gelesen. Es ist, im Gegensatz zu all dem anderen, was ich von Luther in diesen Wochen gelesen habe, keine Streitschrift, sondern eine liebevoll-seelsorgerliche Arbeit. Außerdem sehr gut übersetzt. – Außerdem habe ich The Walrus and the Carpenter[4] mit noch mehr Verständnis für die Oysters gelesen als sonst. Erinnerst Du den Schluss:
«O Oysters», said the Carpenter. / «You've had a pleasant run!
Shall we be trotting home again! But answer came there none –
And this was scarcely odd, because / They'd eaten every one.»
Gleich am Abend habe ich mich darauf gestürzt.

Denk Dir, mein Lieber, eben sehe ich, dass meine Meisen mit mir umgezogen sind. Ich hatte den Anschnitt des Schinkens vor das Fenster gehängt und dies hat genutzt. Zwei Meisen haben schon hier gefressen. – Nach diesem Zwischenspiel komme ich zu meiner Lektüre zurück. Ich lese vor allem den 2ten Band von Luthers Werken, werde aber damit diese Woche fertig. Es ist eine sehr beeindruckende und so ungeheuer kraftvolle Lektüre. Das Beeindruckende daran ist vor allem die nie auch nur im Geringsten wankende Gewissheit von der Allgegenwart Gottes. Das, was Luther zweifelhaft ist, worum er ringt, ist lediglich um die Gnade Gottes. Die ist ihm zweifelhaft, weil er sich seiner Unwürdigkeit so bewusst ist. Im Übrigen bin ich bei den Apostelbriefen. Es ist gut, dass ich sie als Kind viel gelesen habe und große Stücke daraus annähernd auswendig kann. Aber verstanden habe ich sie damals nicht. Vielleicht verstehe ich sie auch jetzt nicht, aber ich bin wenigstens eine Stufe dem Verständnis nähergekommen. Auch zwischen meiner Lektüre vor drei Wochen und jetzt ist ein Unterschied zu merken. Ich bemerke kleine Gedanken, die mir vorher verborgen waren, und die Zahl der Stellen, die mir dunkel bleibt, wird immer geringer. Heute früh ist mir endlich 1. Kor. 15,56 zweiter Halbsatz klar geworden.[5] Er bedeutet nämlich, dass uns durch das Gesetz, das wir nicht zu halten vermögen, ständig klargemacht wird, dass wir immerzu sündigen. Immer wieder, wenn mir so etwas aufgeht, wird mir klar, wie weit wir gegen jene Korinther zurück sind: die haben das doch eben verstanden und uns macht es die größte Mühe, obwohl wir Verweisungen und hundert andere Hilfsmittel haben, die jene nicht hatten.

Inzwischen, mein Lieber, habe ich gegessen und gegurgelt. Das Zeug ist recht gut und mein Hals fühlt sich angenehm sauber an. Ihr werdet wohl auch bald essen, denn es ist schon 12.15. Ob T[ante] Leno noch da ist? Ich kann mir eigentlich nicht vorstellen, dass sie vor Deiner Rückkehr abgefahren ist. Dann seid Ihr also gleich 3 Erwachsene und 4 Kinder zu Tisch. Das ist nicht viel.

Ich höre jetzt auf, mein Herz, um den Brief mitgeben zu können, wenn mein Essgeschirr abgeholt wird. Du bist immer bei mir, mein Lieber, ich fühle mich bei und in Dir so geborgen, dass ich dafür nur täglich Dank sagen kann. Pfleg Dich, grüße alle Lieben und Freunde, vor allem Deine Söhnchen. J.

1 Freya war am 6. März in Drögen. 2 Seit August 1943 lebte nach ihrer Ausbombung in Berlin Rosemarie Reichwein mit ihren vier Kindern bis 1945 in Kreisau. 3 Es waren die Kinder von Hans Carl und Editha von Hülsen, die im November 1943 in Berlin beim Absturz eines Flugzeugs auf ihr Haus zu Tode gekommen waren. Die Großmutter Leonore, geb. von Moltke (Tante Leno), nahm sie unter ihre Fittiche. 4 «Walnut and the carpenter». 5 «Der Stachel des Todes aber ist die Sünde, die Kraft der Sünde ist das Gesetz.»

Sonntag, 12. März 1944

Mein Lieber, gestern war die Ordonanz aus Berlin nur bis Droegen gekommen, weil die Wagen beide nicht da waren, und so kam heute Morgen der ganze Geburtstagssegen.[1] Du hast den herrlichen Kuchen von Davy gesehen. Ich weiß gar nicht, wie ich all die Freundlichkeit verdient habe. Aber das Beste, mein Herz, war doch Dein Brief. Mein Lieber, welch ein schöner Brief an einen wie unwürdigen Empfänger. Wie klein, jämmerlich und überreich beschenkt kommt er sich vor; aber wie will er sich bemühen, sich einem Zustand anzunähern, in dem er der Schreiberin würdig sein kann. – Ich kann Dir versichern, dass ich mich seit jenem 19. Januar noch nie, noch keinen Augenblick allein oder verlassen gefühlt habe, um mich herum stehen überall freundliche, liebende Gedanken.
Morgens und abends sehe ich mir immer Deine Bildchen an, und wenn ich das Berghaus sehe, so denke ich immer: «In welchem Zimmer mag sie wohl jetzt sein?» Heute habe ich sie um ½ 9 betrachtet und Dich durchs Esszimmerfenster gesucht. Meist stelle ich mir aber vor, dass Du noch in Deinem Zimmer bist – und abends schon – und dass Du hoffentlich Dein Knie pflegst. Heute Morgen war ja Caspar'chen nicht da. Ob Du da still im Bett geblieben bist oder ist Konrädchen erschienen? Ob Ihr heute schönes Wetter habt? Hier ist es kühl und sonnig. Jetzt ist es 10 vor 1 und Du wirst wohl beim Essen sitzen. Ob Du meinen letzten Brief heute bekommen hast?
Die letzten Tage habe ich still vor mich hingearbeitet, meinen Hals gepflegt, der seit gestern wieder in Ordnung ist, und mich durchaus friedlich gefühlt. Ich habe auch einen Ausflug nach Neu-Strelitz gemacht, um dort die Vollmacht für Rottgardt beglaubigen zu lassen. In Fürstenberg gibt es keinen Notar. Ich hab den zweiten Band der Werke Luther's ausgelesen und sonst allerhand kleinere Sachen. Ich habe vieles nachgelesen und kontrolliert – und dafür sehr viel Zeit gebraucht. Den gestrigen Tag, mein Herz, habe ich zum allergrößten Teil mit Dir verbracht und ein wenig mit Deinen Söhnchen. Wie mag es Caspar auf seinem Ausflug gehen?

Wie Du siehst, habe ich gar nichts zu berichten. Es geht mir ganz unverändert gut. Manchmal wundere ich mich über diese komische Welt, die die Leute, die sie notwendig braucht, einsperrt, aber damit hat es sich. Irgendwelche Unruhe macht mir das nicht. Ich beschäftige mich, wenn ich nicht lese, sehr viel mit Kreisau, mit all den vielen Sachen, die da getan werden müssen, und ich frage mich, was ich davon noch tun werde, wenn überhaupt etwas.
Natürlich beschäftigt mich dabei der Hof sehr, denn an dessen Umgestaltung müssen wir herangehen. Um da Platz und Bewegungsfreiheit zu bekommen, müssen wir Scheunenraum opfern können und das können wir nur, wenn wir für das Stroh eine andere Unterbringungsmöglichkeit finden. Dabei ist der Kuhstall der wichtigste Platz. Daher bin ich so daran interessiert, dass Zeumer sich mit der stationären Aufstellung des Gebläses zur Beschickung des Kuhstallbodens beschäftigt. Das setzt nämlich voraus, dass man sich über die Einteilung des Kuhstallbodens klar ist und auch Abwurfeinrichtungen hat. Wenn wir das im Laufe des Sommers schaffen könnten, dann könnten wir im Herbst schon einen Teil des Stroh's gleich auf dem Kuhstallboden unterbringen und ein Urteil darüber gewinnen, wie viel Scheunenraum wir dadurch sparen können. – Auch beim Umbau des Pferdestalles soll Zeumer sich die Ausnutzung des Bodens darüber sorgfältig überlegen und auch gleich die Abwurfeinrichtungen in die Futterkammer mitbauen.
Wie mag es Deinem Garten gehen? Du hast nie etwas über die Frühbeete geschrieben. Ist an denen noch nichts gemacht? Es lag wohl zu viel Schnee. Schade, dass ich die Bäume diesen Winter nicht habe beschneiden können. Was machen die Bienen? Hast Du von ihnen schon ein Lebenszeichen gespürt? Jetzt wird ja überall die Frühlingsarbeit bald losgehen. Ich bin riesig begierig, über alles unterrichtet zu werden. Verzeih die Belastung, die das für Dich bedeutet, mein Lieber.
Übrigens habe ich vergessen, Dir zu erzählen, dass ich den gestrigen Tag vor allem damit gefeiert habe, Deine Briefe wieder zu lesen. Das macht mir nicht nur Freude, sondern ich komme mir dabei auch vor wie ein steinreicher Mann, der seine Schatzkammer besichtigt. Es sind schon viele Briefe[2] und ich habe einen Teil jetzt weggepackt. – Mein Lieber, ich habe nichts mehr zu sagen außer dem, was du schon weißt. So bleibe es. J
Ist das nicht Mami's alter Radiergummi, den Du mir geschickt hast?

1 Moltke wurde am 11. März 1944 37 Jahre alt. 2 Freya hat fast jeden Tag an ihren Mann geschrieben.

Mittwoch, 15. März 1944

Mein Lieber, heute ist Dein Geburtstagsgeschenk fertig geworden und so schreibe ich Dir auch heute einen Geburtstagsbrief, obwohl es viel zu früh ist. Aber ich denke mir, wer weiß, ob Du nicht plötzlich kommst, und dann soll alles fertig sein, weil ich es nicht der Post anvertrauen möchte.
Mein Herz, Du weißt, dass ich vom Geborenwerden nicht arg viel halte und daher mich zu Glückwünschen nicht recht aufraffen kann. Die Glückwünsche zu diesem Tag richten sich vielmehr an mich, Deinen unwürdigen Ehewirt. Dieser wird den Tag mit Sprüche 31 Vers 10–31 begehen.[1] Was mehr könnte er sich wünschen, denn darum zu bitten, dass er sie behalten möge. Wenn ich, jetzt wo ich Zeit habe, rückschauend betrachte, wie viel Gutes mir geschehen ist, so denke ich voller Beschämung an meine Anfälle der Undankbarkeit. Von meiner Mutter bin ich Dir überantwortet worden, sodass Ihr immer mich mit Eurer Liebe umgeben habt. Ich habe doch noch nie alleine gestanden. Was ich Euch und für Euch an Dank schulde, ist so viel, dass es mich schier bedrückt.
Mein Herz, die Verhältnisse sind Jahr für Jahr schwieriger geworden. Auch Dein neues Lebensjahr wird davon keine Ausnahme machen. Ich kann Dir nur wünschen, dass Du mit den Schwierigkeiten wachsen mögest. Nimm sie nur nicht leicht, sondern gürte Dich mit Kraft. Aber nimm sie nicht vorweg. «Denn der morgende Tag wird für das Seine sorgen. Es ist genug, dass ein jeglicher Tag seine eigene Plage habe.»[2]
Sorge, mein Lieber, für die vielen Dir anvertrauten Dinge und Menschen, vor allem für Deine Söhnchen. Aber gräme Dich nicht. Hoffentlich wirst Du von Deinen Söhnchen viel Freude haben. Wenn sie gesund bleiben, so ist kein Grund einzusehen, warum Du Dich an ihnen nicht freuen solltest. Ich gedenke ihrer zärtlich und mit großer Freude.
Nun zu meinem Geburtstagsgeschenk. Es sieht so unbescheiden aus, wenn ich darüber in diesem Brief etwas sage, aber ich habe das Bedürfnis, Dir einiges dazu zu erklären. Mein erster Wunsch, als ich hier Zeit und Ruhe hatte, war, auch für Dich ein Mal eine Handarbeit zu machen. Das habe ich doch noch nie getan. Aus meiner Lektüre ergab sich dann der Plan, der verwirklicht worden ist. Mein Gedanke war dabei im Wesentlichen, Dir handlich und zusammengefasst das in die Hand zu geben, was Du Deinen Söhnchen vor allem beibringen musst, und Deine Söhnchen in ihrer Leselust dadurch zu beeindrucken, dass ich dies für wert gefunden habe, es zu malen.

Die Ausführung ist hinter dem Plan erheblich zurückgeblieben. Du musst es daher bitte so ansehen, wie Du ein Werk Deiner Söhnchen ansehen würdest. Tatsächlich ist es auch nichts anderes, denn bei meiner langen Entwöhnung von solcher Arbeit bin ich praktisch ein Anfänger. Nun, ich schenke es Dir trotz der vielen Mängel in der Gewissheit, dass Du den Willen und die Liebe bewertest, die in die Arbeit eingeflossen sind. Sie hat mir eine wunderschöne Woche geschenkt.
Und nun, mein Herz, schließe ich. Gott schütze Dich und uns. J.

1 Es ist der letzte Abschnitt der Sprüche und trägt die Überschrift «Das Lob der Hausfrau». Freya wurde am 29. März 1944 33 Jahre alt. 2 Matthäus 6,34: «Darum sorget nicht für den andern Morgen, denn der morgende Tag wird für das Seine sorgen. Es ist genug, dass ein jeglicher Tag seine eigene Plage habe.»

Freitag, 17. März 1944

Mein Lieber, das war aber gestern ein Freudentag ersten Ranges.[1] Wie schön, dass Du da warst, mein Herz. Und es war auch so schön lange. Ich habe gestern nicht mehr geschrieben, schreibe auch am Sonntag nicht, sondern erst am Montag und dann wieder Donnerstag.
Dein herrliches Paket habe ich in Droegen gar nicht recht in mich aufgenommen, umso mehr aber beim Auspacken. Den Quark fand ich herrlich, habe gleich eines von Marion's Schwarzbroten mit Butter und Quark nach Tisch gegessen und zum Abend noch mal drei Brote. Das war eigentlich das Erste, was ich seit etwa 10 Tagen mit wirklichem Genuss gegessen habe. Ich hoffe, dass sich damit mein Appetit wieder heben wird. Jedenfalls freute ich mich heute Morgen auch über eine Schnitte von Deinem neuen, herrlichen Weißbrot. Außerdem habe ich letzte Nacht bei Dämmerlicht ganz köstlich geschlafen von 9 bis 6. Das alles danke ich der Freude des Tages. Tatsächlich habe ich wieder einen üblen Hals. Dieses Mal mit nur wenig Schmerzen, aber heute Morgen hatte ich den ganzen Mund voll Schnee und bei meinem Dauerlauf vorhin geriet ich ganz fürchterlich ins Schwitzen. Es ist aber nicht schlimm, nicht annähernd so unangenehm wie vergangene Woche.
Mir sind doch zwei Wünsche eingefallen: ein frisches Handtuch und einen neuen Band von Luther. – Zu den Sachen, die wir besprachen, habe ich noch folgendes zu sagen: wir hatten bei Schott ja zwei Wagen bestellt und 2 genehmigt erhalten. Vielleicht kann er uns den zweiten bauen? – Ich vergaß

zu fragen, ob Hansen endlich da war. – Bitte, mache Zeumer recht deutlich, dass er so viel Futter bauen muss, dass er zur Not ohne Zwischenfutterbau auskommt. – Aus Deinem Brief habe ich mit Freude entnommen, dass 4 Stuten tragend sind. Hoffentlich kann Zeumer sie recht schonen, damit ihnen nichts zustößt. – Bitte dränge auf das Holz für Dich. – Über die Frage der Belegung des Berghauses habe ich noch nachgedacht. Mir scheint es eigentlich besser, nur Kinder zu nehmen. Das ist zwar für Dich mühsam, aber mit Erwachsenen im gleichen Haushalt, das kann eigentlich nur unangenehm werden. Du hast jetzt 3 Kinder und sobald Du 4 oder 5 hast und Asta, solltest Du als Gutshaushalt eigentlich unangreifbar sein und auch ein drittes Mädchen bekommen. Du musst nur eisern erklären, dass Du ja in meiner Abwesenheit Dich um den Betrieb kümmern musst, dass Deinem Haushalt alle Betriebsbesuche «höherer Art» zur Last fielen und dass Du auch häufig Besuche im Zusammenhang mit dem Feldmarschall hättest. Das wollen die Leute insbesondere im Arbeitsamt ja nicht einsehen. Damit komme ich zum Arbeitsamt. Ich bin dafür, dass Du Dich zunächst nicht beim Landesarbeitsamt beschwerst, sondern mit Herrn König sprichst. Dabei wird dann wohl das Gift wegen der Polenbeurlaubung herauskommen und da würde ich folgendes erwidern: a. ich hätte das angeordnet und nicht Du; b. wir hätten die Polen nicht über die Grenze beurlaubt, sondern nur vom Dienst freigestellt; dazu wären wir nach den Verträgen verpflichtet und hätten in diesem Punkt gar keine freie Wahl; c. wir wären mit Arbeitern so knapp besetzt, dass wir auf die volle Einsatzfreudigkeit eines jeden angewiesen seien. Wenn wir vertragsbrüchig geworden wären, so hätte das die Arbeitsleistung so herabgesetzt, dass wir 3 oder 4 Mann mehr gebraucht hätten, und das könnte ja nicht im Interesse des Arbeitsamtes liegen; d. wir hätten uns diese Leute selbst geworben und gezogen und hätten die Arbeitseinsatzbehörden damit nicht belastet, man müsste uns deswegen schon gestatten, diese Leute so zu behandeln, wie es nötig sei. Ich kann mir denken, dass Du mit Herrn König zu Rande kommst und das Mädchen für T[ante] Leno eroberst. Im Übrigen wäre zu überlegen, ob T[ante] Leno Bertha, die ja nicht mehr arbeitspflichtig ist, nicht entlassen sollte, bis sie ein Mädchen hat, und sie dann wieder nehmen. Vielleicht geht das irgendwie. Nun zu den Fragen Deines Briefes. Das alte Testament ist nationalistisch. Das ist ganz klar, denn damals dachte ja noch niemand an einen Welt-Gott. Aus dem Stammesgott der Juden ist ja in der Prophetie nur dadurch allmählich ein Welt-Gott geworden, dass die anderen Völker als Werkzeuge

eingesetzt wurden, um das sündigende auserwählte Volk zu strafen; daraus ergab sich incidenter, dass der Stammesgott der Juden den Göttern anderer Völker übergeordnet sein musste, und das leitete dann unmerklich zum Welt-Gott über, der sich im Christentum, insbesondere im paulinischen, aus Heiden und Steinen die Kinder schafft, für die die Abraham gegebene Verheißung gilt, da die fleischlichen Kinder Abraham's versagt haben. Die volle Konsequenz aus dieser Erkenntnis zieht ja eigentlich noch nicht einmal Christus, sondern erst Paulus, wenn auch auf klaren Befehl Christi, vor allem auf die Einsetzung der Taufe, gestützt. Aber was das bedeutet, haben die 3 ersten Evangelien jedenfalls nicht voll erkannt, und unter den Aposteln wäre das vielleicht ohne Paulus auch wieder versackt. Vergleiche dazu seinen Bericht über Besprechungen mit den anderen Aposteln Gal. 2 und 3. Das, was Dich da stört, ist historisch zu erklären. – Der Perlen im alten Testament sind doch recht viele, wenn ich auch zugebe, dass grässliche Stücke dazwischen sind. Aber lies z. B. einmal 1. Könige 3,5–15.[2] Auch die folgenden 13 Verse sind hochdramatisch. Und dann finde ich ja die Sprüche Salomos' so großartig; man muss sich allerdings etwas reinlesen.
Nun zu Deinem Söhnchen. Sicher ist die Atmosphäre das wichtigste, aber einiges muss er auch ganz einfach lernen: vor allem 10 Gebote und Vaterunser, Geschichte Jesu, Schöpfungsgeschichte, und dann kann man weitersehen. Du musst bedenken, dass er davon ja nichts mehr in der Schule lernt, und wir hatten zwei Wochenstunden davon. Ich bereue nicht, was ich damals gelernt habe. Man kann niemandem Glauben beibringen, aber Unkenntnis auf diesem Gebiet ist unmöglich. Schließlich wimmelt die ganze Bibel von schönen Geschichten und die muss man eben kennen: der Turmbau, das Mannah, Isaak, David und Goliath, Salomos' Urteil, Daniel in der Löwengrube, Naboth's Weinberg, die Gleichnisse Christi, der Fischzug Petri, die Speisung der 5000, Jona im Walfischbauch, die Hochzeit zu Kanaa.
So, mein Herz, ich höre auf. Lass es Dir wohl ergehen, mein Lieber, pflegen Sie sich. Bald werden Sie Ihre Söhnchen wieder beide haben. Hoffentlich geht es Euch allen gut. J.

1 Freya besuchte ihren Mann am 16. März. 2 Die Geschichten von Salomos Traum und Salomos Urteil.

Sonntag, 19. März 1944

Mein Lieber, ich kann es nicht übers Herz bringen, einen Sonntag zu überschlagen, und so schreibe ich doch heute und nicht erst morgen, wie ich beabsichtigt hatte. Ich schicke diesen Brief nach Berlin, weil Du im Laufe der Woche hinkommen willst und Du den Brief sonst vielleicht verpasst. – Mein Hals war wieder ganz übel. In der Nacht von Freitag zu Samstag erwachte ich um 1 Uhr mit völlig verschwollenem, schmerzhaftem, kein Schlucken mehr duldendem Hals und einem recht empfindlichen rechten Ohr und unzweideutigem Fieber. Ich machte einen Wickel und gurgelte, gestern früh war es schon wesentlich besser, das Fieber herunter, aber ich blieb gestern den ganzen Tag im Bett, anfangs dösig, ab Mittag ganz wohl. Heute ist nur noch ein Anflug da, aber in Ordnung bin ich noch nicht, denn sowohl bei meinen morgendlichen Kniebeugen wie bei meinem Spaziergang schwitzte ich. Meine neue Theorie ist, dass ich das vom zugigen Fenster habe. Das steht immer offen und die Tür schließt nicht gut, außerdem ist eine Essensklappe darin und wenn ich am Schreibtisch sitze, dann fächelt mich immer ein leichter Wind von rechts an. Nun, ich werde jetzt immer einen Schal um Hals und Ohr tragen. – Mein Appetit ist viel besser, das eine Täubchen habe ich Freitagabend gegessen, das zweite soll heute daran glauben. Ich esse zwar noch nicht, was ich anfangs gegessen habe, aber ich freue mich doch jetzt schon aufs Essen. – Dies der Rapport über den Körper.

Ich habe jetzt in dem mir von Peter geschenkten Troeltsch zu lesen angefangen.[1] Sehr anregend, sehr gut geschrieben, aber nicht die richtige Lektüre für diesen Aufenthaltsort. Man kann nämlich beim Lesen in Gedanken abirren. Das Buch zwingt nicht zum Arbeiten; man liest es eben. Hier muss man Sachen lesen, die einen zur Mitarbeit zwingen und nicht auslassen. Ich sehne mich daher vor allem nach einem neuen Band Luther, am liebsten den 3. Wenn De servo arbitrio in dieser Ausgabe nur lateinisch enthalten ist, dann bitte ich um ein Lexikon; denn gerade da will ich nicht springen.[2] – Außerdem wäre es sehr schön, wenn ich etwas ganz gewöhnliche Landwirtschaft bekommen könnte, nicht Agrarpolitik, sondern Düngerkunde, Rindvieh-, Schaf- etc. Zucht, Gras-Sorten oder ähnliches. Alles ist mir recht.

Den gestrigen Tag, der sehr geruhsam war, habe ich unter anderem dazu benutzt, über meine Arbeit im Amt nachzudenken. Aus dem, was Oxé mir mitgebracht hat, kann ich schon einen beachtlichen Abstieg entnehmen. Es ist nicht etwa so, dass sachlich Fehler gemacht werden, aber in einer so verwickelten Lage, wie wir uns befinden, mit den zusätzlichen Schwierigkeiten, die die Teilevakuierung bringt, ist ein ständiger «drive» erforderlich, um Sachen durchzubekommen. Und davon, dass der da ist, hängt entscheidend ab, was an Arbeit anfällt, denn andere Stellen vertrauen uns Sachen an, wenn sie glauben, dass wir sie durchziehen, sonst nicht. Ich sehe an der ganzen Frage des Verwundetenaustausches, dass dieses Zutrauen im Schwinden ist, denn diese Sache müsste jetzt eigentlich fertig sein und sie befindet sich noch in den Anfängen, weil andere Dienststellen versuchen, sie an sich zu reißen. Auch aus einigen anderen Dingen kann ich das Gleiche bemerken. Das Auswärtige Amt beantwortet einfach einige Sachen, die ihm unbequem sind, nicht mehr, weil keiner da ist, der unbarmherzig auf Antwort besteht. So sehe ich, dass dieser ganze Arbeitszweig der Ag. Ausland aus der Stellung, die wir ihm erkämpft hatten, langsam aber sicher wieder in die Bedeutungslosigkeit zurücksinken wird, die er zur Zeit des guten Tafel[3] hatte, und ich fürchte, dass auch das die Stellung der Ag. Ausland an ihrer neuen Stelle nicht gerade verbessern wird. Der Jammer ist, dass das gerade in einem Augenblick geschieht, in dem wir alle Reibungen beseitigt hatten und in dem durch die Veränderung in der Organisation für unsere Arbeit die größten Aussichten bestehen. Wenn ich auch nur 8 Wochen die jetzt gegebenen Chancen nutzen könnte, so würden wir so viel nützliche Arbeit bei uns konzentrieren können, dass man damit eine ganze Abteilung beschäftigen könnte. Das alles aber lässt sich durch Fernsteuerung nicht machen. Mir ist nicht klar, ob Bü[rkner][4] das eigentlich sieht. Wenn nicht, dann hat er überhaupt noch nicht begriffen, was wir tun und was wir leisten können. – Im übrigen bin ich über nichts so besorgt wie über die türkische Sache.

Heute Morgen habe ich Deine ganzen Briefe seit Februar-Mitte wieder gelesen. Mein Herz, welch eine liebe Sammlung ist das. So habe ich den Tag sehr gut begonnen. Dann war ich 75 Minuten draußen, weil ich mein Essen auch draußen genommen habe, und auch das war angenehm. Sonst ist heute eigentlich noch nichts geschehen; nachher werde ich eine fürstliche Vesper einnehmen, mit Deinem köstlichen Weißbrot und den wunderbaren Zwiebacken. Dann lese ich einige Times und ein wenig im Troeltsch und dann gedenke ich meines Lieben und seiner Söhnchen. Das ist heute schon mehrfach geschehen: beim Aufwachen und dann beim Sonntagsfrühstück um ½9. Mein Herz, wie gut habe ich es mit Dir!

Gestern Abend kam Dein Brief aus Berlin. Wie gut, dass Du Dein Geburtstagsgeschenk billigst. An die vergangene Woche, in der ich vor allem daran gearbeitet habe, angefangen mit dem 10., 11. und 12., denke ich sehr gerne zurück. Wenn es nur nicht gar so viele Fehler hätte. Das Schlimmste finde ich die Uneinheitlichkeit der Schriftzeichen. Ich hatte aber keine Vorlagen und aus dem Gedächtnis wurden sie eben nicht besser. Das große I, T, K, R, P z. B. ist nicht stilgerecht, das kleine r ist sehr verschieden ausgefallen und eigentlich hat keine seiner Fassungen meinen Beifall. – Den Tuschkasten habe ich schon wieder in einen verschenkfähigen Zustand versetzt und schicke ihn das nächste Mal mit. Die Farben habe ich alle nur von hinten angebraucht, d. h. von unten. – Nächsten Sonntag hast Du Dein Casparchen wieder bei Dir. Ich bin gespannt, was Du mir von ihm berichten wirst. Heute ist wahrscheinlich ein stiller Sonntag bei Dir. Ich dachte heute Morgen, Du seiest vielleicht in die Kirche gegangen. – Jetzt ist es nach 2 Uhr und ich nehme an, dass Du friedlich auf Deinem Sofa liegen wirst.
Zur Rentenannie ist mir noch folgendes eingefallen: Bei der Zusage, dass wir die Möbel auf unsere Kosten einlagern, musst Du aber, bitte, klarmachen, dass es sich dabei um eine freiwillige, nicht vertragliche Zubuße[5] von uns handelt und dass auch diese Zusage nur für angemessene Zeit, sagen wir zunächst für ein Jahr, gegeben werden kann. Wenn Du es so im Allgemeinen geregelt hast, so wäre es wohl am besten, Du bespräches es mit Maack und ließest Dir von ihm einen Brief entwerfen, den Du ihr zur Bestätigung schreibst. Übrigens muss der Einlagerungsvertrag von ihr geschlossen werden, und wir zahlen nur. Du darfst ihn nicht schließen.
Denk' Dir, aus irgendeinem Grund kann ich das Gefühl nicht loswerden, ich hätte Dir noch etwas zu schreiben, was ich im Augenblick vergessen habe. Aber da es mir nicht einfällt, höre ich auf. Auf Wiedersehn, mein Lieber, lassen Sie es sich wohl ergehen, pflegen Sie sich, grüßen Sie Ihre Söhnchen und behalten Sie, bitte, lieb Ihren Ehewirt, J.

1 Es wird nicht deutlich, um welches Buch von Troeltsch es sich handelt. Es könnten «Die Soziallehren der christlichen Kirchen und Gruppen» (1912 und 1922), aber auch die Aufsätze «Die Absolutheit des Christentums und die Religionsgeschichte» (1902) oder «Die Bedeutung der Geschichtlichkeit Jesu für den Glauben» (1911) gewesen sein. 2 Luthers Schrift «De servo arbitrio» von 1525, in einer nicht identifizierten Einzelausgabe, später in: Münchener Lutherausgabe, Ergänzungsbd. 1, München 1954. 3 Wilhelm Tafel, Major, Leiter der völkerrechtlichen Gruppe, Nachfolger: Werner Oxé. 4 Leopold Bürkner, Kapitän zur See, Chef der Abteilung Ausland / Abwehr. 5 Nachschusspflicht.

Donnerstag, 23. März 1944

Mein Lieber, denke Dir, Dein Brief vom Montag früh war am Dienstagabend schon in meinen Händen. Da ich Deinen ersten Brief aus Kreisau am Dienstag früh bekommen hatte, so war das wohl ein rechter Festtag.

Mir geht es wieder sehr gut. Der Hals ist in Ordnung, ich esse wieder Berge und dieses Zwischenspiel eines Anfluges von Mickrigkeit ist vorüber. Ich freue mich daher auch besonders an den köstlichen Esssachen, die ich Dir verdanke. – So jetzt kommt erst eine Sammlung kleinen Mistes: Deinen grünen Wollschal habe ich nie bekommen, wenn Du damit den gestrickten meinst. Ich habe lediglich ein geblümtes Kopftuch mit grünem Rand, das mir sehr gute Dienste tut. – Ich brauche ein frisches Handtuch und dicke Socken. Dünne Socken brauche ich bis auf Anforderung nicht mehr, da ich immer meine braunen Schuhe trage. Ich werde Dir wahrscheinlich einige Paar wieder zurückschicken. Ich brauche einen neuen Schlips; der, den ich trage, ist zu zerschlissen. Meine Briefumschläge reichen auch nicht mehr lange. Den mir von Dir zurückgegebenen konnte ich nicht verwenden, weil auf ihm Strafporto verzeichnet war. – Aus einer Mitteilung, die mir das Büro

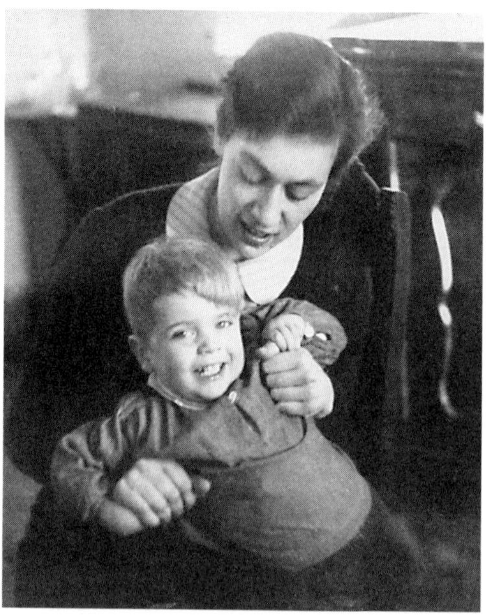

Freya von Moltke
mit Helmuth Caspar, 1939

schickte, weiß ich, dass ein Paket mit 1 kg. Kaffee nach der Derfflingerstr. gegangen war. Kannst Du Dich, wenn Du in Berlin bist, dafür interessieren? Bressalina hat die Unterlagen. – Die Seife, die Du mir geschickt hast, ist herrlich; ich hatte bisher gedacht, das Wasser hier sei schlecht, habe aber jetzt erkannt, dass die frühere Seife nicht so gut war. Nimm selbst auch ein Stück dieser Seife.

Nun noch ein Mal zur Rentenannie: Wenn sie die «Garderobe» füllen will, so lass sie das nur im Rahmen der Entrümpelung, also der Feuersicherheit, tun. Lass sie nicht die ganze Garderobe vollstellen; man muss überall zum Löschen rankommen können. Wo die kleinen Kinder jetzt da oben wohnen, müssen wir auf diesem Punkt sehr vorsichtig sein. Außerdem muss Fräulein Hirsch den Schlüssel behalten. – Wie Du weißt, habe ich eisern darauf bestanden, dass ich der Rentenannie nicht persönlich hafte. Ich kann mich nun nicht mehr erinnern, ob das in dem Auseinandersetzungsvertrag – Urkundenmappe – steckt oder durch Korrespondenz festgelegt worden ist. Ich bitte Dich, das zu prüfen und von den mangelnden Urkunden notariell beglaubigte Abschriften anfertigen zu lassen, und zwar gleich einige, und diese zu verteilen: eine beim Mütterchen,[1] eine bei Inge und vielleicht eine dem Carl[2] zu schicken, aber das kannst Du mit ihm besprechen, wenn Du ihn siehst. Nur bei den Methoden der Rentenannie muss man das sicherstellen.

Zur Pumpe im Schloss ist mir folgendes eingefallen: die Kreisauer Feuerspritze reicht nicht auf das Schloss. Die einzige Möglichkeit zu löschen besteht daher durch Anschluss an die Wasserleitung des Schlosses. Bei der erhöhten Luft- und damit Feuergefahr ist es nicht zu verantworten, im Schloss keine Pumpe zu haben, die Wasser bis oben zu drücken im Stande ist. Ich würde mit diesem Argument versuchen, einen Motor zu bekommen. Schließlich wohnen jetzt da oben 8 oder 9 Menschen, davon 5 kleine Kinder, und es geht doch nicht, dass man da nicht löschen kann. Außerdem würde ich vorschlagen zu prüfen, ob die Schläuche der Kreisauer Feuerwehr an unsere Wasserleitung passen, und wenn nicht, dann müsste man Verbindungsstücke bekommen, um sie anschließen zu können. Ich bin jedenfalls dafür, diese Frage mit Energie zu betreiben. Du musst Dich eben hinter den Kreisluftschutzleiter stecken, dann wird das schon gehen.

Dein Vorschlag, noch 2 kleine Jungen ins Berghaus zu nehmen, gefällt mir sehr, wie Du aus meinem letzten Brief inzwischen gesehen haben wirst. Natürlich ist es eine große Belastung für Dich, aber ich meine, dass es im Endergebnis immer noch weniger schlimm ist als fremde Erwachsene, und auch bekannte Erwachsene, die nichts Vernünftiges zu tun haben, gehen Einem auf die Dauer auf die Nerven. 3 und 7 Jahre passt recht gut und das sind doch Alter, die aus der Arbeit herauswachsen. Wenn Du dafür Dein drittes Mädchen behältst, so scheint mir das ein ausgesprochener Vorteil zu sein. Sind sie erst ein Mal eingerichtet, dann laufen sie zum Teil doch mit. Schlimm ist es nur, wenn sie krank werden.

Ich hatte Dich dahin verstanden, dass Du voraussichtlich in dieser Woche nach Berlin kommen würdest, sehe aber aus Deinem Brief, dass das da noch nicht der Fall sein wird. Nun weiß ich gar nicht, wo ich Dich zu suchen habe, denn vielleicht bist Du heute bei den Kindern auf der Planurbaude. Dass Casparchen so selig ist, finde ich sehr schön, an der Tatsache, dass er länger bleibt, finde ich jedoch missbilligenswert, dass er so zu Deinem Geburtstag nicht zu Hause sein wird. Überhaupt freue ich mich schon darauf, wenn er wieder zurück ist, denn es ist mir riesig angenehm, Dich von beiden Söhnchen umrahmt zu wissen. Nun, jetzt ist es nur noch eine Woche, und dann wird er ja hintereinander wieder lange Zeit zu Hause sein. – Gestern Mittag kamen viele Flugzeuge über uns. Gestern Abend war Fliegeralarm ohne Fliegergeräusche. Mir war sehr angenehm zu wissen, dass Du nicht in Berlin warst. Halte Dich dort nur ja immer so kurz wie irgend möglich auf. Es ist so ein unangenehmes Gefühl zu denken, dass Du dort bist, wenn man hier die Flugzeuge einfliegen hört.

Schon lange wollte ich Dir ein Wörtchen über «hinein», «herein», «hinaus», «heraus» schreiben. Du gebrauchst «hin» und «her», als seien sie gleichbedeutend, während sie sich im Gebrauch gegenseitig ausschließen. «Hin» bedeutet immer, dass die Bewegung in den oder aus dem Raum erfolgt, in dem der als beobachtend Gedachte sich befindet. Du kannst nie sagen, «Caspar ging aus dem Zimmer heraus», wenn Du Dich in dem Zimmer befindest, Du musst aber diesen Satz so fassen, wenn Du Dich nicht in dem Zimmer befindest. «Caspar ging in das Zimmer hinein» bedeutet, dass Du draußen warst, während «herein» in dem gleichen Satz sagen würde, dass Du in dem Zimmer warst. «Hin» bedeutet «weg», «her» bedeutet «zu». Verzeih diesen Exkurs, aber im Schreiben hältst Du diese Worte nicht klar auseinander.

Nun komme ich nochmals auf den Katechismus zurück. Mit dem nächsten Paket werde ich Dir Luther's Großen Katechismus schicken, den Du

dann Eugen zurückgeben musst. Aber abgesehen von all den Einzelheiten, die daraus zu entnehmen sind, ist der große Zusammenhang der einzelnen Teile folgender: die zehn Gebote enthalten das Gesetz im Sinne des alten Bundes. Sie sind in ihrer Bedeutung erweitert durch die Gebote der Bergpredigt. Es ist unzweifelhaft, dass der Mensch diese Gebote nicht einzuhalten vermag, und daher wird er sündig und verdammt. Diese Sünde wird getilgt durch Christum, sofern man daran glaubt. Der Inhalt dieses Glaubens ergibt sich aus dem zweiten Teil, dem Glaubensbekenntnis, aus dessen letztem Abschnitt sich ergibt, dass der Heilige Geist durch die allgemeine christliche Kirche einem zu dem Glauben verhelfen muss. Das Vater Unser fasst die Bitten zusammen, die uns zum Glauben verhelfen sollen, und die beiden Sakramente sind die symbolischen (?) Handlungen, durch die die Sündenvergebung und der Glaubenszusammenhang bewirkt wird.
Gestern habe ich den Troeltsch fertig gelesen und er geht das nächste Mal mit weg. Von neuer Lektüre habe ich jetzt nur noch den Heiler, den ich mit einer Wiederholung des Augustin beleben werde, wenn er mir zu langweilig wird. Der Moltke ist noch nicht angekommen. Ich weiß noch nicht recht, wo ich dann weiterlesen soll. Ich möchte Dich eigentlich um den Wells «Outlines of History» bitten.[3] Vor allem aber wäre ich dankbar für die beiden anderen Bände von Luther's Werken. Vielleicht schickst Du mir auch einen Band von Kant.
Am Dienstag kam Fräulein Thiel, mit etwas Arbeit und einem großen Stoß «Parliamentary Debates». An denen habe ich lange zu kauen. –
Mein Lieber, sonst habe ich wohl nichts zu berichten. Ich denke mit Zärtlichkeit und Freude Deiner und Deines Hauses, aber ich freue mich auch in Gedanken an dem Betrieb und allem, was da vor sich gehen mag. Gut, dass Pflanzenlöcher gemacht werden konnten. Auch die letzten Pappeln müssen gepflanzt werden, im Hinterbusch und entlang der Ziegelwiese. Auf Wiedersehn, mein Herz, lass es Dir wohl ergehen, hoffentlich geht es Deinem Knie wieder gut, hoffentlich geht es Deinen Söhnchen gut. Ich umarme Euch H.

1 Ada Deichmann, die Mutter von Freya. 2 Carl Deichmann (1906–1985), Bruder von Freya, zumeist wohnhaft in Holland, häufig in Berlin, Besitzer der Garagenwohnung in der Derfflingerstraße, die er Moltke überlassen hatte. 3 H. G. Wells: The Outline of History, 1920.

Sonntag, 26. März 1944

Mein Lieber, da ich versprochen habe, Dir zu schreiben, wenn es mir nicht gut gegangen ist, so will ich das gleich erledigen. Kurz nach dem Abgang meines letzten Briefes erlag ich einer grässlichen Anfechtung, der schlimmsten, die ich bisher erlebt habe. Alle Versuche, zu lesen oder sonst etwas zu tun, waren vergeblich und ich ging Donnerstag früh ins Bett. Ich erkämpfte mir dort eine kurze Zeit inneren Friedens, wachte aber um ¾ 11 wieder auf und dann ging es erst recht los, sodass ich die ganze Nacht nicht schlief, vielmehr nur von Zeit zu Zeit leicht eindöste. Ich stand aber am Morgen auf wie immer, machte auch meine Kniebeugen wie immer und setzte mich nach dem Frühstück an den Hebräerbrief. Zuerst verstand ich kein Wort von dem, was ich las, aber ich zwang mich, jeden Vers eisern so oft zu wiederholen, bis ich ihn verstanden hatte. Gegen Mittag, ja unmittelbar vor dem Essen war ich, langsam besser werdend, bei dem 12. Kapitel angekommen und als ich beim 12. Vers war, war die Sache überstanden.[1] Ich habe dann in Frieden die beiden Stellen von Jeremia und Jona lesen können. Ich war todmüde und habe nach Tisch gelegen und mit Kopfschmerzen, die ich den ganzen Tag hatte, friedlich Deiner und der Söhnchen gedacht. Um 4 kam Tee und mit ihm Dein Brief vom 20., der mir Balsam war. Ich wollte dann eigentlich eine Times lesen; das ging aber noch nicht, so las ich im Johannes-Evangelium und legte Patiencen, wenn ich zu müde war. Um 8 ging ich ins Bett, verschlief fast ganz die über uns hindröhnenden Bomber und erwachte am Samstagmorgen wie ein Röschen.

So, mein Herz, da hast Du einen genauen Bericht. Ich bin nur froh, dass der letzte Brief schon weg war und beim jetzigen schon wieder alles in Ordnung ist. Das Ganze war die gerechte Strafe dafür, dass man seine Hoffnungen eben nicht nur auf Ihn setzt. Nun ist es vorbei. Ich hoffe, dass ich wenigstens theoretisch meine Lektion gelernt habe, aber das Fleisch ist nun einmal schwach.

Sonst und jetzt geht es mir gut. Der Hals muckert nur ganz wenig; ich will ihn mir Anfang der neuen Woche auspinseln lassen, aber ich glaube eben, dass es von dem beständigen leichten Zug kommt. Ich habe, abgesehen von dem unangenehmen Tag, sehr guten Appetit. Mein Weißbrot ist gestern zu Ende gegangen. Daran kannst Du sehen, wie lange Dein Weißbrot reicht.

Gestern kam wieder ein Brief von Dir, vom 22. Ich merkte daran, wie angenehm es mir war zu wissen, dass Du zu Hause warst. Ich hatte Dich Don-

nerstag und Freitag im Gebirge gesucht, hatte aber auch mit der Möglichkeit gerechnet, dass Du zu Hause geblieben seiest. Heute habe ich Dich vom frühen Morgen an begleitet, war mir nur nicht sicher, ob Du Dein kleines Söhnchen am Morgen in Dein Bett genommen hättest und ob Du etwa zum Zuge 7.10 gegangen seiest, einen Brief an mich einzustecken. – Wir haben zur gleichen Zeit gefrühstückt, mein Lieber. Ob Du dann wohl in die Kirche gegangen bist, oder ob Du das bis Palmarum aufschiebst. Ich habe Dich jedenfalls auf dem Kirchgang und zu Hause alternativ gesucht. Es ist jetzt kurz vor 12, wir bekommen schon unser Essen und bald werdet Ihr auch essen, denn noch ist Ida da. Um ½ 7 habe ich Deine Bilder betrachtet und mir überlegt, ob Du die Vorhänge schon auf haben wirst.
Deine Nachrichten aus dem Betrieb haben mich sehr erfreut, denn sie klangen ganz gut. Wenn Z[eumer] im Laufe der Bestellung den Bestellungsplan in der gewünschten Richtung noch etwas ändert, vor allem also noch Kartoffeln durch Futterrüben ersetzt, bin ich schon ganz zufrieden. Der neue Schnee freut mich auch riesig. Viel Wasser ist noch wichtiger in diesem Jahr als frühzeitige Bestellung. Zu all dem habe ich wenig zu sagen und möchte erst noch einmal den Bestellungsplan sehen. Hast Du Holz bekommen?
Ich lege eine Aufzeichnung für Rottgardt bei; ach nein, ich werde sie Dir selbständig mit den Unterlagen schicken, hoffe aber auch, das noch heute tun zu können. Wenn Du das nächste Mal kommst, so bringe doch eine Abschrift der Vollmacht von mir auf Dich mit und eine Abschrift des Entwurfs einer Bestellung Maack's zum Testamentsvollstrecker nach dem Prinzen. Diesen Entwurf hatte ich Gersdorff geschickt und wollte ihn am 22. 1. bei ihm vollziehen. Er soll Dir also eine Abschrift meines Entwurfs schicken. Ich möchte dann beides hier erledigen. – Ich füge einen Ausschnitt aus dem VB[2] bei, der für Dich interessant ist. Hoffentlich wirkt sich das aus, damit Du Deinen Herd voll benutzen kannst.
Mein Lieber, dies ist auch Dein Geburtstagsbrief, und es tut mir leid, dass ich ihn damit eröffnet habe, dass es mir nicht gut gegangen ist. Das ist nämlich ein Zeichen großer Undankbarkeit Dir gegenüber und für Dich. Aber ich dachte, es ist besser, das gleich vorweg zu erledigen, als einige kryptische Andeutungen zu machen. Ich komme aber jetzt zu dem besseren Teil. Mein liebes Herz, meinen Hauptgeburtstagsbrief hast Du ja schon.[3] Du wirst Dir aber gewiss noch einmal anhören, dass ich in dem Reichtum, den Du mir geschenkt hast, nie arm, nie verzagt, nie verlassen, nie ungewärmt

sein kann. Solche Anfälle wie der von Donnerstag beschämen mich nachher, aber sie gehen vorüber und werden vergessen. Wie anders wäre das ohne Dich, mein Herz. Welch ein Jahr von Sorgen und Schwierigkeiten steht vor Dir. Du wirst sie meistern, mein Lieber, wie groß immer sie sein mögen, wenn Du alle Deine Kraftquellen erschließt. – Du wirst allein zu Hause sein, so scheint mir, denn Asta und das «große» Söhnchen sind dann wohl noch in den Bergen. Aber ich werde bei Dir sein, mein Herz, Deinen Tag begleiten und ihn für mich segnen. Des kannst Du gewiss sein.
Ich will den Brief hier beenden; nur will ich noch berichten, dass ich gestern den Großen Katechismus noch ein Mal gelesen habe und das Buch jetzt in den für Dich bestimmten Koffer wandert. Bitte, gib es mir aber wieder zurück, wenn ich es doch noch ein Mal sehen möchte.
Auf Wiedersehen, mein Lieber, pflegen Sie sich und Ihre Söhnchen. J.

1 Hebräer 12,12: «Darum stärkt die müden Hände und die wankenden Knie.» 2 *Völkischer Beobachter.* Moltke konnte das NSDAP-Blatt gegen Bezahlung bekommen. 3 Siehe Brief vom 15. März 1944.

Mittwoch, 29. März 1944

Mein Lieber, ein gesegnetes neues Lebensjahr wünsche ich Dir, das heißt, dass ich hoffe, dass Du die Kraft finden wirst, die erforderlich sein wird, die vielfältigen Sorgen und Schwierigkeiten, die dieses Jahr Dir bringen wird, zu überwinden und dabei stets getrost und freudig zu bleiben. Mit diesem Gedanken erwachte ich heute Morgen schon um 5, bin dann bald aufgestanden, habe mich gründlich gereinigt und bin dann wieder ins Bett zurückgestiegen, um wach und unabgelenkt Deiner gedenken zu können. Nur meine Meisen habe ich von Zeit zu Zeit besehen, die kamen, um sich ihr Frühstück zu holen. – So habe ich hoffentlich Dein Aufwachen und Aufstehen vom ersten Augenblick an richtig verfolgt. Und jedes Mal, wenn ich überlegte: «Was tut sie jetzt?», dann antwortete mir mein Herz ganz deutlich: «Sie gedenkt mein!» Sieh, in welchem Reichtum ich lebe, und wie oft habe ich es nicht recht geachtet. Meine Schuld an Undankbarkeit ist gar zu groß. – Jetzt ist es bald 9 und ich habe mit Dir gefrühstückt und will jetzt den Tag feiern, indem ich Dir schreibe.
Die Tatsache, dass jetzt fast täglich Briefe von Dir kommen, ist riesig angenehm. Sie kommen immer abends, ich überfliege sie dann gleich und lese sie im Bett wieder. Gestern kam der vom 25. Daraus entnahm ich, dass Du

meinen Brief vom 19. nicht bekommen hattest – ich hatte doch am Sonntag geschrieben. Den Brief hatte ich in die Hortensienstr. geschickt, weil ich dachte, Du kämest nach Berlin; ich hatte zugleich Marion geschrieben, sie möchte ihn Dir nur nachschicken, wenn Du ihn bestimmt noch in Kreisau bekämest. Was nun geschehen ist, weiß ich nicht, aber dass Du ihn Samstag noch nicht hattest, wundert mich. Mein Armer, hast Du Dir schreckliche Sorgen gemacht, dass Du keine Nachricht bekamst? Verzeih. – Nun wirst Du meinen Brief vom Sonntag haben und der wird Dich ja auch nicht gerade befriedigen. Inzwischen geht es mir aber wieder gut. Nicht so hervorragend wie vor einigen Wochen, aber ich glaube, dass das nur daran liegt, dass ich nichts Rechtes zu arbeiten habe, nichts, was mich zur vollkommenen Konzentration zwingt, und so schleichen [sich] beim Lesen immer allerhand Sorgen mit ein. Nun, das wird sich wieder geben, es ist auch gar nicht schlimm, es ist aber nur nicht so hervorragend wie am Anfang hier.

Es sind lauter Sachen, die ich besprechen muss, vor allem möchte ich noch ein Mal über den Bestellungsplan sprechen. Bring ihn und das grüne Buch, bitte, mit. Außerdem bitte auch die Vorgänge, die T. V. nach Friedrich-Heinrich betreffend. – Es wäre mir sehr lieb, wenn Marion und Peter noch da wären, wenn Du von hier wieder zurückkommst, denn es wird allerhand in der Schiedsgerichtssache zu besprechen sein. Ich habe Marion am Montag darüber geschrieben. Hast Du eigentlich den Besprechungszettel vom vorletzten Mal noch ein Mal durchgesehen? Ich habe immerzu das Gefühl, dass da noch etwas unerledigt ist. Bitte bringe auch die Akte Kreisbank Treuhand etc. (1237) mit. – Außerdem muss ich dringend die Peilesache mit Dir besprechen.[1] Das muss über Ostern gefördert werden.

Du fragst nach meinen Vorräten. Vor allem habe ich nichts mehr zu lesen. Ich lese jetzt das, was ich habe, zum zweiten Mal, aber das ist eben nicht das Rechte, weil es nicht genügend Konzentration verlangt. Dann wäre ich dankbar für ein Handtuch und einen Kopfkissenbezug. Zucker habe ich noch bis Mitte nächster Woche, vielleicht bis Ostern, Butter ist übermorgen zu Ende, Marmelade habe ich noch bis Ende April, Honig auch reichlich, Wurst und Schinken bis 15. 4. Weißbrot und Zwiebacke habe ich nicht mehr. Äpfel und Möhren habe ich schon längere Zeit nicht. Büchsen habe ich noch gar keine gebraucht, sodass ich damit noch lange versorgt bin. Kondensmilch habe ich noch eine Büchse. Also wie Du siehst, nage ich noch nicht am Hungertuche. – Das Essen hier ist allerdings eine Kleinigkeit weniger geworden, insbesondere bekommen wir weniger Brot. – An Wäsche

bin ich noch für 14 Tage versorgt. – Du hast mir nie gesagt, ob das ½ oder ganze Pfund Tee in der Hortensienstr. gefunden wurde.
Mein Herz, wie mag es Dir heute gehen? Habe ich Dir mit meinem Brief vom Sonntag den ganzen Tag verdorben oder hast Du daraus entnommen, dass ich mit Dir alles teilen möchte und dass ich daher lieber Dir etwas Kummer mache, als Dir etwas vormache? Ach. Mein Lieber, jeder Tag und Brief von Dir ist mir so kostbar. – Deine Nachrichten vom Betrieb klingen ja ganz befriedigend; dann dass das Bocken nun einen Monat zu spät losgeht; hoffentlich wird das kein Reinfall. Die Bestellung wird sich sehr zusammendrängen, wenn Ihr immer noch Schnee und Matsch habt. Der arme Zeumer; und dazu auch noch das Pflanzen. Nun, vielleicht geht es besser, als man denkt. Wenn nur alles Vieh gesund ins Frühjahr kommt, dann wollen wir schon froh sein. – Du schreibst nichts mehr über die Lageskizze des Hofes. Ist das nun in Ordnung oder definitiv nicht in Ordnung?
Wenn ich so bedenke, was in den zwei Monaten alles zerschlagen ist und was alles noch zerschlagen sein wird, ehe ich wieder dran kann, so ist Kreisau der Glanzpunkt, weil Du, mein Lieber, da bist. Mir scheint es jetzt richtig, das Büro gar nicht mehr aufzumachen,[2] und das, was daraus folgt, muss ich auch mit Dir besprechen, denn Du musst es ja durchführen. Die größte Sorge ist mir aber die Arbeit im O. K. W. Oxé war jetzt 14 Tage nicht da, und das, was mir Frl. Thiel brachte, die vorige Woche kam, und noch mehr das, was sie erzählte, zeigte mir, dass da das Meiste schon auseinandergelaufen ist. Abgesehen von den Fragen des Kriegsgefangenenrechts und des Verwundetenaustausches, die, soweit ich sehen kann, einfach versacken, gilt meine Hauptsorge den türkischen Dingen. Nichts von den Sachen scheint weiterzukommen und ich habe den Eindruck, dass das Auswärtige Amt einfach nicht mehr auf das antwortet, was wir schreiben, weil sie wissen, dass niemand da ist, der hinterherbohrt. Dabei handelt es sich da um Fragen von ganz allgemeiner Bedeutung, deren falsche Lösung uns langfristige, schwere Schäden bringen kann. Bü[rkner] hat ja nie begriffen, was wir da getan haben und wie völlig außer Verhältnis groß unser Einfluss gewesen ist. Es ist ihm, glaube ich, auch nie klar gewesen, wie viel Arbeit darin gesteckt hat. Außerdem übersieht er wohl, dass er seine eigene Position untergräbt, wenn er diese Aufgaben einfach schwimmen lässt. Es ist grässlich, das ansehen zu müssen und zu wissen, dass von denen, die die Arbeit formal gedeckt haben, keiner auch nur ihre Bedeutung, geschweige

denn ihren Inhalt versteht. Oxé hat eine Ahnung davon, aber ihm fehlen eben Fach- und Personalkenntnisse. Schade auch um das Institut, das nun wieder in Vergessenheit geraten wird.[3] Ich bin recht unglücklich, wenn ich daran denke, kann aber nichts ändern.
So, mein Lieber, da hier nichts geschieht, habe ich nichts zu berichten. Das Einzige, was geschieht, was wächst und gedeiht, Blüte und Frucht trägt, mich nährt, erquickt und erhält, das weißt Du, mein Lieber, ganz genau. Grüße Asta und die Söhnchen. Ich bin froh zu denken, dass C'chen endlich wieder zurückkommt. Lebe wohl. J.

Muto kommt doch um 3? Schick mir doch gebrauchte Umschläge. Wenn Du noch einmal lange keinen Brief bekommst, so schicke mir doch ein Telegramm.
Gleich 12 Uhr, mein Lieber, wenn Dein Geburtstagsmittagsessen beginnt, werde ich wahrscheinlich gerade bei meinem Spaziergang sein. Das Feieressen bestand hier aus sehr guter Erbsensuppe und jetzt esse ich ein Stück Schokolade auf das Wohl meines Lieben.

1 Peile war das Flüsschen, das durch Kreisau floss und immer wieder über die Ufer trat. 2 Da das Büro in der Viktoriastraße zerstört war, ging es um die Frage, ob er überhaupt ein Rechtsanwaltsbüro weiterführen sollte. 3 Gemeint ist das von der Kaiser-Wilhelm-Gesellschaft 1924 gegründete «Institut für ausländisches öffentliches Recht und Völkerrecht», das Viktor Bruns bis 1943 geleitet und in dem Moltke nebenamtlich mitgearbeitet hatte.

Sonntag, 2. April 1944

Mein Lieber, denk Dir, am Dienstag, dem 28., habe ich den letzten Brief von Dir bekommen. Ich war schon ganz beunruhigt, als am Freitagabend wieder nichts kam, besonders, da ich seit 14 Tagen auch nichts aus Berlin gehört hatte, vor allem nichts nach den beiden letzten Angriffen. Gestern Abend, als die Post verteilt wurde, kam nun ein von Dir umgeschriebener Umschlag und das war mir schon sehr angenehm, aber darin war nur das grüne Buch und der Bestellungsplan, aber kein Brief. Glücklicherweise war der Zensor zufällig da, sodass ich ihn fragen konnte, und da erfuhr ich, dass noch Briefe drüben in Droegen lägen, sie lediglich noch nicht dazu gekommen seien, sie zu lesen. So ist alles gut ausgegangen und ich freue mich auf heute Abend. Sollte darin etwas stehen, was gleich beantwortet werden muss, so schreibe ich morgen noch ein Mal. Diesen Brief will ich nicht auf-

halten, damit Du ihn in Berlin bekommst, wohin Du doch sicher Anfang der Woche kommst, um Carl zu sehen.
Nun ist also Caspärchen wieder zurück. Ich bin riesig gespannt über Deine Beschreibungen von ihm. Ob er heute Morgen bei Dir im Bett gewesen ist und Dir von seinen Unternehmungen erzählt hat? Oder ob Du ihm vorgelesen hast? Ich habe heute verhältnismäßig lange geschlafen, bis 6.45, aber Du wirst wohl nicht vor 7.15 aufgestanden sein, sodass Euch meine Gedanken noch erreichten. Ob Du wohl heute reist, oder ob Du noch den Sonntag mit Deinen Söhnchen genießt und Deinen Geburtstag nachfeierst?
Mir geht es wieder ausgezeichnet. Der Hals, den ich schon längst wieder vergessen habe, ist ständig durch einen Wollschal geschützt und hat seit dieser vorbeugenden Maßnahme nicht wieder gemuckt. Ich hoffe also, dass ich ihn so auch nach Deinem nächsten Besuch in Ordnung werde halten können. Ich habe meinen Tag seit Deinem Geburtstag etwas anders eingeteilt, weil ich nichts Rechtes mehr zu lesen habe. Ich stehe früh, sobald ich aufwache, auf, putze meine Zähne und mache einige Exerzitien. Dann steige ich wieder ins Bett und denke an Euch oder lese auch etwas und schaue den Meisen zu, die sich ihr Futter holen. Um ½8 etwa kommt das Frühstücksbrot und ich gebe meine Kanne heraus. Dann stehe ich auf und bin so gegen 8 fertig, wenn auch mein Tee kommt. Abends steige ich meist schon um ½9 ins Bett und lese ein Stück aus dem Faust oder aus Alice, sehe Deine Bilder an, lese Deine Briefe bis ½10. Ich finde das ganz angenehm. Da ich außerdem jetzt meist 45–60 Minuten rauskomme, weil ich die letzte «Männerzeit» nehme und daher die von anderen unverbrauchten Reste auf mich vereinige, so ist mein Tag mindestens 2 Stunden kürzer als früher. Ich will aber wieder richtig arbeiten, sobald ich neues Material bekomme, denn sonst werde ich hier stinkend faul.
Oxé ist morgen vor 3 Wochen zuletzt hier gewesen. Aus seiner langen Abwesenheit kann ich nur schließen, dass die Sachen ganz versacken. Denn es ist mir unerklärlich, wie einige Dinge, die ich noch vor meiner Verhaftung in Gang gesetzt habe, noch nicht weitergekommen sein sollen. Und wenn sie noch nicht weitergekommen sind, dann sind sie im Eimer. Was mag der gute Obrist mit all' diesem Durcheinander nur anfangen?
Hier ist natürlich gar nichts geschehen und von nichts zu berichten. Ich habe natürlich viel über allerhand Kreisau betreffende Fragen nachgedacht, will aber erst den Bestellungsplan durcharbeiten und Deine neuesten

Nachrichten abwarten, ehe ich darüber schreibe. Ob Ihr immer noch Winter habt?
Von meinen Meisen wollte ich Dir noch erzählen. Sie kommen jetzt schon ins Zimmer auf das Fensterbrett, was ein ziemliches Unternehmen ist, da das Fenster ja so aussieht. [...] 1 = Außenmauer, 2 Fenster, 3 Fensterbrett, die Meisen also durch den spitzen Winkel hindurch müssen. Ich habe sie auch nur ganz allmählich daran gewöhnen können. Anfangs kamen sie nur, wenn ich mich nicht bewegte und nicht hinsah, aber jetzt vertragen sie es schon, angesehen zu werden, und in ein paar Wochen werden sie ganz zahm sein.
Mein Lieber, ich habe nichts weiter zu schreiben. Wo meine Gedanken immer sind, das weißt Du ja. Lass es Dir wohl ergehen, grüße alle, pflege Dich und Deine Söhnchen. J.

Montag, 3. April 1944

Mein Lieber, heute wurde nach der langen Entwöhnung ein Freudentag ersten Ranges, denn ich bekam gegen Mittag Deine Briefe vom 26., 27., 28., 29. und 31. vorigen Monats und am Nachmittag kam auch das Paket. Dieses war insofern eine Enttäuschung, als alle Eier ausgelaufen waren und den ganzen Paketinhalt mit einem klebrigen Seim von Eigelb überzogen hatten, der Tüten und Papier aufweichend zum Überfluss schimmelte. Aus dem Paket kam mir also ein grässlicher Geruch entgegen. Ich packte aber alles sorgfältig aus, wusch es, rieb es ab und nun ist das meiste gerettet. Die himmlischen Bonbons und Zwiebacke habe ich einzeln gewaschen bzw. abgekratzt und nun trocknet alles umschichtig auf der Heizung. Wegwerfen habe ich müssen: alle Eier, ein Eckchen Käse, 3 Äpfel und 2 Mohrrüben. Stark angeschlagen sind 8 Äpfel. Mein Herz, und mit wie viel Liebe war alles gepackt und zusammengestellt. Aber wer konnte mit einer so langen Reisedauer und mit so unsanfter Behandlung rechnen: die Büchse mit Kaffee steckte zum größten Teil in einem Apfel drinnen und bildete mit ihm eine Schimmelmasse. Nun, es ist ja gerade noch gut ausgegangen, aber noch eine Woche länger und es wäre nichts mehr zu retten gewesen.
Ach, wie war ich froh über Deine Briefe. Es klang alles ganz gut und wie schön, dass Casparchen doch noch zu Deinem Geburtstag erschien. Da hast Du ihn wenigstens ein paar Tage und nicht gar so kurz gehabt. Hoffentlich lernt er nun gut nach diesem Ausflug. Alles, was Du von ihm be-

richtest, gefällt mir sehr gut, vor allem, dass er nicht angab. Hat er eigentlich meinen Brief lesen können? – Auch die negative Lösung bei Asta ist mir riesig angenehm; sie kann es sich jetzt nicht leisten, immobil zu werden.[1] – Die Geschichte mit dem Fohlen ist sehr ärgerlich. Hat Z[eumer] nun die Lehre daraus gezogen, die Stuten zu schonen? Natürlich passt die Jahreszeit schlecht, aber das wusste er ja beim Decken. Er muss sich eben entschließen, etwas nicht zu machen. – Du schreibst in all den Briefen nichts über Kuh- und Schafstall. Das heißt wohl, dass alles in Ordnung ist. Wie mag das Bocken gehen. Wenn das Mistfahren dazwischenkommt, so wird das nichts Rechtes werden, fürchte ich, sondern lang auseinandergezogen und nicht sehr erfolgreich. – Wie sieht es eigentlich auf dem Kapellenberg aus?[2]

Mein Lieber, ich will mich nicht in Einzelheiten verlieren, muss auch die Briefe erst noch ein Mal lesen. Das soll sozusagen nur eine Quittung sein. – Heute kam übrigens auch ein sehr netter Brief von Inge, aus dem ich entnahm, dass Jowo bei seiner neuen Stelle zufrieden ist.[3] Hoffentlich stimmt das und hoffentlich bleibt es so.

Auf Wiedersehn, mein Herz, vielleicht kommst Du ja bald. J.

Diese aufgeschnittenen Umschläge schlägst Du am besten mit Heftklammern zu und klebst außerdem einen Streifen drüber – d. h. unter die Heftklammern.

1 Um welches Problem es sich handelte, ist nicht auszumachen. 2 Auf dem Kapellenberg, einem bewaldeten Hügel am Rande von Kreisau, stand die vom Generalfeldmarschall entworfene und gebaute Kapelle mit dem Grab seiner Frau Marie Burt und später seinem eigenen. Unterhalb der Kapelle war ein Friedhof für die Mitglieder der Großfamilie Moltke angelegt. 3 Joachim Wolfgang von Moltke war durch Vermittlung seines Bruders in den Wehrmachtsstab nach Oslo versetzt worden.

Donnerstag, 6. April 1944

Mein Lieber, wie schön war wieder Dein Besuch, aber wir sind ja leider nicht fertig geworden. Nun, das muss eben bis zum nächsten Mal bleiben. Du sahst wohl aus, mein Lieber, und ich habe erst nachher aus Deinen Briefen gesehen, dass Du am Morgen Kopfweh gehabt hattest. War das ganz weg gewesen? Ich habe es Dir jedenfalls nicht angesehen. Und was für Schätze Du mir wieder mitgebracht hast. Vor allem bin ich natürlich glücklich über die Bücher. Dann die herrlichen Eier, besonders Deine und die von C'chen. Ich habe mich noch nicht entschließen können, sie zu essen. Sie liegen alle in meiner Nachttischschublade zusammengedrängt und werden von Zeit zu Zeit besichtigt. Asta's Rätsel habe ich noch nicht geraten, habe mir allerdings auch noch keine große Mühe gegeben. – Von wem habe ich den schönen Nes-Café? Das ist ein Schatz. Meine Versorgungslage ist jetzt sehr gut. Die Äpfel reichen bis Ende des Monats. Die schwer angeschlagenen sind bis Ostern vertilgt. Zucker und Marmelade bis Ende des Monats, Wurst auch. Zucker drei Wochen. Wäsche sehr reichlich. – Das Weißbrot von Frau Pick krümelt immer; es ist diesmal wieder gar nicht zu schneiden, sondern nur zu brechen. Das ist schade, war aber bei den drei letzten Weißbroten so. Die Sandtorte von Schönchen ist fabelhaft und ich muss ihr noch schreiben. – Oxé war gestern da und brachte Deinen Brief, die Karte und das Buch. Außerdem brachte er einen Osterbrief und einen Strauß von Fräulein Thiel. Ist das nicht rührend? Und drei Äpfel von Wengler's Freundin. Er wohnt jetzt in Wengler's Haus. Sachlich machte das, was er mitbrachte, wieder einen schlechten Eindruck. Nun, das kann ich nicht ändern.

Das nächste Mal bitte ich Dich, einen Sommeranzug mitzubringen. Ich gebe Dir den Winteranzug das übernächste Mal mit. Ich denke, dass Du mir am besten den einen englischen mitbringst, nicht den mit den Karos, sondern den glatten. – Außerdem gehen meine Schuhe entzwei: bei dem linken trennt sich vorn das Oberleder von der Sohle. Kannst Du mir deswegen meine anderen braunen mitbringen, falls die in Ordnung sind? Du müsstest mir aber bitte Blöcke dazugeben. Eigentlich kannst Du mir das beides auch ruhig schicken. – Du hast mir nie gesagt, ob sich die Frage mit dem Tee in der Hortensienstr. und dem Kaffeepaket aufgeklärt hat. – Den Band Moltke lese ich in 8 bis 10 Tagen aus, sodass Du mir vielleicht den nächsten Band inzwischen schickst. Hatte es irgendeinen tieferen Grund, dass Du mir als erstes den dritten Band geschickt hast? – Ich habe hier eine Notiz über Kleintierhaltung gefunden. Du wirst sie vielleicht verpassen, weil Du gerade unterwegs bist, und so füge ich sie für alle Fälle bei.

Mein Lieber, es ist jetzt kurz nach 10. Ob Du wohl am Nachmittag noch von Berlin weggekommen bist? Ich kann es mir kaum vorstellen, denn Du hattest doch riesig viel zu tun. So fürchte ich, dass Du über Nacht hast fahren müssen, und das war sicherlich grässlich. Ich wachte heute Nacht jedenfalls ein Mal auf und dachte mit Schrecken an Deine Reise, mein Armer. Außerdem gab es doch schon Zulassungskarten und ich hatte Dir sagen wollen,

Du solltest doch eine Karte von Fürstenberg bis Liegnitz kaufen, um keine Zulassung zu benötigen. Hoffentlich bist Du nur jetzt heil zu Hause angekommen. – Hast Du auch einen Angriff auf Berlin noch mitgemacht? Hier war um 3 Alarm, aber so kurz, dass ich hoffe, dass es nicht Berlin galt. Jedenfalls warte ich mit Spannung auf die erste Nachricht von Dir, aber vor Ostern wird sie wohl nicht mehr kommen.
Ob Du diesen Brief Ostern haben wirst? Jedenfalls werden meine Gedanken Dich den ganzen Tag begleiten, beim Aufstehen, Frühstücken und beim Kirchgang mit Casparchen. Hoffentlich habt Ihr schönes Wetter zu Ostern, damit Ihr auch rausgehen könnt. Ach, mein Lieber, wie reich bin ich, dass ich mir jede Minute mit so lieben und angenehmen Gedanken an Euch füllen kann. Ohne diesen Schatz wäre mir der Übergang von einem tätigen zu einem beschaulichen Leben sicher sehr schwer gefallen. Aber was rede ich «ohne diesen Schatz»! Das wäre ja gar nicht ich, denn dieser Schatz ist ein sehr großer Teil von mir.
Eben ist ein Wagen gekommen und ich will den Brief mitgeben, damit er möglichst bald wegkommt. So höre ich auf. Mir geht es unverändert sehr gut und ich habe keine Halsschmerzen. Auf Wiedersehn, mein Herz, lass es Dir wohl ergehen, grüße Deine Söhnchen. J.
Grüße auch alle anderen, das weißt Du ja. Sie sind alle in meinen Gedanken.

Ostersonntag, 9. April 1944

Mein Lieber, Ostersonntag 10 Uhr ist es jetzt. Du sitzt mit Casparchen in der Kirche und Ihr seid gerade mitten in der Predigt. Ich bin in Gedanken bei Euch. Wie ich Dich heute schon den ganzen Morgen begleitet habe, wie Du Deinem Söhnchen erzählt oder vorgelesen hast, wie Du aufgestanden bist, wie Ihr um kurz vor ½9 mit dem Frühstück angefangen habt, wie Du sicher in Eile und etwas zu spät zur Kirche aufgebrochen bist; und jetzt sitzt Du da und denkst auch an mich. Herr Pick ist ja bei Euch und so wirst Du mehr Arbeit mit den Kindern haben als sonst. Ich habe heute Morgen die Auferstehungsbotschaft in allen vier Evangelien gelesen, habe also den Text, über den der Pastor jetzt gerade spricht, auch gelesen.
Hier ist wunderschönes Frühlingswetter, strahlende Sonne, windstill, mild und frühlingsmäßig. So war es auch am Karfreitag, wo mir eine große

Freude bereitet wurde. Kriminalkommissar Möller, der mit uns beim Ende Deines vorletzten Besuches nach Fürstenberg fuhr, holte mich um ½3 zu einem Spaziergang mit ihm und seiner Sekretärin ab. Wir sind 14 km durch die Wälder der Umgebung gewandert. Die Wälder sind meist nicht besonders schön, denn es sind fast durchweg reine Kieferbestände. Aber die Gegend ist hügelig und reizende Seen und Sümpfe geben tolle Blicke und abwechslungsreiche Aussichten. Der Waldboden ist merkwürdig tot, keine Vegetation, keine Tiere. Wir haben vielleicht eine Stunde in einer Gastwirtschaft an einem netten Flüsschen gesessen und waren um ½9 wieder zu Hause. Ich fand das sehr nett und war sehr beglückt über diesen Ausflug in die Freiheit. – Wie Du Dir vorstellen kannst, war das aber auch die Hauptsensation der Woche.

Am Karfreitag wollte ich die Luther'schen Passionspredigten lesen, das war aber leider mit Genuss nicht möglich, denn die Texte sind nachgeschrieben, und obwohl die Predigten deutsch gehalten sind, konnten die theologischen Nachschreiber so viel besser Latein, dass es für sie leichter war, die wesentlichen Gedanken auf lateinisch niederzuschreiben, also sie zu übersetzen, und nur die Verbindungsstellen [sind] deutsch. Der Erfolg ist eine Mischform, die diesen ganzen Predigtband für mich ungenießbar macht. Nun möchte ich Dich bitten, mir ein lateinisches Lexikon mitzubringen. – Hoffentlich haben wir ein nicht gar zu großes – und dann will ich einen neuen Versuch machen.

Mein Herz, noch habe ich keine Nachricht von Dir. Kann es ja auch vor heute Abend nicht erwarten. Ich hoffe, dass Du alles wohl vorgefunden hast. Wenn Du das nächste Mal kommst, so wohne, bitte, bei Edith,[1] denn das wird ja in die dunklen Nächte fallen. Gestern war Tag und Nacht hier erheblicher Flugbetrieb, allerdings nur ein kurzer Alarm um die Mittagszeit. Aber dieser Betrieb macht den Eindruck, als sei irgendwo etwas los gewesen. Ich fürchte, dass die Erschwernisse in allen Dingen dadurch doch noch erheblich zunehmen werden. – Gestern kam ein sehr freundlicher Brief von Wend, was ich Dich bitte, Asta zu sagen. – Ich habe gestern Abend das erste Ei von C'chen gegessen, heute früh Deines und werde heute Abend das zweite von C'chen essen. – Der Tauchsieder, den ich Donnerstagnachmittag eingeweiht habe, ist ein großer Erfolg. Ich brauche jetzt niemanden mehr zu belästigen und kann auch sparsamer mit dem Tee umgehen, weil ich Wasser nachgießen kann. Gestern Nachmittag habe ich eine

Prachtvesper mit Kaffee und Schönchen's Kuchen gemacht und werde das heute wiederholen.
Mir geht es sehr gut. Ich habe jetzt mit der Ackerbaulehre angefangen und da ich sie richtig durcharbeite, werde ich lange daran zu tun haben. Da auch jeder Band von dem Gibbon immerhin 500 eng gedruckte Seiten hat, so bin ich mit nicht-theologischem Lesestoff zurzeit gut versorgt. Den Moltke allerdings beendige ich in dieser Woche sicher.
Ich denke viel an den Betrieb, insbesondere, ob Ihr jetzt schon pflanzt. Für den Acker wird es wohl noch zu nass sein, da Ihr mehr Feuchtigkeit gehabt habt als diese Gegend. Hoffentlich entschließt sich Z[eumer], da mit dem ganzen Apparat dranzugehen; denn sonst läppert sich das endlos hin und gerät zwischen die Räder der Bestellung. Ich bin gespannt, wie stark dieses Jahr die Unkrautwüchsigkeit sein wird. Ich fürchte nämlich, dass in dem vergangenen trockenen Jahr viel Samen im Boden geblieben ist, der gar nicht gekeimt hat und der uns dieses Jahr beglücken wird. – In 8 Tagen müssten eigentlich die Schafe rauskönnen. – Fliegeralarm –. Fahr' doch, ehe Du das nächste Mal kommst, mit Z[eumer] über alle Felder, denn ich würde Dich gerne darüber im Einzelnen interpellieren. Außerdem stelle doch fest, wie viele Schafe bis dahin gedeckt haben. Die Sache mit Hansen ärgert mich sehr. Der verdirbt uns das ganze Schafjahr.
So, mein Herz, das ist alles. Ich habe ganz langsam und mit Pausen geschrieben, habe dazwischen die Osterbotschaft aus dem Faust gelesen und jetzt ist der Sonntagmittag um. Ich habe aber den ganzen Vormittag mit Euch verbracht. Hoffentlich habt Ihr schön Eier gesucht. Mein Lieber, warm und fest bin ich immerzu mit Euch verbunden, auch allein in meiner Zelle. J.
Die nicht ganz einwandfreien Äpfel habe ich jetzt gegessen und der Rest ist herrlich. Im Geschmack unvergleichlich viel besser als die aus der Hortensienstr.

1 Edith Schulz, Freundin von Carl Deichmann, später Edith Henssel, sehr gute Freundin der Moltkes.

Donnerstag, 13. April 1944

Mein Lieber, Deine Briefe vom 6. und 8. sind gestern Mittag einpassiert. Sie waren schon sehr erwartet und beglückten darum doppelt. Ich glaube, über Ostern hat sich in Droegen solch ein Haufen Post angesammelt, dass

der arme Herr Breier mit dem Lesen nicht nachkommt. Ich hoffe aber, dass ich heute oder morgen Deine Osterbriefe bekomme. – Wie ärgerlich, dass Du Karfreitag Kopfweh gehabt hast. Ihr scheint doch noch kühleres Wetter zu haben als wir hier. Hier ist seit fast einer Woche voller Frühling. Das Obergras ist schon ganz lang. Vor allem aber scheint die Gefängnisverwaltung auf dem Standpunkt zu stehen, dass aller vorhandener Koks vor Ausbruch des Sommers verfeuert sein muss, damit das Kontingent nicht gekürzt wird, und so ist in dem ganzen Gebäude eine solche Hitze, dass ich mehrere Nächte schlecht geschlafen habe, obwohl meine Heizung wohl schon 14 Tage ganz abgestellt ist. Seit gestern bekomme ich glücklicherweise etwas mehr Luft durch das Fenster und so habe ich letzte Nacht wieder gut geschlafen. – Euer Osterhase muss ja sehr schön gewesen sein. – Vielen Dank für die Veilchen. Sie liegen mit den Schneeglöckchen und Leberblümchen, die Du mir zum 29. schicktest, über Tag auf meinem Arbeitstisch und wandern nachts auf meinen Nachttisch.
Wie dumm, dass Du in der Schiedsgerichtssache bei Deinem letzten Aufenthalt in Berlin nichts ausrichten konntest. Ich fürchte, dass dann die Sache nicht funktioniert. Wenn Du das nächste Mal hingehst, musst Du, zweckmäßigerweise, eine Abschrift von Hörnig's Brief mitnehmen oder sie jedenfalls gelesen haben. – Die Steuersachen habe ich durchgesehen. Kann aber die Steuererklärung nicht fertig machen, ehe ich nicht die Abschrift der alten Erklärung habe. Ich fürchte, dass ich die Abschrift von Steuererklärung und Veranlagung 1942 brauche. – In den Unterlagen ist mir folgendes aufgefallen: wir haben doch 1943 für die Möblierung der vermieteten Wohnungen nochmals Möbel gekauft. Die finde ich nicht unter den Angaben. Ich erinnere, dass ich über den letzten Möbelankauf und seine Abzugsfähigkeit einen Schriftwechsel mit dem Finanzamt hatte, weiß aber nicht mehr, was dabei rausgekommen ist. Kannst Du mal nachsehen, ob in den abgelegten Akten darüber etwas zu finden ist, und kannst Du das mitbringen?
Meine Versorgungslage ist wie folgt: Butter bis 21. 4., Marmelade und Honig bis mindestens 30. 4., Wurst bis mindestens 30. 4., Zucker bis 25. 4., Äpfel bis 28. 4., Möhren bis 21. 4., Weißbrot bis 17. 4., Zwieback bis 25. 4., Wollsocken noch 2 Paar, Hemd und Unterhosen bis 30. 4. – Mir scheint: Äpfel und Möhren brauche ich nicht mehr. Es ist ja jetzt Frühjahr und wenn Du mir in einem Monat Radieschen bringst, so tut es das. Marmelade und Honig brauchst Du mir nächstes Mal auch nicht zu bringen. Ich möchte

Dich aber bitten, mir wieder ein Stück Seife, Rasierseife und Zahncreme zu bringen. Ich habe die letzten Stücke jetzt alle in Gebrauch und hätte davon gern immer ein Reservestück, weil ich ja nicht weiß, wie lange die Verbindungen so leidlich bleiben, und ich in diesen Sachen nicht knapp werden will, weil Sauberkeit in Gefängnissen das Wichtigste ist. – Alles andere, was ich Dich teils zur Besprechung mitzubringen, teils für mich erbitte, habe ich in meinem Brief vom 29. 3. und vom 6. und 9. 4. geschrieben.
Am gespanntesten bin ich natürlich auf die Nachrichten aus dem Betrieb, die in den beiden Briefen, die ich bis jetzt habe, noch nicht enthalten sind. Ob Z[eumer] pflanzt? Bei dem späten Frühjahr wird es ihn allerhand Überwindung kosten, aber er muss es tun, sonst verwildert uns der Hinterbusch von Neuem. Habt Ihr eigentlich den Kiefernsamen bekommen?
Ja, mein Lieber, zwischen 7 und 7 Uhr 30 suche ich Dich jetzt immer auf dem Weg zur oder von der Bahn. Ich sehe mir dann häufig gerade Deine Bilder an und denke, ob Du wohl schon den Berg raufgehst oder bei Mutter Bartsch um die Ecke biegst? Und dann kommt es mir so vor, als sähe ich Dich da heraufgehen. Meine Gedanken sind immerzu in Kreisau. Sie wandern über all die vertrauten Wege, aber meist sind sie bei Dir und Deinen Söhnchen. Sie sind voller Dankbarkeit für so viel Reichtum, der aufgestapelt ist und der immer mehr zu werden scheint, je mehr man davon zehrt. Man zehrt eben in Wirklichkeit nicht, sondern man gräbt und findet stets neue Schätze, die in unruhigeren Tagen verschüttet worden sind. Hoffentlich bleibt Ihr alle wohl und hoffentlich bleibst vor allem Du getrosten Muts.
Von mir ist nichts Neues zu berichten. Mir geht es weiter sehr gut. Ich ackere in dem Handbuch der Ackerbaulehre, das recht gut ist, lese mit Interesse das Buch über Schafzucht und -haltung, das seiner anspruchsvollen Aufmachung nicht entspricht, auch von Werkshagen offenbar noch nie aufgemacht, bestimmt nicht gelesen worden ist.
Den Moltke werde ich heute fertig lesen. Es ist erstaunlich, wie aktuell das alles ist. Die strategischen Denkschriften sind alle auch heute noch lesenswert und die Reden im Reichstag zu Heeresfragen sind ganz hervorragend. Die Hohenzollern von Schneider gefallen mir gar nicht. Das ist alles so gezwungen, und die einzig interessante Frage, die er ja auch behandeln will, nämlich die der Verbindung von Religion und Monarchie, geht in der Masse anekdotischen Materials völlig unter. Unfreundlich ausgedrückt ist es «gehobener Emil Ludwig».[1] Der gute Schneider ist eben kein Historiker und es wäre besser, er bliebe bei seiner Lyrik. – Weißt Du, eine Geschichte für

C'chen ist doch auch die von Jonas im Walfischmagen, Jona 1 und 2. Ich bin im Augenblick sehr beschäftigt mit den Sprüchen und Prediger Salomonis. Das ist zwar meist Ethik, aber wie schön und koncis ausgedrückt und wie unglaublich gut übersetzt. Gerade diese beiden Bücher haben mich früher immer ganz kalt gelassen. Das ist wohl eine Frage des Alters, denn man ist sich eben zunächst nicht klar, wie viel Weisheit in wie wenigen Worten enthalten sein kann.

Mein Herz, ich habe nichts mehr zu schreiben, denn hier geschieht nichts. Die Tage reihen sich aneinander und aus Morgen und Abend wird immer ein Tag, ehe man sich's versieht. Ich habe mich noch keine Minute gelangweilt, die Zeit ist mir noch keine Minute lang geworden, ich habe mich noch keine Minute allein gefühlt, weil Du, mein Herz, immer bei mir warst, weil ich angefüllt bin wie ein Magazin mit schönsten, leuchtendsten Bildern. Darum kann ich letzten Endes nicht einmal anders, als auch für diese Zeit dankbar sein, denn ich habe in den nun bald 3 Monaten manches gefunden, was ich in der Freiheit wohl nie gefunden hätte. – Alle meine zärtlichsten und wärmsten Gedanken sind bei Euch, vornehmlich aber bei Dir, mein Lieber. J.

1 Emil Ludwig (1881–1948), deutsch-schweizerischer Schriftsteller, der effektvolle Biographien schrieb, die aber nicht immer der historischen Wahrheit entsprachen.

Sonntag, 16. April 1944

Mein Lieber, heute ist wieder Sonntag und den feiere ich wie immer mit einem Brief an Dich. Ich habe Euch heute schon vom frühen Morgen an begleitet, jetzt um 10 habe ich allerdings Deine Fährte verloren. – Freitag war ein prächtiger Tag. Am Morgen kamen 2 Briefe von den beiden Ostertagen, und als ich um 1 in Droegen war, wohin Frl. Thiel mit Akten gekommen war, wurde mir ein ganz frischer Brief von Dir gegeben, den Du am Mittwoch früh, also zwei Tage zuvor geschrieben hattest. Das war sehr schön. So bin ich voll neuester Nachrichten, will auch gleich die Briefe noch ein Mal lesen. Deine Beschreibung der schönen Ostern hat mich sehr gefreut. Wie schön, dass Ihr draußen Ostereier suchen konntet. Das haben wir ja jahrelang nicht mehr gemacht. – So, jetzt habe ich die Briefe gelesen und mich wieder an den Osterfreuden für die Kinder erbaut. Ich muss sagen, dass der Verlust von 5 Hühnern gerade jetzt sehr bitter ist, aber es ist immer noch besser als Marions Quecksilbervergiftung. Was machen denn Deine Küken? Kannst Du die nicht auf irgendeinem Boden halten, bis die Hühnerpest vorbei ist? Bring' mir nur keine Eier mit. Ich kann gut ohne Eier auskommen. Und Du musst jetzt erst einen Topf einlegen, damit Du durchhalten kannst, falls Du wieder alle Hühner verlierst. – An T[ante] Monika habe ich geschrieben. Der Tod von Onkel Friedhelm ist für sie nicht weniger traurig dadurch, dass man es objektiv als einen Segen betrachten muss. Die Balfanzer werden dadurch auch etwas beweglicher. – Hirschen's Krankheit klingt schlecht. – Dass die Bienen den für sie so ungünstigen Winter bisher heil überstanden haben, ist sehr schön. Ich meine auch, dass sie sich jetzt eigentlich müssten alleine helfen können, denn bei der Wärme gibt es doch täglich neue Weide. – Dass die Bäume für den Hinterbusch klein sind, ist kein Fehler. Wichtig ist nur, dass sie gesund und gut bewurzelt sind. In 4 Wochen muss man sehen, ob sie treiben. – Wenn es jetzt trocken bleibt, muss der Acker ja gut werden, denn der Winter war für ihn ideal. Ich würde gerne über saatfertigen Acker gehen. Der Garten wird jetzt auch schnell in Gang kommen. – Vom Landrat hast Du in der Angelegenheit der Dürreschäden noch nichts gehört?

Frl. Thiel hat mir eine gute Russland- und eine noch bessere Balkankarte gebracht, die jetzt meine Zelle zieren.[1] Peter's Karte gebe ich Dir das nächste Mal zurück. Das jetzt interessante Stück der Südfront ist auf beiden Karten drauf und da die eine Karte die Straßen, die andere die Eisenbahnen betont, so geben sie zusammen ein sehr gutes Bild, insbesondere von der starken Stellung, die Lemberg bedeutet. Ich habe aber bei der Gelegenheit festgestellt, dass man sich über die russischen Entfernungen immer wieder ganz falsche Vorstellungen macht. So ist z. B. die Strecke Tscherkassy – Tarnopol etwa gleich der Strecke Tarnopol – Kattowitz. Russland ist eben ein riesiges Land, mit unseren Maßstäben gar nicht zu messen.

Inzwischen war Rasier-, Essen- und Ausgehpause, aber jetzt will ich weiterschreiben. Mir geht es weiter sehr gut. Langsam werde ich allerdings immer fauler und leiste immer weniger. Ich glaube nicht, dass ich jetzt noch mehr als 8 bis 9 Stunden am Tag etwas tue, was man als Arbeit zu bezeichnen gewohnt ist. Dabei habe ich eine Menge zu tun und muss insbesondere heute Nachmittag noch eine größere Sache für Oxé machen, der morgen kommt. – Ich schlafe ein wenig schlechter als bisher, weil es so warm in der Zelle ist und ich nicht genug Luft bekomme. Vorläufig ist das allerdings

nicht schlimm und die wirklich warme Zeit werde ich wohl nicht hier erleben. Das wäre schwer erträglich.
Ob Du diesen Brief noch vor Deiner Abreise bekommen wirst? Es wird Dir sehr schlecht passen, jetzt von [zu] Hause wegzufahren, wo so rasend viel zu tun ist. Aber eine gewisse Eile ist schon wegen der Schiedsgerichts-Sache notwendig, weil sonst ein Zuständigkeitswechsel eintritt und alles wieder von vorne angefangen werden muss.
Hier ist himmlisch warmes Wetter. Der Himmel ist morgens meist ganz bedeckt und ist dann von 11 Uhr an nur noch verschleiert. Es ist richtig schwül. Zu meinem Dauerlauf heute habe ich die Jacke ausziehen müssen. – Nachdem ich mich einige Wochen fast nur mit den Evangelien und Apostelbriefen beschäftigt hatte, bin ich jetzt wieder zu den drei großen Propheten zurückgekehrt. Ich würde gern einen kurzen Überblick über den heutigen Stand der Bibelkritik lesen, ich meine der historischen Kritik. So habe ich aus der Schule so dunkel in Erinnerung, dass aus dem Neuen Testament die Paulus-Briefe und das Johannes-Evangelium das älteste sind, während die drei anderen Evangelien in umgekehrter Reihenfolge entstanden sind. Aber das ist zu vage. Und über das Alte Testament weiß ich so gut wie nichts.[2]
Ach, mein Herz, ich könnte mich noch stundenlang mit Dir über nichts unterhalten; so gut gefällt mir diese Beschäftigung. Aber ich höre auf. Es ist ½ 1 und Lenchen ist sicher mit dem Essen noch nicht fertig; aber vielleicht waschen die Kinder schon die Hände. Auf Wiedersehn, mein Lieber, grüße mir alle, umarme die Söhnchen. J.

1 Anhand dieser Karten, des Hörens der Wehrmachtsberichte und des Lesens des *Völkischen Beobachters* konnte er das offizielle Bild zur Kenntnis nehmen. 2 Gemeint ist der Stand der historisch-kritischen Forschung über das Alte Testament.

Donnerstag, 20. April 1944

Mein Lieber, heute ist wieder Donnerstag und damit Schreibetag. Ich freue mich schon immer den ganzen Anfang der Woche auf den Donnerstagmorgen. Ich lese dann immer erst Deine letzten Briefe und das will ich jetzt tun. – So, nun geht es weiter. Astas Urteil über Carl Heini ist ja betrüblich. T[ante] Monika wird es dann schwer haben mit ihm.[1] Nun, vorläufig ist Krieg und während dessen Dauer wird wohl kaum Wesentliches geändert werden. – Ich bin riesig erfreut über Deine ausführlichen Nachrichten über den Betrieb. Es scheint alles ganz leidlich zu gehen. Das Wetter ist ja zum

Bestellen auch sehr geeignet. Besonders erfreut war ich darüber, dass der Hinterbusch fertig angepflanzt ist. Hoffentlich gehen die Pflanzen gut an, denn das Ausbessern ist eine so mühsame Arbeit. Wie dumm, dass Deine Wabenzange verschüttgegangen ist. Du wirst die Bienen wohl in diesen Tagen durchgesehen haben. Sehr glänzend können sie eigentlich nicht im Stand sein. – Mit Hilfe Deiner Briefe begleite ich den Fortschritt des Frühlings in Kreisau in allen Phasen. In meiner Vorstellung geht nur meist alles etwas schneller als in Wirklichkeit. Hat der Ahorn auf dem Kapellenberg über dem Steinbruch schon Triebe? In 14 Tagen können doch wohl hoffentlich die Kühe auf die Weide. – Ich glaube allerdings, dass die Schafe den Weiden keinen großen Abbruch tun, wenn sie früh darüber gejagt werden, denn dann fressen sie das Obergras ab und erzwingen so einen vielleicht etwas späteren, aber dafür gleichmäßigeren Wuchs der ganzen Gräserfamilie. Was sollen die Schafe eigentlich nachher fressen? Das Landsberger Gemenge[2] ist doch untergeackert und so werden sie wohl, abgesehen von Rändern und Dlugosch-Wiese, den Klee bekommen. Das ist bitter. Z[eumer] soll nur ja die Luzerne tüchtig durchreißen. Die braucht viel Luft im Boden. – Was machen jetzt eigentlich die Maurer? – Die Stute, mit der was nicht in Ordnung ist, soll sich doch der Tierarzt rechtzeitig ansehen. Hoffentlich hat sie nicht ein totes Fohlen im Leib.
Diese Woche und den größten Teil der vorigen habe ich mich mit den landwirtschaftlichen Büchern beschäftigt. Das Schafzuchtbuch ist fertig. Die Ackerbaulehre wird wohl Sonntag fertig werden. Ich habe dann nur noch den Gibbon und den Augustin, den ich zum zweiten Mal lese. Ich hoffe also sehr auf neue geistige Nahrung, vor allem möglichst noch einen Band der Werke Luther's. – Heute früh habe ich übrigens gerade Jesaja 40 gelesen und das ist ein wunderschönes Kapitel, das Du Dir gelegentlich ansehen solltest.[3]
Die Tage hier gehen ihren geregelten Gang. Es geschieht nichts, was sie unterbrechen könnte, so scheint es einem. Ich bin jetzt schon 3 Monate aus meinem normalen Leben herausgenommen. Das ist so merkwürdig. Ich denke manchmal darüber nach, wie man eine solche Zeit eigentlich retrospektiv ansieht. Jedenfalls habe ich den Eindruck, dass die Tage auf die Dauer inhaltsärmer werden. In der ersten Zeit ist so ein Gärungsprozess im Gange, der einen ausfüllt und unzweifelhaft auch bereichert. Aber mir scheint, dass die Gewöhnung dem auf die Dauer etwas von seinem Wert nimmt. Vielleicht liegt es auch nur daran, dass ich mich in der letzten Zeit

vor allem mit landwirtschaftlich-technischen Fragen befasst habe. Ich weiß es nicht. Vielleicht liegt es auch am Wetter: kaltes Wetter erleichtert die Konzentration, während dieses himmlische Frühlingswetter die Gedanken immer wieder hinauszieht. Es ist dabei gar nicht Ungeduld, es ist vielmehr das Bedürfnis, auch etwas zu diesem Jahr beizutragen und nicht in dieser Untätigkeit zu verharren. – Mir geht es aber weiter sehr gut mit ganz unwesentlichen Schwankungen, manchmal rein physischer, manchmal psychischer Art. Diese Schwankungen sind aber ganz bedeutungslos.
Mein Herz, Ihr steht immer um mich, Du und Deine Söhnchen vor allem. Wie schön hast Du mir die Beiden beschrieben in deinen Osterbriefen. Konrädchen scheint sich schon mächtig verändert zu haben, seit ich ihn nicht mehr gesehen habe. Richtig, was ich noch sagen wollte. Bitte mach mit Sperlings, Tante Leno und Reichweins ganz klar aus, dass kein Kind an die großen Maschinen gehen oder gar mit dem Trecker, Binder oder etwas Ähnlichem mitfahren darf. Und schärfe das vor allem Krause und Seianskowski besonders ein, aber auch Zeumer. Das ist und bleibt absolut verboten und es ist nötig, dass das für alle verboten ist. Ein Heu- oder Erntewagen ist etwas Anderes. Sie können auch dabei umkommen, aber das kann man nicht verbieten. Die großen Maschinen jedoch sind ein übermäßiges Risiko.
Dass die Dürreentschädigungsregelung noch nicht heraus ist, ist dumm und ärgerlich. Ich sehe noch kommen, dass das einen Reinfall gibt. Nun, vielleicht weißt Du etwas, wenn Du herkommst. Es gibt riesig viel zu besprechen, vor allem die das Büro angehenden Dinge, aber auch Peile, Steuer und Betrieb. – Ich hatte einen sehr netten, viele Seiten langen Brief von Inge. Der Verlust ihrer Häuser und der Zwang zum Stillsitzen scheint ihr ausgezeichnet bekommen zu sein. Auch ihre Handschrift ist viel ruhiger geworden und die Art ihres Berichtes ist geradezu beschaulich und gesetzt zu nennen. Das gefällt mir sehr gut. Dass Mutz[4] vorläufig bei Euch bleibt, finde ich sehr nett. Grüße sie von mir. – Tante Leno wird sich jetzt einrichten. Wenn sie nur all den Trubel, den das bedeutet, gut durchhält. Es ist eben doch viel Arbeit. Hast Du ihr eigentlich ein zweites Mädchen verschaffen können? Bei diesem warmen Wetter wird sich das Schloss hoffentlich auch einigermaßen erwärmen lassen. Sie schläft doch sicher vorläufig noch in dem alten Zimmer, denn das neue hat doch noch keinen Ofen. Dass sie sich bloß nicht erkältet. – Du schreibst nichts mehr über Hirschen's Erkrankung. Bedeutet das, dass er wieder gesund oder dass alles unverändert ist?

So, mein Herz, jetzt höre ich auf. Alle meine Gedanken begleiten Dich, suchen Dich, wo sie Dich zu finden hoffen. Gott beschütze Dich, mein Allerliebster. J.

1 Der Sachverhalt war nicht zu ermitteln. 2 Eine Mischung im Winterzwischenfruchtanbau für Futternutzung und Gründüngung, bestehend aus Klee, Weidelgras und Winterwicken. 3 Jesaja 40 enthält die Abschnitte «Des Herrn tröstendes Wort für sein Volk» und «Israels unvergleichlicher Gott». 4 Maria Schanda.

Sonntag/Montag/Dienstag, 23./24./25. April 1944

Mein Lieber, obwohl die Briefe jetzt immer erst Dienstag früh abgegeben werden können, will ich doch dabei bleiben, Dir am Sonntag zu schreiben. Du bist ja heute nicht zu Hause, sondern in Kauern. Hoffentlich bist Du dort ohne zu große Strapazen gelandet. Als ich am Freitag in mein Bett stieg, dachte ich voll Sorge daran, wo Du wohl Deine Glieder hinstrecken würdest.

Dein Besuch war wie immer wunderschön. Nur kommt es mir jedes Mal kürzer vor. Ich war auch froh, Dich ganz wohl und munter zu sehen trotz der schlechten Nacht, die Du hinter Dir hattest. In meiner Zelle angekommen, habe ich erst ein Mal all' die Herrlichkeiten ausgepackt. Mein Lieber, Du verwöhnst mich aber viel zu sehr. Alles war im besten Zustand und Radieschen und Salat waren eine besondere Freude. Gestern Abend habe ich ein Täubchen verzehrt und nachher ein Butterbrot mit Salat. Heute verschwindet der Rest. – Eben habe ich auch ein herrliches Sonntagsfrühstück mit einem Ei zu mir genommen und der Quark hatte auch einen köstlich heimatlichen Geschmack. Die Blümchen stehen auf meinem Tisch vor mir und gestern duftete das ganze Zimmer nach Deinen Veilchen. So habe ich überall um mich herum handgreifliche Zeugen dafür, wie lieb ich umgeben bin. Aber dieser Zeugen bedarf es glücklicherweise nicht.

Auf Deinen Besuch hatte ich mich nicht richtig vorbereitet und so habe ich die Hälfte vergessen. Wir müssen das nächste Mal die Peilesache besprechen. Wie steht es damit eigentlich? Kann das Hochwasser jetzt das neue Bett benutzen? Willst Du Dir das, bitte, ein Mal ansehen? Wir müssen unbedingt versuchen zu erreichen, dass der Ausbau so weit wenigstens gefördert wird. – Dann in der Sache Rottgardt. Du hast ja meinen letzten Brief an ihn. Meines Wissens habe ich ihm doch geschrieben, er solle sich einen Schiedsvertrag von Maack entwerfen lassen und Lehmann nach einem geeigneten Schiedsrichter fragen. Kannst Du ihn, ehe Du das nächste Mal kommst, anrufen oder ihm eine Karte schreiben und ihm sagen, ich wäre für einen Bericht über den gegenwärtigen Stand dankbar und er möchte Dir einen Bericht mitgeben. – Zeumer schreibe ich heute noch ein Mal. Er wird es wieder nicht verstehen, aber ich muss es eben so lange wiederholen, bis er es begriffen hat oder es tut, ohne es begriffen zu haben.

Mein Lieber, ich bitte sehr um eine neue schwarze Krawatte. Meine ist völlig entzwei. Vielleicht kannst Du sie mir durch einen Brief schicken. Außerdem brauche ich dringend einen neuen Kopfkissenbezug, da ich seit 8 Wochen den gleichen habe. Außerdem Handtücher. – Ich hatte Dich schon ein Mal gefragt, was aus dem Tee in der Hortensienstr. geworden ist und ob Du das Kaffeepaket bekommen hast, dessen Quittung mir die Bressalina gelegentlich schickte. Ich unterschrieb die damals nicht.

Hast Du eigentlich am Samstag schrecklich gefroren? Es wurde plötzlich eisig kalt und gegen Abend wehte ein eisiger Südsturm, der Massen von Sand mitbrachte und in die Zellen führte. Alles war voll Sand. Ich konnte mich aber nicht entschließen, das Fenster zuzumachen, weil wir doch nie richtig genug Luft bekommen und mit diesem Sand wenigstens auch viel Luft kam. Heute ist es kalt und bedeckt.

Heute Nachmittag will ich mich mit Hilfe des Lexikons an die Luther-Predigten machen. Ich bin gespannt, ob das gehen wird, denn das Latein, das darin verwendet wird, ist ja mittelalterliches Kirchenlatein und nicht das, was wir gelernt haben.

Inzwischen war Mittagessen, das ich, wie immer, mit einem Apfel von Dir beendet habe. Diese Äpfel sind wirklich fabelhaft. Um diese Jahreszeit haben wir doch die Äpfel immer den Kindern überlassen und daher kann ich mich nicht erinnern, diese Äpfel im April gegessen zu haben. Aber sie sind wirklich köstlich und ich bin gar nicht sicher, ob diejenigen von dem großen Baum am Wege nicht die besseren sind. Sie haben etwas mehr Säure als die andere Sorte und man erkennt weder in Farbe noch Geschmack den langweiligen Apfel aus dem Herbst.

Zeumers Einstellung zu den Fragen der Betriebsführung hat mich etwas erschreckt. Du musst sehen, ob Du ihn mit Geduld und Sanftmut etwas bändigen kannst. Sich ausgerechnet in diesem Augenblick zu übernehmen, ist einfach Wahnsinn und landet uns bei mangelhaft gepflegten Feldern, bei ausgepowertem Boden und bei einem schlechten Viehstand. Über meinen Brief wird er sich sehr erregen, aber ich kann ihm das nicht ersparen. –

Bitte, gehe von Zeit zu Zeit zu den neuen Kulturen im Hinterbusch. Es ist notwendig, sie von Zeit zu Zeit anzusehen. – An Frau Zeumer musst Du auch noch einen Dank für die Täubchen bestellen.
Deinen Brief habe ich mit Sorgfalt gelesen. Die Auseinandersetzung mit Asta ist sehr unangenehm, aber nicht ernst. Sie ist eben noch krank und dieser vergebliche Versuch hat vielleicht auch etwas an ihrem Selbstbewusstsein gezehrt. Dieser Punkt kommt doch auch immer wieder im Alten Testament vor. Sie ist daher wohl nicht nur traurig, sondern eben auch empfindlich. Du wirst Dich eben etwas mehr um sie kümmern müssen. Nur die Zeit und viel Pflege können die Wunde heilen. Schlimm für Dich, denn es bedeutet eine neue Beanspruchung. Du musst eben versuchen, es so zu arrangieren, dass, welche Besucher immer da sind, Marinkchen[1] einen besonderen Anteil an ihnen hat. Auch Tante Leno wird eine Hilfe sein. Von mir umarme sie jedenfalls besonders zärtlich. Ich werde ihr in absehbarer Zeit schreiben, möchte es nur nicht jetzt nach Deinem Besuch tun, weil es sonst so nach bestellter Arbeit aussieht.
Weißt Du, was ich jetzt tue: ich werde mir einen Kaffee kochen. Luxus und Wohlleben greifen eben immer mehr um sich. Ich würde mich auch noch viel sündiger und verschwenderischer fühlen, wenn nicht der Nes-Caffé schon etwas alt wäre und an Geschmack nur noch schwach. – Morgen schreibe ich hier noch etwas an.
Der 24. nachmittags. Gestern habe ich also einen längeren Brief an Zeumer gefertigt. Ich wollte ihn erst handschriftlich abschicken, aber dann liest er ihn möglicherweise nicht und daher will ich versuchen, einen dieser Tage eine Schreibmaschine zu erobern. – Wie steht es mit meiner Patenschaft bei einem der Rittberg'schen Zwillinge? Hast Du noch ein Mal angefragt? Sollte es positiv geklärt sein, so muss ich auf alle Fälle schreiben. Wie heißt sie eigentlich? Hier gibt es sonst nichts Neues. Oxé will eine Aufzeichnung haben, die mich heute und morgen gut beschäftigen wird. – Das Wetter ist scheußlich: ein lauwarmer Südwind mit Sand. – Die Übersetzung der Luther-Predigt gestern war sehr mühsam. Das Latein ist mittelalterlich und mit Abkürzungen durchsetzt, die offenbar aus der Scholastik stammen. Aber es freut mich und ich werde es weiterbetreiben, aber es wird viel Zeit in Anspruch nehmen. – Mein liebes Herz, jetzt bist Du sicher schon zu Hause. Hoffentlich hast Du alles gut vorgefunden. Sage Z[eumer] einen schönen Gruß, er bekäme von mir noch eine ausführliche Antwort auf seinen Brief. Vor allem sollte er weder Getreide noch Rüben, noch Futter kür-

zen. Das andere, also auf Deutsch Kartoffeln, ist nicht so wichtig. – Umarme die Söhnchen, mein Herz. Ich bin in Gedanken so viel bei Euch und suche Dich jetzt – kurz vor 3 – bei der Mittagspause. J.

25. früh. Gleich wird der Brief hoffentlich abgehen. Ob Du um 7.10 an der Bahn warst? Die Himmelschlüssel müssen heute Abend weg, die Veilchen, fürchte ich, auch. Alles ist unverändert.

1 Kosename für Asta.

Donnerstag/Freitag, 27./28. April 1944

Mein Lieber, denke Dir, der Brief, den Du am 22. in Brieg eingesteckt hattest, war erst gestern hier. Ich ersah daraus, wie strapaziös Dein Ausflug hierher gewesen war, mein Lieber. Das war ja riesig mühsam. Aber Dein Samstag in Berlin scheint doch ganz befriedigend ausgefallen zu sein, jedenfalls zunächst. Ich bin schon gespannt auf Deinen ersten Brief aus Kreisau, um zu hören, wie Du alles gefunden hast. In der Frage des Gemüsebaus ist der Brief an Z[eumer] noch in Arbeit. Sollte ich ihn dieser Tage nicht wegbekommen, so sage ihm bitte gelegentlich, erstens wäre ich gegen den Gemüsebau und zweitens, wenn er durchaus welches bauen wollte, dann auf Kosten von Kartoffeln, jedenfalls nicht auf Kosten von Rüben, Getreide oder Futter. – Die Schwierigkeit ist im Augenblick, dass wir nur zwei Briefe in der Woche schreiben dürfen und die brauche ich für Dich. Willst Du, bitte, auch Inge ein Wort schreiben und ihr sagen, ich hätte mich sehr über ihren letzten Brief gefreut, könnte ihr aber wegen der Einschränkung der ausgehenden Post zur Zeit nicht antworten.
Mir geht es weiter sehr gut. Ich schlafe im Augenblick sehr leicht und das bedeutet, dass ich meist zwischen 3 und 4 aufwache, weil dann eigentlich immer irgendetwas gefällig ist. Das aber hat nur zur Folge, dass ich eben länger im Bett verweile; so habe ich gestern schon um ½ 10 zu schlafen angefangen. Das Handbuch des Ackerbau's habe ich gestern fertig gelesen; die Qualität der Beiträge ist riesig uneinheitlich und auch in dem Darstellungsniveau sehr verschieden: manche befassen sich mit rein praktischen Problemen, manche fassen ihren Stoff rein wissenschaftlich an; kurz, die Herausgeber haben sich die Sache sehr leicht gemacht und sich gescheut, sich mit irgendeinem der werten Kollegen anzulegen. So etwas ist immer schade. Der beste Beitrag ist m. E. der über die Pflanzenernährung, nur kann ich zu

wenig Chemie, um mit all den Formeln mitzukommen, zumal dieser Beitrag mit souveräner Verachtung für den Nicht-Wissenschaftler geschrieben ist. Das Buch über Rindviehzucht werde ich bis Anfang der neuen Woche fertig haben. – Der erste Band des Moltke freut mich sehr. Mit besonderem Genuss habe ich die Teile über Kriegsgliederung und allgemeine Organisations- und Führungsfragen gelesen. Es sind immer dieselben Probleme, ob mit Pferden und Ordonanzen oder mit Autos, Flugzeugen, Funk und Telegraphie bleibt sich ganz gleich. Außerdem hat die Schmerfeld'sche Zusammenstellung nach Gebieten große Reize, trotzdem manches dadurch zerrissen wird. Beim Lesen der ungekürzten und ganz zusammenhängenden Texte würde man mehr Entdeckerfreuden haben als so.
Mein Lieber, ich bin schon riesig begierig auf neue Nachrichten von Dir und Deinen Söhnchen. Ich habe heute morgen bis 7 Uhr geschlafen und habe daher noch gar nicht recht Zeit gehabt, zärtlich Euer zu gedenken. Aber gestern Nachmittag habe ich mich ganz ausnahmsweise – ich glaube, es ist das zweite Mal – hingelegt, weil ich nachts zu wenig geschlafen hatte. Es war ½3 und ich dachte, vielleicht wärest Du auch gerade bei der Mittagspause. Die Söhnchen schliefen vielleicht oder vielmehr wahrscheinlich, wenn es nicht C'chens Aufbleibetag war. – Denk Dir, die letzten Radieschen habe ich gestern gegessen und von C'chens Blumen steht immer noch ein kleiner Strauß auf meinem Tisch und wird sich wohl noch ein bis zwei Tage halten. Übrigens habe ich auch das letzte Täubchen erst Dienstagabend verzehrt; es waren kühle Tage und daher hielt sich alles gut. – Wenn ich Deine Bilder ansehe, dann überlege ich mir immer, in welcher von all den dort dargestellten Jahreszeiten ich das alles wohl wieder sehen werde. Du hast sie wirklich gut ausgewählt, denn es sind alle Phasen darin enthalten.
Da der Brief erst morgen früh hier abgeht, höre ich zunächst auf. Vielleicht kommt auch inzwischen noch ein Brief von Dir.
Abends: ich muss den Brief abschließen, ohne von Dir Nachricht gehabt zu haben, auf die ich eigentlich gerechnet hatte. Aber heute ist kein Wagen von Droegen herübergekommen und so kann der Brief sehr gut drüben liegen. – Ich habe den Abschluss 42/43 durchgearbeitet und bin leidlich befriedigt. Ein[en] Punkt, den ich gar nicht verstehe, kannst Du vielleicht mit Lieber telephonisch besprechen, damit wir es bei Deinem nächsten Besuch klären können: auf S. 6 ist unter Leistungen der Wirtschaft für den Besitzer verbucht: «in Geld nach dem Abschluss der Geldrechnung RM 15.200.56». Das muss irgendein Verrechnungsposten sein und ich

wüsste gern, woher der kommt. – Mein Lieber, eben kam Dein Brief aus Kauern, in Ohlau eingesteckt am 24. Das ist also normal. Die Berichte aus Kauern klingen ja sehr nett. Was für ein schöner Abschluss dieses Tages. So sehr ich Deine Gedanken spüre, mein Herz, so warm ich mich darinnen geborgen fühle, so kostbar sind mir doch Deine Briefe. Jeden Tag kommt nämlich ein kurzer Augenblick, an dem ich denke, dass Dir oder Deinen Söhnchen vielleicht etwas zugestoßen sein könnte und ich es nicht erführe, und dann sind selbst alte Briefe ein Balsam. Warum mich diese Kleingläubigkeit immer wieder überfällt, weiß ich nicht. Es ist auch nicht schlimm, nur ein ganz kurzer Stich. Der war also gerade dran, als ich vorhin weiterzuschreiben begann, und so war der Brief im richtigen Augenblick gekommen. Dank auch für das Blümchen. Die Blüte war so welk geworden, dass ich sie nicht recht erkennen konnte, aber es scheint mir doch eine Anemonenart zu sein. – Ich habe den ganzen Tag still in meinem Zimmer verbracht, abgesehen von einer halben Stunde Spaziergang. – Theoretisch ist heute die Schiedsgerichtssache entschieden, aber ich fürchte, dass Du nichts hören wirst. Das geht immer nicht so schnell wie man denkt. – Noch etwas ist mir über Tag eingefallen: vielleicht könntest Du mir die Kritik der reinen Vernunft mitbringen, die wir in der Dünndruckausgabe haben.[1] Funktionieren mal die Verbindungen nicht, so ist das eine pièce de résistance, denn das kann man doch nur im Wiederkauen verdauen. – Auf Wiedersehn, mein Lieber, grüße mir alle zu Hause und umarme Deine Söhnchen. J.
28. 4. morgens. Guten Morgen, mein Herz. Es ist 6.30. Ob Du wohl gerade an mich schreibst? Heute vor einer Woche warst Du da. Ich schließe den Brief jetzt ab, da ich hoffe, dass er bald abgehen kann. J.

1 Es handelt sich um Immanuel Kant: Die Kritik der reinen Vernunft, 1771 u. 1787, zugänglich in vielen Ausgaben.

Sonntag/Montag, 30. April/1. Mai 1944

Mein Lieber, denke Dir, bis jetzt habe ich erst Deinen ersten Brief aus Kreisau vom 25., der am Freitagabend in meine Hände kam. Es ist merkwürdig, dass nach Deinen Besuchen hier immer so eine große Pause ausbricht und dann, kurz ehe Du wieder kommst, bekomme ich einen großen Stoß von Briefen und sie brauchen dann nur noch 2 Tage. – Dein Besuch in Kauern scheint sehr befriedigend gewesen zu sein. Was ist nur mit Dir am

Schluss losgewesen, dass Du so elend warst? – Ich war natürlich froh, Dich wieder zu Hause zu wissen und zu hören, dass es den Söhnchen gut ginge. Mir geht es ausgezeichnet. Ich habe wieder aus heiterem Himmel einen Ohnmachtsanfall gehabt, aber das bedeutet bei mir ja nichts. Außerdem habe ich mir gestern Abend im rechten Oberkiefer ein großes Stück aus dem letzten Backenzahn herausgebissen und heute Mittag ist die anschließende Füllung nachgekommen. Ich muss mal sehen, wie ich mit einem hiesigen Zahnarzt zu Rande komme. Ich will mir am liebsten nur eine Guttaperchakappe[1] machen lassen. Ich hoffe, am Dienstag hinzukommen, da morgen Feiertag ist. Sonst habe ich über mein körperliches und seelisches Befinden nur das Beste zu berichten.
Der Tag ist schon verhältnismäßig weit fortgeschritten. Es ist 1 Uhr und Ihr sitzt wahrscheinlich grade beim Essen, falls Lenchen pünktlich gewesen sein sollte, wohl bei der Speise. Hoffentlich waren alle Kinder brav, sodass sie sich alle an der Speise erbauen können. Ich habe Euch heute schon verschiedentlich aufgesucht. – Es ist heute so spät geworden, weil ich den Morgen damit verbracht habe, die Bergpredigt mit allen Verweisungen zu lesen, und das hat zwei Stunden gedauert, hat mich aber sehr bereichert. So manche Stellen haben dadurch noch mehr Fülle bekommen und es ist daraus ersichtlich, eine wie große Bedeutung Jesaja und die Psalmen haben. Von dem Fortschritt von Mose zu Christus hat Jesaja eben doch ein für seine Zeit erstaunliches Stück vorweggefühlt, sowohl glaubensmäßig wie in der Ethik.
Der Tag ist jetzt etwas anders eingeteilt, weil ich jetzt meistens abends noch einmal eine kurze Zeit rauskann und dann einen gründlichen Dauerlauf mache. Ich laufe jetzt meist etwa 2 ½ km und finde das als Schlussbewegung sehr angenehm. – Es ist übrigens recht kalt geworden; die Sonne scheint nur ausnahmsweise, von Zeit zu Zeit regnet es, ein eisiger Südostwind beglückt uns auch manchmal. Ich bin aber auch ohne Fußsack ganz warm genug, weil die Schuhe, die Du mir gebracht hast, so angenehm warm sind. Ob Ihr diesen Rückschlag auch gehabt habt? Es ist gut so, denn die Temperaturen waren zu unnatürlich.
So, nun will ich Dir erst meine Versorgungslage schildern. Hemden, Unterhosen und Taschentücher habe ich noch bis 13. 5. Handtücher und Kopfkissen sind fällig, dergleichen vor allem eine Krawatte. – Vorläufig habe ich kein Packmaterial bekommen, um den Anzug zu Prix[2] zu schicken; wenn ich nicht noch etwas bekommen sollte, muss ich ihn Dir also leider mitge-

ben. Dazu auch noch den schweren Wintermantel; mein Armer, Du musst hin und zurück schleppen. – Die rohen Eier waren herrlich. Ich habe heute früh wieder eines gegessen und habe noch drei. Aber ich bin doch dafür, dass Du jetzt erst einmal einlegst und nicht mich versorgst; denn wenn wieder Hühnerpest kommt, sitzt Du sonst zu sehr auf. – Zucker habe ich wohl für den größten Teil des Mai, Weißbrot ist zu Ende, Butter geht diese Woche zu Ende, Wurst und Schinken reichen noch bis 15. 5. – Richtig, etwas, was sehr knapp ist, sind Wollsocken. Mit denen reiche ich absolut nicht. – Außerdem bitte ich Dich, mir einen neuen großen Konzeptblock, das Konversationslexikon von Knauer und eine Dose schwarze Schuhcreme mitzubringen. Über Bücher habe ich Dir schon am Donnerstag geschrieben. Von landwirtschaftlichen Büchern habe ich nur noch den Schneidewind, Ernährung der landwirtschaftlichen Pflanzen, dann habe ich den ersten Band Moltke, der in 2 bis 3 Tagen zu Ende sein wird; theologische oder philosophische Lektüre ist ganz zu Ende.
Heute Nacht erwachte ich davon, dass ich im Traum von vielen Bienen gestochen aus dem Bienenstand floh, während Du unbeirrt dabliebst. Wie mag es den Bienchen gehen? Hoffentlich bekommst Du die neue Königin von Raschke. Hast Du eine neue Wabenzange bekommen und hast Du schon die Völker nachsehen können? Ich bin gespannt zu hören, wie Du sie gefunden hast. – Du kannst Dir ja denken, dass meine Gedanken jetzt immerzu bei Euch sind und sich vorzustellen versuchen, wie es im Garten, auf den Feldern und Wiesen und im Wald aussieht. Ob Ihr schon ausgetrieben habt? Wohl noch kaum. Aber Ende dieser Woche müsste es eigentlich gehen. Was tun jetzt die Schafe? Von der ihnen eingeräumten Dlugosch-Wiese allein können sie nicht satt werden. Ich fürchte, dass Z[eumer] den Klee abhüten lässt, was mir gar nicht recht wäre. Der Ausfall des Landsberger Gemenges muss die Lösung dieser Frage recht schwierig machen. – Mein Herz, jetzt höre ich auf, um später weiterzuschreiben. Hoffentlich geht es nur Dir und den Söhnchen gut und hoffentlich kommst Du mit Deiner vielen Arbeit zurecht.

1. 5. 5 Uhr früh. Gestern kamen am Nachmittag 2 Briefe von Dir, vom 27. und 28. mit vielen Nachrichten. Das war sehr befriedigend. Am ärgerlichsten ist das Bestellen von Zwiebeln und Möhren auf dem Rübenacker. Ich habe Z[eumer] darüber nun nochmals geschrieben und schicke Dir den Entwurf mit. Die Reinschrift ist mit der Maschine geschrieben, die ich ges-

tern bekam. Da ich aber kein Durchschlagpapier hatte, muss ich Dir meinen handschriftlichen Entwurf schicken. Diese Sache ist der erste Fall, in dem Z[eumer] einer klaren Weisung dem Geist nach zuwidergehandelt hat, und Du kannst ja gelegentlich anbringen, dass ich nicht gerade erbaut darüber sei, dass er das mache in einem Augenblick, wo ich verhaftet sei. Sachlich und formal ist der Fall schlimm. Bitte, gib ihm meine Adresse nicht, sondern sage ihm, Du würdest seine Antwort mitnehmen. Hat er die Adresse, so schreibt er einen ganz blödsinnigen Brief, außerdem diktiert er dann die Adresse der Schwänin. – Dass es sich um Margrit's Zwillinge handelt, ist mir eine Beruhigung. Ich dachte, wir hätten noch einen Satz Zwillinge. Bei welchem bin ich nun Pate? – Ich hatte einen sehr netten Brief von Jowo. Schreibe ihm, bitte, gelegentlich, dass ich ihm wegen der Briefrationierung nicht antworten könnte, mich aber über Nachrichten von ihm sehr freuen würde. – Nun kommt das Schlimmste: Du sollst auch nur noch 2 Briefe in der Woche schreiben dürfen und die mit der Maschine. Schreib sie also, bitte, fortlaufend, damit nicht zu Vieles unter den Tisch fällt. – Mit dem Kaffee verhält es sich so: Ein Liebesgabenpaket von 1 kg. Kaffee ist noch zur Derfflingerstr. adressiert gewesen.
Die Bressalina hat mir vor etwa 2 Monaten, nein, es muss noch im Februar gewesen sein, die Bestätigungskarte durch Oxé zur Unterschrift mitgeschickt. Ich habe sie aber nicht unterschrieben und ihr sagen lassen, noch hätte ich nichts. Sie muss der Sache nachgehen, denn wahrscheinlich lagert das Paket unter Derfflingerstr. an der Post. Willst Du ihr das bitte auftragen? – Wie hat sich Tante Leno denn den Fuß verletzt? Fluhrers würde ich nicht zahlen lassen. Das führt zu Ansprüchen und den Punkt muss man sich freihalten. Der Schwester sollen sie natürlich zahlen. Wird Dir die Unterbringung von Fluhrers von der NSV[3] angerechnet? – Vielen Dank für die Mitteilung über Deinen Tageslauf. Heute wirst Du allerdings wohl keine Schularbeiten mit C'chen machen. In dem Bericht über meine Versorgung vergaß ich zu sagen, dass die Marmelade etwa bis 10. reicht.
Mein Herz, der Brief ist wieder voller Bitten an Dich, die Dir viel Arbeit machen werden. Wie wirst Du mit all dem zu Rande kommen? Du hast ja so schon reichlich genug zu tun. Da fällt mir noch etwas ein: Jowo fragt, ob er mir einige Bände Stifter schicken soll. Ja, nur nicht zu viel auf einmal, damit ich nicht zu viel Ballast sammle. Mein Herz, lass es Dir nun wohl ergehen. Ich fühle mich bei Dir so fest verankert, beheimatet, geborgen, von Dir umsorgt und gepflegt und immer mit Dir verbunden. Leb wohl, mein

Liebster. Grüße die ganze Gemeinde, vor allem Asta und Tante Leno, umarme die Söhnchen. J.
Hirsch kann ich auch nicht schreiben. Sag' ihm bitte, ich wünschte ihm sehr gute Besserung.

1 Guttapercha wird in der Zahnbehandlung als provisorisches Füllmittel und zur Herstellung von Abdrücken wie zum Verfüllen der Wurzelkanäle bei Wurzelkanalbehandlungen benutzt. 2 Prix war seit Moltkes Studienzeiten in Wien sein Schneider. 3 Nationalsozialistische Volkswohlfahrt.

Donnerstag/Freitag, 4./5. Mai 1944

Mein Lieber, Herr Breier hat nun auch die Länge meiner Briefe beanstandet, und so werde ich mich auf eine Seite beschränken müssen. Zwei Seiten groß geschrieben je Woche ist allerdings nur ein bescheidener Bruchteil des Normalen, aber immerhin besser als die 25 Worte des I. R. K.[1] – Sie sind in Droegen so reduziert, dass sie nicht fertig werden. – Deine Briefe vom 28.–30. kamen gestern, darunter das sehr liebe Bildchen von Ko[nrädchen]. Vielen Dank, mein Herz. Die Nachrichten klingen ganz gut. Major Hilf solltest Du, wenn es Dir nicht zu langweilig ist, pflegen. Es ist immer nützlich, einen guten Rat über den Wald und Baumpflege zu bekommen. Er soll sich doch mal den Kapellenberg ansehen und sagen, was er tun würde, um zu dem landschaftlichen Ziel eines Mischbestandes zu gelangen. Basaltstaub als Dünger ist bei uns sicherlich überflüssig, weil wir im Wald überall Verwitterungsböden mit viel Silikat haben. – In der Schiedsgerichtssache hat Hörnig offenbar keine Gründe angegeben, warum der Termin in Breslau nicht in Berlin stattfinden müsste. Ich habe das, so gut ich konnte, ergänzt und habe als hauptsächliche Gründe den Mangel eines Raumes und einer Handbibliothek für diese Spezialfragen angegeben. Es ist ärgerlich, denn ich hatte Marion seinerzeit ausdrücklich geschrieben, dass der Ort begründet werden müsste. So wird diese Sache wohl schiefgehen. – Darf ich Dich an den Gips erinnern? Auf die Tinte freue ich mich schon sehr, denn das Schreiben mit dieser ist eine rechte Qual. – Du wolltest mir immer noch Zigaretten besorgen, oder hat Marion das getan? Meine Birne ist heute entzweigegangen, nachdem sie schon 4 Wochen etwa gekrankt hat. Kannst Du mir gelegentlich eine verschaffen, 25 oder 40. Etwas gemahlener Kaffee wäre auch ganz nützlich. Vor allem aber brauche ich dicke Socken. –

Ich entnehme Deinen Briefen, dass der Hülsen'sche Haushalt im Schloss sich ganz gut anlässt und keine übermäßigen Schwierigkeiten macht; jedenfalls betreust Du jetzt da ein ganzes Heerlager. – Ja, das Johannes-Evangelium finde ich jetzt eigentlich das Schönste, es steht eben Paulus bei weitem am nächsten und die ersten 18 Verse sind einfach unglaublich schön übersetzt, ein vollendetes Deutsch.[2] Habe ich Deine Aufmerksamkeit eigentlich auf das 3te Kapitel der Klagelieder[3] gelenkt? Wenn nicht, dann lies es. Dieser Rhythmus zwischen Klage 1–19, höchstem Trost, schönstem und unerschütterlichem Trost 20–41 und Erkenntnis von Sünde und Schmerz 42–66 ist schon fabelhaft. Besonders das Mittelstück klingt so schön voll. – Was Du über Dich, Deine Söhnchen und Deine Sorgen schreibst, gefällt mir alles sehr gut. Ich mache mir über uns auch gar keine Sorgen. Die Gründe kenne ich nicht, aber ich fühle mich tatsächlich so, dass der morgende Tag für das Seine sorgen soll. Und bei Dir fühle ich mich fest verankert und wohl geborgen. – Mir geht es weiter gut, mein Herz. Ich bin seit einigen Tagen ziemlich faul und lese immerzu im Gibbon statt zu arbeiten, bin aber dabei durchaus zufrieden. Ich muss dieser Tage noch einige Stunden Arbeit für das Amt einlegen. – Hier ist es bitter kalt: ein eisiger Südoststurm steht gerade auf mein Fenster, von Zeit zu Zeit kommt ein Schauer. Draußen gibt es sicher Nachtfröste, und zwar nicht nur Bodenfrost. Schlimm für die Obstblüte, soweit sie in Gang ist. Mein Herz, ich höre auf, obwohl noch so viel zu sagen wäre. J. – Bitte, sag Marion, ich dankte für ihren Brief, könnte aber wegen der Postbeschränkungen nicht antworten. Was macht die Zeichnung von Heymann? Feuerschutz im Schloss?

5. 5. morgens

Guten Morgen, mein Herz. Ob Du gerade schreibst? Es ist 6.40.

Die Papiere über die Einkommensteuer 42 füge ich wieder bei. Bitte hefte sie in eine andere Mappe als die über die jetzige E. K. In der Abschrift der Veranlagung fehlt die Veranlagung zu Vorauszahlungen. Kannst Du das Finanzamt noch bitten, mir die Vorauszahlungen mitzuteilen? Am 10. 6. ist die nächste Rate fällig. – In dem Hörnig'schen Brief war auch anscheinend gegen meinen Rat kein Datum angegeben, sodass er weder dringend noch abschließend, sondern den Hauptantrag vorbereitend erschien. Wenn aber auch alle Essentialia sachgemäßer Antragstellung fehlen, ist es schwer, einen Erfolg zu erwarten – Lebt wohl, alle meine Lieben. J.

1 Internationales Rotes Kreuz. 2 Gemeint ist der Prolog des Johannesevangeliums unter der Überschrift «Die Menschwerdung des Wortes». 3 Das 3. Kapitel der Klagelieder Jeremias enthält «Klage und Trost eines Leidenden».

Sonntag/Montag/Dienstag, 7./8./9. Mai 1944

Mein Lieber, gestern kamen Deine Briefe vom 1./2. und vom 3. und erfreuten mich sehr. Ich habe daraus ersehen, dass ein Brief von mir wieder sehr lange gegangen ist. Wahrscheinlich eine Folge des Luftangriffs. Ich hoffe sehr, dass mit Asta und Mutz sich alles befriedigend glättet. Du bist doch eigentlich jetzt ganz nett mit Menschen versehen und der Zuwachs der letzten 12 Monate ist sehr angenehm. Hoffentlich bleibt nur Mutz recht lange noch in der Nähe. – Ja, die Schiedsgerichtssache ist nun im Eimer. Ich hätte Peter den Dienst gerne getan, aber es ist für mich natürlich noch angenehmer, wenn ich meine Bereitwilligkeit eindeutig bewiesen habe und an der Ausführung durch höhere Gewalt gehindert worden bin. – Es ist schon kurz nach 1 Uhr und Ihr werdet wohl noch beim Essen sitzen. Hoffentlich sind die Kleinen brav gewesen und bekommen daher alle Speise. Was magst Du heute sonst getan haben? In einer Stunde etwa lege ich mich etwas hin und lese so denkend, dass Du dann vielleicht gerade Mittagspause machst. Ich lege mich jetzt manchmal nach Tisch hin, wenn ich statt zu arbeiten im Gibbon oder im Augustin lese. Mit den Luther'schen Predigten komme ich nicht voran. Die Übertragung dieser Texte ins Deutsche ist eine so große Arbeit, dass die Freude am Lesen dabei verloren geht. Ich kaue stark an dem Schneidewind «Ernährung der Kulturpflanzen». Es ist ein sehr gutes, etwas überholtes Standardwerk, aber der Herr Professor schreibt ein Deutsch, das mich manchmal zur Raserei bringt, in einzelnen Fällen auch den Sinn vollständig verkehrt. Adverbien sind für ihn alle untereinander austauschbar, meistens zieht er in der Lotterie der Verbindungswörter das Wort «als», ohne Rücksicht darauf, ob es «wie», «zu», «von» heißen müsste oder der Sinn nach einem Zwischensatz verlangt. Trotz dieser Qual werde ich das Buch noch hierbehalten, um es noch einmal durchzuarbeiten. Ich kann nur leider gar keine organische Chemie mehr und die Rudimente an anorganischer Chemie reichen nicht dazu, lange Formeln zu lesen. Ich muss sie vielmehr buchstabieren, so wie C' in seinem Lesebuch. Das hält riesig auf. Was aber viel trauriger ist, ist der Mangel an Botanik. Kannst Du, bitte, einen Versuch machen, mir ein gutes Buch über die Grundlagen der

Botanik zu verschaffen? Nicht eine populäre Einführung, sondern schon ein wissenschaftliches Buch, aber über das Allgemeingebiet. Wenn ich die empfindlichsten Lücken meiner Erziehung ausfüllen soll, dann muss ich sicher noch 18 Monate sitzen. – Über den Betrieb schreibe ich heute nichts, da ich hoffe, Dich in absehbarer Zeit zu sehen. – Mir geht es sehr gut, abgesehen von meinem zerbrochenen Zahn, der nun seit mehr als einer Woche offen ist, ohne dass der Zahnarzt die Güte hat, ihn anzusehen. Ich esse augenblicklich rasend viel, bekomme auch eine ganze Menge Bewegung dadurch, dass ich abends zwischen 8 und 9 immer oder meist noch ein Mal 10 bis 20 Minuten rauskomme und Dauerlauf mache. So laufe ich am Tage ungefähr 5 km im Dauerlauf und 3 km im Schritt. – Dass Jowos Chef zu Dir kommen wollte, finde ich sehr nett, und Onkel Maxen's Besuch hat mich riesig gefreut.[1] – Hast Du Jowo, Inge, Asta u. s. w. gesagt, dass ich ihnen nicht mehr schreiben kann? – Das Bild von K[onräd]'chen und Dir steht vor mir. Ich finde es aber auch von Dir sehr gut. Um 9 oder kurz nachher denke ich jetzt immer daran, dass C[aspar]'chen wohl mit Dir Schularbeiten macht. Umarme die Söhnchen zärtlich. Ich denke immer wieder, ob sie sich sehr verändern; vor allem aber denke ich, ob sie auch lieb mit Dir sind. Ich höre jetzt auf, mein Herz, damit ich morgen früh und übermorgen früh noch etwas anschreiben kann. Damit beende ich das beste Stück des Sonntags. Leb wohl, mein Lieber, was mag noch alles kommen? J.

7.5. Eben 6.30 abends kommen Deine Briefe vom 3. und 4. Das war sehr schön. Dank für alle Nachrichten. Welch' ein Trubel jetzt durch die vielen Haushalte ist! Heute habe ich im Wesentlichen für Oxé gearbeitet. Dein Telegramm mit der Nachricht von Hirschen's Tod kam gestern, als ich gerade mit dem Brief fertig war. Ob Dich mein Antwort-Telegramm noch rechtzeitig erreichen wird, weiß ich nicht. Ich werde es ja merken, wenn Du da bist, und bis dahin hoffe ich, ohne zu warten. Hier ist schlechtes Wetter, aber gute Laune. Mein Herz, ich umarme Dich. J. –

9.5. morgens. Guten Morgen, mein Lieber. Es ist 6, draußen singen die Vögel und ein klarer, blauer Himmel verspricht einen schönen Tag. Vielleicht wird es jetzt endlich warm, denn bei der hiesigen Temperatur kann kein Futter wachsen. Grüße all die Vielen, vor allem Deine Söhnchen. J.

1 Magnus Freiherr von Mirbach. Bei ihm und seiner Frau Margarethe, geb. Moltke, hatte er während seiner Schulzeit in Potsdam gewohnt.

Donnerstag/Freitag, 11./12. Mai 1944

Mein Lieber, nun bist Du wieder weg und es wird wieder einige Zeit vergehen, ehe ich Dich wiedersehe.[1] Aber ich habe ja so viel, wovon ich zehren kann, und die kurze Zeit mit Dir war auch so schön. Ich habe dann «zu Hause» erst ein Mal die herrlichen Schätze ausgepackt und verstaut. Wie lieb das alles ausgewählt und zusammengestellt ist und wie Du Dich damit geschleppt hast. Du verwöhnst Deinen Wirt so sehr. – Heute früh habe ich erst einmal die Eier mit Gips gefüllt, was ganz gut gegangen ist, nur leider hatten die aufräumenden Frauen gestern früh die eine Hälfte von Deinem fallen lassen, sodass Deines nur noch halb existiert. Sie sind aber, trotz mancher Schwächen, sehr schön. – Ich habe mich dann mit dem Milchkontrollabschluss befasst, der doch nicht ganz so schlecht ist, wie ich fürchtete. Hoffentlich gelingt es aber, dieses Jahr besser zu werden. Ich bin sehr gespannt, wie es sich entwickeln wird. – Hier ist heute ein himmlischer warmer Frühlingstag und ich hoffe, dass zu Hause das gleiche Wetter ist, damit das Futter wächst. Alles andere wird schon wachsen. – Hoffentlich hast Du keinen zu anstrengenden Tag in Berlin heute und hoffentlich reist Du gut und kommst heil wieder zu Deinen Söhnchen. Das Bildchen von C'chen klein habe ich doch nicht mitgenommen, sodass ich ihn nur in relativ erwachsen habe. Auf dem Bild sehe ich aber, dass ihm der Mantel noch sehr gut passt. Wie magst Du zu Hause alles finden? Der Salat und die Radieschen sind besonders schön, beides so zart und frisch. – Ich habe jetzt noch gar nichts zu berichten. Dass es mir mit Ausnahme der Zähne und der rätselhaften Ohnmachtsanfälle gut geht, weißt Du ja. Was ich an Bücherwünschen noch habe, habe ich Dir gesagt. Der Moltke ist Lektüre und nicht Arbeit. Ich bitte Dich, mir dann das nächste Mal den letzten Band mitzubringen, und dann könnte ich ja «Gedanken und Erinnerungen» lesen und dann Ranke. Damit wäre der eine Typ Bücher klar. Der zweite betrifft Landwirtschaft, Chemie und Botanik; da herrscht jetzt Ebbe, denn den Schneidewind habe ich morgen fertig. Der dritte Typ betrifft Theologie und Philosophie. Da bin ich ja zunächst ausgestattet. Gibbon, Times und Parliamentary Debates betrachte ich so als Füllsel. – Richtig, kennst Du eigentlich die Geschichte vom Regen – 1. Mose 9?[2] Das gehört zusammen mit dem sehr schönen letzten Vers von 1. Mose 7.[3] Es ist so schön versöhnlich. Ich kam neulich wieder darauf und die Verse, die ich von Kindheit an im Ohr habe, wie eben dieser letzte von 1. Mose 7, die rühren mich doch im-

mer wieder besonders, auch oder eigentlich gerade dann, wenn ich sie vergessen hatte und dann plötzlich auf sie stoße. – Stelle doch, bitte, gelegentlich fest, wer die neuen Chefs der Stäbe in Oslo und Brüssel sind. Vielleicht kannst Du es bei Deinem nächsten Kommen auf dem Wege in Berlin von Peter erfahren. Mein Herz, ich höre jetzt auf, um morgen früh noch ein Wörtchen anschreiben zu können, ehe der Brief abgeht. Leb wohl, mein Lieber, und grüße mir alle sehr herzlich. J.
6 Uhr früh. Mein Lieber schläft hoffentlich noch friedlich nach seiner Nachtfahrt. Wenn ihn nur die Söhnchen schlafen lassen. Ein zauberhafter Frühlingstag ist wieder heraufgezogen und auch nachts war es warm. Ich bin schon einige Zeit wach, weil bei warmem Wetter das Fenster nicht genug lüftet und das hat mich leider geweckt. Dafür habe ich aber das Heraufziehen des Tages miterlebt und das war sehr schön. – Das Umbestellen der Kreisbank und von Comes nach Kreisau werde ich erledigen. Du brauchst darin also nichts zu machen. – Willst Du mir, bitte, schreiben, ob Uli aus Sewastopol herausgekommen ist oder was man sonst über ihn weiß? Das muß doch jetzt feststehen. Ich habe häufig und mit großer Sorge an ihn und mit Anteilnahme an Busch's gedacht.[4] Wenn er doch nur heil geblieben wäre. Nun auf Wiedersehn, mein Herz, grüße mir alle vielmals, dazu gehören auch Hülsens und Reichweins und Zeumer. Umarme Deine Söhnchen. J. Ob wir Kathleen und Mary durch das RK[5] eine Antwort schicken können? Das sollten wir doch.

1 Freya war am 10. Mai in Droegen. 2 1. Mose 9 handelt vom Bund Gottes mit Noah. 3 Der letzte Vers heißt: «Und die Wasser wuchsen gewaltig auf Erden hundertundfünfzig Tage.» 4 Es handelt sich um Ulrich Busch, einen Vetter von Freya von Moltke. Er hat den Krieg überlebt. 5 Rotes Kreuz. Kathleen und Mary waren zwei Schwestern aus Südafrika, die mit den Großeltern und dann mit den Moltkes befreundet waren.

Sonntag/Montag/Dienstag, 14./15./16. Mai 1944

Mein Lieber, Sonntagmorgen, ½10. Wenn Du nicht in der Kirche bist, wirst Du wohl mit Deinen Söhnchen einen friedlichen Morgen genießen, und zwar wahrscheinlich im Garten. Da ich schon seit 5 wach bin, habe ich Euch wohl verfolgt. Dein kleines Söhnchen steht übrigens vor mir auf dem Tisch und schaut mich stracks an. – Pankratius und Servatius waren hier glühend heiße, eigentlich schwüle, windstille, klare Tage. Vielleicht haben wir tatsächlich vorige Woche bereits die Eisheiligen gehabt. Wenn es nur jetzt keinen Rückschlag mehr gibt, denn die Baumblüte muss doch schon prächtig sein. Ich vergaß ganz, Dir neulich zu sagen, dass ich am Dienstag, dem 9., den letzten Apfel gegessen habe und zu dem Ergebnis gekommen bin, dass der große Baum am unteren Weg für diese Jahreszeit qualitativ unser bester Apfel ist. Er war auch besser als irgendeiner der Äpfel, die ich von anderen bekam. Ich habe das nie realisiert; also das ist im Mai ein ganz hervorragender Apfel mit einem herben, festen Geschmack und vorher ist er doch eher langweilig. Ich bin von dem Apfel so angetan, dass ich mich frage, ob wir nicht von Altscher uns einen stark wachsenden Wildling geben lassen und den mit unserem veredeln sollten. – Deinen Salat habe ich mit großem Genuss verzehrt und der Schinken ist gestern beendet worden, heute habe ich die Blümchen weggetan, heute Abend kommt das letzte Täubchen dran und auch die letzten Radieschen werden wohl heute Abend verschwinden und damit ist das frischeste und empfindlichste von Deinen Produkten vertilgt, mit großem Genuss und Dank. Mein Herz, wie gut sorgst Du aber auch für Deinen Wirt. – Fräulein Thiel hat mir Tinte mitgebracht, die ein Genuss ist, außerdem sehr schöne Bücher. Die Luther-Biographie gefällt mir sehr gut, wenn sie auch für meinen Bedarf etwas leicht geschrieben ist. Es ist aber ein sehr gutes Buch. Mein Lieber, ich hoffe, Du bezahlst alle diese Bücher, denn ich will sie keinesfalls wieder herausrücken. Die Schrift über die Entstehung des NT ist gut.[1] Jetzt bräuchte ich noch ein Mal dasselbe für das AT. Ich bin aber jetzt reichlich mit Arbeit und Lektüre versorgt. – Der Antrag Hörnig in der Schiedsgerichtssache ist abgelehnt. Beim Zahnarzt war ich gestern. Der meinte, etwas Haltbares könne man ohne Aufbauen eines Stiftes – mit Abtötung der Wurzel – oder einer Kappe nicht machen; er hat daher nur die Bruchflächen mit Zement verstrichen und meint, das würde einige Monate halten. Empfindlich ist der Zahn noch. Frage doch, bitte, Schramm,[2] was er dazu meint. Es war ein anderer Zahnarzt und der hat mir viel besser gefallen, er war kein solcher Angeber. – Über die Abrechnung St[einke] sprich doch noch ein Mal mit der Bressalina. Meiner Erinnerung nach haben wir vor 2 Jahren ein Mal eine Abrechnung probeweise aufgemacht; die müsste doch bei St's Akten noch sein. Wenn er keine Schlussabrechnung machen will, dann soll er meinetwegen jetzt einen Betrag zahlen, so wie es ihm gerade passt, und wir können uns über die Schlussabrechnung später noch unterhalten. Das soll mir auch recht sein. Ich möchte nur die monatlichen Zahlungen jetzt stoppen. Er ist ein netter und ordentlicher Mann, nicht wahr? So, ich will noch Platz für morgen behalten und beende daher meine Sonntagsfreude.

15. 5. Gestern Abend, mein Lieber, kamen Dein Telegramm und Deine Karte einträchtiglich an. Gut, dass die Sache mit den Tieren geklappt hat; hoffentlich schleppen sie uns keine Seuche ein, denn die Bestände, aus denen sie kommen, sind ja nicht BF.[3] Der Knauer ist zu alt für meine Bedürfnisse; ich gebe ihn Dir das nächste Mal zurück. – Könntest Du Kathleen und Mary nicht für ihre rührenden Briefe danken? Dank auch gelegentlich Davy, vor allem die Zitronen entzücken mich sehr. Gestern habe ich den ganzen Tag für Oxé gearbeitet, der mir eine völlig durcheinandergebrachte Sache geschickt hat. So etwas jammert mich wie ein blessiertes Tier. Es war hier bis gestern teuflisch heiß und in den Zellen unangenehm; seit gestern Abend regnet es und hat sich stark abgekühlt. Mir geht es weiter sehr gut. Ich habe Dir mit dem letzten Stoß Sachen Alice in the Looking Glass zurückgegeben. Du solltest darin ein Mal den kurzen Abschnitt über «The King's Messenger» lesen. Es ist im letzten Drittel entweder direkt vor oder direkt hinter Humpty Dumpty.[4] Mein liebes Herz, morgen gibt es nur noch ein Schlusswörtchen und dann kommt der Brief hoffentlich schnell zu Dir. Grüße mir alle sehr herzlich und umarme Deine Söhnchen. J.

16. 5. Guten Morgen, mein Herz. Gestern Abend kam schon Dein Brief vom 12. Auf die darin enthaltenen Fragen antworte ich Donnerstag. Pfleg' Dich, mein Lieber, und grüße alle. J.

1 Der Verfasser konnte nicht ermittelt werden. 2 Dr. Schramm war Moltkes Zahnarzt in Berlin. 3 Bazillenfrei. 4 Figuren in den Kinderreimen.

Donnerstag/Freitag, 18./19. Mai 1944

Mein Lieber, Du fragst, warum ich die Briefe nicht oben anfange? Es widersteht mir und widerspricht meinem Gefühl für das Schriftbild, übrigens nicht bei Deinen Briefen, aber bei meinen. Schon die Absatzlosigkeit ist mir unangenehm. – Es ging mir die letzten Tage nicht recht gut: seit Sonntag schlafe ich miserabel, schlaf abends nicht ein, eigentlich nie vor 12, und wache so zwischen ½3 und 3 wieder auf, um dann höchstens noch zu dösen, dazu habe ich tagsüber immer wieder Schwindel. Und von Zeit zu Zeit Ohnmachtsanfälle. Diese Kombination bringt mich aber zu der Überzeugung, dass das Ganze ein Ausdruck von Haftpsychose ist und daher genauso vorübergehen wird wie der frühere Anfall vor einigen Monaten. Dazwischen fühle ich mich nämlich sehr wohl, mache meine Freiübungen und mein Laufen ohne Mühe und arbeite schnell und mit genügender Konzentration. Es ist also keine allgemeine Malaise, sondern ein ganz beschränkter Vorgang, der der Erwähnung nicht wert wäre, wenn ich Dir nicht ganz wahrheitsgemäße Berichte versprochen hätte. – Also davon abgesehen geht es mir sehr gut, mein Zahn hat sich beruhigt. – Über meine Versorgungslage lege ich einen Zettel bei, aus dem Du alles ersehen wirst. – Denke Dir, Dein Brief vom 15. früh war schon am 16. nachmittags bei mir. Das war eine große Freude und ein Rekord in Geschwindigkeit. – Wie schlimm, dass der Käfer den Raps so befallen hat. Ich fürchte, den haben wir jetzt bei uns im Gelände und werden diesen Ärger jedes Jahr erleben. – Mit der Frl. Hirsch betreffenden Regelung bin ich sehr einverstanden. – Z[eumer]'s Gemüsezwischenfruchtbau: wenn er genug Futter schafft und Arbeitskraft wirklich übrig hat, dann rede ich ihm in den Zwischenfruchtbau nicht herein. Das gehört zu seiner Zuständigkeit und ich denke gar nicht daran, seinen Eifer insoweit zu beeinträchtigen. Es kommt mir nur darauf an, dass das nicht liegen bleibt, was ich für nötig halte. Dass mir die Sache nicht geheuer ist, dass ich lieber eine Leguminose hinter dem Raps sähe und dass ich vor allem Angst davor habe, dass ihm die Sache gelingt und er dann ganz wild darauf wird, kannst Du ihm ja ruhig außerdem sagen. – Rhabarber gefällt mir besser als Gemüse, wenn er auf ohnehin verlorene Ecken kommt, z. B. in die Schweinekoppel, die wir doch in der Größe nicht mehr brauchen, oder auf den unteren Teil des Hoffmannackers. Aber viel verspreche ich mir auch nicht davon, denn wir liegen eben 100 Meter zu hoch, um das Geschäft darin zu machen. Immerhin ist das eine Sache, die nicht in die normale Fruchtfolge eingreift. Lieber ist mir natürlich auch da, dass es unterbleibt; diese Frage braucht jetzt noch nicht entschieden zu werden. – Bitte stärke C'chen's Abscheu gegen das Ausnehmen von Vogelnestern mit allen Mitteln. Vielleicht kann die Lehrerin auch etwas zu dieser Frage sagen. – Die Nachrichten von den Bienen klingen ganz gut; aber Du musst dieses Jahr umweiseln. Hoffentlich bekommt Ihr noch schönes Wetter zur Apfelblüte. Hier hat es gestern geregnet und seit drei Tagen ist es so kühl, dass an Bienenflug nicht zu denken ist. – Du hattest doch im vorigen Jahr eine Pumpe für das Abwässerbassin gekauft. Ist die in Betrieb? Wenn ja, dann würde ich Bäume und Sträucher während der nächsten 2 Monate gut wässern. – Die Tage fliegen mir augenblicklich unter den Händen davon und an

jedem Tag fehlen mir ein oder 2 Stunden. Ich beschäftige mich, besonders nachts, auch sehr heftig mit Kreisau und immer wieder fliegen meine Gedanken zu Dir, mein Herz. J.
19. 5. morgens. Beginn des 5ten Monats. Nach drei Regentagen ist draußen ein zauberhafter strahlender Morgen. Schwalben und Störche sind seit gestern da. Hoffentlich habt Ihr auch Regen gehabt. – Denk Dir, Dein am Morgen des 17. geschriebener und wohl in den ½ 2er gesteckter Brief war gestern Abend in meiner Hand.[1] Welche Freude, so frische Nachricht! Der Rektor ist zu dumm, Du schreibst nichts von der Dürreentschädigung. Ich sehe schon kommen, dass Z[eumer] im Juni nicht genug Geld hat und dann Sachen verkauft werden, die wir besser länger hielten. Ich habe heute Nacht schon um 11 mit Schlafen begonnen, es war aber um 1.30 aus, fühle mich jedoch weniger schwindlig, viel weniger. Auf Wiedersehn, mein Herz, umarme die Söhnchen und grüße mir alle. J.

1 Freya steckte ihre Briefe morgens kurz nach 7 Uhr oder mittags ½ 2 auf dem Kreisauer Bahnhof in den Postkasten der Züge in Richtung Schweidnitz/Liegnitz.

Sonntag/Montag/Dienstag, 21./22./23. Mai 1944

Mein Lieber, es ist wieder Sonntag und draußen ist wie in den letzten Tagen ein schönes, windstilles, kühles Wetter mit einer Sonne am leicht verschleierten Himmel. Ich kann nur hoffen, dass es zu Hause wärmer ist, denn die Temperatur, die wir haben, reicht weder für den Insektenflug – sprich Bienchen – noch für das Graswachstum. Für mich persönlich ist dies Wetter allerdings angenehm, weil die Zelle bei warmem Wetter immer gleich störend warm wird. – Mir geht es etwas besser. Ich habe heute Nacht zum ersten Mal leidlich geschlafen – von 12–6, und auch die Schwindelanfälle sind seit gestern besser; seit Freitag bin ich nicht mehr ohnmächtig geworden. – Seit Donnerstag habe ich nichts mehr von Dir gehört, hoffe aber auf einen Brief, ehe dieser abgeht, und schreibe deswegen jetzt nicht weiter. Ich habe Euch aber heute schon den ganzen Morgen verfolgt und wähne Dich jetzt im Garten oder auf der Veranda, etwas Nötiges tuend, um die Zeit bis zum Essen – jetzt ist es ½ 12 – gut auszufüllen. Vielleicht helfen Dir Asta und die Söhnchen. J.
22. 5. Heute kam Dein Brief vom 18., nachdem Du aus Waldenburg zurück warst. Außerdem war ein Brief von Asta dabei, der ich herzlichst danke.

Oxé brachte am Freitag 3 Weißbrote von Peter und daraus, wie aus Deinem Brief, entnehme ich, dass Du nicht mehr vor Pfingsten kommst. Die gekauften Weißbrote, mein Lieber, sind nicht gut genug, als dass es sich lohnte, sie zu kaufen und herzutransportieren. Das Brot, das wir hier haben, ist eigentlich besser. – Einen Hubschrauber habe ich ein Mal über Trafalgar Square gesehen. Lade ihn doch zur Vesper ein, wenn er Euch immer besucht. – Hoffentlich ist Frl. Haase ein Erfolg. – Ich bin jetzt mit der Volksausgabe von Luther's Werken beschäftigt, freue mich sehr am Inhalt, da manches darin ist, was mir fehlte, bin aber über die Form verärgert und sehe daraus, wie rasend verwöhnt ich bin: der schlechte Druck stört mich so, dass ich immer wieder Pausen einlegen muss, und vor allem die albernen, unwissenschaftlichen Anmerkungen machen mich geradezu rabiat. – Heute ist es noch kälter, ich fand im Schatten eine völlig verklammte Hummel, die ich an die wärmste Stelle in die Sonne auf dem Hof setzte, wo sie 20 Minuten brauchte, um wieder beweglich zu werden. – Ob der Raps jetzt blüht? Hoffentlich ist es in Kreisau nicht auch so kalt. Ich hoffe, Z[eumer] wird vom zweiten Umtrieb ab das Jungvieh hinter den Kühen weiden lassen, wahrscheinlich wäre es auch richtig, die Milchherde zu teilen und ab zweitem Umtrieb den Hochmilchenden zuzufüttern. – Ich habe wieder den ganzen Kopf voller Projekte verschiedener Art, die mir wenig Ruhe lassen, weil ich sie mit niemandem abklären kann und auch kein absoluter Zwang besteht, sie zu verbannen. So habe ich heute Nacht wieder nur von 1–4.45 geschlafen. Ich hoffe heute auf Besseres. – Es ist gleich 7 und die Kleinen sind gewiss schon auf dem Weg ins Bett. Ich umarme Euch, mein Herz. J.

23. 5. früh. Ich habe etwas besser geschlafen, obwohl wir um ½ 3 kurz Alarm hatten. Es war heute Nacht kalt, viel zu kalt. Gestern Abend habe ich den ersten Koffer für Dich gepackt und der ist wieder so schwer. Ich komme mir dann immer so gemein vor, dass ich Dich das alles schleppen lasse. Ob Du auch gerade schreibst, mein Herz? Ich fühle mich immer so umsorgt von Dir und so geborgen bei Dir und Deinen Söhnchen, manchmal kommt mir das ganz selbstverständlich vor, aber meist weiß ich, wie dankbar ich für diesen Reichtum, diesen Schatz sein muss, und die dankbarsten Augenblicke sind die besten. Lebt wohl, meine Lieben, pflege Dich und Deine Söhnchen und behalte, bitte, lieb Deinen Ehewirt. J.

Donnerstag/Freitag, 25./26. Mai 1944

Mein Lieber, vorgestern, als der Brief an Dich weg war, kamen am Abend gleich 3 von Dir, darunter der besonders schöne vom 20. abends. Vielen Dank, mein Herz. Auch ein netter Brief von Inge kam mit gleicher Post. Ich bin Dir und Maack sehr dankbar, dass Ihr Euch der grässlichen Hofschranzen-Angelegenheit angenommen habt. Ich erwarte also die Ankunft der Urkunden, die ich vollziehen muss, unmittelbar nach Pfingsten. – Die Nachrichten von Garten und Bienen klingen ja ganz gut, aber wenn Ihr auch solche Kälte habt wie wir hier, dann ist an Befruchtung nicht zu denken. Es ist einfach eisig und meist weht ein unangenehmer Wind. Wie wird das auf den zweiten Umtrieb wirken? – Hoffentlich habt Ihr eine schöne Fliederblüte und hoffentlich gutes Pfingstwetter. – Mir geht es unverändert gut. Ich habe letzte Nacht auch endlich mal wieder richtig geschlafen, von ½11 bis ½6, war auch sehr überrascht, als ich beim Aufwachen die Zeit entdeckte. Auf dem kleinen Höfchen, wo wir spazieren gehen können, wächst am Rand etwas Gras. Daraus habe ich mir einen ganz reizenden Strauß zusammengepflückt, weil eben vielerlei darin ist: Knaulgras und Wiesenschwingel, Fuchsschwanz, Luzerne, Klee und vieles andere, davon einiges in der Blüte. Dieser Strauß steht vor mir und macht sich sehr gut. – Dumm, dass die Tulpen zu weit gepflanzt sind. Das verdirbt das Bild doch arg. – Deine Nachrichten vom Betrieb klingen auch gar nicht schlecht, nur ist ja jetzt Mai und da neigt man immer zu Optimismus. Was ich nicht verstehe, ist, warum die Pferde mit der Milchherde weiden. Die Jungviehweide ist für sie längst gut genug. Ich frage mich, ob es nicht richtig wäre, nach dem Jungvieh noch die Schafe einen Tag oder höchstens 2 über die Weide zu nehmen so als Mähmaschine; wenn das Jungvieh allerdings sehr gut ausfrisst, ist es wohl nicht richtig. – In dem Luther-Band, den ich bis Pfingsten durchhaben werde, ist leider «De servo arbitrio» auch nicht enthalten. Es tut ja nichts, aber wenn das noch irgendwo aufzutreiben wäre, wäre es sehr schön. Sonst ist mein Bedarf an Dr. Martin, glaube ich, gedeckt. – Ich höre jetzt auf, mein Herz, um zu warten, ob vielleicht heute Abend noch ein Brief von Dir kommt. Mein Lieber, ich fühle mich so schön geborgen bei Dir und den Söhnchen, und Eure Gedanken fühle ich immer um mich. Gott behüte Euch, mein Lieber. J.

Nachmittags. Schon sind 2 Briefe von Dir da, mein Herz, vom 22. früh und abends. Die Stelle in Mose habe ich offenbar falsch zitiert, es handelt sich

um die Stiftung des Regenbogens: 1. Mos. 9,8 ff., also nicht aus der Schöpfungsgeschichte. – Mein Herz, dass Du am Sonntag, nein Montag meinen Brief von Donnerstag noch nicht hattest, ist zu ärgerlich. Warum gehen nur meine Briefe immer viel langsamer als Deine. – Flieger haben wir jetzt ständig oder jedenfalls häufig. – Hat Heymann eigentlich die Zeichnung vom Hof fertig gemacht? – Die Besetzung Deines Hauses wird immer komischer. Wenn Dir nur die vielen Menschen nicht zu viel werden. Übernimm Dich nicht. – Die Kürzung der Milch ist sehr unangenehm, es wird dadurch aber nur noch unwahrscheinlicher, dass Du noch eine Ziege bekommst. Es ist schlimm, dass wir den Deputanten nur noch ¼ l geben dürfen. Da wird sicher schwer geklaut werden. – Hoffentlich stimmt Herrn Zielke's Auskunft über den Peile-Ausbau. Vielleicht kannst Du aber doch den Landrat noch ein Mal deswegen anrufen. Dass Ihr so viel Regen hattet, ist ja gut, aber Z[eumer] hat die Kartoffeln noch nicht drin und der gerade fertige Acker wird ihm wieder zusammengeschlagen sein. Wenn er nur jetzt Geduld hat und wartet, bis der Acker gut abgetrocknet ist. Er wartet in solchen Augenblicken ungern und dann wird ihm der Acker hart. – Heute nach Tisch war ich recht faul und habe im Gibbon gelesen, bis Deine Briefe kamen. Von Inge kam ein Buch «Seneca».[1] Dein Chemie-Buch ist noch nicht da. Ich hätte es gerne, denn an den Kant traue ich mich neben dem Luther nicht ran, und die Lutherischen Thesen kenne ich inzwischen so gut, dass es mich nicht genügend anstrengt, sie in immer neuen Variationen zu lesen; so arbeite ich etwas oberflächlich. Auf Wiedersehn, mein Herz, lassen Sie es sich wohl ergehen, pflegen Sie sich und Ihre Söhnchen und behalten Sie, bitte, lieb Ihren Ehewirt, Jäm.
26. 5. morgens. Guten Morgen, mein Lieber, wo magst Du jetzt sein? Wenn Du unterwegs bist, so war hoffentlich die Nacht nicht so schlimm. Gestern Abend hat es wieder stark geregnet und auch heute ist es grau und kühl. Und das am 26. Leb wohl, mein Herz, Du bist mir immer nah. J.

1 Um welche Seneca-Schrift es sich handelt, ist nicht auszumachen.

Pfingstsonntag, Pfingstmontag, Dienstag, 28./29./30. Mai 1944

Mein Lieber, Pfingstsonntag 12.30. Ihr werdet aber wohl noch nicht essen, da Lenchen sicher nicht pünktlich fertig ist. Während Ihr heute in der Kirche wart, habe ich an C'chen geschrieben. Hoffentlich habt Ihr schönes

Wetter. Hier ist es seit gestern sehr schwül, der Himmel ist leicht verschleiert. Die Maiglöckchen sind jetzt fast aufgeblüht und duften herrlich. Der Glanz von Deinem schönen Besuch am Freitag liegt noch ganz über meinen Tagen und begleitet mich durch Pfingsten.[1] Immer wieder muss ich an meinen Reichtum denken, mein Herz, der mir durch Dich geschenkt ist. Jetzt ist es schon wieder 2 Tage her, seit Du da warst. Du hast, soweit ich bemerken konnte, keinen Alarm gehabt und bist hoffentlich heil zu Hause angelangt. – Deine Schätze habe ich alle erst hier bewundert. Ich denke immer, mein Herz, dass Du Dich ausplünderst. Bitte tu es nicht. Die Torte ist köstlich. – Die beiden landwirtschaftlichen Bücher sind vollkommen neu. Willst Du mal fragen, ob das wirklich Borsig's[2] sind, sonst können wir sie ja kaufen. Jedenfalls hat sie noch niemand gelesen. Was ich riesig gerne hätte, wenn es beschaffbar wäre, ist ein Buch über Gräser; es kann ruhig mehr botanisch als landwirtschaftlich sein. Dein Chemie-Buch, das Du mir per Post schicktest, ist übrigens noch nicht gekommen. Vielleicht ist es ein Opfer der Amerikaner geworden. Für heute höre ich auf. J.

29. 5. abends. Mein Lieber, denke Dir, Dein am Donnerstag eingesteckter Brief ist noch nicht da. Allerdings scheint auch heute niemand von Droegen herübergekommen zu sein. Es ist hier glühend heiß, zumal meine Heizung heizt, obwohl sie abgestellt ist. Ich habe aber mit Taschentüchern, der Aluminiumdose und ständig laufendem Wasser eine Kühlanlage in meinem Waschbecken eingerichtet, die gut funktioniert. – Leider habe ich vergessen, Dir den Herdenabschluss zurückzugeben, hoffe aber, das nächste Mal daran zu denken. Ich habe den ganzen Kopf voller Projekte und mir wird ganz schlecht, wenn ich an die viele Arbeit denke, die meiner noch wartet. Wenn Asta ein Mal Zeit hat, kann sie da mal die alten Wirtschaftsaufzeichnungen ansehen, die ich seinerzeit vor der Vernichtung gerettet habe. Es würde mich interessieren, ob darin verwertbare Aufzeichnungen über Witterungsverhältnisse und Ernte-Erträge enthalten sind. – Über die Frage der Gummiwagen habe ich nochmals nachgedacht und meine, wir sollten uns mit der jetzigen Lage nicht abfinden, sondern versuchen, etwas zu tun. Peter kennt doch Sack oder deren Breslauer Vertreter, vielleicht kann er, wenn er das für möglich hält, darin für uns einen Vorstoß machen. Es kommt jetzt nicht darauf an, bei der Landesbauernschaft etwas zu unternehmen. Das geht erst, wenn der jetzt genehmigte Wagen geliefert ist. Aber man müsste doch so viel vorbereiten, dass nichts die spätere Aufnahme von Verhandlungen blockiert. Schließlich haben wir die Reifen doch

liegen und da müsste sich über [das] RKTL[3] doch etwas machen lassen. Willst Du das, bitte, mal mit Peter besprechen. – Ich vergaß, Dich zu fragen, ob Du mit Z[eumer] über das Bewegungsprojekt gesprochen hast. – Wenn Du mit der Bressalina über die Regelung Steinke sprichst, so frag sie doch auch nach dem Kaffee, der noch bei irgendeinem Postamt liegen muss. – Wenn Ihr solches Wetter habt wie hier ist, dann habt Ihr herrliche Pfingsten. Es muss ja alles blühen und auch auf den Feldern muss es jetzt mit Macht vorwärtsgehen. Ihr esst sicher immer auf der Veranda und wohl jetzt um ½8 auch. Grüße mir alle, mein Lieber, ach wie gerne wäre ich bei Dir. Aber Deine Gegenwart umgibt mich, mein Herz, ich bin darin geborgen und deswegen getrost und freudig, wo immer ich bin. Das ist natürlich falsch ausgedrückt, mein Lieber, wie Du wohl bemerken wirst, denn so ist es eine Blasphemie und ein klarer Verstoß gegen das 1. Gebot, aber ich nehme an, dass die Beiden, die dieser Missgriff betrifft, es richtig verstehen werden. J.
30. 5. Guten Morgen, mein Lieber. Trotz Hitze habe ich leidlich geschlafen. Du wirst wohl gerade schreiben und Deine Söhnchen sind gewiss schon wach. Ich umarme Euch. J.
Ich füge einen Zettel mit der Bitte um Beantwortung bei und Rücksendung, da ich ohne diese Antworten den Voranschlag nicht fertig bearbeiten kann.

1 Freya war am 26. Mai in Drögen. 2 Ernst von Borsig, Großgrundbesitzer in Groß-Behnitz, mit Moltke in engen landwirtschaftlichen und politischen Kontakten. 3 Reichskuratorium für Technik in der Landwirtschaft.

Donnerstag/Freitag, 1./2. Juni 1944

Mein Lieber, alles Gute kommt immer zuhauf, und so kamen gestern Dein Chemiebuch und 3 Briefe vom 25., 27. und 28. und das Telegramm über die Zahlung der ersten Rate der Dürre-Entschädigung. Das ist ja ganz schön und da wollen wir mal vorläufig mit RM 10.000 rechnen. – Die Bemerkung von C'chen, dass wir schon ein Mal so am Krautbusch entlang gegangen seien, ist sehr lieb. Ich glaube, mich zu entsinnen, dass es Ostern 43 war, als wir den Hasen mit den blauen Ohren sahen. Die Nachrichten klingen ja ganz gut und im nächsten Brief wirst Du ja über die Bienen berichten. Bei dem Wetter gibt es vielleicht eine kleine Raps-Fracht. – Dass die Birke im Absterben ist, ist sehr traurig. Wir müssen nächstes Jahr unbedingt die Platane pflanzen. –

Mir geht es sehr gut. Dass schon eine Woche seit Deinem Besuch vorüber sein soll, kommt mir ganz unwahrscheinlich vor. Ich ackere jetzt vor allem an Deinem Chemiebuch und an der Ackerbaulehre von Römer. Beides geht langsam. Ich habe sehr viel Chemie verlernt, und es ist sehr nützlich, dass ich das auffrische; das Buch gefällt mir. Der Römer ist gut, aber zu hochmütig. Wie man auf einem Gebiet wie der Ackerbaulehre nicht bescheiden sein kann, verstehe ich nicht, aber das Buch ist tatsächlich voller professoralen Dünkels und ist schwer geschrieben, sodass ich über eine Woche noch daran kauen werde. Das Wetter ist sehr schön: strahlende Sonne und jetzt, seit gestern, kühl; auch meine Heizung hat das Rennen aufgegeben. So ist es in der Zelle viel angenehmer. – Nein, Pfingsten bin ich nicht ausgewesen; es ist ja niemand mehr da, der mich hätte zu einem Spaziergang mitnehmen können wie zu Ostern. – Ich bin sehr erfreut über das, was Du über das Rindvieh schreibst und über die Regelung des zweiten Umtriebs mit Beifutter. Hoffentlich klappt das; wir dürfen das Vieh auch während der Trockenperiode nicht abfallen lassen und wenn das dieses Jahr mit dem geregelten Umtrieb gelingen sollte, dann wird Z[eumer] hoffentlich auch Geschmack daran gewinnen. Ich nehme an, dass er in diesen Tagen den ersten Luzerne-Schnitt machen wird. Dass er nur danach scharf eggt, es tut gar nichts, wenn dabei auch Luzerne herausgerissen oder verletzt wird. – Mein Herz, ich höre jetzt auf, um abzuwarten, ob heute noch ein Brief von Dir kommt. Alle meine Würzelchen sind bei Dir, mein Lieber, und holen sich dort ihre ihnen so wohl bekannte und so wohl bekömmliche Nahrung. J.

Abends, ach nein, es ist ja 5. Ich hatte nur ursprünglich vor, erst abends weiterzuschreiben, aber eben kam Dein Brief vom 29. und da wollte ich lieber gleich schreiben. Wie schön, was Du von den Bienchen schreibst, hoffentlich besuchen sie aber auch unseren Raps und hoffentlich bekommst Du von Raschke eine neue Königin. Dumm ist, dass das Wetter für die Apfelblüte zu spät kam. – Der arme Uli; der Satz, den Du zitierst, der klingt so gar nicht nach ihm. – Dein Haus ist jetzt sehr gut gefüllt, mit Ulla und Donner und Brausewetter und Mutze und mit den vielen Kindern. Habt Ihr schon Freilandsalat? Erbsen, Karotten und Bohnen brauchen doch gewiss noch 4 Wochen. Mich hat der ganze Betrieb in den letzten Tagen wieder riesig beschäftigt, vom Garten über Feld und Vieh bis zum Wald. An allen Ecken ist so viel zu tun, und wann werde ich je die Zeit dafür haben. Ich müsste jetzt mal wieder 2 Jahre nichts anderes tun, als mich um den Betrieb zu kümmern. Dann möchte es mal wieder einige Zeit so gehen. – Ich

lese jetzt zum 5ten oder 6ten Mal seit ich hier bin das Johannes-Evangelium. Es ist so zauberhaft schön übersetzt, dass man es als Sprachschöpfung auf sich wirken lässt und immer wieder die Fülle des Inhalts verliert. Ich bin nur nach dem vielen Luther, den ich in der letzten Zeit gelesen habe, etwas zweifelhaft geworden, ob nicht das Johannes-Evangelium etwas ein Luther-Evangelium geworden ist, und das gleiche Bedenken habe ich jetzt immer beim Römerbrief. Zu dumm, dass ich das nicht im Urtext lesen kann. – Bitte sage Z[eumer] gelegentlich, dass ab 15. 7. wieder die Rate 1.800 monatlich von 196 auf 1237 überwiesen werden muss. Bitte schreibe mir, wenn der Roggen zu blühen anfängt. – Richtig, zur Frage der Mittelwände wollte ich noch etwas sagen: soweit ich weiß, bauen Schwärme in den ersten 4 Wochen auf Baurähmchen reinen Arbeiterbau. Wenn das richtig ist, was Du noch nachkontrollieren musst, dann würde ich bei Deinen baulustigen Völkern mindestens den frühen Schwärmen keine Mittelwände geben. Ob Du wohl heute nach den Bienchen gesehen hast? – Grüße mir alle sehr herzlich, meine Liebe, umarme die Söhnchen. J.
Hat Z[eumer] schon den neuen Bestellungsplan? Selbst einen rohen Entwurf könnte ich ja jetzt sehr gut bearbeiten.
2. Juni morgens. Guten Morgen, mein Lieber, Du wirst wohl auch gerade schreiben oder vielmehr Du bist gerade am Schreiben. Ich hatte eine kurze, aber qualitativ gute Nacht und habe mein Bad schon hinter mir. Ich arbeite jetzt abends immer länger, bis ich sicher bin, gleich einzuschlafen, und diesen Zustand erreichte ich gestern erst so um ½ 12. Es regnet einen sanften Landregen. Der kann bei uns ja zurzeit auch nichts schaden, hier aber dürfte er schon in die erste Roggenblüte fallen. – Ich bin zurzeit riesig gefräßig und habe dabei immer das Gefühl, ich plünderte meine ganze Familie aus.
Auf Wiedersehn, mein liebes Herz, lass es nur Dir und Deinen Söhnchen wohl ergehen. J.

Sonntag/Montag/Dienstag, 4./5./6. Juni 1944

Mein Lieber, Sonntag 9 Uhr. Ich habe Deinen Tagesanfang hoffentlich richtig begleitet und wähne Dich noch am Frühstückstisch auf der Veranda oder im Garten. Hier zieht nach zwei eisigen Tagen ein schöner Tag herauf, kühl und sonnig. Ich habe den Eindruck, dass das Wetter hier doch maritimer ist als bei uns und auch mehr zu Wolkenbildung neigt. Ob Ihr diesen

Kälteeinbruch auch gehabt habt? Er schadet ja nicht ernsthaft, nur die Bienen werden es nicht mögen. Der Raps blüht wohl noch. – Dein Brief vom 31. war schon am 2. abends in meiner Hand, nachdem ich am Morgen den vom 30. bekommen hatte. Du kannst Dir die Freude, die mir Deine Briefe machen, das Glück müsste ich eigentlich sagen, gar nicht vorstellen, mein Herz. Ich sehe alles vor mir und bin so froh, dass Du das alles siehst. Freue Dich daran, mein Lieber, denn durch Deine Freude habe ich ja auch teil daran. Und die Augen sind das wichtigste Organ des Landmanns, das Ohr ist immer unzuverlässig; daher muss man sich im exakten Sehen üben und dazu musst Du auch Deine Söhnchen anhalten; man muss a. ein Gesamtbild sehen und b. die Details exakt erkennen. Dass der zarte Flieder mit den hängenden Dolden Deinen Beifall hat, freut mich sehr. Was macht der ganz späte Flieder? Und was machen die Büsche am Spielplatz und die neue Hecke und der Kapellenberg? Blühen dort die Lupinen schon? – Hoffentlich hat Asta Nachricht von Wend. Sag' ihr, dass ich ihrer wie immer, aber an ihrem Hochzeitstag besonders herzlich, gedenken werde. – Von mir ist zu berichten, dass ich mein Sympatol-Fläschchen fast leer habe und dass Du glauben darfst: es hat genutzt; ich darf aber glauben, dass es ohnehin auf dem Wege der Besserung war, wie ich Dir am 26. berichtete. So sind wir beide zufrieden. – Am Freitag war ich beim Zahnarzt in Droegen, um zu versuchen, meinen Zahn endgültig gemacht zu bekommen, aber der erklärte, dass er das nach seinen Bestimmungen während des Krieges nicht dürfe. Überhaupt merkte ich bei dem sicher guten Zahnarzt, wie verwöhnt wir in der Qualität der Behandlung, besonders der vorbeugenden Behandlung sind. Nun, ich muss eben hoffen, dass Schramm's Praxis noch steht, wenn ich Gelegenheit habe, hinzugehen. – Mir geht es im Übrigen sehr gut. – Der Römer ist in den Teilen, die ich jetzt durcharbeite, so schlecht, dass es verärgernd ist. Und dazu dann noch ganz von oben herab. Eine komische Sorte Wissenschaftler. Jedenfalls ist der 1922 erschienene Schneidewind viel besser, überhaupt nicht zu vergleichen. Das Schlimme ist, dass solche unsorgfältigen Wissenschaftler sich so stark versamen und dass das Unkraut dann eine halbe Generation später in Massen in der Praxis aufgeht. – Das Chemie-Buch gefällt mir sehr, macht mir aber riesige Schwierigkeiten. Jetzt wäre mir ein Lehrbuch der Botanik etwa auf dem gleichen Niveau das Nötigste. – Schluss für heute, mein Herz. J.

5. 6. Eben kommt Dein am 2. mittags eingesteckter Brief, aus dem ich sehe, dass Du noch keine Nachricht von mir hattest. Mein Armer, dadurch bist

Du zu Spekulationen über mein Befinden verursacht worden, die glücklicherweise ganz unbegründet sind: ich bin riesig beschäftigt, sodass mich jede Unterbrechung stört. Frl. Thiel hat mir einen großen Stoß mich sehr interessierender Akten gebracht, ich habe sie aber noch nicht ein Mal angesehen, weil ich weiß, dass Oxé frühestens Ende dieser, wahrscheinlich erst Anfang nächster Woche kommt und ich mir meine andere Arbeit nicht unterbrechen lassen will. Da ich jetzt abends häufig lange arbeite, so muss ich mich regelrecht dazu zwingen, mich ein oder zwei Mal in der Woche nachmittags hinzulegen und am Tage 2 oder 3 Patiencen zu legen, um meine Augen und meinen Kopf zu schonen. Am liebsten würde ich den ganzen Tag durcharbeiten ohne Aufsehen. Zurzeit besteht also wahrhaftig keine Gefahr, dass mir die Zeit lang wird. – Ja, wenn Du einen Fehler machst, dann ist er in Richtung der Geschäftigkeit, mir scheint aber, dass Du Dich gebessert hast. – Was macht das Heu? Ist es verregnet? Besonders das kostbare Kälberheu von der Wiese unter dem Berghaus ist ja interessant. Über die Milch-Entwicklung bin ich sehr befriedigt. Kannst Du den Schweizer veranlassen, ein genaues Tagebuch über den Umtrieb zu führen, damit man die Wirkung einer jeden Wiese feststellen kann? Allerdings muss er dazu auch die Menge des Beifutters angeben. Den Kopf für ein solches Tagebuch füge ich bei – auf den Zetteln unten. Dass nur ja jetzt alles getan wird, uns die Milch hochzuhalten. – Was hast Du für Pläne, mein Lieber? – Was Du über Frau Pick schreibst, freut mich sehr. Ich wünschte nur, es fände sich eine passende Gelegenheit, Stäsches loszuwerden ohne Krach. – Mein Lieber, meine Gedanken sind ständig bei Dir. Ich sehe die Päonie mit Dir blühen und den Schneeball, den Rotdorn, den Flieder und alle die bekannten, so wohl bekannten Anblicke, die Du mir so schön vermittelst. – Eben fällt mir noch etwas ein: ich würde versuchen, für einen unserer Apparate eine Kennnummer zu bekommen, denn sonst wird das Telefonieren bald unmöglich werden. Gute Nacht, mein Herz, jetzt ist nur noch Platz für meinen Morgengruß. J.

6. 6. Guten Morgen, mein Herz, nach einer nur 4stündigen Nacht bin ich um 6 noch ein Mal eingeschlafen und daher jetzt um 7 noch recht verschlafen, fühle mich aber wohl und voll der zärtlichsten Gedanken für meine Liebe. Lass es Dir wohl ergehen, mein Herz, pfleg Dich und Deine Söhnchen und behalte lieb Deinen Ehewirt.

Donnerstag/Freitag, 8./9. Juni 1944

Mein Lieber, gestern kam Dein Brief vom 4. und ich bin froh, daraus zu sehen, dass Deine labile Stimmung der vorhergehenden Tage überwunden ist. Kreisau hat aber viel Regen gehabt; hoffentlich lässt sich nur das Heu gut einbringen. Ich habe den Eindruck, dass das Rübeneinzeln nicht sehr rasch geht. Stimmt das? Die erstgesäten Rüben müssen doch schon beim 6ten Blatt sein? Die Schafe sind wohl jetzt auf dem Ochsenacker und was geschieht dann? Dann gibt es doch, soweit ich sehe, nur die Dlugosch-Koppel, Wald und Ränder. Hat er die Ränder schon ein Mal gehütet, damit sie nicht überwachsen? Sollte das Jungvieh die Weiden schlecht ausfressen, so schlage doch Z[eumer] vor, die Schafe einen Tag nachweiden zu lassen. Aber nur in diesem Fall. – Ich bin gespannt, was Raschke zu Deinen Bienen sagen wird. Aus dem Römer, diesem Standardwerk der Ackerbaulehre, muss ich Dir was erzählen. Er behandelt die Saatgutechtheit und sagt, dass Windbefruchter schwer echt zu halten sind, kommt dann auf die Insektenbefruchter, z. B. Klee, und sagt, da Bienen blumentreu seien, sei es bei den Insektenbefruchtern besser, «höchstens an den Rändern kommen Bastarde vor». Solche Sachen stehen in dem ganzen Buch und das ist ein Standardwerk, das in großen Tönen von der europäischen Landwirtschaft und der Führungsaufgabe der deutschen Landwirtschaft spricht. Das ganze Buch ist schludrig gemacht. Wenn man den sorgfältigen, 1922 geschriebenen Schneidewind gelesen hat, wundert man sich nicht über die heutigen Leistungen unserer Landwirtschaft, wir werden uns aber auch nicht wundern können, wenn andere Länder uns im Laufe der nächsten 20 Jahre überholen, wenn die jetzige Wissenschaft so ist wie Herr Römer. – Durch Dein Chemiebuch wate ich wie in Stiefeln durch einen Sumpf – nämlich meiner Unwissenheit. Habe ich gerade ein Bein draußen, so versackt das andere. Ich mache heute damit eine Pause, weil ich die Sachen für Oxé bearbeiten muss, und gehe ab morgen zur organischen Chemie über. Glücklicherweise bin ich in sehr arbeitsfähiger Verfassung, sodass ich 12–13 Stunden am Tag mit Nutzen lesen kann. Ich schlafe auch wieder qualitativ gut, wenn auch höchstens 6 Stunden. Überhaupt geht es mir recht gut. – Was Du mir vom C'chen und seinem Bedürfnis, am Sonntag von Dir unterrichtet zu werden, erzählst, hat mich natürlich sehr gefreut. Kannst Du ihm nicht bei der Gelegenheit auch die Standardgeschichten des A. T. erzählen? Die sind doch besser als Indianergeschichten, und die Moral kannst Du ja ruhig weglassen. Aber denk mal an Bileams Esel, die Mauern von Jericho Jos. 6, die Geschichte von Simson, Richter 13–16, David und Goliath 1. Sam. 17 u. s. w. – Jetzt ist es 7 Uhr und meine Hoffnung wurde auch nicht enttäuscht, sondern es kam Dein Brief vom 5., der wieder noch besser klang als der vorige, sodass hoffentlich jetzt alles überwunden ist. – Wo Du jetzt so viele Kinder hast, wäre es doch nett, die Landrätin mit Sohn einzuladen, wenn er da oder nicht da ist. – Ich habe den ganzen Tag für Oxé gearbeitet, wieder mit ziemlichem Entsetzen: er hat sich vom Auswärtigen Amt in zwei ganz wichtigen Sachen einfach rausdrängen lassen und wenn ich nicht vor 4 Wochen, über mangelnde Nachrichten in diesen Sachen misstrauisch geworden, einen Privatbrief an den Militärattaché geschrieben hätte, so wüssten wir es heute noch nicht. Der gute Oberst ist diesen berufsmäßigen Intriganten der Ministerialbürokratie hoffnungslos ausgeliefert, weil seinem ehrlichen Gemüt diese Gedanken überhaupt nicht kommen. Was durch diesen Krieg der Ressorts für Schaden geschieht, kann man sich gar nicht übertrieben vorstellen. – Heute so gegen 6 hat es hier etwas geregnet, aber jetzt scheint es sich aufzuklären. Wir hatten auch fast eine Woche bedeckten Himmel mit kühlen Schauern. Ob das Heu wohl drin ist? – Ich hoffe sehr, dass ich Deine Antworten auf meine Fragen so rechtzeitig bekomme, dass ich den Voranschlag fertig machen und mich auf Deinen Besuch gut präparieren kann. Vielleicht kannst Du mir auch dann die neuesten Kontostände von 196 und 1237 mitbringen. – Was macht Wasser und Feuerschutz im Schloss? – Die Milch ist eine große Freude, wenn das nur anhält. Wie sind die letzten Fettprozente? Sind die Parkwiesen Kälberkoppel geblieben oder sind sie in den Umtrieb einbezogen? Wenn das zweite, wo sind die Kälber?

9. 6. morgens. Guten Morgen, mein Lieber, wie Du Dir vorstellen kannst, hat sich seit gestern Abend nichts geändert, vielmehr denke ich mit Zärtlichkeit und Dankbarkeit Deiner und Deiner Söhnchen, hoffe, dass es Euch gut geht. Es ist 7 und vielleicht machst Du Dich gerade auf den Weg, einen Brief an mich einzustecken. – Hier zieht wieder ein grauer Tag herauf und die Aufklärung von gestern Abend machte schon um 10 einer dicken Wolkenwand Platz. Ob es in Kreisau auch so feucht und kühl ist? Auf Wiedersehn, mein Herz, nun wird es wohl keine Woche mehr dauern, bis Du wieder hier bist. Pflegen Sie sich, mein Lieber, und behalten Sie, bitte, lieb Ihren Ehewirt. J.

Eben fällt mir noch ein: hat die Bressalina die Bombenschadenangelegenheit Derfflingerstr. erledigt?

Sonntag/Montag/Dienstag, 11./12./13. Juni 1944

Mein Lieber, heute ist Mami's Todestag.[1] Um diese Zeit, 10 Uhr, kamen wir gerade in Berlin an, um 2 sollte ich nach London fahren und kurz nach 12 kam ich in die grässliche Wohnung in Friedenau, am Abend war ich in Balfanz, wo mich Papi und die Geschwister abholten, mit Ausnahme von Willo, und Du flogst nach Bühlerhöhe. Jede Stunde jener Tage ist mir noch erinnerlich. – Mein Herz, gestern kamen 2 Briefe von Dir und da ich tags zuvor keinen gehabt hatte, so hatte ich dabei nur freudige Gefühle. Sonst denke ich immer, ich schädige den nächsten Tag. In dem einen war der Bestellungsplan, in dem anderen waren die Antworten auf meinen Fragebogen. Ich werde heute den Voranschlag bearbeiten und hoffe dann im Laufe der Woche auf Deinen Besuch. Die Nachrichten aus dem Betrieb klingen ja schon wesentlich schlechter, und das beruhigt mich. Ich habe für dieses Jahr ja viel Unkraut erwartet, denn der Samen zweier Jahre kommt zusammen, weil im Vorjahr wegen der Dürre vieles nicht gekeimt hat. – Am traurigsten ist das Nasswerden des Heu's. Ich hoffe, Z[eumer] hat das Luzerneheu auf Reuter gesetzt; dieses erste Heu ist schließlich das kostbarste Rauhfutter, und wenn das 3 oder vier Mal eingeregnet, gewendet und getrocknet ist, dann ist der größte Teil des Futterwerts hin. – Hier regnet es auch täglich und da in der Normandie auch unbeständiges Wetter zu sein scheint, wird das wohl so weitergehen und wir werden die Heuernte nur «reinstehlen» können. – Ich schicke Dir in der Anlage zwei Zitate aus Deinem Chemiebuch. Das erste wird Dich wegen des falsch gestellten «nicht» genauso freuen wie mich, weil es ergibt, dass nur der im Übermaß genossene Alkohol unschädlich ist. Das zweite Zitat ist so recht ein Musterbeispiel für die Überheblichkeit der exakten Wissenschaften. Das Schöne daran ist aber, dass dem Herrn Henniger dabei aber auch nicht ganz wohl ist. Man merkt aus der Diktion, dass er das Gefühl nicht ganz los wird, als ersetze er eine Unbekannte nur durch eine andere. Ich habe mich über den Satz jedenfalls riesig gefreut. – Mir geht es sehr gut. Am Freitag habe ich schlecht gearbeitet, aber sonst geht es glatt und ich habe den Eindruck, dass heute auch ein guter Arbeitstag ist. Ich will den Morgen dem Römerbrief widmen, aber am Nachmittag am Voranschlag arbeiten. – Denke Dir, heute habe ich Deinen Morgen verschlafen und bin erst gegen 8 aufgewacht, als Ihr schon aufgestanden wart. Ich war von ½3–5 wach gewesen und dann wieder eingeschlafen. Ich kam mir um meine liebsten Sonntag-Morgen-Gedanken betrogen vor. Asta ist ja weg und Du hast im Augenblick einen verhältnismäßig kleinen Haushalt. –

12. 6. Gestern kam kein Brief und heute hatte ich es gerade aufgegeben, als Dein Brief vom 10. kam. Das freute mich sehr, wenn ich auch gehofft hatte, darin zu hören, dass Du einen der nächsten Tage kämest, aber das sieht ja so aus, als wolltest Du warten, bis Asta zurück ist. Die Sache mit der Spinnstoffsammlung ist ja skandalös. Natürlich sollen die Kinder sammeln, das ist ausgezeichnet; aber wo sie schon so wenig Schule haben, sie dann mit «Freihaben» zu bestechen ist unmöglich. Meine erste Reaktion ist jedenfalls, dass ich hoffe, Du lässt C'chen zwar Spinnstoff in die Schule bringen, lässt ihn aber nicht Schule schwänzen. Als ob man für jede Leistung für die Gemeinschaft einen Lohn bekommen müsste! Das ist mir ja eine schöne Erziehung zum übelsten Materialismus. Du musst unbedingt mit dem Schulrat darüber sprechen. So etwas darf nicht noch ein Mal vorkommen, denn das bringt die Eltern in eine unmögliche Lage. Mindestens mit Frl. Seiler würde ich ausmachen, dass sie sich darüber mit uns bespricht, ehe sie so etwas verkündet, und ihr klarmachen, dass die Kreisauer Kinder so erzogen sind, dass sie nicht für jede richtige Handlung ein Entgelt erwarten. Ich bin einfach außer mir und sollte ich noch mal freikommen, so muss ich das unbedingt aufnehmen. Wenn so etwas in den Großstädten notwendig sein sollte, so ist es schlimm. Auf dem Land ist so etwas verderblich und darf gar nicht erst einreißen. – Dass Du 30 Pfd. Honig in drei Völkern von der Akazie geschleudert hast, ist doch jedenfalls besser als nichts, und ich finde es ganz schön. Da wirst Du ja aus dem Raps Deine Abgabe zusammenbekommen. Wenn die Völker wieder so viel Brut haben, willst Du da nicht mit einer neuen Königin von Raschke einen Kunstschwarm machen? – Mein Lieber, wir wollen dabei bleiben, dass wir in unseren Ansprüchen nicht großgrundbesitzerlich sind. Wenn wir denn weniger Hühner etc. haben als andere, so tut das nichts, es macht Dir nur das Leben etwas schwieriger, was mir leid tut, aber ein Horizont, der von Geflügel belebt ist, ist viel schlimmer. Ich bin entschieden gegen das Melken der Schafe für uns, solange wir nicht Hunger leiden. Denn dann will Z[eumer] melken und Grundmann und Krause u. s. w. Das reißt dann ein, und da wir an die Bedürfnisse anderer keine anderen Maßstäbe legen wollen als an unsere, so müssen wir darauf verzichten. Halte lieber eine eigene Ziege. – Ich bin unverändert für Frühjahrsbockung mit Nachbockung am natürlichen Termin. Wir können das ja besprechen.

13. 6. Guten Morgen, mein Lieber, ein schöner Morgen ist heraufgezogen, der erste seit 14 Tagen. Vielleicht kommt jetzt Heuwetter. Meine Gedanken, mein Herz, haben Dich heute schon auf das Angenehmste gefunden. Lassen Sie es sich wohl ergehen und pflegen Sie sich und Ihre Söhnchen. J.

1 Dorothy von Moltke war am 11. Juni 1935 bei einem Besuch der Verwandten von Rittberg in Balfanz gestorben und auf dem Kapellenfriedhof in Kreisau beigesetzt worden.

Mittwoch/Donnerstag, 14./15. Juni 1944

Mein Lieber, das war ja sehr traurig und ich bin eher beschämt, dass Du Dir die Last gemacht hast, ohne Sprecherlaubnis zu kommen, nur damit ich nicht wartete.[1] Nun hoffe ich auf nächste Woche, zumal ich einen ganzen Bogen von Fragen mit Dir zu besprechen habe. Bitte, bringe die grünen Bestellungshefte der Vorjahre mit und sieh Dir Mittel- und Grenzschlag in Nieder G[raeditz] genau an. Mir ist nämlich nicht klar, wie Z[eumer] die bestellt hat. – Deine Schätze haben mich entzückt und wenn ich nichts darüber schreibe, so nur aus Platzangst. Die Socken sind herrlich, nur im Bein etwas weit. Ich komme mir riesig stolz in eigener Wolle vor. – 60 Pfd. Honig für die allererste Fracht finde ich sehr schön. Da hast Du doch Dein Ablieferungssoll und etwas mehr und es bleibt doch immer noch die Hoffnung auf zwei weitere Frachten. Geben die nichts, nun dann haben wir wenigstens etwas; wenn Dir die Biester bloß nicht vor der Akazie noch schwärmen! Sollte es passieren und sollte es gerade mal passen, so versuchst Du vielleicht das Umstellen, um die Flugbienen des Stammvolkes zu dem Schwarm zu kriegen, diesen zum Honigsammeln zu zwingen und dem Volk die Schwarmlust durch Schröpfung zu nehmen. – Mein Lieber, ein Biologiebuch wollte ich gar nicht, ich habe offenbar Unsinn geschrieben. Was ich gerne hätte, ist ein Botanik-Buch. Hoffentlich hast Du Dir jetzt in Breslau keine Mühe gemacht. Die anderen Bücher sind sehr schön; ich will jetzt erst ein Mal meinen Stoß Parliamentary Debates herunterlesen. Über C'chen's Brief habe ich mich riesig gefreut, habe ihm auch heute geantwortet. Du musst mir sagen, wenn Du an meinen Briefen an ihn etwas auszusetzen hast: zu lang, zu lange Sätze, zu komplizierte Sätze oder Worte, zu abstrakt. Das verstehst Du ja besser. – Wie blüht eigentlich Deine Iris-Rabatte? Die erwähnst Du gar nicht. Dass die beiden Kleinen jetzt lästig werden, ist schließlich nicht zu vermeiden; Du solltest Dich – wenn Frau

Pick das zulässt – nur bemühen, sie aus den unteren Zimmern und aus dem Gemüsegarten herauszuhalten, denn sonst sind sie in der Beerenzeit gar nicht zu bändigen und etwaige Kumpane, die sich anschließen, auch nicht. – Dass C'chen so lieb mit Dir ist, ist mir eine rechte Freude. Nimmst Du ihn auch manchmal in den Betrieb mit? Er soll sich da, finde ich, heimisch fühlen und nur die großen Maschinen müssen eisern verboten bleiben; wenn er in ein Messer des Grasmähers tritt oder vom Heuboden fällt, so sind das eben Dinge, die man nicht ändern kann. – Dass das Unkraut im Flachs so schlimm ist, ist unangenehm; was ist es denn? Melde? Hoffentlich lässt Z[eumer] noch etwas daran tun, obwohl man dabei im Flachs schon allerhand Schaden macht. Der wird ja in 14 Tagen blühen. Was macht der Heuschnupfen? Ist der Acker nach dem starken Regen sehr verschlemmt, ich meine den Rübenacker? Hat Z[eumer] ihn wieder aufreißen können? Es ist für die Rüben ein schlechter Augenblick für einen schweren Regen, denn der findet einen ganz ungeschützten Acker vor, und man kann höchstens mit der Hackmaschine auf den Schlag und zur Handhacke hat man noch keine Zeit. Sind die Rüben jetzt wenigstens einigermaßen lückenlos da? – Die Möhren sind wirklich köstlich, bis Du im Freiland Möhren haben wirst, wird [es] doch sicher noch 4 Wochen dauern. Nun ist die schwierige Küchenzeit bald vorüber und es gibt dann wieder alles. – Dankst Du, bitte, Schönchen für das Apfelgelee. Der frische Honig schmeckt mir nach wie vor wie der alte, aber er hat doch eine köstliche Süße, und die kleinen Wachsteilchen, die immer noch darin sind, sind doch sehr nett. Ich finde ihn jedenfalls sehr schön, aber unzweifelhaft ist er in 3 oder 4 Monaten geschmacklich besser. – Das Chemiebuch habe ich fertig, ich habe jetzt noch ein landwirtschaftliches Buch und dann werde ich wohl an der Kritik der reinen Vernunft kauen. Ich fürchte mich etwas davor, weil es nicht ganz in den Rahmen der Arbeit der letzten Monate passt. Ja, richtig, es gibt doch sicher ein Buch mit den wichtigsten Quellen der Kirchengeschichte: also Texte des Konzils zu Chalcedon,[2] des Konzils zu Nicaea,[3] Text der Confessio Augustana,[4] der Schmalkaldischen Artikel[5] und der wichtigsten Bullen und Konzilsbeschlüsse des angehenden 19ten Jahrhunderts. Ich weiß natürlich ungefähr, was darin steht, aber ich habe keinen dieser Texte je richtig gelesen. Kannst Du mal feststellen, ob Du mir so etwas beschaffen kannst; also ein Quellenbuch mit Originaltexten, wenn auch gegebenenfalls verkürzt. – Auf landwirtschaftlichem Gebiet bin ich jetzt saturiert, abgesehen von dem Botanik-Lehrbuch und einem Buch über Gräser (bot.) und

Anlage und Pflege von Wiesen und Weiden. Das wäre mir noch sehr nützlich. Vielleicht kannst Du mir von dem Ranke den ersten Band der Geschichte der Päpste mitbringen.[6] – Mein Herz, immer habe ich Wünsche und nie kann ich etwas für Euch tun. Das wurmt mich, wie Du Dir vorstellen kannst. – Dass es mir gut geht, wirst Du aus dem Brief wohl auch ohne ausdrückliche Erwähnung bemerken. Selbst die Enttäuschung von Dienstag Abend und die völlige Ungewissheit, was eigentlich los sei, die bis Mittwoch Mittag dauerte – da kamen die Sachen –, hat mich nur ein Minütchen gestört. Ich betrachte meine Gelassenheit diesen Ereignissen gegenüber mit Erstaunen, mit Dankbarkeit, die an zweiter Stelle Dir, mein Herz, gilt, und mit Sorge, ob sie mir erhalten bleiben wird. Auf Wiedersehn, mein sehr Lieber, lassen Sie es sich wohl ergehen, pflegen Sie sich und Ihre Söhnchen und behalten Sie, bitte, lieb Ihren Ehewirt. J.

15. 6. Guten Morgen, mein Lieber, gestern habe ich meine Haare geschnitten bekommen und dann habe ich sie gewaschen, sodass ich nun Dich sauber erwarten kann. Das tue ich nun auch, aber ohne zu warten. Ich umarme Euch. J.

1 Freya war am 13. Juni 1944 in Drögen. 2 Das Konzil zu Chalcedon dogmatisierte die Trinitäts- und Zweinaturenlehre (451). 3. Das Konzil zu Nicaea formulierte ein verbindliches Glaubensbekenntnis (325). 4 Die Confessio Augustana fasste die evangelische Lehre bekenntnismäßig zusammen (1530). 5 Der Schmalkaldische Artikel wurde für ein vom Papst in Aussicht genommenes Konzil geschrieben (1537). 6 Es handelt sich um Leopold Ranke: Die römischen Päpste in den letzten vier Jahrhunderten, 2 Bde., München / Leipzig 1923.

Sonntag/Montag, 18./19. Juni 1944

Mein Lieber, Dein erster Brief vom 14. war bereits am Samstag hier. Ich war sehr froh zu hören, dass Du wieder heil zu Hause seiest, wenn ich auch über die anstrengenden 2 Tage für Dich nicht zu glücklich war. Außerdem freuten mich die Bildchen von den Söhnchen riesig. Sie stehen vor mir und besonders dasjenige, das Konrad voll Ernst seine Karre schiebend darstellt, finde ich ganz reizend. – Hoffentlich übersteht Herr Pastor die Lungenentzündung, denn wir bekommen jetzt keinen neuen. – Die Fragen zu Rhabarber und schwarzen Johannisbeeren sind m. E. vom Standpunkt der Arbeitsverteilung zu entscheiden. Wir können für die Zeit 15. 5.–30. 6. uns keine Arbeit mehr aufhalsen. Und dann sind wir wieder mit Arbeit voll [ein]gedeckt von der Getreideernte an, d. h. aber eigentlich erst in dem zusammenfallenden Augenblick von Weizen-, Gerste- und Haferreife. Neben Wintergerste und Roggen ist bei uns notfalls noch etwas Platz. Nun, wir werden es besprechen. – Wie Du siehst, es ist schon Montag und der erste Tag des sechsten Monats. Ich habe nämlich gestern nicht geschrieben, weil ich für heute mit der Möglichkeit eines neuen Briefes gerechnet hatte und das abwarten wollte. Er kam aber nicht und so ist es jetzt 10 Uhr abends und dies meine letzte Beschäftigung heute, und eine wie angenehme! Übrigens habe ich auf Deinen Brief nicht etwa gewartet. Auf nichts warten, nichts erhoffen sind die beiden einzigen möglichen Maxime. So wird alles zur Freude, was sonst nur ein «Endlich» hervorrufen würde. – Dass Du drei Schwärme hattest, ist schlimm. Der große Schwarm könnte aber noch zur Akazie Honig sammeln; nur müsstest Du ihn dann auf fertige Waben setzen und ihm nur wenig zum Bauen geben. Aber alle Vorschläge kommen ja zu spät, denn Du musst schon etwas entschieden haben. Gegen das Zurückwerfen bin ich auch skeptisch, denn den ein Mal erwachten Fortpflanzungstrieb bringt man damit nicht zur Ruhe. Mir scheint, dass es richtiger ist, solche frühen Schwärme selbst auszunutzen und das abgeschwärmte Volk zu ihren Gunsten zu plündern, eventuell auch durch Entfernung von Waben mit auslaufender Brut, denn die kommt auch im Schwarm noch zur Linde zurecht. Ich bin jedenfalls gespannt zu hören, was Du gemacht hast. – Mir geht es weiter sehr gut, abgesehen davon, dass ich seit etwa einer Woche schlecht schlafe, sogar unglaublich schlecht. Warum, weiß ich nicht, aber ich lese jetzt eigentlich meist von 3–5 in der Nacht und schlafe dann wieder ein, um um ½ 7 unausgeschlafen wieder aufzuwachen. Dann arbeite ich den Vormittag über schlecht und vom Mittagessen an geht es wieder aufwärts, bis ich mich um 10 Uhr abends so kregel fühle, dass ich gar keine Lust habe, ins Bett zu gehen. Das Ganze ist aber nichts und ich würde es nicht berichten, wenn ich es Dir nicht versprochen hätte. – Ich habe mich jetzt vor allem an Ranke und Gibbon gemacht, von denen ich je einen Band übermorgen und morgen beenden werde. Dann werde ich diese wohl wieder als Divertissements behandeln und mich mit der Pflanzenernährung und der Kritik der reinen Vernunft hauptsächlich befassen. Außerdem habe ich täglich 2 Times und auch eine ganze Reihe Parliamentary Debates gelesen. John Martin war mit Ohm Janni in L., Salter ist zurück, Poole kommandiert an der Italienfront im Abschnitt der Südafrikaner.[1] – Das Wetter war hier vorgestern grässlich: kalt, regnerisch. Ich hatte daher gar nicht erwartet, dass das Heu schon drin wäre – ich meine das zuerst geschnittene –, und war durch Deine Nachricht angenehm überrascht. Immerhin ist Dein Optimismus, es sei gut hereingekommen, doch übertrieben, denn den größeren Teil seines Werts hat es bei dem mehrfachen nass werden, breiten und wenden doch auf der Wiese gelassen. Immerhin, es ist gut, dass es jetzt drin ist. Jetzt ist es hier warm und heute zum ersten Mal trocken. Gestern gab es einen schweren Wolkenbruch, der bei uns die Felder gewalzt hätte, bei dem Sand hier aber wohl nicht schadet. – Ich bin sehr gespannt über Deine Nachrichten über den Stand der Felder. Wenn Z[eumer] nur die Rüben und Kartoffeln gut sauber kriegt. Habt Ihr ähnliches Wetter wie wir, so wird das gar nicht leicht sein. – Die Hitze hier ist noch nicht unangenehm. Tatsächlich halte ich für möglich, dass die Sommerhitze hier weniger schlimm sein wird als die Frühjahrshitze, denn durch den höheren Stand der Sonne, das etwas überspringende Dach und die niedrigen Fenster bekommt der obere Stock die Sonne jetzt nicht mehr ins Zimmer. – Mein Leben hier wird übrigens immer geregelter und meine pedantische Seele erfreut sich des. Ich komme jetzt mittags ganz regelmäßig zwischen 11.30 und 11.45 raus und abends wird mir immer noch eine «Gnadenrunde» zugegeben, in der ich meine 2 km Dauerlauf mache. Diese Regelmäßigkeit hat die Produktivität der Tage riesig gesteigert, denn es gibt nun keine «odd moments», wenn man wartet. – Mein Appetit ist gewaltig und ich esse auch mit leidlich gutem Gewissen die Köstlichkeiten, die Du sparst und schleppst. Ein schlechtes Gewissen habe ich nur bei meinem Tee-Konsum, aber diese Schwäche kann ich leider nicht bekämpfen. Ich mache manchmal kleine Versuche, aber das gefällt mir gar nicht. So ist nicht ein Mal der Geist willig, vielmehr ist nur das Fleisch schwach.

20. 6. morgens. Guten Morgen, mein Herz, ob Du wohl jetzt gerade auf dem Weg bist, einen Brief an mich einzustecken? Oder ob Du Dich gar auf dem Wege hierher befindest? Was immer es sei, mein Lieber, ich weiß mich bei Dir wohl aufgehoben. Grüße alle, vor allem die Söhnchen, und behalte, bitte, lieb Deinen Ehewirt. J.

1 Namen und die Art der Beziehungen zu den Moltkes sind nicht mehr genau nachzuvollziehen: John Martin war ein Industrieller, Ohm Janni ein burischer General und als Jan Smuts später Ministerpräsident Südafrikas, Sir Arthur Salter war ein englischer Politiker, Poole ein südafrikanischer Offizier.

Donnerstag/Freitag, 22./23. Juni 1944

Mein Lieber, morgen sind es 4 Wochen, seit ich Dich zuletzt gesehen, und es ist mir rätselhaft, was diese Besuchssperre soll. Denn auch Oxé hat sichtlich Schwierigkeiten, zu mir zu gelangen, hatte er sich doch für Mittwoch angesagt und ist nicht gekommen. Dabei muss er mich dringend sprechen. Dass Du noch nicht da warst, ist ja sachlich auch unangenehm, denn ich kann an dem neuen Bestellungsplan ohne einige Auskünfte nicht weiterarbeiten und die neue Bestellung geht ja in einem Monat an. Ich schicke Dir nun einen Fragebogen mit den dringlichsten Fragen mit. Auch füge ich wieder einen Merkzettel über meine Versorgungslage bei. Schließlich bitte ich Dich, vor Deinem nächsten Besuch mit Z[eumer] ganz allgemein die Frage der Gründüngung und des Futterzwischenbau's zu besprechen: wie viel er vorhat, wo, wie viel Samen er hat? Nur soll er bitte keinen Senf nehmen. Wir müssen gerade ein feuchtes Jahr dafür ausnutzen, darin recht viel zu machen, unsere Futterreserve zu konsolidieren und nicht etwa zu sagen, dieses Jahr wächst genug Futter. Außerdem sollten wir so viel Gründüngung machen wie möglich, um unseren Mist etwas älter werden zu lassen. Natürlich muss dazu die Raupe gehen können. Vielleicht versuchst Du es, mit Peters Hilfe in Berlin beim RKTL[1] die Holzkohle zu erobern. – Ich platze vor Sachen, die ich mit Dir besprechen muss, und will hier gewaltsam aufhören, sonst ist der Bogen voll. – Heute kam Dein Brief vom 20. mit der Nachricht über Euren Zirkus-Ausflug. Gewiss werde ich euch begleiten. Es fehlt noch der vom 19. und da ist eine Lücke, die sich hoffentlich noch schließt, wenn die Amerikaner sich nicht Deines Briefes bemächtigt haben. In dem Brief vom 19. wird auch hoffentlich stehen, dass C'chen seinen Brief bekommen hat. – Ich finde es gut, dass er jetzt nicht bei Göken lernt: auf dem Lande muss der Winterfahrplan von dem Sommerfahrplan sehr verschieden sein. Ich bin ja froh, wenn C'chen für «draußen» interessiert ist. Lass Dir nur immer erzählen, was er sieht, aber verlange, dass er es exakt berichtet und dass er berichtet, was er gesehen, nicht, was er gehört hat. – Hoffentlich kommt der Pastor durch. Stirbt er, so musst Du Deinen Besuch bei mir aufgeben, das ist klar. – Mir ist es zwei Tage schlecht gegangen: rasendes Kopfweh (d. h. für meine Verhältnisse, Du hättest es wohl einen Anflug von Kopfweh genannt), Gliederschmerzen, Schwindel und alle Akzidentalien. Aber ich war nicht allein: meine Nachbarn rechts und links hatten es und einige andere auch noch, auch 2 von unseren Beamten ein we-

nig. Ich glaube, es war eine kleine Lebensmittelvergiftung von einem Produkt, das als schwarze Wurst gegeben wurde, aber die Konsistenz von Harzer Käse hatte. Ich habe 2 Tage nichts gegessen außer Zwieback und Bonbons, habe starken Tee getrunken und heute ist es vorbei, ich bin nur noch müde und habe eben 2 Tage fast nichts getan. Morgen will ich aber meinen normalen Tageslauf wieder aufnehmen. Ich war ganz froh, dass Du in den 2 Tagen nicht kamst, denn ich war zu einer konzentrierten Besprechung über die vielen anstehenden Fragen nicht recht fähig gewesen. – Ich hatte einen Brief von Jowo. Alles scheint in Ordnung; darf ich Dich bitten, ihm zu danken? – Dass C'chen von David und Goliath nicht beeindruckt war, erstaunt mich. Vielleicht findet er die nächste Geschichte schöner. – Ich bin froh, dass Ulla so geruhsam bei uns ausharrt, sag' ihr das bitte.[2] – Die Rentenannie soll Maack abwehren, doch bin ich dafür, Sperling wieder voll zu unterrichten, damit wir seine Unterstützung haben, wenn die Sache von dem juristischen Geleise herunterrutschen sollte, und damit sie sich nicht etwa plötzlich einwickeln lässt. – Die Nachrichten von Garten und Bienen freuen mich sehr. Diese grässlichen Schwärme! Ich bin nur nicht überzeugt, dass das «Zurückschmeißen» der Weisheit letzter Schluss ist. – Lass Dir doch mal von Ulla Hiob vorlesen. Das macht sie sicher sehr gut und es klingt so schön, dass ich es auch manchmal laut vorlese. Der Bogen ist zu Ende, mein Herz, und nur das Wenigste geschrieben. Morgen früh schreibe ich mal ein Grüßchen auf die Rückseite. J.
Eben kommt der Brief vom 19. Ich bin dafür, dass Du am 28. auf alle Fälle den Kampf von Berlin aus aufnimmst. Offenbar weiß H. nicht, dass das Schreiben auf 2 Bogen beschränkt ist.
23. 6. Guten Morgen, mein Herz, ich habe Euer schon sehr gedacht und Deine Gedanken kamen auch bereits sehr liebreich an. – Die schönen Bildchen, die Du schicktest, sind aber sehr parteiisch zu Gunsten von Konrädchen. Hat Z[eumer] die Luzerne geeggt? Ich bin froh, dass er viel reutert. Ich umarme Euch, mein liebes Herz. J.

1 Reichskuratorium für Technik in der Landwirtschaft. 2 Ulla Oldenbourg aus Berlin, Anhängerin der Christian Science, mit der Familie Moltke freundschaftlich verbunden.

Sonntag/Montag/Dienstag, 25./26./27. Juni 1944

Mein Lieber, eben kamen Deine Briefe vom 22. und 23. und so fange ich auch gleich mit Schreiben an. Die Briefe klingen etwas überanstrengt, mein Herz, bitte übernimm Dich nicht, lass lieber irgendwelche «spurious» Wünsche Deines Wirts ungetan.[1] Bitte erkundige Dich bei Krebs,[2] wie die Pfarre nun versorgt werden soll. Ich möchte nur, dass keine abschließenden Schritte zur Neubesetzung getan werden, ehe ich die Sache habe besprechen können. – Die Schwarm-Kalamität ist ja fürchterlich; wenn's nur wirklich bald überstanden wäre. Was macht die neue Königin von Raschke? Denkt er noch daran? Jedenfalls bin ich voller Mitgefühl für Dich sowohl wegen der Arbeit wie wegen der Stiche. – C'chen's Zirkusausflug interessiert mich schon sehr. Hoffentlich ging alles befriedigend ab. – Die Sache mit dem Gummiwagen hast Du, scheint's, missverstanden. Ich habe es wohl, um Platz zu sparen, zu kurz geschrieben und warte, bis ich es Dir erzählen kann. – Der Fall der Milch ist wohl nicht überraschend, denn nur das erste Gras hat die Wirkung der «zweiten Laktation». Immerhin ist es traurig. Wie haben sie das Beifutter gefressen? – Froh bin ich, dass das Pferdeheu und das Luzernheu drin ist; jetzt fehlt außer dem Kleeheu, das hoffentlich in den Kuhstall kommt, noch das Schafheu. Hoffentlich nimmt Z[eumer] auch das Heu aus dem Wierischauer Schlag für die Kühe. Die Schafe müssen mit den Grenzwiesen auskommen. Wie viel Heu müssen wir abliefern? Ich hoffe, Z[eumer] kann das aus dem Grummet[3] tun und bis dahin warten. Warum will Z[eumer] eigentlich nicht Silage[4] futtern? Hat das Gemenge wenig Körner, was schon sein kann, so gibt es ein wertvolles Stroh. Aber dieser Vorschlag wird zu spät ankommen. Wenn der Klee hinter dem Berghaus auch nur einigermaßen ist, sollte Z[eumer] dort zum Samen stehen lassen, denn da gibt es Bienen. In Wierischau hat m.W. niemand Bienen und das macht beim Klee viel aus. – Tante Leno's Geflügelzucht ist ja herrlich. Lass' Dich bitte aber auf keine zweifelhaften Sachen ein und versichere Dich, dass Tante Leno die von Dir durchgefütterten Tiere auch wirklich angibt. Sonst pfuscht sie hinter Deinem Rücken und die Verantwortung bleibt auf Dir sitzen. Hoffentlich gelingt Dir die Sache mit den Enten. Dazu muss die Rosen[5] aber richtiges Futter bekommen. – Für Senf habe ich in keiner Form etwas übrig. Ich betrachte ihn im Wesentlichen als Unkraut. – Mir geht es wieder sehr gut und ich bin wohl gelaunt, was ich übrigens auch war, als ich mich übel fühlte. Ich ackere zurzeit

an Eugen's Buch: Die Kirche und die Schöpfung.[6] Es ist ein ausgezeichnetes Buch über ein Thema von ganz fundamentaler Bedeutung, weil es nämlich letzten Endes unternimmt, die Kirche zu einer positiveren Stellung zur Schöpfung zu setzen und dabei die Erbsündenlehre in eine für uns verständliche Form zu bringen; ich erinnere mich, dass ich gegen diese Teile der Lehre beim Konfirmandenunterricht furchtbar remonstriert und dem guten Pastor schreckliche Schwierigkeiten bereitet habe, denen weder er noch ich gewachsen waren. Das Buch von Eugen ist leider schon für mich, der ich immerhin mit diesen Fragen mich befasst habe, kaum verständlich. Manche Seite kostet mich 20 Minuten bis eine halbe Stunde. Was der normale Laie, der sich nicht mit solchen Fragen abgegeben hat, mit einem solchen Buch anfangen soll, ist mir unverständlich. E[ugen] sollte unbedingt dasselbe Thema für Laien erörtern; ob er sich über die Bedeutung der Frage für das praktische Leben klar ist? Ich will jetzt erst dieses Buch hinter mich bringen und lese daneben Parliamentary Debates und den Nachsommer. – So, der Rest der Seite bleibt für morgen.
26. 6. Heute ist am Nachmittag niemand mehr aus Droegen gekommen und so konnte kein Briefchen mehr kommen, ehe dieses abgeht. Mein Herz, heute war ein warmer, sanfter Tag. Ich stelle mir vor, dass es zu Hause auch so sei, und habe Euch drei den ganzen Tag über begleitet. Du wolltest ja nach Wernersdorf fahren, aber ich habe davon merkwürdigerweise keine Notiz genommen. Nun, wie dem auch sei, ich habe jedenfalls sehr zärtlich Euer gedacht. Ob Du nun übermorgen kommen wirst? Sei nicht traurig, wenn es wieder nicht geht. Ich muss dann nur die Genehmigung bekommen, ausführlich zu schreiben, denn mit diesem dürftigen Briefchen ist ja nichts zu machen. Es steht so vieles zur Entscheidung an, Rottgardt, Steinke und eine ganze Serie Fragen aus dem Betrieb. Eigentlich müsstest Du eine Woche drauf noch ein Mal kommen, weil manches überlegt sein muss und nicht aus dem Stegreif entschieden werden kann. – Es war heute und gestern endlich mal schön warm. Wie ich zu meinem Spaziergang auf das Höfchen trat, kam ein Herzschlag lang ein Duft von Heu über die Mauer. Er war gleich wieder weg, aber ich war doch sehr gerührt über diese Begrüßung. Sonst duftet hier günstigstenfalls nichts; meist wird der Duft aber vom Krematorium bestimmt. – Das einzig Naturhafte, was es hier gibt, sind die Vögel. Man sieht wilde Gänse, Störche, Bussarde in der Höhe, und außer den Meisen, die jetzt ihr Futter im Freien finden und mich nicht mehr brauchen, gibt es einige sehr schöne Finken und unter dem Garagendach vor

unserer Mauer meistens zwei Pärchen von Rotkehlchen, die zeitweise herrlich eifrig waren. Aber auch Bachstelzen und Haubenlerchen habe ich schon gesehen. Dabei fällt mir der Steinbruch am Kapellenberg ein: Solltest Du je einen Ornithologen auftreiben, so führe ihn mal dahin. Ich möchte wissen, wie man diese Büsche behandeln muss, damit sich die kleinen Vögel dort anfinden, und ob und wie viel und was man eventuell dann futtern muss. Gute Nacht, mein Herz, morgen früh kommt nur noch ein Wörtchen dazu. Hoffentlich schläfst Du gut und mit friedlicher Seele. Gott behüte Euch. J.
27. 6. früh. Guten Morgen, mein Herz, und gute Reise. Morgen vor 6 Monaten bin ich von zu Hause weggefahren. Ich umarme Euch. J.

1 *spurious:* störend. 2 Krebs hieß der Superintendent des Kirchenkreises Schweidnitz. 3 Der zweite und folgende Grasschnitt. 4 Durch Milchsäuregärung konserviertes hochwertiges Grünfutter für Nutztiere, vor allem für Rinder. 5 Frau Rose versorgte auf Kreisau das Geflügel. 6 Eugen Gerstenmaier: Die Kirche und die Schöpfung: eine theologische Besinnung zu dem Dienst der Kirche an der Welt, Berlin 1938. Gerstenmaier war Mitglied des Kreisauer Kreises.

Donnerstag/Freitag, 29./30. Juni 1944

Mein Lieber! Du hast Dich ja ganz unglaublich geschleppt und ich bin arg beschämt über die Pracht und Fülle all der Sachen, die Du gebracht hast und die ich eben ausgepackt habe.[1] Wie schön ist jedes Einzelne und wie liebevoll ist alles ausgesucht und zusammengestellt. Ich kann mir im Augenblick überhaupt nicht vorstellen, dass ich noch etwas haben oder brauchen könnte. Unter den Papieren ist auch eine Mappe mit Deinen eigenen Sachen, die sicher nur versehentlich in dem Koffer geblieben ist und die Du gewiss vermisst. Welch himmlische Erdbeeren, und das Honigwäbchen habe ich schon gegessen. Neben mir im Waschbecken kühlt ein ganzer Berg Sachen. – Das, was zur Vorbereitung Deines Besuches noch notwendig ist, habe ich Dir ja am Telefon sagen können und das war mir sehr angenehm. Das Traurigste ist die Milch, aber ich bin schon froh, wenn der Klee nicht mehr verfüttert wird. Ich hatte Z[eumer] ja schon geschrieben, dass ich die Verfütterung des Gemenges lieber sähe als die des Klees. Ich meine, Z[eumer] sollte mal eine Probe aus dem Silo zur Untersuchung nach Reichenbach schicken, ob daran vielleicht etwas nicht in Ordnung ist. – Mein Lieber, mir scheint, bei uns ist es genauso wie überall auf der Welt: der eine macht die Arbeit und der andere verzehrt die Früchte der Arbeit, wobei ich eben ausschließlich zur zweiten Kategorie gehöre. Wenn ich denke, was das alles für Arbeit bedeutet und wie wenig ich es verdiene. Aber eins ist gewiss, es macht Vielen Freude, sehr große Freude. – Ich hab für Dienstag doch eine Bitte: bringe recht viele Nachrichten mit, bei der jetzigen Situation sind die hiesigen Nachrichtenquellen ganz lückenhaft. Leider weiß Oxé auch immer gar nichts. Seit ich nicht da bin, ist er froh, wenn er mit seinem laufenden Kram fertig wird. Vielleicht haben die aber für mich auch Nachrichtenblätter oder T[ime]'s und können sie Dir im Umschlag an die Bahn schicken. Nun, es kommt alles darauf an, ob Du den Brief rechtzeitig bekommst, sodass Peter das noch organisieren kann. – Über den Betrieb und das, was wir zu besprechen haben, schreibe ich jetzt nichts, außer was für den 30. 6. interessant ist, denn das kannst Du vielleicht noch vor Deiner Abreise veranlassen: möglichst 43/44 von Ausgaben entlasten und Einnahmen da hereinnehmen. So soll z. B. die Dürre-Entschädigung noch ins alte Jahr als Forderung; am besten schreibt Frl. Haase auf das letzte Blatt: Dürre-Entschädigung, Restzahlung und lässt die Buchung offen. So wird das nicht vergessen. Das Vieh soll noch ein Mal genau gezählt werden, dabei soll beim Versetzen großzügig verfahren werden, sodass etwas mehr versetzt wird als man sonst tun würde, man kann ruhig ein Quartal vorgreifen. – Dann bitte ich Dich festzustellen, wie unsere Stroh- und Heu-Auflagen dieses Jahr sind. –

Mir, mein Lieber, geht es gut. Ich habe eine verhältnismäßig faule Periode, lese viel durcheinander und viel Ranke und Gibbon, die ich beide nicht als Arbeit ansehen kann und auch nicht so behandele. Konkret werde ich davon nicht viel behalten, will es auch gar nicht, aber ich habe das alles dann ein Mal im Zusammenhang genossen, und wenn es auch in der Versenkung verschwunden ist, so hoffe ich doch, dass es wie Kompost wirkt. – Dann lese ich die Aereboe'sche Betriebswirtschaftslehre. Ich hab sie vor vielen Jahren ein Mal mit Interesse gelesen, so um 1926. Ich bin über das Buch jetzt richtig erschrocken: es ist wie ein Gespenst aus vergangenen Zeiten. Die weiße Frau im Schloss könnte mich nicht mehr erschrecken. Die Welt hat sich eben vollständig verändert und mir kommt es ganz unwahrscheinlich vor, dass ich je solchen Meinungen angehangen haben soll. Ich bin mir auch nicht sicher, ob ich ihnen je angehangen habe. Eigentlich müsste ich Aereboe's Agrarpolitik auch noch ein Mal lesen, aber ich lasse das zur Zeit. Du siehst aber daraus, dass ich auch das Buch noch nicht als Arbeit ansehe. Ich werde wohl bis Dienstag so weiter faulenzen, damit ich einige dieser dicken Wälzer fertig bekomme und Dich damit wieder belasten kann. Ab Mitt-

woch werde ich dann Herrn Kant und die Botanik vornehmen. – Dass Du von Herrn Huppenkothen mit dem Eindruck weggegangen bist, es könnte noch ewig dauern, befriedigt mich sehr. Ich habe es gar nicht gerne, wenn ich aus Deinen Briefen Optimismus entnehme. Gestern sind 6 Monate seit meiner letzten Abreise aus Kreisau vergangen. Glücklicherweise hat sich da aber dank Deiner und Z[eumers] Tätigkeit alles sehr schön gehalten, während der Verfall im Amt schrecklich anzusehen ist. Alles, was fest und entschieden und klar sein müsste, ist schwammig, aufgedunsen, unscharf geworden, und es kümmert sich auch niemand mehr um das, was gesagt wird. Bei aller Qualität des guten Obristen ist es unmöglich, solche Dinge geschäftsmäßig zu erledigen. Dazu gehört wissenschaftliche Schulung und ein ganz klarer Wille. Und es ist sachlich unvertretbar, dass man das alles den Obristen allein machen lässt. – Um noch ein Mal zu mir zu kommen, da ich Dir das ja vor allem zu schreiben habe: ich befinde mich in einem Zustand unverständlich guter Laune; ich glaube, ich war seit vielen Jahren nicht so wohl gelaunt. Dafür kann ich keinen rechten Grund finden und manchmal ist es mir auch etwas unheimlich, so als müsste nun was ganz Unangenehmes nachkommen. Dabei bin ich aber voll schwärzestem Pessimismus bis oben hin. Jedenfalls wundere ich mich über mich selbst. Gute Nacht, mein Herz, gut, dass Du in einem richtigen Bett schläfst, hoffentlich habt ihr keinen Alarm. J.
30. 6. 44. Guten Morgen, mein Lieber, es ist erst ½ 7 und vielleicht schläfst Du noch ausnahmsweise. Ich esse jetzt einige Erdbeeren auf Dein Wohl. Reise gut, mein Herz, wie anstrengend, dass Du in vier Tagen das alles noch ein Mal machen musst. Ich freue mich sehr. J.
Eben fällt mir ein, dass 2 Handtücher und 1 Kopfkissenbezug sehr erwünscht wären.

1 Freya war am 29. Juni ohne Sprecherlaubnis in Drögen.

Samstag/Sonntag, 1./2. Juli 1944

Mein Lieber, heute schon will ich schreiben und Herrn Breier bitten, diesen Brief vor Deiner Ankunft in die Post zu stecken, damit Du wenigstens bald nach Deiner Ankunft einen, wenn auch durch Deinen Besuch überholten Brief bekommst. Ich freue mich schon riesig auf Dienstag, mein Lieber. Ich habe gestern und heute vor allem an dem Bestellungsplan gearbeitet und bin sehr befriedigt. Ob es der Erfolg meines Mahnbriefes von diesem Frühjahr war oder ob Z[eumer] selbst zu den gleichen Ansichten gekommen ist, das ist gleichgültig. Jedenfalls bin ich in den 14 Jahren unserer gemeinschaftlichen Arbeit noch nie mit einem ersten Entwurf von Z[eumer] so einverstanden gewesen wie mit diesem. Er ist richtig sehr gut gemacht und eine rechte Freude. Was ich dazu zu sagen habe, ist, einige Verstärkungen der in ihm ohnehin obwaltenden Tendenzen vorzuschlagen und einige Änderungen in der Verteilung des Mineraldüngers anzuregen. Der Rest sind Kleinigkeiten, an denen mein Herz nicht hängt. Es wird Dir sehr angenehm sein, dass Du nicht wieder zum Mittler von Meinungsverschiedenheiten zwischen Z[eumer] und mir wirst. – Heute kamen Deine Briefe vom 28. und 30. Beide waren sehr lieb und der vom 28. erfreute mich deswegen besonders, weil er friedlich und nicht überanstrengt klang. Ja, hoffentlich ist die Schwärmerei nun wirklich vorüber, aber die Bienchen müssen doch was gesammelt haben, wenn Du aus einem abgeschwärmten Volk 8 Pfd. rausschleudern kannst. Schleudere nur möglichst vor der Linde noch ein Mal, denn nur was man im Topf hat, ist vor den Biestern sicher. Wenn die kleine Reineclaude hinten im Garten trägt, so muss sie auch von der Hecke freigeschnitten werden. – Was Du über das Heu schreibst, ist Musik in meinen Augen, aber ich hoffe, dass Z[eumer] den Primat des Kuhstalls nicht verletzt. Ich habe immer das Gefühl, dass er eine gewisse Schwäche für die Schafe hat; ich habe das im Grunde auch, aber das ist gleichgültig, der Kuhstall muss vorgehen, das gilt vor allem für das Winterfutter. Er soll nicht zu viel Heu den Schafen geben, etwa weil es so nah liegt. Ich hoffe allerdings, dass das Gebläse am Kuhstall ein gewisses Gegengewicht bildet. Bläst er die Felder auch gut voll? – Gestern und heute habe ich fast immerzu geschrieben. Oxé hat mir eine Aufgabe gestellt, die ich, wenn ich frei wäre, vielleicht durch Überredung lösen könnte. Das aber schriftlich zu machen, ist so etwa die Quadratur des Zirkels und ich versuche meine Feder an immer neuen Entwürfen. Dann habe ich viel für den Bestellungsplan geschrieben, was ich Dir mitgeben werde, und schließlich habe ich auch noch einen Brief an den Kirchenvorstand geschrieben mit Vorschlägen, was nun geschehen soll, den ich ebenfalls mit Dir besprechen muss. So bin ich mit Lesen fast nicht mehr weitergekommen, habe im Ganzen in diesen 2 Tagen vielleicht 200 Seiten gelesen. Morgen werde ich auch nicht viel dazukommen, da ich dann noch ein Mal alles für Deinen Besuch vorbereiten muss, da wir ein so großes Besprechungsprogramm haben. – Ich schwelge hier in Deinen Schätzen, besonders die herrlichen Tomaten sind ein großer Genuss. Die letzte verschwindet morgen. – Heute früh erwachte ich sehr früh und ab ½ 7 erwartete ich dann C'chens Ankunft bei Dir, etwas später die beiden anderen Kleinen. Was magst Du ihnen heute erzählt oder vorgelesen haben? Um ½ 9 habe ich dann mit Euch gefrühstückt und habe Dich den ganzen Tag über in Haus und Garten begleitet. Du bist ja zur Zeit ohne Asta. – Dass Du C'chen manchmal mit in den Betrieb nimmst, freut mich natürlich sehr; es soll ihm aber nicht zu einer Art Pflicht gegenüber seinem Vater und dadurch zur Qual werden. Das brauche ich Dir nicht zu sagen, denn Du neigst nicht dazu, so etwas zu übertreiben. Ich würde ihn aber ruhig mal schicken, festzustellen, was da oder dort gemacht wird oder wie das oder jenes aussieht. Er muss Dir nur ganz exakt berichten und muss es selbst, ohne andere zu fragen, gesehen haben. Und wenn es nichts weiter ist als «ob die Hagebutten im Steinbruch schon reif sind» oder «ob das Jungvieh auf der hintersten Koppel und wo das Milchvieh ist». Ich würde auch gegen zu großes Maschineninteresse gegenhalten. Dazu neigen jetzt alle Kinder von ganz alleine. Es ist viel wichtiger, dass er lernt, dass die Pflanze und das Tier viel größere Wunder sind als die raffinierteste Maschine. Das Sehen ist so sehr Gewohnheitssache, dass man da m. E. unendlich viel durch Übung tun kann. Wenn Z[eumer] ihn mal mitnimmt, finde ich das auch sehr schön. Keine Lehre, keine Klugheit, Gewissenhaftigkeit, kein Eifer und kein Studium vermag einen Ausgleich für das fehlende Auge zu geben. So hat m. E. Werkshagen[1] meiner Ansicht nach kein gutes Auge oder vielmehr kein automatisches Auge, sondern ein intellektuell gesteuertes und das ist nicht genug, denn die Natur ist zu vielseitig, als dass man mit gedanklichen Kategorien nachkäme. Und diesen zuverlässigen Blick, den lernt man nur als Kind und Jüngling. Detlef Garnier[2] hatte das in ganz hervorragendem Maße schon mit 9, 10 Jahren. – So, mein Herz, ich höre auf und schreibe nicht, wie es mir geht, denn davon wirst Du Dich hoffentlich selbst überzeugen. Nur für den Fall, dass es wieder nicht klappen sollte, sage ich, dass es mir sehr gut geht. Auf Wiedersehn, mein liebes Herz, alle Arbeit liegt auf Dir und es ist wahrlich recht viel. Übernimm Dich nur nicht, sondern lass von den vielen Wünschen Deines Ehewirts lieber etwas liegen. Voll zärtlicher Gedanken bin ich bei Euch. J.

1 Werkshagen: landwirtschaftlicher Berater. 2 Detlef Garnier war nicht zu ermitteln.

Donnerstag/Freitag, 6./7. Juli 1944

Mein Lieber, da wir nicht genügend Zeit hatten, die verschiedenen Sachen richtig zu besprechen, bin ich etwas besorgt, ob Du nun aus diesen halben Unterlagen, die auf eine mündliche Ergänzung zugeschnitten waren, klug werden wirst. Was den Betrieb in Kreisau betrifft, ist das Wichtigste die starke Verwendung der Gründüngung alternativ zwischen Futterbau auf den Wierischauer Schlägen. Das setzt voraus, dass sofort nach der Aberntung in einem Zuge geackert wird, und das setzt voraus reichliche Verwendung des Dampfpfluges und ständige Verwendung der Raupe. Die dazu erforderliche Holzkohle muss auf jeden Fall beschafft werden und Z[eumer] muss versuchen, alles so einzurichten, dass 12–14 Stunden am Tag geackert werden kann während der entscheidenden Tage. Es ist mir sogar zweifelhaft, ob er nicht einen Säkasten gleich auf den Pflug setzen sollte, wenn das bei uns geht. Zeig' ihm doch das Bild im Römer. – Das ist das Eilige und Wichtigste. – Dann müsstest Du Pflanzen für den vorderen Teil des H-Busches bestellen, eventuell nach einem Rundgang mit Hilf. – Die Sachen, die wir besprachen, habe ich inzwischen noch erwogen und dabei meine erst ausgesprochene Meinung in etwa berichtigt. Bei näherer Überlegung gefällt mir die Aussicht, den Gummiwagen von Landskron zu bekommen – eine gewiss nur ganz vage Möglichkeit – immer besser. Es würde doch besser zu dem Wagen passen, der jetzt im Bau ist, und die größere Tragfähigkeit des Sack'schen Wagens überschätzt man leicht. Kleine Mehrbelastungen trägt er zwar, aber für die wirklich schweren Lasten ist er doch nicht zu brauchen. Dafür müssten wir schon einen noch stärkeren Wagen haben, und für den reicht die Zugkraft nicht. – Der Plan, Jowo zu Kurierreisen zu verwenden, ist zwar nett gedacht und sehr freundlich, aber er gefällt mir in der Distanz immer weniger und man sollte ihm entschieden abraten. Was er dabei an Eindrücken gewinnt, verliert er am Fundament und das muss er sich in dem für ihn neuen Geschäft doch erst erwerben und durch gleichmäßige Ausdauer erhalten. Kannst Du für mich das brüderliche Vorrecht ausüben, ungebeten Rat zu erteilen? – Über Uli bin ich einfach glücklich. Jeden Tag denke ich 2 oder 3 Mal daran, dass er nun zu Hause ist und seine Anwesenheit die ängstliche, sorgenvolle Spannung wenigstens etwas mildert. – Wegen der Möglichkeit, Peter auch telefonisch um Rat zu fragen, falls Du in Druck bist, möchte ich mein Votum darin einschränken, dass Du nur zwischen 7 und 10 abends anrufen solltest und das nur in ganz besonders dringenden Fällen. Nur so lässt sich diese Notbremse funktionsfähig erhalten, und es ist besser, sie nicht zu benutzen. – Rentenannie: Du kannst die Rente gerne auf 400 erhöhen, falls dies ohne Eingehung der persönlichen Haftung möglich ist. Aber in diesem letzten Punkt musst Du ganz sicher sein, denn im schlimmsten Fall nützt mir auch ein Regress gegen Maack nichts. – Ich brauche, wenn Du das nächste Mal kommst, wieder so ein Heft, wie C'chen mir zum Geburtstag gemacht hat. Er soll aber jetzt nichts tun, denn es ist Sommer. – Meine Hemden reichen keinesfalls über den 27. 7. Da Du bis dahin noch nicht wieder hier gewesen sein kannst, wäre es wohl gut, Du schicktest jetzt ein Paket mit 2 Bänden Ranke und ein paar Hemden ab. Das wird dann gerade richtig ankommen. Kommt es zu spät, nun dann trage ich eben eine Zeit lang ein sehr schmutziges Hemd. – Mein Lieber, wie schön war wieder Dein Besuch. Ich hatte mich schon ganz unbändig darauf gefreut, dann war es so lieb und schön wie immer, und als ich zurückkam, habe ich nur noch die Schätze ausgepackt, die wieder herrlich waren, und habe mich dann den ganzen Abend nur noch gefreut und gar nichts mehr getan. Gestern habe ich auch noch einen Ferientag gemacht, um mich immer wieder zu freuen, und habe nur im Stifter und im Gibbon mit Pausen gelesen. Mein Herz, mit dem ich so reich beschenkt bin. Wenn es Dir nur weiter gut geht, mein Lieber. Es wird immer mehr Arbeit werden und immer schwieriger und die Zahl der Menschen, für die Du verantwortlich bist, wird auch nicht kleiner. Trag' es nur kräftig, mein Lieber, und lass Dich von Deinen Söhnchen erfreuen. – Mir geht es sehr gut und heute habe ich auch wieder ernsthaft zu arbeiten begonnen, am Morgen die Kritik der reinen Vernunft und nachmittags Botanik. Der Vormittag fiel mir sehr schwer, sodass ich manchmal kleine Pausen einlegen musste. Ich werde mich aber hoffentlich einlesen. – Es ist sehr heiß und die Zelle Tag und Nacht heiß und stickig, sodass ich weiter schlecht schlafe. Nun, der Sommer pflegt bei uns ja nur nach Tagen zu zählen und so wird sich die Zeit schon aushalten lassen. Dein Saft ist himmlisch und kam gerade zur rechten Zeit, er tröstet mich stark über die stickige Hitze. – Eben fällt mir noch etwas zu dem Gummiwagen ein: ich weiß nicht, ob Bartsch mit dem synthetischen Gummi der I. G.[1] zu tun hat. Aber vielleicht könntest Du über ihn klären, wie die Voraussetzungen sind und wann man damit zu Rande kommen kann. Gute Nacht, mein Herz, jetzt kommt morgen früh noch ein Grüßchen auf der Rückseite.

7.7.44 Guten Morgen, mein Lieber. Ob Du wohl gerade schreibst? und wie schnell mögen die beiden Briefe reisen? Nach einer schwülen Nacht zieht ein neuer Sommertag herauf. Da ich gestern bis 1 gelesen habe, habe ich wenigstens den Rest der Nacht mit nur kleinen Unterbrechungen geschlafen. Auf Wiedersehn, mein liebes Herz. Grüße alle, zu allermeist aber Deine Söhnchen. Gott behüte Euch. J.

1 Interessengemeinschaft.

Sonntag/Montag/Dienstag, 9./10./11. Juli 1944

Mein Lieber, gestern kamen Deine zwei Karten aus Berlin, die mich sehr erfreuten. Ich bin froh, dass Du Deine beiden Geschäfte hast erfolgreich ausrichten können. Z[eumer] soll aber trotzdem seinen Meiler bauen. Ich möchte annehmen, dass die Betriebsstoffklemme sicherlich ein bis zwei Jahre dauern wird, und unsere ganze Ackerkultur geht zum Teufel, wenn wir dann nicht vollwertig ackern und schälen können. Z[eumer] muss nur versuchen, die Raupe viel stärker auszunutzen, also vor allem mit wechselnder Besatzung und auch nachts zu fahren. Solange muss eben an dem Ding gedoktert werden, bis das klappt. – Lewinski's letzte Adresse war Lützow-Platz 25, aber das Haus steht nicht mehr.[1] Wo er seitdem ist, weiß ich nicht, möchte aber annehmen, dass ein an diese Adresse gesandter Brief weiterbefördert werden würde. – Hier ist das Merkmal des Tages die Hitze. An Schlafen ist nachts kaum zu denken. Ich lese jetzt immer bis 1, schlafe aber selten vor 3 und heute habe ich sogar 5 noch erlebt. Es kühlt eben infolge der mangelhaften Lüftung in den Zellen nicht ab, sondern bleibt die ganzen 24 Stunden heiß und stickig. Nun, es wird nicht ewig dauern und mal wird es wieder kühler. Nur arbeite ich jetzt schlecht, mit mangelhafter Konzentration und im Schneckentempo. Dafür lese ich eben allerhand Füllsel und beschränke die Arbeit auf 2 Stunden früh und 2 abends, immer gleich nach dem Teetrinken. Das Botanikbuch ist gut. Manches ist natürlich veraltet, aber es ist ein gutes Buch. Bringst Du mir bitte das nächste Mal mein altes Buch «Handbuch zum Pflanzenbestimmen» und das kleine Buch über die Wildpflanzen mit? Das werden sehr nützliche Ergänzungen sein. – Was mögt Ihr heute machen? Ob der Raps geerntet wird oder ist? Wenn Ihr ähnliches Wetter habt, müsste die Rapsernte im Gange sein. Auch Roggen- und W[inter]gerste werden mit Macht reifen. – Das Einzige, übrigens, was wir hier sehr vermissen, ist irgendetwas Frisches. Schlechte Kartoffeln, Fleisch und Sauce im Juli ist wahrhaftig kein Essen; dazu haben wir eigentlich im Winter noch Zeit genug. Ich bin nun da auf den Gedanken gekommen, ob nicht vielleicht Re[2] ein Mal ein Körbchen hier abgeben könnte, wenn sie ohnehin hier vorbeikommen. Die sitzen doch in der Nähe und haben, soweit ich weiß, eine große Marktgärtnerei und Obstzucht. Ob die das uns oder anderen verkaufen, müsste doch gleich bleiben und ein Korb Kirschen erschiene mir im Augenblick als ein Höhepunkt des Glücks. Vielleicht kannst Du das ein Mal klären, aber so, dass sie es nur tun, wenn es keine ernsthafte Schererei bedeutet. – Im gestrigen Wehrmachtsbericht ist das erste Mal von einem Angriff auf O. S.[3] die Rede. Da Cottbus vom Norden bereits dran war, so wird es nicht mehr lange dauern, bis unsere Gegend beachtet werden wird. Bitte, nehmt die Luftschutzsachen ernst; predige Du den anderen in Schloss und Berghaus und schütze vor allem die Holztreppen. Lass doch feststellen, ob das Wellblechdach so stabil ist, dass man darauf eine Leiter in den obersten Stock stellen kann, und lass Dir eventuell vom Stellmacher eine Unterlage auf das Dach machen, damit die Leiter fest steht. Bitte, probiert das aus. Schließlich könnte sich ja Asta um diese Fragen kümmern. – Eben kommt Dein lieber Brief vom 5. Gut, dass Du wieder zu Hause bist und ich das weiß. Schreibe mir, bitte, Z[eumer]s Pläne über die 32 Morgen am Berghaus genau, möglichst mit Anlage- und Kultivierungszeiten. – Ich vergaß immer zu fragen, wie es den beiden netten Kindern in Liegnitz geht, die dorthin evakuiert sind; ich vergaß ihren Namen. Und dann wollte ich auch immer fragen, was eigentlich Jowos alter Stab macht. – Dass Deine Bienen nicht mehr geschwärmt haben, ist sehr befriedigend. Hoffentlich ist nun wirklich Schluss. – Wenn Du das nächste Mal kommst, müssen wir über Baum- und Büschebestellung reden. Vielleicht hast Du bis dahin schon Bescheid von Thies. – Mir geht es übrigens ausgezeichnet, nimm nur das Gestöhne über die Hitze nicht zu ernst. Nur schaffe ich nichts und bringe nichts hinter mich. – C'chen soll nicht gequält werden, sondern vor allem richtig gefragt. Dass das schwer ist, weiß ich ganz genau.

10. 7. Die Hauptneuigkeit ist, dass es sich heute abgekühlt und etwas geregnet hat. Es wird wieder warm werden, aber die Pause ist sehr angenehm. – In der Notariatssache sind wir keinen Schritt weiter und ich habe nicht den Eindruck, als würde ich weiterkommen. Vielleicht versucht es Rottgart nochmals über den Weg, auf dem er die Auskunft bekommen hat, und viel-

leicht kann Maack zugleich Verbindung mit einem Strehlitzer Notar aufnehmen. Ich werde es weiter von hier aus versuchen. – Meine Gedanken sind natürlich voller Teilnahme bei der Ernte, die ja jeden Augenblick losgehen muss, bei Deinem Garten, wo Du doch gewiss jetzt bald Bohnen und Erbsen bekommst und bald auch die ersten Himmies, bei den Bienchen, die Du dieser Tage schleudern wirst, in dem Blumengarten bei Rittersporn, Verbenen, Zinnien, Phlox, bei den Kühen, die doch wieder draußen sein werden. Hoffentlich ist das Gras nicht zu lang geworden. Z[eumer] soll auf jeden Fall den Elektrozaun ausprobieren, damit er ihn zum Beweiden der Gründüngung benutzen kann. Wenn das in Dänemark geht, muss es bei uns doch auch möglich sein. Sag' ihm noch ein Mal, dass ich dort auf Hunderten von Morgen Weiden und beweideten Gründüngungen nicht einen festen Zaun gesehen hätte. Das muss sich nur «einrichten». Am gespanntesten bin ich auf die Ernte und das sofortige Ausdreschen einschließlich Blasen des Stroh's. Was machen eigentlich die neuen Pappelstecklinge? – Da Du ohnehin jetzt einen solchen Kinderpark hast, würde ich doch ein Mal die Landrätin mit Sohn einladen. – Was sind die Nachrichten von Carl-Viggo? Er sitzt doch, wie gewöhnlich, an der ekligsten Stelle. Gute Nacht, mein Herz, es ist 11 Uhr und bei der heutigen Kühle will ich früh zu schlafen versuchen.
11. 7. Guten Morgen, mein Lieber, nach einer kühlen, herrlich durchschlafenen Nacht, die mich recht erquickt hat, suche ich Dich gerade auf dem Wege zur Bahn. – Dies ist das letzte Blatt dieses Blockes und wie alle anderen soll es Dir vor allem mitteilen, wie geborgen ich mich bei Dir, mein Herz, fühle, wie sehr lieb ich Dich habe und wie dankbar ich für Dich und Deine Söhnchen bin. J.

1 Karl von Lewinski, Rechtsanwalt, Spezialist für amerikanisches Recht, hatte mit Moltke in Berlin eine gemeinsame Rechtsanwaltspraxis Unter den Linden 69. 2 Renate von Gersdorff, eine Schwester von Peter Yorck. 3 Oberschlesien.

Donnerstag/Freitag, 13./14. Juli 1944

Mein Lieber, jetzt wird also ein neuer Block eingeweiht. Er ist praktisch doch nur für Briefe an Dich bestimmt und wird auf jedem Blatt, in welchen Worten auch immer, stets die gleiche Botschaft tragen. Das weißt Du ja. Vorgestern und gestern strömten Briefe von Dir auf mich ein, im Ganzen 5; darunter auch der über Kauern, den Du in Breslau eingesteckt hattest, die anderen aus Kreisau, zuletzt der vom 10. 7. Das ist ganz schön und ich fühle mich wohl versorgt und unterrichtet. – Dass Du 30 Pfd. aus einem Volk geschleudert hast, finde ich sehr erfreulich und bin schon sehr gespannt über die weiteren Ergebnisse. Also auf jeden Fall wirst Du dieses Jahr ganz nett Honig haben. Auch dass Ihr mit Obst gut versorgt seid, dass es Kirschen gibt, reichlich Erdbeeren, finde ich sehr befriedigend nach dem so schrecklich mageren letzten Jahr. – Mein Lieber, Du hast nur so rasend viel zu tun mit 18 Personen zu Tisch, Einmachen und dann noch all' die Arbeit, die Dir infolge meiner Abwesenheit auferlegt worden ist. Das ist wirklich grässlich. In der Sache der Testamentsvollstreckung habe ich gar keinen Ehrgeiz.[1] Da ich durch höhere Gewalt mit Anstand das Amt niederlegen kann, habe ich keine Lust, wieder reinzukommen. Friedrich ist ein guter Anwalt, ob gerade für diese Sache, kann ich nicht beurteilen; er sollte ja etwas vom Land und großen Besitzen wissen. Aber gegen ihn spricht gar nichts. Ich möchte in dieser Sache am liebsten kein Votum abgeben, da es ausschließlich Maacks Verantwortung ist. Will er mich zum Nachfolger benennen, so tue ich es natürlich, aber lieber ist mir, er nimmt einen anderen. – Der viele Regen beunruhigt mich etwas – wenn nur die Rüben sauber werden und der Acker nicht verschlämmt. Aber Z[eumer] wird hoffentlich immerzu darin rumarbeiten mit Maschinen und mit der Hand. Jetzt macht sich doch jede Arbeit bezahlt. – Schwester grüße sehr zärtlich von mir und sage ihr, es wäre mir ein großer Trost zu wissen, dass sie noch lebte, und wenn es ihr auch schwerfiele, so sollte sie doch daran denken, wie viel Gutes durch sie gewirkt wird. – Heute kam zu meiner großen Freude Jowo, der über Inge's Vermögen etwas von mir wissen wollte, nachdem seine und meine Akten darüber verbrannt sind. Er sah wohl aus und ist in Oslo gewachsen. Das hat mich sehr gefreut. Die Leute sind alle sehr nett zu ihm, und zwar vom O. B.[2] bis zu den [einige Worte durch Zensur gelöscht] Fahrern. Es freut mich besonders, dass er die Qualität einiger Männer entdeckt hat, bei denen sie ganz schwer zu entdecken ist. Nachrichten hatte er keine, die über das hinausgehen, was sich ohnehin aus dem Wehrmachtsbericht und den begleitenden Artikeln ergibt. Es ist aber unmöglich, sich daraus ein zureichendes Bild zu machen. Ich merke jetzt erst, wie unglaublich ich nachrichtenmäßig verwöhnt bin, denn mir kommt dieses halbe Bild doch sehr komisch vor. – Von mir ist nichts Neues zu berichten. Die Hitze ist vorbei und hat eher kalten, grauen Tagen Platz gemacht und damit ist alles normaler geworden. Und die Zeit läuft wieder geregelter dahin. Trotzdem bin ich noch nicht wieder ganz in meinen Trott gekommen, weil immerzu Extras waren. Am eifrigsten bin ich mit dem Botanikbuch, mit dem ich wohl bis Sonntag fertig werden werde. Das Buch hat mir große Freude gemacht, aber ich muss das alles noch ein Mal mit ausreichendem Anschauungsmaterial repetieren. Immerhin werde ich wohl zweierlei daraus behalten: die grundsätzliche Einteilung und die Merkmale, an denen die Unterschiede festgestellt werden. Da fällt mir nun das, was ich sozusagen primitiv wusste, von alleine in Kategorien und ich sehe die Lücken, die ich bei Gelegenheit schließen muss. Das Buch hast Du also sehr gut ausgewählt. – Mit der Kritik der reinen Vernunft geht es weiter nur sehr langsam und das ärgert mich eigentlich, denn hier, wo ich Zeit habe, müsste ich das doch spielend bewältigen. Davon ist aber keine Rede und ich erinnere mich wohl, dass ich es ein Mal in ziemlichem Druck gelesen habe und das besser ging. Vielleicht liegt es daran, dass gerade dieser Reichtum an Zeit, über den man hier verfügt, für diese Sachen zu groß ist, dass man anfängt, zu gründlich daran zu arbeiten und darüber nicht vorankommt, während man unter normalem Arbeitsdruck etwas großzügiger lesen würde. Ich bin aber jetzt in meinem Schritt und kann den nicht wechseln. – Meine Bemerkungen zum Bestellungsplan lass nur ruhig Frl. Haase schreiben. Das muss sie nebenbei schaffen können. Du sollst Dich nicht damit belasten. Vielleicht kann Asta sie ihr diktieren. Nur muss Z[eumer] sie bald bekommen.

Was Du über die Regelung in der Kirche schreibst, gefällt mir ganz gut. Sieh nur zu, dass auf unserer Bank möglichst jedes Mal einer sitzt. Du kannst Dich ja mit Liesbeth und den Tanten drein teilen. Vielleicht gehen auch Asta und Wend ein Mal. Hoffentlich machen sie nur die Liturgie anständig und nicht irgendeine verkürzte Version. Ich würde den Superintendenten ein Mal zum Essen einladen, wenn er predigen kommt. Er muss ja doch am Berghaus zur Bahn vorbei und wenn die Frage der Neubesetzung auftaucht, ist es gut, mit ihm Fühlung zu haben, denn das kann in vieler Hinsicht Schwierigkeiten machen. Mach' ihm nur klar, dass wir lieber mit eigenen Kräften weiterwursteln, als dass wir uns einen Krippensetzer reinsetzen lassen. Wir wollen einen nicht zu alten Geistlichen haben, der möglichst vom Lande ist oder doch mindestens von Landleuten etwas versteht und gewillt ist, bei uns zu bleiben. Nur keinen Ehrgeizling, der von uns weg zur nächst besseren Stelle schielt. Was wir tun können, um es für einen neuen Mann anziehend zu machen, also in Wohnungsverbesserung u. ä., das soll geschehen. Nachdem wir für den Einzug des katholischen Geistlichen 75.000,– RM

an Umbauten gezahlt haben, werden wir für den unserer eigenen Konfession wohl irgendwie die nötigen Mittel aufbringen können. – Dank für die Verlobungsanzeige. Schreibst Du, bitte, für mich mit. Was ist die Anzeige hässlich durch die vielerlei Schriftarten. Ich bin ganz entsetzt. Ich entnehme aber der Anzeige, dass die Teutonenstr. noch steht; das freut mich. – Die in meinem letzten Brief erwähnte Frage des Oberst habe ich mit Jowo besprochen, der es hoffentlich Peter ans Herz legen wird. Geht es nicht, dann geht es nicht, aber einen Versuch ist die Sache doch wert.
Mein Lieber, meine Gedanken wandern täglich und stündlich und manchmal minütlich zu Euch und kehren froh und gestärkt wieder, voll der Gewissheit, dass ihr Ankerplatz, ihr Hafen friedlich und still daliegt. Wenn Du wüsstest, wie schön es ist, das immer ganz genau zu wissen, keinen Augenblick auch nur einen Schatten von einem Zweifel darüber zu verspüren. Aber, mein Herz, ich hoffe, dass Du es auch weißt und dass Du in all der Hast und Unruhe und Geschäftigkeit und Arbeit Deines jetzigen Lebens nie Dein Ankerplätzchen vermisst. Es ist jedenfalls immer und zu jeder Zeit für Dich da. Was mag nun noch alles kommen? Ich denke manchmal: nun müsstest Du Dich doch aber sorgen, denn wenn Du Dich nicht sorgst, bist Du ein schlechter pater familias. Und dann bemühe ich mich, mich zu sorgen, aber es gelingt mir absolut nicht mehr. Dabei bin ich kein bisschen fatalistisch. Ich glaube übrigens, die gleiche Einstellung bei Jowo bemerkt zu haben. – Gute Nacht, mein Herz, es ist gleich 11. Ich will nur noch ein wenig meinem Freunde Hiob zuhören und dann pümpeln. Morgen früh kommt noch ein Grüßchen daran.
14. 7. Guten Morgen, mein Herz, es gießt in Strömen am Quatorze Juillet[3] und das ist wohl sehr berechtigt, fürchte ich. Es ist gerade 7.10 und Du bist wohl an der Bahn, einen Deiner Deinen Wirt so beglückenden Briefchen einzustecken. Ob es in Kreisau auch regnet und ob der Raps schon ein Mal nass geworden ist? Der Eindruck des Wetters ist so, dass man eine schwere Ernte befürchten muss. Umso wichtiger ist es, viel vom Felde weg dreschen zu können. Hoffentlich geht das alles gut und hoffentlich funktioniert vor allem die Raupe und lässt uns nicht im Stich. Leb wohl, mein Herz. Gott beschütze Dich und die Söhnchen. J.
[...] [Briefecke abgerissen] ist, wie erwartet, kein Schritt vorangekommen.

1 Die Aufzeichnung eines Testaments von Moltke existiert nicht. 2 Oberbefehlshaber.
3 14. Juli – Französischer Nationalfeiertag.

Montag/Dienstag, 17./18. Juli 1944

Mein Lieber, denk' Dir, von Mittwoch, 12., bis heute bekam ich keinen Brief von Dir, dafür heute aber 3 vom 11., 13. und 14./15., sodass jetzt alles wieder aufgeholt ist. Es ist zu merkwürdig, dass es jetzt immer so in Klumpen kommt; aber meine Briefe an Dich gehen ja auch so unregelmäßig. – Über die Hagelentschädigung bin ich auch ganz erfreut, hoffentlich wird uns nun der Mindererertrag bei Hafer, Gerste und Gemenge bei der Ablieferung angerechnet. Denn noch wichtiger als das Geld ist schließlich, dass wir ausreichend Futtergetreide haben. Ergründe doch mal von Z[eumer], wie eigentlich dieses Jahr die Umlagen von Futtergetreide, Heu und Stroh sind. – Dass die Rüben etwas hell sind, ist bei dem Wetter kein Wunder, denn sie leiden unter festem Boden doch sehr stark; ich bin aber froh, dass Z[eumer] seinen letzten Stickstoff den Rüben gibt. – Dass die Sägeanweisung für die Eiche z. Zt. verschollen ist, ist dumm. Ich hoffe nur, Z[eumer] lässt sie ruhig liegen. Es tut ihr nichts, wenn sie noch ein Jahr liegt. Jedenfalls ist das besser, als wenn ein so schönes Stück falsch zersägt würde. Schütze die Fatsberneiche davor, verdorben zu werden. Die Sache wird sich hoffentlich im Winter dann in Ordnung bringen lassen. – Wegen der Gelddisposition bin ich für Folgendes: in der Annahme, dass der Betrieb jetzt genügend flüssig ist und nichts mehr braucht, wäre es das Richtigste, wenn Du je RM 5000.– auf die 3 Sparkassenbücher überwiesest, das Debet bei Comes abdecktest und den Rest auf 1247 behieltest. 1237 muss ja nicht von alleine in Ordnung kommen und eine Abdeckung auch dieses kleinen Debets würde die Sache für Dich nur noch unübersichtlicher machen; denn Du musst ja behalten, wie viel von den RM 30.000.– noch da ist. Ist dann die Getreideernte vorüber, so werden wir sehen, wie es im Betrieb aussieht; vor allem möchte ich die Kreditgrenze bei der Kreiskasse wieder herabsetzen. – In der Frage des neuen Gummiwagens ist alles, was erreicht wird, ein Vorteil und mir ist alles recht, was Peter glaubt, darin tun zu können. Weißt Du, wann der alte Wagen geliefert werden soll? Ich erinnere doch, dass das vor der Ernte sein sollte. Wird das zustande kommen? Und wird an dem Milchwagen gebaut? – Ich bin froh, dass der Meilerofen brennt, hoffentlich gelingt das, damit wir in der Holzkohle unabhängig werden. Ich bin sehr gespannt, das zu hören. Außerdem bin ich riesig gespannt zu hören, ob dieses Jahr die Linde honigen wird. Aber das werden wir wohl erst in 14 Tagen wissen. – Der Ausflug zu Heimel ist riesig komisch und sehr schön, den

Klatsch und die Missverständnisse über uns auch nur andeutungsweise zu hören. Ich fürchte, dass sich unser Interesse für Heimels mit dem ihren für uns nicht messen kann. – Die Nachrichten über Asta und Wend freuten mich sehr. Grüße sie sehr herzlich von mir. – Schön auch, dass Du mit C'chen umgefahren bist. – Vor allem erfreut mich aber Deine gute Kirschen- und Beerenobsternte. Das erleichtert Dir den Haushalt doch riesig. Wie ist es eigentlich mit den in der Berghausecke neu gepflanzten rosa Rugosa, wirst Du von denen schon etwas haben? – Bei dem Rhabarber und den schwarzen Johannisbeeren bin ich dafür, dass wir die Pflanzen selbst bezahlen, es sei denn, dass man nur über die Anbauerträge überhaupt Pflanzen bekommt. Nur soll Z[eumer] wenigstens die ganzen 16 Morgen links vollpflanzen und nicht da stückeln. Die schwarze Johannisbeere ist ja nicht zu anspruchsvoll. – Das Liegenlassen der W[inter]-Gerste leuchtet mir nicht sehr ein; der Stahllanz[1] zerreißt sie doch so, dass man ruhig etwas nass einfahren kann. Erzähle mir jedenfalls, wie es ausgeht, aber an Z[eumer], auch wenn es nicht erfolgreich ist, keine Andeutung, dass ich skeptisch bin. Das gehört ganz zu seiner Verantwortung. Übrigens sei auch vorsichtig, wenn Du mit [...] sprichst; auch das ist Z[eumer]s Sache und Du kannst Dich damit nur in seinem Auftrag befassen, abgesehen davon, dass Du ihn ermahnen kannst, sich darum zu kümmern oder Dich damit zu beauftragen. – Ich schrieb Dir wohl schon, dass ich von Jowos Entwicklung sehr angetan war. Ich hätte nicht erwartet, dass auch durch guten Einfluss noch so viel zu entwickeln wäre, und bin darüber riesig erfreut. – Hast Du etwas über die Restzahlung vom Dürreschaden gehört? Wie steht es mit dem elektrischen Anschluss für den Drusch in Wierischau? Da Du nichts weiter schriebst, nehme ich an, dass die Mauer in Tante Leno's Zimmer steht. Und wie ist es mit dem Ofen? – Ich bin gespannt, wie die Milch sich beim Austrieb entwickeln wird. – Mir geht es weiter sehr gut. Die Temperaturen sind jetzt sehr angenehm, warm, manchmal schwül, aber im Zimmer immer angenehm, weil die Nächte kühl sind und auch die Tage dank häufiger Regenschauer immer kühle Intervalle haben. Von meiner Lektüre habe ich den ersten Band der Geschichte der Päpste, den Aereboe und das Botanikbuch fertig. Dieses letzte war sehr hilfreich; was ich davon behalten werde, weiß ich nicht; vielleicht nicht viel von dem, was eigentliches Neuland war oder reine Schulkenntnisse auffrischte, aber ich hoffe doch, dass die Dinge, die Lücken ausgefüllt haben, anwesend bleiben werden. Jedenfalls vielen Dank. – Solltest Du noch Beurre-Marken[2] haben, so wäre etwas doch sehr nützlich, es müsste rechtzeitig kommen, dass ich es vor der neuen Periode einlösen kann. – Der Aereboe, über den ich mich anfangs so geärgert habe, ist in vielen Teilen doch nicht so veraltet und in der zweiten Hälfte sehr anregend, besonders in den Teilen, in denen er das Verhältnis von Bodenart, innerer und äußerer Verkehrslage, Klima und Kulturartenverhältnis zu dem möglichen Intensitätsgrade erörtert. Er hat mich dabei in meiner Meinung sehr bestärkt, dass Wierischau und N[ieder] G[raeditz][3] die idealen Voraussetzungen für Beregnung bieten, weil das Wasser bei uns der die Erträge begrenzende Faktor ist und alle anderen Voraussetzungen für eine Heraufsetzung der Intensitätsstufe vorliegen. – Mein liebes Herz, meine Gedanken umgehen Deinen tätigen Tag und ich bin glücklich, daran wenigstens in Gedanken teilnehmen zu können, weil ich immer alles so lieb von Dir höre. Ich sehe auch immer alles vor mir, fürchte nur, dass meine Gedanken meist der Wirklichkeit vorauseilen, weil in dieser eben nichts so schnell geht, wie man sich das denkt. Dabei fällt mir ein: Hast Du eigentlich auch im eigenen Garten Kirschen oder gibt es nur welche auf der Allee? Und wie haben Äpfel, Pflaumen und Birnen angesetzt? Von den Bäumen am Hang würde ich vorschlagen, alle Früchte zu entfernen; die werden doch nur gestohlen und dabei brechen die Jungen die Zweige ab. Lässt Du Frau Stäsche auch die Baumscheiben offen halten? Gute Nacht, mein Herz. Grüße Deine Söhnchen, über die Du auch so lieb berichtet hast. Die Hausgenossen, Walther, Schwester, die Schlösserei, besonders Romei,[4] der ich meine besten Wünsche schicke, und die vielen anderen. Ich umarme Dich, mein Herz. J. –

18. 7. Guten Morgen, mein Herz. Jetzt bist Du wohl auf dem Weg zur Bahn. Vor 14 Tagen warst Du hier, sodass hoffentlich Halbzeit ist. Laß es Dir wohl ergehen, mein Lieber, pflege Dich, Deine Söhnchen und alles, was Dir vertraut ist. Gott behüte Dich. J.

1 Es handelt sich vermutlich um ein Gerät der Firma Stahllanz. 2 Buttermarken. 3 Teile des Gutsbetriebs Kreisau. 4 Rosemarie Reichwein.

Montag/Dienstag, 24./25. Juli 1944

Mein Lieber, seit Mittwoch hatte ich keine Nachricht, aber heute früh um 7 kamen 2 Briefe von Dir, vom 20. und 21.; das ist also ganz normal und ihr Erscheinen und Inhalt erfreuten mich sehr. – Ich bin trotz aller Hoffnung über die Getreide-Ernte skeptisch. In diesem Jahr muss unheimlich viel

Unkrautsamen aufgegangen sein, und selbst wenn es keinen anderen Schaden macht, so nimmt er den Kulturpflanzen Nahrung weg und das wirkt sich in nassen Jahren im Korn und nicht im Stroh aus. Man merkt das Ausmaß des Schadens erst an der Dreschmaschine. Ich meine, dass wir gute Erträge nur bei den Früchten, die wir reinhalten konnten, und bei den Unkraut erstickenden Früchten wie Erbsen und Gemenge erwarten können. Aus Deinem Brief entnehme ich, dass der Raps noch nass ist. Das ist dumm, denn er steht schon arg lange. – Ja, das Ackern ist eine Kunst, und zwar eine, die für uns in Kreisau besonders wichtig ist. Keine Kenntnisse, keine Fähigkeiten vermögen bei uns einen Mangel in dieser Fertigkeit zu ersetzen und wenn Du je einen Beamten ohne mich nehmen musst, so sieh vor allem zu, dass er das kann. Nimm nie einen Mann aus Gegenden mit leicht zu bearbeitendem Boden. Zeumer kann die Ackerbehandlung besser als die meisten Leute, die ich kenne, und Du wirst kaum jemanden wieder finden, der es genauso gut kann. Wenn C'chen mal Landwirtschaft lernt, muss er die erste praktische Lehre am besten auf einem Bauernhof mit schwierigem Boden machen, es kann in der Donau-Niederung sein oder sonst wo, nur nicht auf leichtem oder mildem Boden. Was z. B. Balfanz treibt und treiben kann, ist ein Kinderspiel gegen unseren Ackerbau. Es freut mich, dass Z[eumer] genug Zeit hat, den Acker für die Zwischenfrucht sorgfältig zu machen; und je mehr sich die Getreideernte auseinanderzieht, umso besser. – Du schreibst nicht, ob die selbst fabrizierte Holzkohle gelungen ist. – Dass Pape[1] leicht verwundet ist, ist mir eine rechte Erleichterung gewesen. Ich habe mehrfach mit großer Sorge seiner gedacht, weil er in der übelsten Stelle stecken musste. – Wie schlimm, dass es T[ante] Leno nicht recht gut geht. Was kann man denn nur machen, ihr zu helfen; sie muss doch mit angesammelten Kräften in den Winter gehen, der schwierig genug werden wird. – Erfreut war ich über die Milch; denn viele Frischmelkende können doch nicht dabei sein. Wie war es denn zum Probemelken? Fiel das gerade in ein Tal? – Bitte, bring mir das nächste Mal das Exemplar von Z[eumer]s Bestellungsplanentwurf mit und möglichst einen Durchschlag meiner Bemerkungen dazu. Ich kann nämlich mein grünes Buch nicht fertig machen. – Ich bin sehr froh, dass die neuen Himbeeren gut anschlagen. Sie sind doch auch etwas später als die anderen? – Wie mag Euer Ausflug nach Wernersdorf am Freitag gewesen sein; ich freue mich schon sehr darauf, den Bericht darüber zu bekommen. Von Mütterchen hast Du wohl nichts gehört? Von mir ist gar nichts zu berichten: ein Tag reiht sich dem anderen an, voll Erstaunen merke ich plötzlich, dass wieder eine Woche, wieder ein Monat um ist, und habe zu meiner eigenen Überraschung das Gefühl der Dauerhaftigkeit dieses Zustandes, zuerst habe ich das Warten auf eine Veränderung aus Vernunft eingestellt und das gleich von allem Anfang, weil ich mir sagte, dass ich mich dadurch nur nervös mache. Dann ist diese Haltung zu einer Gewohnheit geworden, und jetzt dringt irgendeine Andeutung, es könnte sich vielleicht etwas ändern, nicht einmal mehr in meine Sinne ein. Zu erstaunlich, dass man sich an einen völlig unnatürlichen Zustand so gewöhnen kann. Augenblicklich bin ich in einer faulen Phase. Ich habe keinen rechten Arbeitseifer, lese weniger, um etwas zu lernen, als um mich daran zu erbauen und zu erfreuen, mache auch manchmal Pausen, um friedlich vor mich hin zu sinnen. Nun, ich werde wieder eifriger werden; es liegt wohl an der im Allgemeinen herrschenden Wärme, die aber nicht wieder unangenehm war, da es nachts immer kühl gewesen ist. –

Eben las ich Deine beiden letzten Briefe noch ein Mal und sehe, dass ich Dir noch zu sagen habe, dass Du zur Kanon-Visitation der katholischen Kirche nichts zu unternehmen brauchst. Die Patronatspflicht bei der katholischen Kirche scheint es mir richtig, auf das bloße Bezahlen zu beschränken. Noch etwas einzelnes: ich besitze eine, ich glaube rot eingebundene History of England oder so ähnlich.[2] Kannst Du mir die mitbringen? Nachdem ich die Reformationszeit und die folgenden 150 Jahre in den letzten Monaten auf dem Kontinent ständig beackert habe, möchte ich dieselbe Zeit für G[roß]-B[ritannien] noch ein Mal nachlesen. Es ist ein Buch von 300–500 Seiten, ich weiß aber nicht mehr von wem, es könnte Trevelyan sein. – Außerdem muss ich Dich noch ein Mal um eine extra Dosis Tee bitten. – Richtig, ich vergaß zu erzählen, dass am Samstag Dein Paket ankam, das also ganz schnell gereist war. Vielen Dank, mein Herz, das sind ja wieder große Köstlichkeiten. – Jetzt will ich aufhören; vielleicht kommt abends noch ein Brief. – Es ist 9 Uhr und da jetzt kein Briefchen kam, wird wohl auch heute keines mehr kommen. Den Tag über habe ich mehrfach überlegt, was Ihr wohl gerade tut und ob Du beim Einfahren bist. Ich bin mit dem Betrieb immerzu beschäftigt. Es ist so ungeheuer wichtig, dass dieses Jahr mit aller Sorgfalt geerntet, geackert und bestellt wird. Z[eumer] soll nun keine Mühe und vor allem kein Geld schonen. Er soll aber, das schärfe ihm doch bitte noch ein Mal ein, für die neue Bestellung mit wesentlich reduziertem Dünger rechnen, Stickstoff-Dünger muss zugunsten der Sprengstoffherstellung und des sog. Synthetischen Benzins zurückgehen und Kali wird vielleicht Transportschwierigkeiten machen. Z[eumer] soll sich nur in allem danach richten, d. h. er muss davon ausgehen, dass Mängel der Bestellung nicht durch Düngung ausgeglichen werden können. Außerdem sollte er dort, wo es irgend zweifelhaft sein kann, zu anspruchsloseren Saaten übergehen, vor allem bei Weizen und Hafer. Wenn er nur alle verfügbaren Hilfsmittel recht ausnutzt, besonders Raupe und Dampfpflug. Mein Lieber, das alles gilt auch für Deinen Garten. Lass Dir reichlich Mist anfahren und gib auch den Bäumen etwas, halte vor allem das Unkraut kurz. Ich verfolge diese Bestellung und danach die Ernte 45 mit großer Sorge und Anteilnahme. Diese Ernte 45 wird noch wichtiger werden als die jetzige. – Du schreibst nichts über die Bienchen, hast doch aber sicher schon ein Mal hineingeschaut. Du musst doch sicher in diesen Tagen schleudern. – Was Du über die Söhnchen erzählst, ist alles sehr schön. Hoffentlich geht es ihnen weiter gut, sodass Du Dir keine Sorgen um sie zu machen brauchst. Sehr schön finde ich, dass Konrädchen selbständig und doch zärtlich ist. Er hat sich gewiss in den 7 Monaten, die ich nicht zu Hause war, erheblich verändert. Kann er schon beten? Oder ist er noch zu klein? Sind die Hülsen-Töchter eigentlich schon eine ernsthafte Hilfe für Tante Leno, zumindest jetzt während der Ferien? – Seit ein paar Tagen bin ich auch sehr mit Kauern beschäftigt. Die sind ja immer ein wenig weiter als wir. Ist Davy zu Goldchen[3] gefahren? Hast Du Dir die Wernersdorfer Trockung im Betrieb angesehen? – Mein Liebes Herz, wie Du siehst, habe ich gegen alle Rechtschreibung «liebes» groß geschrieben. Und das mit Recht, mit allergrößtem Recht und daher habe ich es auch stehen lassen, nachdem ich es erst verbessern wollte. Lass es Dir nur so wohl ergehen wie möglich; behalte weiter den Kopf hoch über all der vielen Arbeit, die jetzt auf Dir liegt. Bleib' nur gesund, halte mit Deinen Kräften gut Haus, denn Du wirst deren noch viel brauchen. Gute Nacht, mein Herz, ich umarme Dich, J. Dass meine Umschläge zu Ende gehen, ist Dir hoffentlich klar.

25.7. Guten Morgen, mein Lieber, ich habe noch faul im Bett gelesen, als Du schon an mich schriebst, habe dabei aber sehr Deiner gedacht. Ich vermeinte, mit Dir am runden Tisch zu sitzen und plötzlich die Tapsen der kleinen Söhnchen über uns zu vernehmen. Ob es wohl so war? Auf Wiedersehn, mein Lieber, ob Du wohl bald kommst? J.

1 Hans-Werner Pape, Rechtsanwalt in Berlin, über den sich Freya für ihren Mann einsetzte. 2 Es wird sich um George M. Travelyan: History of England, London 1926, gehandelt haben. 3 Der Kosename für die Mutter von Davy: Sophie Yorck, geb. Freiin von Berlichingen.

Donnerstag/Freitag, 27./28. Juli 1944

Mein Lieber, nach einer kurzen Dürreperiode bin ich gestern und heute durch je zwei Briefe von Dir verwöhnt worden, was dadurch möglich war, dass gestern Dein Brief vom 19. auch nachkam außer demjenigen vom 22. und heute die beiden vom 24. und 25. So habe ich also sowohl viele wie neue Nachrichten. Vielen Dank, mein Lieber, für alles, was Du berichtest. Ich bin besonders froh zu hören, dass Raps in Wierischau gedroschen wird und dass der elektrische Anschluss einigermaßen funktioniert. Die Aufstellung der Maschine scheint mir ein Kunstwerk zu sein, denn der Hof ist in der Nähe des Schafstalles doch nicht ganz eben, außerdem muss Z[eumer] doch links vorbeifahren, oder lässt er über den Riemen einlegen? Ich würde es sehr begrüßen, wenn er das eingerichtet hätte, denn dann würde er in Kreisau die Wagen umschichtig rechts und links abladen lassen können und damit die Leerlaufzeit beim Umrücken der Wagen vermeiden können. Sag' mir bitte, wie das ist. – Deine Mitteilung, dass der neue Beamte in Wernersdorf hat Hackfrüchte unterackern müssen, hat mich recht erschreckt. Ich glaube, ich würde mich von einem Beamten, dem ein solcher Dispositionsfehler ein Mal passiert, sofort trennen, denn es zeigt, dass er über die Betriebsorganisation und seine Möglichkeiten unklare Vorstellungen hat, und das ist überhaupt das Schlimmste, was man von einem leitenden Beamten sagen kann. In diesem Zusammenhang hat mir auch Davy's Bemerkung, er müsse den Topinambur von der Melde befreien, nicht gefallen.[1] Ein guter Beamter darf sich in seine Arbeitsdisposition nicht hereinreden lassen, sondern muss allein entscheiden, was am dringlichsten ist. Entscheiden, was gearbeitet wird, kann nur ein Mann, entweder der Besitzer oder der Beamte; Willigkeit des Beamten, Einzelwünsche des Besitzers in diesem Punkt zu berücksichtigen, führen auf eine ganz falsche Bahn; das geht nur in Fragen, die von beiden Seiten als Hobbys anerkannt sind und deren Luxuscharakter klar ist. Ich schreibe Dir das alles nicht als Kritik an Wernersdorf, sondern zu Deiner Instruktion, falls Du ein Mal ohne mich wirtschaften musst: wenn 150 Morgen Kartoffeln durch falsche Saatgutwahl, falsche Düngung oder Bearbeitung verderben oder missraten, so ist das ein technisches Versehen und ärgerlich, aber nicht mehr; wenn aber 10 Morgen Kartoffeln nicht bearbeitet werden können, weil die Kräfte, mit deren Vorhandensein der Betriebsleiter bei Aufstellung des Bestellungsplans rechnete, nicht ausreichen, so ist das ein Ereignis, das im allgemeinen den Betriebsleiter disqualifiziert. Aber diese strenge Auffassung kannst Du nur durchhalten, wenn der Betriebsleiter seine Arbeitskraft auch vollkommen selbständig einsetzen kann. Ich halte das in der Tat für einen Eckpfeiler der Betriebsführung, denn solche Vorfälle sind meist nur Anzeichen für Arbeitsfehldispositionen auch an anderen Stellen. – Daher mein Kampf gegen den Gemüsebau. Ich hoffe, Du hast die Wernersdorfer Erfahrung Z[eumer] erzählt. Vergiss nie, dass Verantwortlichkeit und Entscheidungsfreiheit immer zusammenstimmen müssen und dass, wo Du entscheiden willst oder musst, Du auch verantwortlich bist. Auf der anderen Seite muss aber auch jede für den Betrieb notwendige Entscheidung von jemandem, der dazu qualifiziert ist, gefällt werden und überall, wo die Qualifikation des Beamten nicht ausreicht, muss man entscheiden, selbst wenn man sich für unzulänglich hält: keine Entscheidung ist in solchen Fällen immer noch schlimmer als eine falsche und das Schlimmste ist eine veränderliche. – Über die Panne der Raupe bin ich natürlich unglücklich. Da wir mit der Gesellschaft einen allgemeinen Reparaturvertrag haben, würde ich doch versuchen, ihr die Rechnung von Kulmiz zur Begleichung zu übersenden; jedenfalls müssen irgendwelche Druckmittel, eventuell über Kriebel, angewandt werden, sonst geht das immer schlechter. – Die Himbeerschlacht klingt ja sehr erfolgreich; mein Armer, das war ja ein schrecklicher Sonntag! – Ich bin froh, dass Du in der Kirche warst; stachele nur die anderen an hinzugehen; es ist so wichtig, die Leute beisammenzuhalten. Sieh doch auch ein Mal zu, ob wir nicht für den vorlesenden Lehrer etwas tun können, auch für die Orgel müsste man versuchen, jemanden heranzuziehen; jedenfalls wollen wir es nicht am Gelde scheitern lassen. – Wenn Du C'chen Lieder lernen lässt, so lehre ihn doch alle Strophen von «Der Mond ist aufgegangen». Das ist in seinen späteren Strophen so schön. – Z[eumer] soll doch, bitte, die Ablieferung von Umlagen wie Heu, Stroh und Hafer so spät wie möglich vornehmen. Es ist immer möglich, dass wir Einquartierung bekommen, die wir beliefern müssen, und dann ist es besser, es wird uns auf die Umlagen angerechnet, als dass wir uns das Gelieferte dann wieder verschaffen müssen. Z[eumer] soll auf Mahnungen natürlich liefern, auch wenn davon die Benutzung der Schrotmühle abhängt, aber er soll doch, bitte, nicht dazu drängen, wie er es gerne tut, sondern sparsam wirtschaften und so speichern, dass er etwaigen Anforderungen im Winter und Frühjahr auch noch genügen kann, ohne den Betrieb zu schädigen. Er soll auch bedenken, dass diese Sachen bei uns besser lagern als in großen Lagern, wo sie bei Luftangriffen verloren gehen können, und schließlich kommt bei uns ja nichts in einen unrechten Kanal. Über die Milch bin ich sehr zufrieden. Kontrolliere doch mal, ob Lachmann die Umtreibeliste richtig führt. – Gegen Hans Wild als neuen Pastor[2] habe ich nichts einzuwenden, wenn er seine Jugendirrungen etwas abgelegt hat; aber das wird man feststellen können. Ich bin aber durchaus dagegen, dass er so als einziger Kandidat angesehen wird. Das ist weder für seine künftige Stellung in der Gemeinde noch für die Gemeinde gut. Ich werde jedenfalls diesen Gesichtspunkt bei Gelegenheit anbringen, bei Schwester, Koch, Frau Pastor: er muss als der Geeignetste zu uns kommen, nicht als der Erbe. – Über die Anerkennung des Flachses bin ich sehr froh und gratuliere Z[eumer] sehr dazu. – Ich hatte einen sehr netten Brief von Inge und muss immer wieder darüber staunen, wie vollkommen sie sich verändert hat. «Was habe ich früher alles verpasst!», schreibt sie. Dank ihr, bitte, gelegentlich. – Mein Leben hat sich insofern verändert, als infolge veränderter äußerer Umstände der Spaziergang jetzt auf eine halbe Stunde beschränkt und die Länge des Höfchens auf 30 m verkürzt ist, außerdem war ich früher meist allein oder zu zweit oder dritt draußen, während ich jetzt meist mit 8–9 Leuten draußen bin, sodass ich nicht mehr laufen kann; außerdem liegt diese halbe Stunde auch noch recht ungünstig, meist mitten am Vor- oder Nachmittag. Diese Veränderung ist in der Tat eine erhebliche Verschlechterung und der Wegfall des Abendlaufes hat auch schon zur Folge, dass ich noch etwas schlechter schlafe. Das zwingt mich, mich nachmittags wenigstens eine halbe Stunde hinzulegen, und wirkt natürlich auf meine Arbeitskonzentration ein. Nun, ich hoffe, dass sich die Verhältnisse wieder ändern werden, und lache eigentlich über den großen Unterschied, den die scheinbar so kleine Änderung bedeutet. Meine Laune beeinträchtigt es gar nicht, nur mein Behagen. Sonst geht es mir glänzend. Ein Paket mit herrlichen Pfirsichen, Eiern und Zucker kam und wurde sehr genossen. Der Sammeldienst funktioniert jetzt glänzend und automatisch. Das Wetter ist vom Standpunkt der Zellenbewohner gerade richtig: warm und nachts kühl. Wir hatten übrigens vor einigen Tagen den dritten schweren Hagel hier. Sehr viel kann auf den Feldern kaum noch stehen. – Mein Lieber, leider muss ich Dich bitten, mir meine anderen Schuhe wieder mitzubringen, falls sie inzwischen gemacht sind; denn bei diesen müssen die Hacken gemacht werden und das scheint hier unmöglich zu sein. Gute Nacht, mein Herz, Du schläfst wohl schon. J. – Ich möchte annehmen, dass Telegramme nichts ausrichten werden. Guten Morgen, mein Herz, am 28. früh nach einer ganz köstlichen Nacht. Ich habe eben zärtlich Deiner und Deiner Söhnchen gedacht, mich mit der Ernte, dem Ackern, der Raupe, Deinem Garten, den Bienchen befasst. Jetzt gehe ich gleich baden und dann beginnt der Tag. Lass es Dir wohl ergehen, mein Herz, pflege Dich und die Deinen und alles Dir Anvertraute und behalte, bitte, lieb Deinen Ehewirt. J.

1 Topinambur gehört zur Gattung der Sonnenblume, wird auch als Futterpflanze angebaut.
2 Der Sohn von Pastor Hermann Wild.

Sonntag/Montag, 30./31. Juli 1944

Mein Lieber, gestern kam Dein Brief vom 28., sodass ich wieder ganz frische Nachrichten hatte, was sehr schön war. Da ich nun heute auf keinen Brief rechnen kann und auch morgen zweifelhaft ist, so schreibe ich wieder mal schon am Sonntag. Es ist jetzt ¾ 3 und Du wirst wohl friedlich in Deinem Zimmer sein. Jedenfalls habe ich Deinen Tag schon von früh an begleitet, mein liebes Herz. Ich will nun erst ein Mal Deine Briefe beantworten. Ich bin sehr froh, dass M. D. [Mütterchen Deichmann] bei Dir ist, und ich lasse ihr auch besonders für diesen Besuch danken. Es wäre sehr schön, wenn sie es einrichten könnte, wenigstens so lange zu bleiben, bis Du von einer Besprechung mit mir wieder zurück bist. Hoffentlich ist sie wirklich nicht ernstlich krank. – Dass der Raps gut zu werden verspricht, ist sehr erfreulich; dumm, dass der Stahllanz entzweiging. Ich hoffe, er wird so rechtzeitig ganz, dass Z[eumer] auch die Fuder, die er eingebracht hat, noch mit ausdreschen kann. Zur Zuckerfrage: es ist absolut nicht richtig, dass Frau Z[eumer] soviel Zucker bekommt wie Du; nur ist es sehr schwierig, jetzt die Verteilung rückgängig zu machen, denn der arme Z[eumer] ist in allen diesen Sachen so schrecklich unter dem Pantoffel, dass er keine ruhige Minute hat, wenn er ihr etwas entzieht. An sich sollte Z[eumer] solche Verteilungsfragen vorher mit Dir besprechen. Wenn Du die Sache revidieren kannst, so wäre das gut; wie Du das anfängst, kannst nur Du beurteilen, denn Du musst einen geeigneten Anfang haben. Jedenfalls solltest Du zunächst den diesjährigen und den vorjährigen Tatbestand – Lieferung und Verteilung – klären und dann die Sache aufnehmen, vor allem, wenn die Kürzung etwa ganz an Deinem Quantum erfolgte. Die Sache ist dumm. Vielleicht kannst Du es am leichtesten über meinen Zuckerbedarf machen, denn es ist ja eine arge Belastung für Dich. Übrigens haben wir hier seit 2 Monaten kein bisschen Zucker mehr bekommen, und es wäre wirklich interessant zu wissen, wo der eigentlich geblieben ist. Deine Methode, Fruchtmark einzumachen, leuchtet mir sehr ein. – Die Tagebücher soll Asta auf alle Fälle aufarbeiten; denn selbst ab 1911 sind es 33 Jahre und vielleicht finden sich die alten Aufzeichnungen doch noch. Meiner Erinnerung nach waren sie auf Z[eumer]s Boden. Die Frage von Asta's Verwendung wird aber wohl in jedem Fall neu mit Z[eumer] besprochen werden müssen. Meinst Du nicht, dass Du auf alle Fälle mal schleudern müsstest, damit die Bienchen nicht faul werden? Wenn die schon anfangen, Himbeeren auszulutschen, dann ist das doch ein Zeichen, dass sie nur lauter dumme Gedanken im Kopf haben. – Daeglau ist unverschämt. Natürlich hat er Material, und er schickt die Schuhe nur zurück, weil er aus seiner Landkundschaft Naturalien herauspressen will. Er braucht ja nur etwas Oberleder zum Flicken, denn die Sohlen sind tadellos. Ich werde Dir jetzt meine anderen braunen Schuhe mitgeben und hier schwarze tragen, bis die braunen repariert sind. Dann brauche ich auch keine dicken, sondern dünne Socken. Vielleicht kannst Du dann ein Mal mit beiden Schuhen bei Daeglau vorbeigehen. – Der Acker muss doch jetzt gut fallen, sodass die Raupe mit einem Gang das Saatbett macht, oder geht noch eine Maschine vor der Sämaschine? – Dass wir Ostpreußen in die leere Wohnung bekommen, ist angenehm, weil sie Kälte gewohnt und anspruchslos sind, jedenfalls anspruchsloser als die Leute aus dem Westen. – Hoffentlich wird die Luzerne noch ein Mal gehackt. – Jetzt ist aus den drei Briefen alles beantwortet, bis auf C'chen; ach nein, vielen Dank für die Weißbrotmarken. Die 500 gr. schicke ich wieder zurück, weil die hier nicht weiß, sondern nur schwarz eingelöst werden. – Nun C'chen. Mir gefällt, was Du über ihn schreibst, und er soll um keinen Preis schneller altern, als ihm bequem ist. Je länger er klein bleibt, umso besser, zumal wir alle spät reif sind. Ob Deine Theorie über die Konzentrationsgabe richtig ist, weiß ich nicht. Du sagst doch: Wenn er sich 3 Stunden am Tag konzentrieren soll, so muss er den Rest der Zeit verspielen können und man kann ihm nicht mehr zumuten. Ist das nicht vielmehr eine Frage der Übung, bei der die Fähigkeiten mit allmählicher Steigerung wachsen, sodass man es ihm nur erleichtert, wenn man etwas von ihm verlangt? Du hast ja pädagogische Experten in der Nähe und solltest diese Frage daher klären können. Ich meine nur, er sollte in den Ferien nicht völlig verspielen. M. D. muss insoweit auch ein wenig streng sein. Dass er sich über den Tod Gedanken

macht, gefällt mir; für ein Landkind ist es notwendig, das Ende aller Geschöpfe als normalen Ablauf zu kennen. – Eben habe ich den dritten Band von Gibbon aus, und wie ich den vierten beginnen will, merke ich, dass ich ihn Dir zurückgeschickt und dafür den 6ten behalten habe. Kannst Du also, bitte, den 4ten mitbringen. – Ich habe noch viel zu schreiben, will mir aber den Rest der Seite für morgen Abend lassen.
31.7. Mein Lieber, inzwischen hat Breier mir mitgeteilt, dass wegen Überlastung meine Briefe auf 10 Zeilen beschränkt werden müssten, und hat mir den Freitag-Brief wieder zurückgegeben. Trotzdem schreibe ich diesen Brief fertig, denke, dass Du ihn vielleicht doch bekommst. Ich schicke ihn Dir, falls ich hier herauskommen sollte. Es ist seit Samstagabend, so wie ich erwartete, kein Briefchen von Dir gekommen und auch heute kann jetzt nichts mehr kommen, denn der Mann, der nachts vernommen werden soll, ist schon abgeholt worden. Es ist auch seitdem nichts Neues geschehen, nur ist das Wetter recht unangenehm: schwül, von Zeit zu Zeit Regen, die keine Kühlung bringen. Das ist scheußlich und die Luft in der Zelle ist immer schlecht. – Daher geht es mir auch nicht behaglich: schlechte Luft, fehlende Bewegung wirken zusammen, um einen recht leistungsunfähig zu machen. Aber das belastet meine Laune überhaupt nicht, es erzeugt lediglich ein körperliches Missbehagen. Ehe es hier nicht wieder leerer wird, ist auf Besserung auch nicht zu rechnen, denn es ist einfach keine Zeit, um mehr herauszulassen, und das ist der Schlüssel von allem. – Ob Ihr auch soviel Regen habt? Es sieht mir so aus, als würde es eine sehr schwierige Ernte geben, denn sicher ist der Raps auch noch nicht drinnen. – Mein Lieber, vor allem freue ich mich darauf, dass Du am Mittwoch kommen sollst; das ist ja gar nicht mehr lange und ich kann nur hoffen, dass wir dann genug Zeit haben werden, alles zu besprechen. Mein Herz, ich höre auf, denn die Ungewissheit, ob Du den Brief je bekommen wirst, nimmt mir die Freude am Schreiben. J.

Montag, 31. Juli 1944

Mein Lieber, zugleich mit der Mitteilung, Du werdest am Mittwoch kommen, wurde meine Schreiberlaubnis auf 2 × 10 Zeilen wöchentlich reduziert. Da das ja wirklich nichts ist, müssen wir sinnen, ob ich nicht doch eine Maschine bekommen kann. Ich hoffe also auf Dein Kommen und schreibe nur, falls da doch noch etwas dazwischenkommen sollte. Über mich will ich zunächst berichten, dass es mir zwar gut geht, aber z. Zt. nicht so blühend wie vordem. Durch großen Andrang ist man gezwungen gewesen, unsere Ausgehzeiten zu kürzen, sodass ich nur noch ein Mal etwa 40 Minuten und das mit 8–10 anderen zugleich auf dem um 10 m verkürzten Höfchen rauskomme. Diese verringerte Bewegung und Luft – vor allem ist das Laufen unmöglich – wirkt sich erheblich aus in schlechtem Schlaf mit Müdigkeit am Tage, zunehmenden Schwindel- und Ohnmachtsanfällen. Das Ganze ist bedeutungslos und beeinträchtigt nicht meine Laune, sondern nur mein Behagen und meine Konzentrationsfähigkeit; es wird sich auch nicht beheben lassen, solange wir nicht wieder mehr rauskommen. Es ist ein interessantes Zeichen dafür, wie leicht wir durch ganz kleine Veränderungen beeinflusst werden können. Die Nachrichten von [zu] Hause beglückten mich sehr. Asta soll mit der Ausarbeitung der alten Aufzeichnungen ruhig beginnen. Über die meisten Fragen ist es ja doch besser zu sprechen, was wir vielleicht übermorgen können. Ich meine, Du solltest Fragen, die Du beantwortet bekommen willst, auf eine Halbseite tippen, sodass ich die Antworten dazu drucken kann; denn in 10 Zeilen ist nichts Wesentliches unterzubringen. Mein Lieber, ich umarme Dich von Herzen. J.

Donnerstag, 3. August 1944

Mein liebes Herz, wie schön war Dein Besuch. Auspackend alle die Schätze, schlafend und wieder erwachend zehre ich davon als von einer reichen Speise. – Wie gut, dass wir die schwierigen Fragen besprochen und unsere aus gleicher Wurzel entsprungene Übereinstimmung feststellen konnten. Jetzt muss nur alles getan werden, um alle Erfolgsmöglichkeiten für den gefassten Beschluss auszuschöpfen. Zunächst meinen herzlichsten Dank an Frau Pick, deren Entschluss mir eine große Freude ist. Bitte an M. D., Dir jetzt in der Planung noch beizustehen; bitte, besprich es auch mit Landrat und Lukas, schreibe Jowo und sage ihm, dass Du ihn sprechen musst, falls er oder sein Chef auf einer Dienstreise nach Berlin kommen. Inge soll an Dippe wegen Gemüsesamen schreiben, denn Du wirst auch für Cykalla sorgen müssen, nehme ich an. Bei Jowo fällt mir auch Lotti ein. Pass nur auf, dass Dir die Rentenannie nicht in irgendein Haus kommt. Das Berghaus würde ich so leer halten wie möglich und außer Kindern nur Leute zu nehmen versuchen, die Dir eine Hilfe sein können, z. B. Mutz, die Du anstellen und schicken, denen Du was anvertrauen kannst. – Mir geht es gut;

es jückt mich allerdings das, was ich nur in Stichworten schreiben kann, breit auszuführen, aber wie soll ich das in 10 Zeilen. Mein Lieber, ich sonne mich in dem Glanz des gestrigen Tages. Ob Du wohl heute hier an mir vorbeigefahren bist zu Re? Beim Abstielen der Johannisbeeren ist ein knallroter Klecks auf C'chens Photographie vor mir gerade über seinem Kopf gelandet in folgender Form: [kleines Herz]. Ich kam heute über Spr. 16,31.[1] Hoffentlich reist Du gut, mein Herz, grüße alle, allermeist die Söhnchen. J.

1 «Graue Haare sind eine Krone der Ehre; auf dem Weg der Gerechtigkeit wird sie gefunden.»

Montag, 7. August 1944

10 Uhr abends, gleich nach Empfang des Briefes vom 4.
Mein Lieber, ich bin dafür, Bressalina auf nächstes Jahr zu vertrösten. Mache Z[eumer] klar, dass, wenn er bei seinem Plan bleibt, er jetzt alles vorbereiten und teilweise durchführen muss, denn die Pferde müssen zu Deiner Disposition bleiben. Es muss auch alles getan werden, die Arbeitskräfte festzuhalten und auch Weihnachten nicht wegzulassen. Dazu ist u. a. eine sehr reichliche Kassenhaltung erforderlich. Das soll geschehen (2 Monate). Mach' doch von der Aufzeichnung über die Verhältnisse im Falle meines Todes[1] 2 Abschriften und deponiere eine bei Inge (Jowo), eine bei M. D. verschlossen. Vielen Dank an Re, das funktionierte hervorragend. Über Caspar's Bericht bin ich sehr befriedigt; hoffentlich stimmte er. Wenn uns nur die Maschinen dieses Jahr nicht im Stich lassen. Koffer kam an. – Mir geht es sehr gut; seit gestern komme ich auch abends wieder raus und kann laufen, habe darauf sofort besser geschlafen. Ich beschäftige mich in Gedanken vor allem damit, was geschehen kann, um das, was wir besprochen haben, zum Erfolg zu führen. Da müssen alle helfen, und M. D., Asta u. s. w. sollen sich jetzt den Kopf zerbrechen. Du kannst Dir ja denken, dass mich das sehr beschäftigt, aber gar nicht unangenehm, mehr so zweifelnd, ob Du anspruchsvoll genug sein wirst, Dir die nötige Unterstützung zu verschaffen; vergiss nicht, dass Du die Hauptperson bist und es ohne Dich gewiss nicht geht. – Mein Nordzimmer erweist sich als angenehm kühl, auch das trägt zu besserem Schlaf bei. Das Wetter hier ist prächtiges, warmes, windstilles Sommerwetter. – Mein Lieber, wie froh war ich, Dich gesehen zu haben und festzustellen, dass alles klar ist. Umarme Deine Söhnchen, grüße alle sehr herzlich, die in Deinem Hause und die Beisassen. J. – Das Berg-

haus würde ich so leer wie möglich halten, das muss plötzliche Schocks absorbieren können.

1 Der Kern dieses Testamentes hieß: Freya wird Vorerbin und Caspar wird mit seinem 25. Lebensjahr Erbe.

Donnerstag, 10. August 1944

Mein Lieber, mir geht es weiter sehr gut. Die Nordseite ist angenehm kühl, sodass die heißen Tage gerade recht waren. [Die folgende Zeile vom Zensor unleserlich gemacht] und der Mangel an Bewegung sind die hauptsächlichen Einschränkungen des Wohlbefindens. Ich träume geradezu davon, ein Mal einen Tag lang Garben zu staken, obwohl ich es jetzt gewiss nicht aushalten würde. – Mein Herz, seelisches Befinden ist immer das Wichtigste und Du hast sehr recht daran getan, Dir am Sonntag dafür trotz aller harrenden Aufgaben eine Stunde zu nehmen; nur nicht mangelnden Seelenfrieden durch Geschäftigkeit übertünchen! Ich wäre sehr glücklich, wenn M. D. noch etwas bei Dir bliebe. – Dass Z[eumer] meine Meinung jetzt teilt, ist mir eine rechte Freude; nein, es kommt nicht auf Details an, es kommt aber darauf an, dass man die ganze Frage genau durchdenkt und durchspricht, die Richtung kennt und sich den Willen stählt, das Steuer fest in dieser Richtung zu halten. Ich hoffe, Z[eumer] lässt Papiere, die Du ihm gibst, nicht rumschludern, denn bei dem Weiberbetrieb da unten kann das sonst eine tolle Klatscherei geben, zumal Z[eumer] Privatleben und Betrieb nicht immer scharf trennt. – Ich bitte um eine Kerze. – Ich müsste noch vieles schreiben, was aber in 10 Zeilen nicht unterzubringen ist; so muss es bleiben, bis Du das nächste Mal kommst. Dank und Gruß M. D., Grüße und gute Wünsche Deiner ganzen Umgebung. Mein Herz aber gehört ganz Dir und Deinen Söhnchen. Pflege Dich und sie, erringe und erhalte Deinen Seelenfrieden (Jes. 40,[1] Jes. 55,8–13,[2] Salomos Klagelieder 3[3]), so wird alles gehen. Gott behüte uns alle. J.

1 Trostbuch von der Erlösung Israels. 2 Die Überschrift lautet: «Gottes wunderbarer Weg». 3 «Klage und Trost eines Leidenden».

Montag, 14. August 1944

Mein Lieber, seit drei Tagen geht es mir bei bester Laune mickerig. Ich steh morgens ganz gut auf, 2 Stunden geht es leidlich und ab 10 ist Schluss. Mein Unterleib schmerzt, mein Kreuz, die Rippen; das Essen widert mich an, ich bin leicht schwindelig und ohnmächtig und habe eisige Füße und Hände. Dann steige ich wieder ins Bett, habe solch Kopfweh, dass ich nicht lesen kann, und döse ohne Mittag vor mich hin; gegen 5 wird es besser, sodass ich wieder aufstehe und bis 10 lese, wenn auch unter Kopfweh. Danach schlafe ich hervorragend und am nächsten Morgen geht es wieder los; heute ist der dritte Tag; ich führe es auf Mangel an Bewegung zurück, halte es für ganz bedeutungslos, zumal es meine ganz unveränderte, zu meinem Erstaunen gar nicht beeinträchtigte Laune nicht berührt. – Deine Unterhaltungen mit Z[eumer] und O[nkel] Max: gerade die Erkenntnis der Tatsache, dass man später nichts mehr tun kann, zwingt jetzt zum Handeln; lass Dich durch den Vorwurf theoretisch nicht beirren; O[nkel] Max vor allem sieht das von dem aktiven Standpunkt, der glaubt, sein Wille habe sich durchgesetzt, ohne zu bemerken, dass dieser Wille von Anfang an beeinflusst war. – Geht T[ante]. Leno nach Potsdam, so musst Du ihre Wohnung sofort wieder belegen. Mir sind eine ganze Anzahl Einzelfragen eingefallen, die ich aus Platzmangel nicht anbringen kann und die auf Deinen nächsten Besuch warten müssen. Zeit ist aber kostbar. Z[eumer]. soll aber die Frage des Umbruchs der schlechten Wiesen nicht aus dem Auge lassen; er braucht die 90 Mrg. nicht auf einmal anzufangen. Ich wollte Dich auf 2. Könige 20,12–21 hinweisen. Asta soll Dich bremsen und Du sollst Dich pflegen. Mein liebes Herz, wenn Ihr nur heil und wohlbehalten bleibt; wie häufig sind meine Gedanken bei Dir, und wie gerne würden sie Dir beistehen! Grüße alle, mein Herz, vornehmlich Deine Söhnchen. Dank an M. D., Asta, Frau Pick. Gott behüte Dich und die Dir anvertraut sind. Ich umarme Dich. J.

[Am 19. August 1944 wurde Helmuth James von Moltkes Status eines Untersuchungshäftlings aufgehoben.]

Dienstag, 12. September 1944

Mein Lieber, mir geht es unverändert gut. Damit ist aber der Brief eigentlich schon zu Ende, denn sonst gibt es gar nichts zu berichten. Die Tage reihen sich aneinander, ohne dass etwas passiert. Ich verbringe sie gut und ohne dass sie mir lang oder unangenehm werden. Um ½ 8 gibt es Frühstück und dann stehe ich meist erst auf. Der Morgen ist in der Regel sehr schnell um, und um 11 oder 11.30 gibt es Mittag; nach dem Essen gehe ich auf und ab, bis das Geschirr abgeholt wird, und dann lege ich mich so um ½ 1 hin, denke, dass Ihr wohl gerade mit Essen anfangt, und begleite Dich dann aufs Feld. Damit und mit den Gedanken, die sich daran anschließen, bin ich meist gut bis 4 beschäftigt; dann lese ich ein wenig oder sage mir auswendig vor und um ½ 6 gibt es Abendbrot. Von 6 bis ½ 10 lese ich dann wieder und rezitiere und um 10 schlafe ich fest bis etwa 4; von da an wache ich durch das Lichtmachen der Kontrolleure auf und dussele daher von da an meist nur noch bis zum Aufstehen. Wenn ich denke, dass es 6 ist, begleite ich wieder Dein Aufstehen und an Sonntagen den Besuch Deines Söhnchens. Eigentlich denke ich nur an Dich und die Söhnchen. Es ist fast so, als hätte ich alle anderen Menschen vergessen, ganz merkwürdig. Das war vor zwei Monaten ganz anders. Jetzt kommt selbst Asta nur noch vor, wie sie mit Euch lebt oder etwas mit Euch tut. Allein bin ich keinen Augenblick, mein Herz. Ich umarme Dich, der Herr behüte Dich und uns. J.

Montag, 18. September 1944

Mein Lieber, es geht nur noch ein Mal in der Woche Post ab, nämlich Dienstag. Daher ist seit meinem letzten Brief eine Woche vergangen. Morgen beginnt der 9te Monat. Wie die Tage vergehen, so fühle ich mich Dir immer näher und näher gerückt, weil ich mich ja auch fast mit nichts anderem beschäftige, außer dass ich in dem geliebten Buch lese. In den Büchern, die Du mir noch bringen durftest, lese ich ab und zu ein paar Seiten, aber ohne rechte Beteiligung. Ich bin, nachdem ich erst ein Mal 14 Tage ganz ohne Schriftzeichen gelebt hatte, so zufrieden mit meinen eigenen Gedanken, dass ich auf fremde keine rechte Lust habe.[1] Denn zufrieden bin ich in einem mich selbst erstaunenden Grade; denn schließlich fehlt es jetzt an allem, was mir noch vor gar nicht langer Zeit notwendig erschien. Mein liebes Herz, vor allem bin ich aber voller Dankbarkeit gegen Mami und Dich, denn wo wäre ich ohne die Reichtümer, die von Euch gekommen sind. Es vergeht auch kein Tag, an dem ich nicht Spr. 31,10–31 still vor mich hinsage, jede Zeile dankbar bejahend.[2] Äußerlich geht es mir ausgezeichnet: ich schlafe sehr gut, esse alles, was ich bekomme, und finde es gar nicht unerträglich schlecht, sondern eigentlich ganz gut, vor allem wenn man das

Brot zwei Tage alt werden lässt. Ich komme 1 Stunde raus und laufe davon etwa 20 Minuten Dauerlauf. Der [die nächsten Worte vom Zensor unleserlich gemacht] hier ziemlich große, der Konzentration schädliche Krach, sind eigentlich die zwei einzigen Dinge, die mich stören, aber auch nicht mehr. Seit einigen Tagen haben wir sogenannte «Arbeit». Ich sortiere polnische Münzen und Geldscheine, zähle und bündele sie, eine Tätigkeit, die keine Gedanken erfordert und daher nicht stört, sondern eher angenehm ist. Steigt mir ein Mal etwas Unruhe auf, was so ein oder zwei Mal in der Woche vorkommt, so sage ich mir aus dem Kopf vor, manchmal laut, manchmal leise, erinnere mich dann nach kurzer Zeit meiner Dankesschuld, pfeife einige der Lieder, die wir in Gräditz immer singen, vor und schon ist alles vorbei. Ich hoffe, mit dieser Kur durchzukommen und mich dadurch immer friedlich und dankbar zu fühlen. Um Dich mache ich mir keine Sorgen, was wohl eigentlich meine Pflicht wäre. Aber ich kann nicht. Ich habe so fest das Gefühl, dass Du wohl ausgerüstet bist, dass Du das alles meistern kannst. In meinen Gedanken bist Du keinen Augenblick ein Sorgenpunkt, sondern ein Quell der Dankbarkeit, Zuversicht und «Glaube, Hoffnung, Liebe, diese drei». Ja, und auch eines gewissen Stolzes, dass ich es mir leisten kann, mir um Dich keine Sorgen zu machen. So sind mir diese 4 vergangenen Wochen wie eine große Ernte gewesen, eine Ernte, die alle meine Erwartungen weit übertroffen hat. Ob ich anders wohl je gemerkt hätte, wie reich und groß die Ernte ist? – Leb wohl, mein liebes Herz, umarme die Söhnchen, grüße die Vielen, die von mir Grüße erwarten. Gott behüte Dich. J.

1 Das bedeutet, dass Moltke vom 19. August bis Anfang September nicht lesen durfte.
2 Es ist der von ihm häufig erwähnte Abschnitt über «Das Lob der Hausfrau».

«Ein merkwürdiges Jahr geht zu Ende»

Briefe aus Tegel

28.11.44
Eigentlich schulde ich Dir noch einen Bericht über den Sommer und ich will mal sehen, ob es mir gelingt. Am 6. Februar kamen wir nach Ravensbrück: Kiep, Bernstorff, Scherpenberg, Kuenzer, Etscheid[1] und noch ein Mann in einer grünen Minna. Ich hatte in der P. A. Herrn Witt zu meiner persönlichen Bewachung und Kiep hatte Herrn Motekus. Die kamen beide mit. In Ravensbrück waren tags zuvor die in dieselbe Sache verwickelten Frauen angekommen, von denen ich nur Hannah Kiep und Frl. Zimmermann kannte. Ich bekam meine Zelle 28 und neben mir war Kiep, auf der anderen Seite zwei SS-Aufseherinnen, über die ich ja in meinem Tagebuch berichtet habe. Als ich am 7. früh zum Ausgang kam, sah aus ihrem Zellenfenster Puppi heraus, und ihre Zelle war so nah an dem Ausgang, dass wir etwas reden konnten.

In der ersten Zeit war ich vorsichtig und zurückhaltend, weil wir erstens viel Überwachungspersonal hatten – 2 SS-Aufseherinnen, Fräulein Mewes[2], die ich später für unseren internen Gebrauch «August» taufte, und eine andere, die beide zum Lager gehörten, und dann für uns 6 Männer und 6 Frauen 3 SS-Untersturmführer und 4 weibliche Polizeibeamte – und weil auch unter den Gefangenen viele SS-Männer und SS-Mädchen waren. Mit Puppi wechselte ich aber täglich ein paar Worte durchs Fenster, d. h. sie durchs Fenster und ich vom Ausgehplatz her. Wir gingen damals jeder allein. Ab Mitte März durften wir dann mit anderen Häftlingen zusammen gehen, solchen, die nichts mit uns zu tun hatten, und das arrangierte ich dann bald so, dass ich mit einem politischen Mädchen – Gerti –, einer Düsseldorferin, rauskam, die schon 2 ½ Jahre im Lager war und die mir die ersten Lektionen über die diversen Insassen gab. Sie selbst war R. K. Schwester gewesen und war wegen eines politischen Witzes eingesperrt worden, war in das Lager als Pflegepersonal gekommen und hatte dort ein Verhältnis mit dem SS-Arzt gehabt, der deswegen zu Zuchthaus verurteilt worden war, während sie in den Zellenbau in Einzelhaft kam und zeitweise schrecklich gequält worden war: 21 Tage ohne Essen in einer Dunkelzelle krummgeschlossen, d. h. Hände und Füße in eine Fessel geschlossen. Man hatte von ihr das Geständnis haben wollen, dass der Arzt bei ihr eine Abtreibung vorgenommen hatte. Als Aufräumefrauen gab es 3 Bibelforscherinnen, die bereits 7, 7 und 3 Jahre saßen; eine nette dicke Ostpreußin, eine schlaue Berlinerin und eine sehr pfiffige und kluge Böhmin. Mit denen stand ich mich bald sehr zart. Gerti kam am Ostersonntag, 9. 4., weg, nach Auschwitz. Zu gleicher Zeit etwa kamen die weiblichen Polizeibeamtinnen weg, und Puppi, die wegen eines Kassiber-Schiebens mit Langbehn[3] auf die Nordseite versetzt war, wo auch seit Anfang März Kiep hingekommen war, bekam die Zelle 26 neben mir. Ferner hatte ich mich mit Gertis Hilfe soweit orientiert, dass ich nun ganz sicher war und wusste, auf wen man sich verlassen konnte und auf wen nicht. So sind aus der Besatzung, die den Sommer verschönte, noch zu erwähnen: der 76er, Poseidon genannt, weil er das Gießen der Blumen hatte. Ein Mann, der für die Kriegsdauer saß, dem man aber nichts Genaues nachweisen konnte. Er saß in Zelle 76, war nett und machte den Eindruck eines Technikers. Carmen, eine Schweizer Journalistin in meinem Alter, die für den S. D.[4] gearbeitet hatte und nach dem Anschluss von dem S. D. abgefallen war. Sie lag schräg unter mir, bekam einmal 25 Schläge mit der Nagaika und erzählt herrliche Geschichten. Im Mai oder Juni kam sie wieder ins «freie» Lager, wo sie im Revier tätig war. Sie kam aber meist oder häufig unter irgendeinem Vorwand, wenn ich Ausgang hatte, und war für mich eine großartige Informationsquelle. Sie heißt Mory und ist die Tochter eines Schweizer Arztes, war 1940 von den Franzosen zum Tode verurteilt. Unter mir lag «Schorsch», ein Gärtner von Siemens, der als freier Mann K. Z.-Lager-Insassen Briefe und Sachen von ihren Frauen mitgebracht hatte, zu 2 Jahren K. Z. «verurteilt» worden war und dann im August, als ich schon eingekleidet worden war, ins «freie» Männer-Lager kam.

Mit unseren beiden Aufsichtsmännern Motekus und Witt und nachher Weber und mit den beiden SS-Mädchen hatten Puppi und ich ein ganz zartes, durch Lebensmittel stark untermauertes Verhältnis. Die beste von denen war «August». August war ursprünglich rauh und Puppi behauptete, sie sei tückisch, aber ich hatte mich sofort an sie attachiert und es stellte sich auch heraus, dass sie im Grunde eine Perle war, wenn auch etwas mannstoll, was mir aber das Geschäft nur erleichterte. August war die Seniorin des Lagers, tüchtig und bei dem Lagerführer sehr beliebt; sie wurde immer mitgenommen, wenn neue Aufseherinnen geworben wurden, und war den anderen Mädchen turmhoch überlegen. Wenn wir etwas haben wollten, dann bat ich immer August, und 24 Stunden später hatten wir es. Mit August hatte ich ein Mal eine Unterhaltung über Kindererziehung – sie hatte 2 – und da stellte sich heraus, dass sie mit mir der Meinung war, dass es eine Kindererziehung ohne christliche Religion nicht gäbe, und dass sie deswegen ihre

Mutter bei sich wohnen hatte, damit sie die Kinder nicht in den SS-Kindergarten geben müsste. Mit August also war ich ganz zart.

Dann gab es den «9er», der Zelle 9 hatte, sicher ein Mann der ehemaligen Sozialistischen Arbeiterjugend, der als Funker während der Zeit nach 33 durch die ganze Welt gekommen war und, im Kriege über Sibirien nach Deutschland zurückgekehrt, nach wenigen Wochen ins K. Z. wanderte und nun das Kriegsende erwartete.

Dann gab es «Willi», einen Eisenarbeiter aus Granz, der den spanischen Bürgerkrieg auf kommunistischer Seite in der internationalen Brigade gekämpft hatte, dann nach Russland gegangen war und als russischer Agent an der Ostfront in unsere Hände gefallen war. Man ließ ihn leben, weil er vor Kriegsausbruch bereits ausgebürgert war, also nicht als Deutscher in Russland gekämpft hatte.

Dann gab es noch eine Menge wechselnder Personen: russische Partisaninnen, Pflegepersonal der russischen Armee, Polinnen – zwei sehr nette Mädchen aus Warschau –, eine Ukrainerin mit Baby und Schwester, SS-Männer, SS-Aufseherinnen aller Art, die ich bald alle kannte oder vielmehr sie kannten mich, weil Puppi und ich nach Gerti's und Kieps Abgang die Senioren des Zellenbaus waren und überhaupt allerhand Vorrechte genossen. Aus dem freien Revier kannte ich Pela Potocka[5], die auch im Revier arbeitete und die ich durch Carmen aufgetan hatte, und eine ganze Reihe Polinnen aus der Küche, die sich manchmal mit mir unterhielten, wenn sie Essen brachten.

Eines Tages, ich glaube im Mai oder Anfang Juni, kam ich mittags von meinem Rundgang herein und da stand: Isa Vermehren, die gerade eingeliefert worden war und der ich so wenigstens aufmunternd zulächeln konnte. Ich ließ gleich durch die böhmische Bibelforscherin ermitteln, wo sie hingelegt wurde, und es stellte sich heraus, dass sie schräg unter mir, also unter Puppi und neben Schorsch lag. Wir klopften sie dann raus und sie wurde erst ein Mal mit einem viertel Pfund Butter getröstet und in die Gemeinschaft aufgenommen.

Schließlich kam Anfang Juli in eine der guten Zellen, eine der Besten, 36, die Puppi früher bewohnt hatte, ein Mädchen in schwarzem Kleid und platinblondem Haar und mit geschminkten Lippen. Als ich mittags rauskam, nickte sie mir freundlich zu, aber ich konnte nicht daraus klug werden, wer sie war. Sie zeigte dann eine Zigarettendose, die ich kannte, aber die ich auch nicht gleich unterbringen konnte. Ich ging ganz voller Gedanken in meine Zelle zurück, denn es war ja sehr wichtig zu wissen, wer das neue Mädchen war. Plötzlich fiel mir ein, dass das die Zigaretten von Falkenhausen waren und dass dies die Prinzessin Ruspoli[6] sein musste, die nur so mitgenommen war, dass ich sie nicht erkannt hatte. Ich stürzte also an mein Fenster und pfiff laut Falkenhausens Lieblingssong: «Dans un coin de mon pays», und in der Hälfte der ersten Strophe antwortete sie mit der zweiten Hälfte. Das war die Besatzung des Sommers bis 20. 7.

Wir auf der Südseite hatten alle unsere Fenster in «Ordnung gemacht», d. h. so eingerichtet, dass man sie rausnehmen und sich rauslehnen und sogar den Kopf zum Gitter hinausstrecken konnte. Wenn wir uns nun gegenseitig etwas mitzuteilen hatten, so pfiffen wir uns an, und zwar hatte jeder seinen Pfiff. Meiner war «Wem Gott will rechte Gunst erweisen», Isa «Die Gedanken sind frei», Elisabeth Ruspoli, genannt Mary, «Dans un coin» usw. Puppi, genannt Erna, hatte keinen, denn die konnte ich ja rausklopfen.

Puppi hatte im April eine grässliche Krise und da haben wir häufig sehr traurig darüber gesprochen. Sie bekam dann von ihrem Vater eine reformierte Bibel und wir unterhielten uns eingehend über Bibeltexte. Ab Juni gingen wir auch immer zusammen zu unserem Rundgang raus und besprachen von der Bibel bis zu Ernährungsmaßnahmen für das Personal alles, agierten in diesen Dingen auch immer gemeinsam. Die Abendunterhaltung war aber meist über einen Psalm oder etwas Ähnliches. Die drei, die unter uns lagen: Carmen, Schorsch und Isa ernährten wir tüchtig, denn die bekamen alle drei das schlechte Essen. Etwa Mitte Juni, nein Anfang Juni, erreichten wir, dass Isa raufverlegt wurde, und zwar neben Puppi in Zelle 27. Ich hatte Isa nun sehr zugeredet, doch zu singen, und da begann sie dann erst vorsichtig, und bald war es zu einer stehenden Gewohnheit geworden, dass sie abends nach Schluss, also nach 10 Uhr, sang: erst italienische Volkslieder oder etwas Lustiges und zum Schluss geistliche Lieder: evangelische Kirchenlieder, «Der Mond ist aufgegangen» und katholische Kirchenmusik wie vor allem den gregorianischen Lobgesang. Als sie das erste Mal sang, seufzte ein schräg unter ihr liegender österreichischer SS-Mann laut auf und sagte: «Zehn Jahre habe ich das nicht gehört!»

Unser Haupttrumpf war, abgesehen von unserem, Puppi und meinem, Essensnachschub, unsere Freundschaft mit August. Die anfängliche Ablehnung Augusts durch Puppi und Isa war, nachdem ich meine Unterhaltung über die religiöse Kindererziehung gehabt hatte, einer innigen Freundschaft gewichen und ab Anfang Juli hat August uns drei jeden Morgen je zwei in Fettpapier aufgebackene Semmeln mitgebracht und abends manchmal frische Pilze oder Bratkartoffel gemacht. August hat also für unser Wohlleben sehr viel getan. Auch sonstige Einkäufe hat August für uns in der Stadt besorgt.

Das Essen spielte überhaupt eine große Rolle. Nachdem ich einen Tauchsieder zum Teekochen bei mir angeschlossen hatte, hatte Puppi sich eine Kochplatte kommen lassen, und da wurden ganze Gerichte, z. B. herrliche Risottos, gekocht. Aber auch Schinken und Wurst, von mir Speck zu Kartoffeln, alles spielte eine Rolle und Sonntags bekam die ganze Sonntagswache von uns Tee oder Kaffee.

In all dieser Existenz kamen dann wieder schreckliche Dinge vor: fast täglich bekam irgendeine Frau aus dem Lager 25 Hiebe mit der Nagaika. Das geschah in unserem «Zellenbau». Meine Freundinnen aus der Küche erzählten mir das immer tags zuvor, denn dann gab es für die prügelnden Häftlinge Fleischzulage. Die Frauen wurden nackt in Gegenwart von Lagerführer und Arzt festgeschnallt und von zwei Mitgefangenen geprügelt. Schräg unter mir lag ein Mal eine, die hatte 75 bekommen, in drei Raten. Der Rücken war ganz aufgeplatzt, aber es war erstaunlich, wie schnell sie sich erholte. Dann gab es Männer, die wurden plötzlich morgens aufgefordert, mal «einen Spaziergang ums Lager zu machen», d. h. erschossen zu werden. Das geschah einem in meiner Nähe liegenden Häftling Emil, der ein Verhältnis mit einer Aufseherin hatte und sich weigerte, deren Namen preiszugeben. 14 Tage nach seinem Tode lag das Mädchen in Zelle 24 neben mir, eine Österreicherin aus der Nähe von Wien, ich glaube Floridsdorf. Sie war eigentlich nur 7 Tage traurig und benommen und hatte sich dann sehr mit dem 9er angefreundet. – Dann kamen eines Tages 10 Häftlinge, die wegen eines Mordes an einem Mithäftling in Untersuchung gelegen hatten, um 5 Uhr früh weg. An sich ganz nette Männer, und wir dachten alle, der Kamin des Krematoriums, der meinem Fenster schräg gegenüberlag, würde wie toll rauchen. Aber dann hörten wir nach einer Woche, dass sie heil in Oranienburg im Lager seien und dort arbeiten müssten. – Dann hatten wir einen englischen Fallschirmagenten, der wurde eines Morgens zum Erschossenwerden abgeholt. – Schließlich war mit Schorsch zusammen ein Mann eingesperrt worden, der aus dem «freien» Lager ausgebrochen war; der wurde auch eines Morgens abgeholt und dann hörten wir, dass er mitten im Lager gehenkt worden war. – Zwei Russinnen, die nach Carmens Abgang in deren Zelle kamen, übrigens besonders hübsche

Mädchen von 19 und 20 Jahren, denen wurde alle paar Tage eröffnet, sie würden nun erschossen, weil sie bei der Arbeit Sabotage geübt hätten. – An der Nordseite, wo Willi, der 9er, zeitweise Isa als Strafe für ein Kassibergeschäft mit ihrer Schwägerin lagen, gab es täglich Prügelszenen und Strafestehen: die Frauen mussten bei jedem Wetter von morgens 5 Uhr bis abends 10 oder 11 Uhr still stehen.

Isa, die neben den 9er gelegt worden war, in Nr. 8, hatte mit diesem einen Morseverkehr und, an unsere religiösen Unterhaltungen auf der Südseite gewöhnt, hatte sie gleich damit angefangen, ihn anzumorsen: «Glauben Sie an Gott?», worauf er prompt «Nein» erwidert hatte. Das war rasend komisch, denn Isa versuchte nun, ihn auf dem Morsewege zu bekehren, und musste bald das Rennen aufgeben. Isa war auch entrüstet, dass Puppi, die katholisch war, Bibel las, statt sich an das Messbuch zu halten, und tat ihr Möglichstes, sie ganz auf das Messbuch festzulegen: dass die Bibel «schön» sei, fand sie ein Gräuel; das war schon ketzerisch. – Ich merke, dass Elisabeth, sprich Mary, zu kurz kommt. Mir fällt auch gerade keine schöne Geschichte zu ihr ein, aber sie war durchaus zu gleich mit den beiden anderen Mädchen und eine große Bereicherung. Auch war sie besonders gut im Beschaffen von Nachrichten, weil sie sehr geschickt und ruhig zu fragen verstand.

Nachrichten waren für uns immer sehr wichtig. Vor allem war wichtig zu erfahren, wer neu kam, wer in leere Zellen kam, wo Spitzel hingelegt wurden, was bei Vernehmungen gefragt worden war. Dieser Nachrichtendienst hat sich nach dem 20. 7. sehr bewährt, denn so wurde ich wenigstens vor Überraschungen bewahrt. Peters Ankunft erfuhr ich binnen 20 Minuten, auch dass Kleist[7] und Schwerin[8] mit ihm gekommen waren. Schacht und Popitz, Leber, Haubach, Leuschner, Maaß,[9] Wirmer[10] usw. waren uns innerhalb 24 Stunden angezeigt, sogar mit Zellennummern, obwohl alles getan wurde, es uns zu verheimlichen. Hassell,[11] der sehr schlecht behandelt wurde, bekam schon nach 48 Stunden seinen ersten Risotto durch die böhmische Bibelforscherin. Halder kam in Isas Zelle 27 neben Puppi und war ein sehr gelehriger Häftling.

Am 14. nachts um 11 Uhr wurde ich zur Vernehmung geholt, und damit war klar, dass man mir ans Leben wollte. Bis zum 19. hat man es aber alles beim Alten gelassen, nur war ich kurz zuvor auf die Nordseite gelegt worden unter irgendeinem Vorwand. Und so habe ich mich in den Tagen vom 15. bis 19. noch von allen herrlich verabschieden können. Die drei Mädchen haben mir versprochen, Freya später zu besuchen und ihr zu erzählen, wie meine letzten Monate waren. Mary vor allem wollte direkt von Ravensbrück nach Kreisau kommen und sich von da mit Ansembourgs[12] in Verbindung setzen. Am 19.8. wurde ich dann eingekleidet und in eine dunkle Zelle der Nordseite gesperrt, ohne Buch, ohne Papier zum Schreiben, ohne eigene Sachen, außer Socken und Taschentücher, mit schlechtem Essen und eine Woche lang ohne Ausgang. Trotzdem blieb ich nachrichtenmäßig mit den anderen in Verbindung und wir sahen uns später, als ich rauskam, sekundenweise, weil ich, wenn ich rauskam, einen unserer Pfiffe losließ und dann, wenn die damals sehr strenge Bewachung nicht hinsah, schnell um die Ecke winkte. Wenn sie draußen waren und ich mich gemeldet hatte, pfiff Isa, die damals wieder auf die Südseite gekommen war, meine Lieblingslieder, lauter Mozartmelodien. Als ich schließlich abfuhr, sah ich gerade Mary und konnte ihr auf Wiedersehen sagen und die Bibelforscherinnen und August sahen sehr traurig hinter mir her.

29.11.44 Fortsetzung
Zu meinem gestrigen Brief über Ravensbrück will ich nur noch nachtragen, wer noch so durchgelaufen ist und länger oder kürzer da war, ohne in meinem dortigen Leben eine erhebliche Rolle zu spielen. Aber vielleicht läuft Dir der eine oder andere mal über den Weg: Planck[13] hat noch eine Woche neben mir gelegen, als ich auf der Nordseite war. Alvensleben-Neugattersleben[14] lag auf meiner anderen Seite, Pechel,[15] der Herausgeber der Neuen Rundschau, Suhrkamp, der jetzige Inhaber des Berman-Fischer Verlages, zwei Brüder, deren mir gerade entfallener Namen mit W. anfängt, Verleger aus Berlin,[16] Frau Solf und ihre Tochter Gräfin Ballestrem,[17] Halder[18] und Frau, er einige Zeit neben Puppi in Zelle 27, wo er ein sehr netter Nachfolger von Isa war. Isas Schwippschwägerin, die Schwester von Vermehrens Frau, deren Namen ich nicht wusste, Gisela heißt sie mit Vornamen,[19] Frau Henschel, Frau des Legationsrates aus Ankara, erst putig, dann aber nett, Hermes,[20] Geßler[21] und Fehr, die mit mir eingekleidet wurden, mit Peter zusammen Schwerin und Kleist; Leuschner und Maaß und Leber und Dahrendorf,[22] ein Gewerkschaftssekretär Nuschke,[23] ein Gewerkschaftssekretär Groß,[24] ein Marinepfarrer Kunkel. Eigentlich sind alle Männer außer Popitz, Schacht, Halder und mir irgendwann fürchterlich geprügelt worden. Bernstorff und Kuenzer lagen mehrere Tage im Bett. Am schlimmsten hat man Langbehn behandelt – jetzt zum Schluss, anfangs war er so ein Sonderfall wie ich, und in der P.A. brachte ihm sein Diener jeden Morgen auf

einem Tablett ein opulentes Frühstück; der wurde an Händen und Füßen gefesselt und sowohl in der Zelle wie bei der Vernehmung geprügelt [...].

1 Alfred Etscheid, Rechtsanwalt, Mitarbeiter der Abwehr. 2 Margarete Mewes, geb. 1914 in Fürstenberg, ab 1939 Aufseherin in Ravensbrück, ab Januar 1943 Aufseherin im Zellenbau. Isa Vermehren hat sie in ihrer «Reise durch den letzten Akt» beschrieben; 85–88. 3 Carl Langbehn, Rechtsanwalt, der Kontakte zwischen Himmler und Popitz vermittelte. Befreundet mit der Bildhauerin Marie-Louise Sarre (Puppi), im Oktober 1944 hingerichtet. 4 Sicherheitsdienst. 5 Pela Potocka stammte aus einer bekannten polnischen Adelsfamilie. 6 Elisabeth Ruspoli war eine Belgierin, befreundet mit General Falkenhausen: s. Helmuth James von Moltke: Briefe an Freya, 1939–1945, 3. Auflage München 2006, 488–492; 539; 581. 7 Ewald Heinrich von Kleist, Sohn des Ewald von Kleist-Schmenzin (hingerichtet im Februar 1945), konnte überleben. 8 Ulrich Wilhelm Graf von Schwerin Schwanenfeld (1902–1944), gehörte zum engsten Kreis des Widerstands. 9 Julius Leber, Theodor Haubach, Wilhelm Leuschner, Hermann Maaß – die sozialdemokratischen Mitverschwörer von Moltke. Biographien bei Günter Brakelmann: Der Kreisauer Kreis. Chronologie, Kurzbiographien und Texte aus dem Widerstand, 2. Auflage Münster 2004, 95 ff; 79 ff; 91 ff; 93 ff. 10 Josef Wirmer (1901–1944), Rechtsanwalt, in Kontakt mit oppositionellen Gewerkschaftern, mit dem Goerdeler-Beck-Kreis und der Abwehr. 11 Ulrich von Hassell (1881–1944), Diplomat a. D., führender Kopf des bürgerlich-militärischen Widerstands um Goerdeler, Beck und Popitz. 12 Zu Graf und Gräfin Ansembourg s. Moltke, Briefe an Feya (wie Anm. 6), 316. 13 Erwin Planck (1893–1945), Staatssekretär a. D., Mitarbeit in der militärisch-bürgerlichen Opposition, zusammen mit Moltke am 23. Januar 1945 hingerichtet. 14 Werner von Alvensleben (1875–1961), Berufsoffizier, dann Bankier. 15 Rudolf Pechel (1882–1961), Schriftsteller, vom Volksgerichtshof freigesprochen. 16 Es handelt sich um den Verleger Paul Wasmuth und seinen Bruder. 17 Tochter von Hanna Solf, hatte an der «Teegesellschaft» teilgenommen. Vgl.: Die Teegesellschaft in Berlin oder der Solf-Kreis, in: Gerlind Schwöbel: Nur die Hoffnung hielt mich. Frauen berichten aus dem KZ Ravensbrück, Frankfurt/Main, 79 ff. 18 Franz Halder, 1938–1942 Generalstabschef des Heeres, befreit am Pragser Wildsee April 1945. 19 Gräfin Gisela von Plettenberg, neben Isa und Prinzessin Ruspoli eines der «drei Mädchen» im Zellenbau. Gräfin Gisela von Plettenberg ist die Schwester von Elisabeth Ruspoli, also die «Schwippschwägerin» von Isa. Beide wurden im April 1945 von US-Soldaten am Pragser Wildsee in Südtirol befreit. Vgl. Matthias Wegner: Ein weites Herz. Die zwei Leben der Isa Vermehren, Berlin 2004. 20 Andreas Hermes (1878–1964), Zentrumspolitiker und Agrarpolitiker. 21 Otto Geßler (1875–1955), Reichswehrminister. 22 Gustav Dahrendorf (1901–1954), sozialdemokratischer Politiker. 23 Otto Nuschke (1883–1957), Journalist, 1921–1933 Mitglied des Preußischen Landtags. 24 Nikolaus Groß (1898–1945), katholischer Gewerkschafter, zusammen mit Moltke am 23. Januar 1945 hingerichtet.

Donnerstag, 28. Dezember 1944

... Ein merkwürdiges Jahr geht für mich zu Ende. Ich habe es eigentlich vor allem unter Leuten verbracht, die für einen gewaltsamen Tod präpariert wurden, und viele von denen haben ihn inzwischen erlitten: Kiep, Frl. v. Thadden,[1] Langbehn, Hassell, Peter,[2] Schwerin, Schulenburg, Popitz (?), Maaß, Leuschner, Wirmer, und sicherlich 10 oder 11 K. Z.-Häftlinge. Mit all diesen Leuten habe ich doch in einem Hause gelebt, an ihrem Schicksal teilgenommen, gelauscht, wenn sie zu Verhören weggeholt oder wenn sie ganz weggebracht wurden, fast mit allen über ihre Angelegenheit gesprochen und gesehen, wie sie mit allem fertig wurden. Und hier in Tegel sind auch schon, glaube ich, etwa 10 aus meiner Gruppe hingerichtet worden. Der Tod ist so ein Begleiter des ganzen Jahres geworden. Und wenn mich am Anfang die Aufforderung an «Emil» zu einem «Spaziergang ums Lager» riesig aufregte, so sind eben diese gewaltsamen Tötungen so zum Alltag geworden, dass ich das Verschwinden einzelner Männer traurig, aber doch wie ein Naturereignis hinnahm. Und nun, sage ich mir, bin ich dran. Kann ich es bei mir auch wie ein Naturereignis hinnehmen? In der Verfassung kam ich her; eigentlich war mir nur der Umweg über den V. G. H.[3] lästig, und hätte mir jemand gesagt, Todesurteile können auf Antrag des Angeklagten auch durch Strafbefehl verhängt und dann auch gleich vollstreckt werden, so hätte ich Ende September den Antrag gestellt. So sehr war ich in der Atmosphäre befangen, dass man über das Hingerichtetsterben nur keinen «fuß»[4] machen dürfe. Und wo bin ich jetzt? Die Landschaft ist einfach nicht wiederzuerkennen. Jetzt will ich ganz definitiv nicht sterben, darüber ist gar kein Zweifel. Das ständige Arbeiten an den Argumenten, mit denen das zu vermeiden sei, hat in mir den Willen, um diese Sache herumzukommen, ganz mächtig angeregt. Wenn ich die vielen Schritte bedenke, die jeder in sich ganz unumwälzend waren, von denen eigentlich jeder – retrospektiv betrachtet – nur dazu gedient hat, die Argumente zu klären, so muss ich sagen, dass sie nachträglich eben einen sinnvollen Zusammenhang erweisen und dass aus diesem allen jetzt eine Verteidigung erwachsen ist, die sich immerhin doch hören lässt (Ich bin gespannt, was Hercher[5] zu der neuen Version sagen wird). – Das alles ist ein Wunder, was nicht bedeutet, dass sich daraus Schlüsse auf die Zukunft ziehen lassen; davon bin ich, abgesehen von stundenweisen Schwächeanfällen, weit entfernt. Aber aus einem psychologisch auf Nicht-Verteidigung eingestellten Angeklagten ohne ein ernsthaftes Argument zu seiner Entlastung ist ein Mann geworden, der entschlossen ist, alles zu tun, was seiner Verteidigung dienen kann, und dann hat er auch eine immerhin diskutable Verteidigungslinie, die ihm immerhin schon wieder soviel innere Sicherheit gegeben hat, dass er sich garnicht scheut, immerhin reichlich unverschämte Briefe an H. H.[6] zu schreiben.

So endet das Jahr, das ich in unmittelbarer und ganz vertrauter, ich möchte sagen vertraulicher Nachbarschaft mit dem Tode verbracht habe, in einem Widerstandswillen, der viel entschlossener ist, als er es auch nur am 19. Januar war, oder vielmehr am 24.1. – Und trotzdem, mein Herz, muss ich jeden Augenblick freudig bereit sein zu sterben, dieses Gefühl, dafür bereit zu sein und sich ohne Widerstand gegen Gott dareinzuschicken, wenn er es befiehlt, das muss ich mir erhalten. Nach dieser Zeit der Vorbereitung darf ich nicht plötzlich davon überrascht werden und wenn es dreist durch eine Bombe wäre. Darum ist eben der Mahnruf «wachet und betet» so nötig und doch versinke ich immer wieder in «Schlaf», wenn ich sehe, dass noch 8 oder 14 Tage bis zum Termin Zeit sind. Es ist eben tatsächlich auch für jemanden, der so viel Zeit daran wendet wie ich, einfach unmöglich, in jedem Augenblick die unmittelbare Gegenwart des Todes zu spüren. Dagegen lehnen Fleisch und Blut sich wild auf.
Ich denke jetzt manchmal – was ich seit Monaten nicht getan habe – darüber nach, wie alles wäre, wenn ich am Leben bliebe, und wundere mich, ob ich das wohl alles wieder vergessen würde oder ob man aus dieser Zeit doch ein reales Verhältnis zum Tod und damit zur Ewigkeit behält. Ich komme zu dem Ergebnis, dass auch da Fleisch und Blut alles dransetzen würden, die Erkenntnis wieder zu verdrängen, sodass ein ständiger Kampf nötig wäre, um die Früchte dieser Zeit zu retten. Wir sind eben ein jämmerliches Geschlecht, darüber ist kein Zweifel, nur wissen wir es meist garnicht, wie jämmerlich wir sind. Jetzt weiß ich auch, warum Paulus und Jesaja, Jeremia und David und Salomo, Moses und die Evangelisten nie veralten: sie waren eben nicht so jämmerlich; sie hatten ein Format, das für uns unerreichbar ist, auch durch Menschen wie Goethe, ja selbst wie Luther nicht erreichbar. Was diese Männer erlebt und erfahren haben, das werden wir nie ganz verstehen. Man fragt sich nur, ob damals solche Männer vielleicht in größerer Zahl existiert haben? Man muss doch annehmen, dass nur ein Bruchteil von dem überliefert ist, was existiert hat. Wie ist es aber möglich, dass solche Männer damals existierten? Die sind doch wie eine andere Spezies Mensch. Und warum unter den Juden? Und warum heute auch unter den Juden nicht mehr? …

1 Elisabeth von Thadden (1890–1944), Gründerin und Leiterin eines evangelischen Landschulheims 1929–1941; aus politischen Gründen entlassen, dann als Krankenpflegerin tätig bis zu ihrer Verhaftung, Folge der «Teegesellschaft», in die sich ein Gestapospitzel eingeschlichen hatte. 2 Yorck. 3 Volksgerichtshof. 4 Kein Aufhebens. 5 Hercher war sein Verteidiger. 6 Heinrich Himmler.

Mittwoch, 10. Januar 1945

Mein Lieber, denk' mal, wie schön, dass ich noch ein Mal hier nach Tegel zurückgebracht worden bin, dass die Würfel, deren Fall schon genau feststeht, sozusagen auf der Kante noch ein Mal halten. So kann ich noch in Frieden einen Bericht schreiben.

Erst mal den Schluss vorweg: um 3 Uhr etwa verlas Schulze,[1] der keinen üblen Eindruck macht, die Anträge: Moltke: Tod + Vermögenseinziehung; Delp: desgl.; Gerstenmaier: Tod; Reisert + Sperr: desgl.; Fugger: 3 Jahre Zuchthaus; Steltzer und Haubach abgetrennt. Dann kamen die Verteidiger, eigentlich alle ganz nett, keiner tückisch. Dann die Schlussworte der Angeklagten, wobei Dein Wirt als einziger verzichtete. Eugen war, wie ich am Schlusswort merkte, etwas unruhig.

Nun kommt der Gang der Verhandlung. Alle diese Nachrichten sind natürlich verboten.[2]

Es war in einem kleinen Saal, der zum Brechen voll war. Anscheinend ein früheres Schulzimmer. Nach einer langen Einleitung von Freisler[3] über Formalien – Geheimhaltung, Verbot des Mitschreibens etc. – verlas Schulze die Anklage, und zwar nur den kurzen Text, der auch im Haftbefehl[4] stand. Dann kam Delp dran, mit dem seine zwei Polizisten vortraten. Die Verhandlung spielte sich so ab: Freisler, den Hercher[5] sehr richtig beschrieben hat: begabt, genial und nicht klug, und zwar alles dreies in Potenz, erzählt den Lebenslauf; man bejaht oder ergänzt, und dann kommen diejenigen Tatfragen, die ihn interessieren. Da schneidet er aus dem Tatbestand eben Dinge heraus, die ihm passen, und lässt ganze Teile weg. Bei Delp fing es damit an, wie er Peter und mich kennengelernt hat, was zuerst in Berlin besprochen ist, und dann kam Kreisau Herbst 42 dran. Auch hier die Form: Vortrag von Freisler, in den man Antworten, Einreden, eventuell neue Tatsachen einbauen kann; besteht aber die Möglichkeit, dass man dadurch den Ductus stören könnte, so wird er ungeduldig, zeigt an, dass er es doch nicht glaubt, oder brüllt einen an. Der Aufbau für Kreisau so: zuerst waren es allgemeine Erörterungen mehr grundsätzlicher Art, dann wurde der praktische Fall der Niederlage erörtert, und zum Schluss wurden Landesverweser gesucht. Die erste Phase möge noch angehen, obwohl überraschend sei, dass alle diese Besprechungen ohne einen einzigen Nationalsozialisten stattfanden, dafür aber mit Geistlichen und lauter Leuten, die sich später am 20. Juli beteiligt hätten. – Die zweite Phase aber sei bereits schwärzester

Defaitismus allerdunkelster Art. Und das dritte offene Vorbereitung zum Hochverrat. – Dann kamen die Münchener Besprechungen dran. Das stellte sich zwar alles als viel harmloser heraus, als es in der Anklage stand, aber es hagelte Pflaumen gegen die katholischen Geistlichen und gegen die Jesuiten: Zustimmung zum Tyrannenmord – Mariana;[6] uneheliche Kinder; Deutschfeindlichkeit u. s. w., u. s. w. Das alles mit Gebrüll mittlerer Art und Güte. Auch die Tatsache, dass Delp bei den Besprechungen weggegangen war, die in seiner Wohnung stattfanden, wurde ihm als «echt jesuitisch» zur Last gelegt: «Gerade dadurch dokumentieren Sie ja selbst, dass Sie genau wussten, dass da Hochverrat getrieben wurde, aus dem Sie gerne das Köpfchen mit der Tonsur, den geweihten heiligen Mann heraushalten wollten. Der ging derweil wohl in die Kirche, um dafür zu beten, dass das Komplott auch in Gott wohlgefälliger Form gelänge.» – Dann kam Delp's Besuch bei Stauffenberg[7] dran. Und schließlich die am 21. Juli erfolgte Mitteilung Sperr's davon, dass Stauffenberg ihm Andeutungen über den Umsturz gemacht habe. Diese beiden letzten Punkte gingen glimpflich ab. Bemerkenswert in der ganzen Vernehmung, dass ich in jedem zweiten Satz von Freisler irgendwie vorkam: «der Moltke-Kreis», «Moltke's Pläne», «gehört auch zu Moltke» u. s. w.

Als Rechtsgrundsätze wurden verkündet:

«Der Volksgerichtshof steht auf dem Standpunkt, dass eine Verratstat schon der begeht, der es unterlässt, solche defaitistischen Äußerungen wie die von Moltke, wenn sie von einem Mann seines Ansehens und seiner Stellung geäußert werden, anzuzeigen.» – «Vorbereitung zum Hochverrat begeht schon der, der hochpolitische Fragen mit Leuten erörtert, die in keiner Weise dafür kompetent sind, insbesondere nicht mindestens irgendwie tätig der Partei angehören.» – «Vorbereitung zum Hochverrat begeht jeder, der sich irgendein Urteil über eine Angelegenheit anmaßt, die der Führer zu entscheiden hat.» – «Vorbereitung zum Hochverrat begeht, der zwar selbst jede Gewalthandlung ablehnt, aber Vorbereitungen für den Fall trifft, dass ein anderer, nämlich der Feind, die Regierung mit Gewalt beseitigt; dann rechnet er eben mit der Gewalt des Feindes.» Und so ging es immer weiter. Daraus gibt es nur einen Schluss: Hochverrat begeht, wer dem Herrn Freisler nicht passt.

Dann kam Sperr. Der zog sich aus der Kreisauer Affäre – mit Recht ein wenig auf meine Kosten – einigermaßen heraus. Es wurde ihm aber folgendes vorgehalten: «Warum haben Sie nicht angezeigt? Sehen Sie, wie wichtig das gewesen wäre: Der Moltke-Kreis war bis zu einem gewissen Grade der Geist des ‹Grafen-Kreises›, und der wieder hat die politische Vorbereitung für den 20. Juli gemacht; denn der Motor des 20. Juli war ja keineswegs Herr Goerdeler, der wahre Motor steckte in diesen jungen Männern.» Sperr im ganzen freundlich behandelt.

Nun Reisert. Er wurde sehr freundlich behandelt. Er hat drei Besprechungen mit mir gehabt, und es wurde ihm vor allem zur Last gelegt, dass er nicht schon nach der ersten bemerkt hätte, dass ich ein Hochverräter und schwerer Defaitist sei, und dann noch zwei andere Besprechungen mit mir gehabt hätte. Ihm wurde vor allem der Vorwurf gemacht, nicht angezeigt zu haben.

Schließlich Fugger. Der machte einen sehr guten Eindruck. Er war eine lange Zeit elend gewesen und hatte sich nun wieder erholt, war bescheiden, sicher, hat keinen von uns belastet, sprach nett bayrisch und hat mir noch nie so gut gefallen wie gestern; ganz ohne Nerven, während er hier immer schreckliche Angst gehabt hatte. Er gab sofort zu, dass, nach dem, was ihm heute gesagt worden sei, ihm klar sei, dass er hätte anzeigen müssen, und er wurde so gnädig entlassen, dass ich gestern abend dachte, er würde freigesprochen werden.

Hingegen war auch in den anderen Vernehmungen der Name Moltke immerzu zu hören. Wie ein roter Faden zog sich das durch alles durch, und nach den oben angeführten «Richtsätzen» des V. G. H. war ja klar, dass ich umgebracht werden sollte.

Nun vielleicht eine kleine Einschiebung über das Bild:

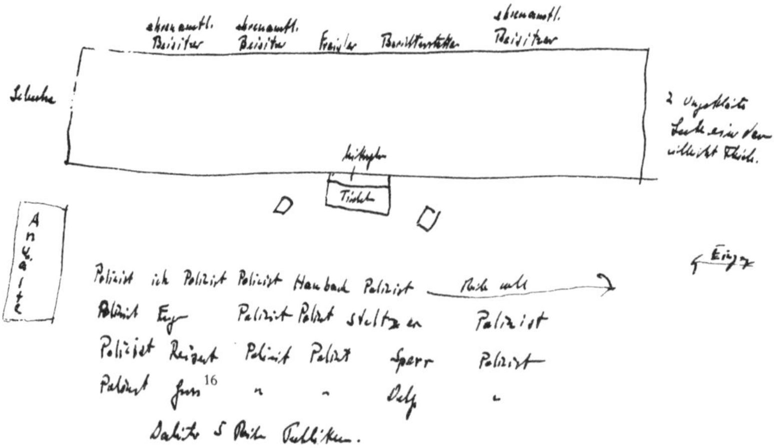

Die ganze Verhandlung wird durch das Mikrophon auf Stahlbänder für das Archiv aufgenommen. Du wirst sie Dir also, solltest Du Lust dazu haben, später ein Mal vorspielen lassen können. Man tritt vor den Tisch, die beiden Polizisten mit, die sich rechts und links auf die beiden Stühle setzen; für Reisert und mich wurde sofort und ohne dass wir fragten ein Stuhl[8] bereitgestellt. Schulze, Freisler + Berichterstatter in roten Roben. Typisch war ein Vorfall: aus irgendeinem Grunde wurde ein St. G. B.[9] gebraucht, weil Freisler etwas daraus vorlesen wollte. Es stellte sich aber heraus, dass keines aufzufinden war.

Nun kommt der zweite Tag. Da fing es mit mir an. In mildem Ton ging es los; sehr schnell, sozusagen rapid; Gott sei Dank, dass ich flink bin und F.'s Tempo spielend mitmachte; das machte übrigens sichtlich uns beiden Freude. Aber wenn er das bei einem Mann exerziert, der nicht ganz schnell ist, so ist der verurteilt, ehe er bemerkt hat, dass F. die Personalien hinter sich gelassen hat. Bis einschließlich der Besprechung mit Goerdeler und meiner Stellung dazu durchaus glatt und ohne viel Aufhebens.

Dann kam mein Einwand, Polizei und Abwehr hätten davon gewusst. Da bekam F. Tobsuchtsanfall Nr. 1. Alles, was Delp zuvor erlebt hatte, war einfach eine Spielerei dagegen. Ein Orkan brach los: Er hieb auf den Tisch, lief an so rot wie seine Robe und tobte: «So etwas verbitte ich mir, so etwas höre ich mir garnicht an.» Und so ging das immer fort. Da ich ohnehin wusste, was rauskam, war mir das alles ganz gleich: ich sah ihm eisig in die Augen, was er offenbar nicht schätzte, und plötzlich konnte ich nicht umhin zu lächeln. Das ging nun zu den Beisitzern, die rechts von Freisler saßen, und zu Schulze. Den Blick von Schulze hättest Du sehen müssen. Ich glaube, wenn ein Mensch von der Brücke über dem Krokodilteich im Zoo hinunterspringt, so kann der Aufruhr nicht größer sein. Na schön, damit war das Thema erschöpft.

Nun kam aber Kreisau, und da hielt er sich nicht lange bei den Präliminarien auf, sondern steuerte schnurstracks auf zwei Dinge los: *a)* Defaitismus, *b)* das Aussuchen von Landesverwesern. Über beides Tobsuchtsanfälle gleicher Güte, und als ich mit der Verteidigung kam, das alles sei aus dienstlicher Wurzel hervorgegangen, dritter Tobsuchtsanfall: «Alle Behörden Adolf Hitler's arbeiten auf der Grundlage des Sieges, und das ist im O. K. W. nicht anders wie woanders; so etwas höre ich mir garnicht an, und selbst wenn es nicht so wäre, so hat eben jeder einzelne Mann die Pflicht, selbständig den Siegesglauben zu verbreiten.» Und so in langen Tiraden.

Nun kam aber die Quintessenz: «Wer war denn da? Ein Jesuitenpater! ausgerechnet ein Jesuitenpater! ein protestantischer Geistlicher, 3 Leute, die später wegen Beteiligung am 20. Juli zum Tode verurteilt worden sind! Und kein einziger Nationalsozialist! Kein einziger! Und da will ich doch nur sagen: nun ist aber das Feigenblatt ab!» «Ein Jesuitenpater, und ausgerechnet mit dem besprechen Sie Fragen des zivilen Widerstandes! Und den Jesuitenprovinzial kennen Sie auch! Und der war auch ein Mal in Kreisau! Ein Jesuitenprovinzial, einer der höchsten Beamten von Deutschlands gefährlichsten Feinden, der besucht den Grafen Moltke in Kreisau! Und da schämen Sie sich nicht! Kein Deutscher kann doch einen Jesuiten auch nur mit der Feuerzange anfassen! Leute, die wegen ihrer Haltung von der Ausübung des Wehrdienstes ausgeschlossen sind! Wenn ich weiß, in einer Stadt ist ein Jesuitenprovinzial, so ist das für mich fast ein Grund, garnicht in die Stadt zu gehen! – Und der andere Geistliche, was hatte der dort zu suchen? Die sollen sich ums Jenseits kümmern, aber uns hier in Ruhe lassen. – Und Bischöfe besuchen Sie! Was haben Sie bei einem Bischof, bei irgendeinem Bischof, verloren? Wo ist Ihre Befehlsstelle? Ihre Befehlsstelle ist der Führer und die N. S. D. A. P.! Für Sie so gut wie für jeden anderen Deutschen, und wer sich seine Befehle in noch so getarnter Form bei den Hütern des Jenseits holt, der holt sie sich beim Feind und wird so behandelt werden!» – Und so ging das weiter. Aber das war in einer Tonart, der gegenüber die früheren Tobsuchtsanfälle noch wie das sanfte Säuseln eines Windchens waren.
Ergebnis dieser Vernehmung «gegen mich» – denn zu sagen «meiner Vernehmung» wäre Quatsch –: ganz Kreisau und jede dazu gehörige Teilunterhaltung ist Vorbereitung zum Hochverrat.
Ja, richtig, das muss ich noch sagen: nach diesem Höhepunkt ging es in 5 Minuten zum Schluss: die Unterredungen in Fulda und München, das alles kam überhaupt nicht mehr dran, sondern F. meinte, das können wir uns wohl schenken, und fragte: Haben Sie noch etwas zu sagen? Worauf ich nach einigem Zögern, leider, erwiderte: «Nein!» Und damit war ich fertig.
Nun geht es in der Zusammenfassung weiter: Wenn die anderen Leute, deren Namen vorgekommen sind – übrigens nicht in der Verhandlung, denn nachdem die Sache so lief, haben wir uns alle gehütet, auch nur noch einen Namen zu nennen –, noch nicht verhaftet sind, so vielleicht als *quantité négligeable.* Werden sie aber verhaftet und haben sie irgendeine Kenntnis gehabt, die über die rein gesellschaftliche Unterhaltung über solche Fragen hinausgeht oder die diese Fragen in Zusammenhang mit möglicher Nieder-

lage bringen, so müssen sie mit Todesstrafe rechnen. Also das trifft vor allem Einsiedel, C. D. + Peters – der ganze wirtschaftliche Teil ist nicht vorgekommen und um Himmels willen darüber kein Wort – müssen von folgenden Dingen ganz fernbleiben: *a.* Goerdeler–Kenntnis; *b.* vorbereitete oder systematische Besprechungen; *c.* Geistliche aller Art; *d.* Möglichkeit der Besetzung irgendeines Reichsteils, geschweige denn Niederlage; *e.* Besprechungen über irgendwelche organisatorische Fragen «Landesverweser» «Gewerkschaft» «Landkarte» u. s. w.

Einsiedel muss sagen: ihn habe nur das Problem Planwirtschaft interessiert, das er gegen allerhand Einwände vertreten habe, und so sei er nur Oktober 42 dort gewesen, nachher habe er sich nur manchmal mit mir unterhalten, rein gesellschaftlich; auch in Kreisau sei er häufig so zur Erholung gewesen. Am besten war er auch Okt. 42 14 Tage auf Urlaub bei uns und da kamen die anderen. Das muss sehr sorgfältig überlegt werden, denn ich fürchte, dass Maaß sich explicite geäußert hat. Das muss er alles rundweg bestreiten. Nach der auf uns angewandten Judikatur werden beide, C. D. + Einsiedel, zum Tode verurteilt; denn auch C. D. hat wesentlich mehr gewusst und mitberedet als Reisert. Am besten übermalt Ihr diesen Absatz ganz dick, sobald Ihr ihn gelesen habt, denn der genügt ja als Beweismittel.

Letzten Endes entspricht diese Zuspitzung auf das kirchliche Gebiet dem inneren Sachverhalt und zeigt, dass F. eben doch ein guter politischer Richter ist. Das hat den ungeheuren Vorteil, als wir nun für etwas umgebracht werden, was wir *a.* getan haben und was *b.* sich lohnt. Aber dass ich als Märtyrer für den heiligen Ignatius von Loyola sterbe – und darauf kommt es letztlich hinaus, denn alles andere war daneben nebensächlich –, ist wahrlich ein Witz, und ich zittere schon vor dem väterlichen Zorn von Papi, der doch so antikatholisch war. Das andere wird er billigen, aber das? Auch Mami wird wohl nicht ganz einverstanden sein.

(Eben fällt mir noch etwas zum Tatbestand ein. Mich fragte er: «Sehen Sie ein, dass Sie schuldig sind?» Ich sagte im wesentlichen Nein. Darauf Freisler: «Sehen Sie, wenn Sie das immer noch nicht erkennen, wenn Sie immer noch darüber belehrt werden müssen, dann zeigt das eben, dass Sie anders denken und damit sich selbst aus der kämpfenden Volksgemeinschaft ausgeschlossen haben.»)

Das Schöne an dem so aufgezogenen Urteil ist folgendes: Wir haben keine Gewalt anwenden wollen – ist festgestellt; wir haben keinen einzigen organisatorischen Schritt unternommen, mit keinem einzigen Mann über die

Frage gesprochen, ob er einen Posten übernehmen wolle – ist festgestellt; in der Anklage stand es anders. Wir haben nur gedacht, und zwar eigentlich nur Delp, Gerstenmaier und ich, die anderen galten als Mitläufer und Peter und Adam als Verbindungsleute zu Schulenburg etc. Und vor den Gedanken dieser drei einsamen Männer, den bloßen Gedanken, hat der N. S. eine solche Angst, dass er alles, was damit infiziert ist, ausrotten will. Wenn das nicht ein Kompliment ist. Wir sind nach dieser Verhandlung aus dem Goerdeler-Mist raus, wir sind aus jeder praktischen Handlung heraus, wir werden gehenkt, weil wir zusammen gedacht haben. Freisler hat recht, tausend Mal recht; und wenn wir schon umkommen müssen, dann bin ich allerdings dafür, dass wir über dieses Thema fallen.
Ich finde, und nun komme ich zum Praktischen, dass diese Sache, richtig aufgemacht, sogar noch ein wenig besser ist als der berühmte Fall Huber.[10] Denn es ist noch weniger geschehen. Es ist ja nicht ein Mal ein Flugblatt hergestellt worden. Es sind eben nur Gedanken ohne auch nur die Absicht der Gewalt. Die Schutzbehauptungen, die wir alle aufgestellt haben: Polizei weiß, dienstliche Ursache, Eugen hat nichts kapiert, Delp ist immer gerade nicht dabei gewesen, die muss man streichen, wie sie auch Freisler mit Recht gestrichen hat. Und dann bleibt übrig ein Gedanke: womit kann im Chaos das Christentum ein Rettungsanker sein? Dieser eine einzige Gedanke fordert morgen wahrscheinlich 5 Köpfe und später noch die von Steltzer und Haubach und wohl auch Husen. Aber dadurch, dass in dieser Verhandlung das Trio eben Delp, Eugen, Moltke heißt und der Rest nur durch «Ansteckung» dies trägt, dadurch, dass keiner dabei ist, der etwas anderes vertrat, keiner, der zu den Arbeitern gehörte, keiner, der irgendein weltliches Interesse betreute, dadurch, dass festgestellt ist, dass ich großgrundbesitzfeindlich war, keine Standesinteressen, überhaupt keine eigenen Interessen, ja nicht ein Mal die meines Landes vertrat, sondern menschheitliche, dadurch hat Freisler uns unbewusst einen ganz großen Dienst getan, sofern es gelingt, diese Geschichte zu verbreiten und auszunutzen. Und zwar m. E. im Inland und draußen. Durch diese Personalzusammenstellung ist dokumentiert, dass nicht Pläne, nicht Vorbereitungen, sondern der Geist als solcher verfolgt werden soll. Vivat Freisler!
Das auszunutzen ist nicht Deine Aufgabe. Da wir vor allem für den heiligen Ignatius sterben, sollen seine Jünger sich darum kümmern. Aber Du musst ihnen diese Geschichte liefern, und wen sie von Wurms Leuten zuziehen, ist gleich. Am besten wahrscheinlich Pressel.[11] Ich berede das morgen noch

mit P.[12] Kommt es raus, dass Du diesen Brief empfangen und weitergegeben hast, so wirst Du auch umgebracht. Tattenbach[13] muss das klar auf sich nehmen und im Notfall sagen, er habe es von Delp mit der letzten Wäsche bekommen. Gib dies Exemplar nicht aus der Hand, sondern nur eine Abschrift, und bei der muss sofort so übersetzt werden, dass es von Delp stammen kann, also bei ihm in der Ich-Form.

So, das ist dieser Teil; der Rest kommt gesondert. J.

Dass Konrad,[14] Dietz[15] und Faulhaber,[16] wohl auch Wienken,[17] unterrichtet werden müssen, ist klar. Lass das aber andere machen. Nichts Derartiges ist Dein Geschäft. Wenn sie nicht gänzlich [verschreckt?] sind, sollten sie aus unserem Tode nett Kapital schlagen können.

1 Landgerichtsdirektor, Vertreter der Anklage. 2 Text des Urteils in Alfred Delp, Gesammelte Schriften, hg. von Roman Bleistein, Bd. 5, 403–434. 3 Roland Freisler (1893–1945), Leutnant im Ersten Weltkrieg, 1922 Promotion in Jena, 1924 Rechtsanwalt und Stadtverordneter in Kassel, 1925 Mitglied der NSDAP, 1932 Mitglied des Reichstags, Leiter der Personalabteilung im Preußischen Justizministerium, 1933 Denkschrift über das nationalsozialistische Strafrecht, 1934 Staatssekretär im Reichsjustizministerium, zuständig für den 1934 gegründeten Volksgerichtshof (VGH), Teilnehmer an der Wannseekonferenz über die Endlösung der Judenfrage, ab 23.8.1942 Präsident des VGH, getötet am 3.2.1945 bei einem Bombenangriff auf Berlin, einen Tag nach der Hinrichtung von Alfred Delp. 4 Text in Ger van Roon: Neuordnung im Widerstand. Der Kreisauer Kreis innerhalb der deutschen Widerstandsbewegung, München/Oldenburg 1967, 594 f. 5 Wolfgang Hercher, Pflichtverteidiger von Delp. 6 Juan de Mariana (1536–1624), Jesuit, bejahte unter bestimmten Bedingungen den Tyrannenmord (De rege et regis institutione, 1599). 7 Delp hatte am 6.6.1944 Claus von Stauffenberg unangemeldet in Bamberg besucht. 8 Da er in der Haft Ischiasanfälle hatte, die ihm das Stehen schwermachten, hatte Freisler auf Bitten von Freya von Moltke schon vor der Verhandlung den Stuhl zugestanden. 9 Strafgesetzbuch. 10 Prof. Kurt Huber war durch Freisler zusammen mit Mitgliedern der «Weißen Rose» zum Tode verurteilt worden. 11 Wilhelm Pressel, Oberkirchenrat aus Stuttgart, Vertrauter von Bischof Wurm. 12 Harald Poelchau. 13 Franz Graf von Tattenbach, geb. 1910, Jesuit, der während dessen Haft die Verbindung zu Delp hielt. 14 Konrad von Preysing, Bischof von Berlin. 15 Johannes Baptista Dietz (1879–1959), Bischof von Fulda. 16 Michael von Faulhaber, Erzbischof von München. 17 Heinrich Wienken (1883–1961), Koadjutor-Bischof von Meißen, Leiter des Kommissariats der Fuldaer Bischofskonferenz in Berlin, Verbindungsmann zu Kardinal Bertram in Breslau.

Mittwoch/Donnerstag, 10./11. Januar 1945

Mein liebes Herz, zunächst muss ich sagen, dass ganz offenbar die letzten 24 Stunden eines Lebens garnicht anders sind als irgendwelche anderen. Ich hatte mir immer eingebildet, man fühle das nur als Schreck, dass man sich sagt: nun geht die Sonne das letzte Mal für Dich unter, nun geht die

Uhr nur noch 2 Mal bis 12, nun gehst Du das letzte Mal zu Bett. Von all dem ist keine Rede. Ob ich wohl ein wenig überkandidelt bin, denn ich kann nicht leugnen, dass ich mich in geradezu gehobener Stimmung befinde. Ich bitte nur den Herrn im Himmel, dass er mich darin erhalten möge, denn für das Fleisch ist es sicher leichter, so zu sterben. Wie gnädig ist der Herr mit mir gewesen! Selbst auf die Gefahr hin, dass das hysterisch klingt: ich bin so voll Dank, eigentlich ist für nichts anderes Platz. Er hat mich die 2 Tage so fest und klar geführt: der ganze Saal hätte brüllen können wie der Herr Freisler, und sämtliche Wände hätten wackeln können, und es hätte mir garnichts gemacht; es war wahrlich so, wie es im Jesaja 43,2 heißt: Und so Du durch Wasser gehst, will ich bei dir sein, dass dich die Ströme nicht sollen ersäufen; und so du ins Feuer gehst, sollst du nicht brennen und die Flamme soll dich nicht versengen. – Nämlich Deine Seele. Mir war, als ich zum Schlusswort aufgerufen wurde, so zu Mute, dass ich beinahe gesagt hätte: Ich habe nur eines zu meiner Verteidigung anzuführen: nehmen sie den Leib, Gut, Ehr, Kind und Weib, lass fahren dahin, sie haben's kein Gewinn, das Reich muss uns doch bleiben. Aber das hätte doch die anderen noch belastet. So sagte ich nur: ich habe nicht die Absicht [noch etwas?] zu sagen, Herr Präsident.

Es ist nun noch ein schweres Stück Weges vor mir, und ich kann nur bitten, dass der Herr mir weiter so gnädig ist, wie er war. Für heute abend hatte Eugen uns aufgeschrieben: Matthäus 14,22–33.[1] Er hatte es anders gemeint; aber es bleibt wahr, dass dies für mich ein Tag eines großen Fischzuges war und dass ich heute abend mit Recht sagen kann: «Herr, gehe von mir hinaus! Ich bin ein sündiger Mensch.» Und was haben wir, mein Lieber, gestern Schönes gelesen: «Wir haben aber solchen Schatz in irdenen Gefäßen, auf dass die überschwengliche Kraft sei Gottes und nicht von uns. Wir haben allenthalben Trübsal, aber wir ängsten uns nicht. Uns ist bange, aber wir verzagen nicht. Wir leiden Verfolgung, aber wir werden nicht verlassen. Wir werden unterdrückt, aber wir kommen nicht um. Und tragen allezeit das Sterben des Herrn Jesu an unserem Leibe, auf dass auch das Leben des Herrn Jesu an unserem Leibe offenbar werde.»[2] Dank, mein Herz, vor allem dem Herrn, Dank, mein Herz, Dir für Deine Fürbitte, Dank allen Anderen, die für uns und für mich gebeten haben. Dein Wirt, Dein schwacher, feiger, «komplizierter», sehr durchschnittlicher Wirt, der hat das erleben dürfen. Wenn ich jetzt gerettet werden würde – was ja bei Gott nicht wahrscheinlicher oder unwahrscheinlicher ist als vor einer Woche –, so muss ich sagen, dass ich erst ein Mal mich wieder zurechtfinden müsste, so ungeheuer war die Demonstration von Gottes Gegenwart und Allmacht. Er vermag sie eben auch zu demonstrieren, und zwar ganz unmissverständlich zu demonstrieren, wenn er genau das tut, was einem nicht passt. Alles andere ist Quatsch.

Darum kann ich nur eines sagen, mein liebes Herz: möge Gott Dir so gnädig sein wie mir, dann macht selbst der tote Ehewirt garnichts. Seine Allmacht vermag er eben auch zu demonstrieren, wenn Du Eierkuchen für die Söhnchen machst oder Puschti beseitigst, obwohl es das hoffentlich nicht mehr gibt. Ich sollte wohl von Dir Abschied nehmen – ich vermag's nicht; ich sollte wohl Deinen Alltag bedauern und betrauern – ich vermags nicht; ich sollte wohl der Lasten gedenken, die jetzt auf Dich fallen – ich vermag's nicht. Ich kann Dir nur eines sagen: wenn Du das Gefühl absoluter Geborgenheit erhältst, wenn der Herr es Dir schenkt, was Du ohne diese Zeit und ihren Abschluss nicht hättest, so hinterlasse ich Dir einen nicht konfiszierbaren Schatz, demgegenüber selbst mein Leben nicht wiegt. Diese Römer, diese armseligen Kreaturen von Schulze und Freisler und wie das Pack alles heißen mag: nicht ein Mal begreifen würden sie, wie wenig sie nehmen können!

Ich schreibe morgen weiter, aber da man nie weiß, was geschieht, will ich in dem Brief jedenfalls jedes Thema berührt haben. Ich weiß natürlich nicht, ob ich nun morgen hingerichtet werde. Es mag sein, dass ich noch vernommen, verprügelt oder aufgespeichert werde. Kratze, bitte, an den Türen; denn vielleicht hält sie das doch von zu argen Prügeln ab. Wenn ich auch nach der heutigen Erfahrung weiß, dass Gott auch diese Prügel zu nichts machen kann, selbst wenn ich keinen heilen Knochen am Leibe behalte, ehe ich gehenkt werde, wenn ich also im Augenblick keine Angst davor habe, so möchte ich das lieber vermeiden.

– So, gute Nacht, sei getrost und unverzagt. J.

Hercher, der ja ein lieber Mann ist, war etwas schockiert über meine gute Laune; daran siehst Du, dass es garnicht zu unterdrücken war.

[Fortsetzung] 11. 1. 1945

Mein Lieber, ich habe nur Lust, mich ein wenig mit Dir zu unterhalten. Zu sagen habe ich eigentlich nichts. Die materiellen Konsequenzen haben wir eingehend erörtert. Du wirst Dich da schon irgendwie durchwinden, und setzt sich ein anderer nach Kreisau, so wirst Du das auch meistern. Lass Dich nur von nichts anfechten. Das lohnt sich wahrhaftig nicht. Ich bin unbedingt dafür, dass Ihr sorgt, dass die Russen meinen Tod erfahren. Vielleicht ermöglicht Dir das, in Kreisau zu bleiben. Das Rumziehen in dem Rest-Deutschland ist auf alle Fälle grässlich. Bleibt das dritte Reich wider Erwarten doch, was ich mir in meinen kühnsten Phantasien nicht vorstellen kann, so musst Du sehen, wie Du die Söhnchen dem Gift entziehst. Ich habe natürlich nichts dagegen, wenn Du dann auch Deutschland verlässt. Tu, was Du für richtig hältst, und meine nicht, Du seiest so oder so durch irgendeinen Wunsch von mir gebunden. Ich habe Dir immer wieder gesagt: die tote Hand kann nicht regieren. – Geldliche Sorgen brauchst Du Dir auch nicht zu machen, solange das Deichmannhaus zahlt und solange Du die Hypothek auf Kreisau behältst – wobei Du nur eisern dabei bleiben musst, dass sie mit Deinem Geld erworben, teils Erbschaft nach Großmutter Schnitzler,[3] teils Schenkung von Tante Emma[4] (Wodan) –, wirst Du immer genug zum Leben haben, und wenn auch beides wegfallen sollte, werden sich genug Leute finden, die Dir aushelfen.

Ich denke mit ungetrübter Freude an Dich und die Söhnchen, an Kreisau und all die Menschen da; der Abschied fällt mir im Augenblick garnicht schwer. Vielleicht kommt das noch. Aber im Augenblick ist es mir keine Mühe. Mir ist ganz und garnicht nach Abschied zu Mute. Woher das kommt, weiß ich nicht. Aber es ist nicht ein Anflug von dem, was mich nach Deinem ersten Besuch im Oktober, nein November war es wohl, so stark überfiel. Jetzt sagt mein Inneres: *a.* Gott kann mich heute genauso dahin zurückführen wie gestern, und *b.* und wenn er mich zu sich ruft, so nehme ich es mit. Ich habe garnicht das Gefühl, was mich manchmal überkam: ach, nur noch ein Mal möchte ich das alles sehen. Dabei fühle ich mich garnicht «jenseitig». Du siehst ja, dass ich mich lieb mit Dir unterhalte, statt mich dem lieben Gott zuzuwenden. In einem Liede – 208,4 – heißt es, «denn der ist zum Sterben fertig, der sich lebend zu Dir hält». Genauso fühle ich mich. Ich muss, da ich heute lebe, mich eben lebend zu ihm halten; mehr will er garnicht. Ist das pharisäisch? Ich weiß es nicht. Ich glaube aber zu wissen, dass ich nur in seiner Gnade und Vergebung lebe und nichts von mir habe oder von mir vermag.

Ich schwätze, mein Herz, wie es mir in den Sinn kommt; darum kommt jetzt etwas ganz anderes. Das Dramatische an der Verhandlung war letzten Endes folgendes: in der Verhandlung erwiesen sich alle konkreten Vorwürfe als unhaltbar, und sie wurden auch fallengelassen. Nichts davon blieb. Sondern das, wovor das dritte Reich solche Angst hatte, dass es 5, nachher werden es 7 Leute werden, zu Tode bringen muss, ist letzten Endes nur folgendes: ein Privatmann, nämlich Dein Wirt, von dem feststeht, dass er mit 2 Geistlichen beider Konfessionen, mit einem Jesuitenprovinzial und mit einigen Bischöfen, *ohne die Absicht, irgend etwas Konkretes zu tun,* und das ist festgestellt, Dinge besprochen hat, «die zur ausschließlichen Zuständigkeit des Führer's gehören». Besprochen was: nicht etwa Organisationsfragen, nicht etwa Reichsaufbau – das alles ist im Laufe der Verhandlung weggefallen, und Schulze hat es in seinem Plaidoyer auch ausdrücklich gesagt («unterscheidet sich völlig von allen sonstigen Fällen, da in den Erörterungen von keiner Gewalt und keiner Organisation die Rede war») –, sondern besprochen wurden Fragen der praktisch-ethischen Forderungen des Christentums. Nichts weiter; dafür allein werden wir verurteilt. Freisler sagte zu mir in einer seiner Tiraden: «Nur in einem sind das Christentum und wir gleich: wir fordern den ganzen Menschen!» Ich weiß nicht, ob die Umsitzenden das alles mitbekommen haben, denn es war eine Art Dialog – ein geistiger zwischen F. und mir, denn Worte konnte ich nicht viel machen –, bei dem wir uns beide durch und durch erkannten. Von der ganzen Bande hat nur Freisler mich erkannt, und von der ganzen Bande ist er auch der einzige, der weiß, weswegen er mich umbringen muss. Da war nichts von «komplizierter Mensch» oder «komplizierte Gedanken» oder «Ideologie», sondern: «das Feigenblatt ist ab». Aber nur für Herrn Freisler. Wir haben sozusagen im luftleeren Raum miteinander gesprochen. Er hat bei mir keinen einzigen Witz auf meine Kosten gemacht, wie noch bei Delp und bei Eugen. Nein, hier war es blutiger Ernst: «Von wem nehmen Sie Ihre Befehle? Vom Jenseits oder von Adolf Hitler!» «Wem gilt Ihre Treue und Ihr Glaube?» Alles rhetorische Fragen natürlich. – Freisler ist jedenfalls der erste Nationalsozialist, der begriffen hat, wer ich bin, und der gute Müller[5] ist demgegenüber ein Simpel.

Mein Herz, eben kommt Dein sehr lieber Brief. Der erste Brief, mein Herz, in dem Du meine Stimmung und meine Lage nicht begriffen hast. Nein, ich beschäftige mich garnicht mit dem lieben Gott oder meinem Tod. Er hat die unaussprechliche Gnade, zu mir zu kommen und sich mit mir zu beschäftigen. Ist das hoffärtig? Vielleicht. Aber er wird mir noch so vieles vergeben heute abend, dass ich ihn schließlich um diese letzte Hoffart auch noch um Vergebung bitten darf. Aber ich hoffe ja, dass es nicht hoffärtig ist,

denn ich rühme ja nicht das irdene Gefäß, nein, ich rühme den köstlichen Schatz, der sich dieses irdenen Gefäßes, dieser ganz unwürdigen Behausung bedient hat. Nein, mein Herz, ich lese genau die Stellen der Bibel, die ich heute gelesen hätte, wenn keine Verhandlung gewesen wäre, nämlich: Josua 19–21, Hiob 10–12, Hesekiel 34–36, Markus 13–15 und unseren 2ten Korintherbrief zu Ende, außerdem die kleinen Stellen, die ich auf den Zettel für Dich geschrieben habe. Bisher habe ich nur den Josua und unsere Korintherbriefstelle gelesen, die mit dem schönen, so vertrauten, von Kind auf gehörten Satz schließt: «Die Gnade unseres Herrn Jesu Christi und die Liebe Gottes und die Gemeinschaft des heiligen Geistes sei mit Euch allen. Amen.» Ich habe das Gefühl, mein Herz, als wäre ich autorisiert, Dir und den Söhnchen das mit absoluter Autorität zu sagen. Darf ich da nicht den 118. Psalm, der heute morgen dran war, mit vollem Recht lesen? Eugen hat ihn sich zwar für eine andere Lage gedacht, aber er ist viel wahrer geworden, als wir es je für möglich hielten.
Mein Herz, darum bekommst Du auch Deinen Brief trotz Deiner Bitte zurück. Ich trage Dich mit hinüber und brauche dafür kein Zeichen, kein Symbol, nichts. Es ist nicht ein Mal so, dass mir verheißen wäre, ich würde Dich nicht verlieren; nein, es ist viel mehr: ich weiß es.
Eine große Pause, während derer Buchholz da war und ich rasiert wurde, außerdem habe ich Kaffee getrunken, Kuchen und Brötchen gegessen. Nun schwätze ich weiter. Der entscheidende Satz jener Verhandlung war: «Herr Graf; eines haben das Christentum und wir Nationalsozialisten gemeinsam, und nur dies eine: wir verlangen den ganzen Menschen.» Ob er sich klar war, was er damit gesagt hat? Denk mal, wie wunderbar Gott dies sein unwürdiges Gefäß bereitet hat: In dem Augenblick, in dem die Gefahr bestand, dass ich in aktive Putschvorbereitungen hineingezogen wurde – Stauffenberg kam am Abend des 19. zu Peter –, wurde ich rausgenommen, damit ich frei von jedem Zusammenhang mit der Gewaltanwendung bin und bleibe. – Dann hat er in mich jenen sozialistischen Zug gepflanzt, der mich als Großgrundbesitzer von allem Verdacht einer Interessenvertretung befreit. – Dann hat er mich so gedemütigt, wie ich noch nie gedemütigt worden bin, sodaß ich allen Stolz verlieren muss, sodass ich meine Sündhaftigkeit endlich nach 38 Jahren verstehe, sodass ich um seine Vergebung bitten, mich seiner Gnade anvertrauen lerne. – Dann lässt er mich hierher kommen, damit ich Dich gefestigt sehe und frei von Gedanken an Dich und die Söhnchen werde, d. h. von sorgenden Gedanken; er gibt mir Zeit und Gelegenheit, alles zu

ordnen, was geordnet werden kann, sodass alle irdischen Gedanken abfallen können. – Dann lässt er mich in unerhörter Tiefe den Abschiedsschmerz und die Todesfurcht und die Höllenangst erleben, damit auch das vorüber ist. – Dann stattet er mich mit Glaube, Hoffnung und Liebe aus, mit einem Reichtum an diesen Dingen, der wahrlich überschwenglich ist. – Dann lässt er mich mit Eugen und Delp sprechen und klären. – Dann lässt er Rösch und König entlaufen, sodass es zu einem Jesuitenprozess nicht reicht und im letzten Augenblick Delp an uns angehängt wird. – Dann lässt er Haubach und Steltzer, deren Fälle fremde Materie hereingebracht hätten, abtrennen und stellt schließlich praktisch Eugen, Delp und mich allein zusammen, und dann gibt er Eugen und Delp durch die Hoffnung, die menschliche Hoffnung, die sie haben, jene Schwäche, die dazu führt, dass ihre Fälle nur sekundär sind und dass dadurch das Konfessionelle weggenommen wird, und dann wird Dein Wirt ausersehen, als Protestant vor allem wegen seiner Freundschaft mit Katholiken attackiert und verurteilt zu werden, und dadurch steht er vor Freisler nicht als Protestant, nicht als Großgrundbesitzer, nicht als Adliger, nicht als Preuße, nicht als Deutscher – das alles ist ausdrücklich in der Hauptverhandlung ausgeschlossen, so z. B. Sperr: «Ich dachte, was für ein erstaunlicher Preuße» –, sondern als Christ und als garnichts anderes. «Das Feigenblatt ist ab», sagt Herr Freisler. Ja, jede andere Kategorie ist abgestrichen – «ein Mann, der von seinen Standesgenossen natürlich abgelehnt werden muss», sagt Schulze. Zu welch einer gewaltigen Aufgabe ist Dein Wirt ausersehen gewesen: all die viele Arbeit, die der Herrgott mit ihm gehabt hat, die unendlichen Umwege, die verschrobenen Zickzackkurven, die finden plötzlich in einer Stunde am 10. Januar 1945 ihre Erklärung. Alles bekommt nachträglich einen Sinn, der verborgen war. Mami und Papi, die Geschwister, die Söhnchen, Kreisau und seine Nöte, die Arbeitslager und das Nichtflaggen und nicht der Partei oder ihren Gliederungen angehören, Curtis und die englischen Reisen, Adam und Peter und Carlo, das alles ist endlich verständlich geworden durch eine einzige Stunde. Für diese eine Stunde hat der Herr sich alle diese Mühe gegeben.

Und nun, mein Herz, komme ich zu Dir. Ich habe Dich nirgends aufgezählt, weil Du, mein Herz, an einer ganz anderen Stelle stehst als alle die anderen. Du bist nämlich nicht ein Mittel Gottes, um mich zu dem zu machen, der ich bin, du bist vielmehr ich selbst. Du bist mein 13tes Kapitel des ersten Korintherbriefes. Ohne dieses Kapitel ist kein Mensch ein Mensch. Ohne Dich hätte ich mir Liebe schenken lassen, ich habe sie z. B. von Mami

angenommen, dankbar, glücklich, dankbar wie man ist für die Sonne, die einen wärmt. Aber ohne Dich, mein Herz, hätte ich «der Liebe nicht». Ich sage garnicht, dass ich Dich liebe; das ist garnicht richtig. Du bist vielmehr jener Teil von mir, der mir alleine eben fehlen würde. Es ist gut, dass mir das fehlt; denn hätte ich das, so wie Du es hast, diese größte aller Gaben, mein liebes Herz, so hätte ich vieles nicht tun können, so wäre mir so manche Konsequenz unmöglich gewesen, so hätte ich dem Leiden, das ich ja sehen musste, nicht so zuschauen können und vieles andere. Nur wir zusammen sind ein Mensch. Wir sind, was ich vor einigen Tagen symbolisch schrieb, ein Schöpfungsgedanke. Das ist wahr, buchstäblich wahr. Darum, mein Herz, bin ich auch gewiss, dass Du mich auf dieser Erde nicht verlieren wirst, keinen Augenblick. Und diese Tatsache, die haben wir schließlich auch noch durch unser gemeinsames Abendmahl, das nun mein letztes war, symbolisieren dürfen.
Ich habe ein wenig geweint, eben, nicht traurig, nicht wehmütig, nicht weil ich zurückmöchte, nein, sondern vor Dankbarkeit und Erschütterung über diese Dokumentation Gottes. Uns ist es nicht gegeben, ihn von Angesicht zu Angesicht zu sehen, aber wir müssen sehr erschüttert sein, wenn wir plötzlich erkennen, dass er ein ganzes Leben hindurch am Tage als Wolke und bei Nacht als Feuersäule vor uns hergezogen ist und dass er uns erlaubt, das plötzlich, in einem Augenblick, zu sehen. Nun kann nichts mehr geschehen. Mein Herz, die letzte Woche, vor allem der gestrige Tag haben sicher manche meiner Abschiedsbriefe überholt gemacht. Die werden sich demgegenüber lesen wie kalter Kaffee. Ich überlasse es Dir, ob Du sie trotzdem absenden willst, ob Du was dazu sagen oder schreiben willst. Dass ich die Hoffnung habe, dass die Söhnchen eines Tages diesen Brief verstehen werden, ist klar, aber ich weiß, dass es eine Frage der Gnade ist, nicht irgendeiner äußeren Beeinflussung. – Dass Du alle Leute grüßen sollst, ist auch klar, auch solche wie Oxé und Frl. Thiel und Frau Tharant. Ist es Dir ein Angang, sie anzurufen, so lass es; es spielt keine Rolle. Ich zähle sie nur auf, weil es so die äußersten extremsten Fälle sind. Da Gott die unglaubliche Gnade hat, in mir zu sein, so kann ich nicht nur Dich und die Söhnchen, sondern alle Lieben und unendliche, die mir viel ferner sind, mitnehmen. Das kannst Du ihnen sagen.
Jetzt noch eines. Dieser Brief ist in Vielem auch eine Ergänzung zu meinem gestern geschriebenen Bericht, der viel nüchterner ist. Aus beiden zusammen müsst Ihr eine Legende machen, die aber so abgefasst sein muss, als

habe sie Delp von mir erzählt. Ich muss darin die Hauptperson bleiben, nicht weil ich es bin, nicht weil ich es sein will, sondern weil der Geschichte sonst das Zentrum fehlt. Ich bin nun ein Mal das Gefäß gewesen, für das der Herr diese unendliche Mühe aufgewandt hat.

Mein Herz, mein Leben ist vollendet, und ich kann von mir sagen: er starb alt und lebenssatt. Das ändert nichts daran, dass ich gerne noch etwas leben möchte, dass ich Dich gerne noch ein Stück auf dieser Erde begleitete. Aber dann bedürfte es eines neuen Auftrages Gottes. Der Auftrag, für den mich Gott gemacht hat, ist erfüllt. Will er mir noch einen neuen Auftrag geben, so werden wir es erfahren. Darum strenge Dich ruhig an, mein Leben zu retten, falls ich den heutigen Tag überleben sollte. Vielleicht gibt es noch einen Auftrag.

Ich höre auf, denn es ist nichts weiter zu sagen. Ich habe auch niemanden genannt, den Du grüßen und umarmen sollst; Du weißt selbst, wem meine Aufträge für Dich gelten. Alle unsere lieben Sprüche sind in meinem Herzen und in Deinem Herzen. Ich aber sage Dir zum Schluss, kraft des Schatzes, der aus mir gesprochen hat und der dieses bescheidene irdene Gefäß erfüllt:

Die Gnade unseres Herrn Jesu Christi
und die Liebe Gottes und die Gemeinschaft
des heiligen Geistes sei mit Euch allen. Amen.[6]
J.

1 «Jesus wandelt auf dem Meer. Der sinkende Petrus». 2 2. Korinther 4,7–10. 3 Großmutter Fanny (Stephanie) von Schnitzler, Großmutter Freyas mütterlicherseits. 4 Emma Schröder, geb. Deichmann, Frau des Londoner Bankiers Bruno Schröder. 5 Müller hatte Freya gesagt: «Wir werden nicht den gleichen Fehler machen, der 1918 begangen wurde. Wir werden unsere innerdeutschen Feinde nicht am Leben lassen» (in: Freya von Moltke/Michael Balfour/Julian Frisby: Helmuth James von Moltke 1907–1945, Berlin 1984, 300). 6 2. Korinther 13,11–13.

Bildnachweis

Seite 14:	Freya von Moltke
Seite 17:	Freya von Moltke
Seite 20 oben:	akg-images
Seite 20 unten:	Bildarchiv Preußischer Kulturbesitz
Seite 23:	Aus: Topographie des Terrors, hg. von Reinhard Rürup, Berlin 1987, S. 32
Seite 25:	Aus: Topographie des Terrors, hg. von Reinhard Rürup, Berlin 1987, S. 183
Seite 27 oben:	Stiftung Brandenburgische Gedenkstätten/Archiv Ravensbrück
Seite 27 unten:	Stiftung Brandenburgische Gedenkstätten/Archiv Ravensbrück
Seite 33:	Aus: Mathias Wegner, Ein weites Herz. Die zwei Leben der Isa Vermehren, München 2003, S. 142
Seite 41:	Freya von Moltke
Seite 220:	Joachim Wolfgang von Moltke

Personenregister